FINITY AND BEYOND

有限与超越

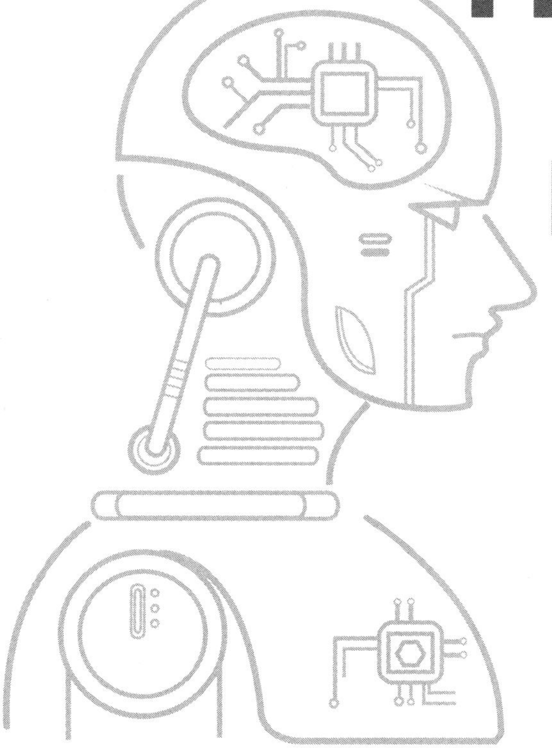

人的二重限制性及其平等

The Double Restriction and Equality of Human Beings

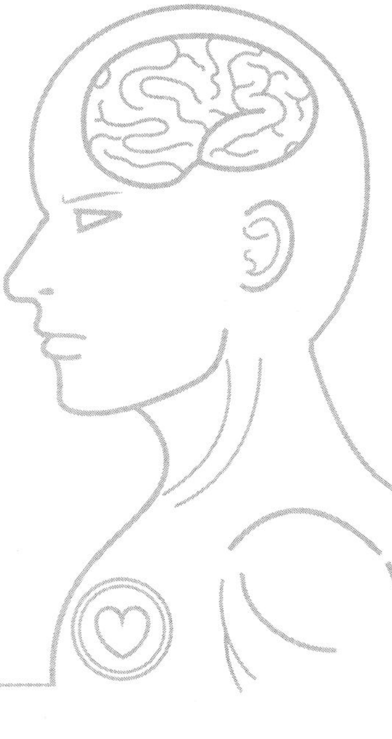

金辛迪 著

中国人民大学出版社
· 北京 ·

序言一
《有限与超越》的三重议题

2020年春节假期前，我在北京开会，和学生们、同事们的聚会也很多，其间拿到了《有限与超越》书稿。说实话，我挺惊讶的。我知道辛迪博士一直在医疗高科技制造业领域创办企业，积极有为；也听她谈起过，近年来颇感人生短暂，准备写点东西，没想到还真就写了这么厚一本书。

我平时乐意读一些人文社科书籍，多年来常在机场大大小小的书店乐此不疲地购买这类书。读过我的拙作《被时代选择的经济学人生》（中国发展出版社，2015）的人，可能会注意到第一部分我“歪打误撞”地进入经济学界的经历。我在填写高考志愿报考西北大学的时候，选择的专业是哲学和历史，而不是经济学，是招生委员会将我直接分到了经济学专业。此后，随着国家战略转变到以经济建设为中心的轨道上，这个“歪打误撞”彻底改变了我的人生，将我的经济学人生价值在后来的几十年中充分地凸显出来；但我一直保持着对人文、哲学、历史的兴趣。我以为，人，始终是最根本的。经济发展源于人的需求，服务于人的需求；人对无限需求与有限资源的取舍，质言之，人出于理性的竞争与合作，决定了人能否实现最大化目标，这就有了经济学，经济学从某种意义上来说也是一种人学，博弈论的底层逻辑正是人性预设与制度预设。

离开北京后，我一直居住在海南，被2020年春节以来突发的新型冠状病毒疫情困在了海南，春节后的很多行程安排都取消了，这也使得我能有一点时间，一边居家抗疫和关注国内外瞬息万变的信息，一边阅读辛迪博士的新作。《有限与超越》标题很吸引人，看起来雄心勃勃又似乎对立抗争，但为什么又是二重限制性的平等呢，其逻辑和意义何在？带着这个问题，我读完了这本书。

在我看来，《有限与超越》是成功的，它至少建立了一套自圆其说的规范性研究，其议题可以分作三重。

第一重，人际差别与平等。万物向生，万物生而不同，作者首先认为万物本自生而不同，人际差别是本源性的。自然环境，生命禀赋，原生家庭，进入社会后的运气、社会地位和财富差别，凡此种种差别无所不在、无时不有亦无法完全消除。人生在世因差别而生、有差别而长、依差别而处，这是人无从回避地必须要承受的。说实话，这对追求平等的现代民主理想而言，是一种比较悲伤的观点。但同时作者也认为，人永恒地追求平等，解释了人为什么是永恒地追求平等，回顾了人类追求平等的历史，将近现代以来人类社会追求平等的历史划分为三个阶段，逐一论析。

第二重，人生有限与超越。对人际差别与平等搭建起一种总体解说后，作者提出，在本源性差别的人类世界中，人有两个根本性相同，就是人个体生命必有一死、人个体认知不可存续（无论被称为灵魂、意识或自我认知，总之代表了一个人的个体同一性）。但这两个根本性相同却并非人类社会后发的人际相同，而是从外部被限制了的、人不得不接受的相同，乃至是人渴望突破、渴望挣脱的。从某种意义上说，人对自身这二重有限的超越，就如同自由之于平等。正因为是被限制了的人的相同，它构成了人类得以在一定范围内达成平等共处关系的根基。作者称其为人之二重有限，又称“二重限制性”。作者认为，人对自身这二重有限的觉悟、反思、认知和行动，往往造就了不同的人生境界，就是这本书的核心议题：有限与超越。这部分内容既有烧脑的思辨，比如，二重限制性及其平等的含义、逻辑推理、事实与价值之辩，也有恢弘的叙事，比如，所彰显出的人不断挑战自我、超越有限自我的人性光辉，人不断超越自知无知、探求知识创新的巨大喜悦，读之令人动容。

第三重，这本书还充满了现代感、科技感。在现时代高科技大背景下，如何用自然科学语言来解释人际差别与平等、人生有限与超越？或者说，科学及科技在此中扮演了什么样的角色、有何作用、与人是何种关系？这是第三重议题。作者运用了自然史、科学史、人类学、地理地缘、医学、生物科学和基因科技、认知科学和人工智能科技等素材，来解说人际差别的本源性或终极性依据、人追求平等的心理基础、人个体生命必有一死、人个体认知不可存续、人如何利用高科技来突破二重有限、人通过高科技（以及受其驱动的科技产业）突破二重有限所产生的诸种新问题和风险。这一重议题内容中的数据和资料都比较新、比较前沿，很多论述，特别是对高科技应用的反思是管挞人心的。

可以说，这是我看过的论述人生“差别”最直接、最彻底的一本书，同时也看到有再大差别的人生，都不能免除于“二重有限的相同”，到了我这个年纪和我这样的个体认知境界（套用这本书的语境来说），我深以为然。如果说“差别与平等”议题是常见的，那么“被限制了的平等”“有限与超越”却是新颖的；特别是当人超越自身这二重有限的种种追求，突破了人自身的内向性，转而凭借高科技手段以及由此驱动的现代高科技产业来实现的时候，它所带来的种种现实问题和潜在风险，如基因编辑和生态安全、寿命鸿沟、数据垄断、智识资源供给操纵、透明人和无隐私社会、人工智能对人认知价值的替代、超级机器智能可能会带来的智能失控风险和诸多智能危机，竟然是如此重大而迫切。我经常在各种经济会议和讲座中谈到高科技战略新兴产业，本书所揭示的这些问题，在我看来，是有一定现实意义的，是值得跟踪调查研究的。

除了以上这三重议题，如果说还有什么触动我，给我留下印象的，就是我还有一种强烈的感受，即不能外立于高科技背景而反思宇宙与生命、社会与人生，这正是当代人类的时代宿命；决定现代民族国家经济发展实力和国防安全实力背后的决定性、根本性力量，正是科技实力；科技政治化和科技经济化才是更深层次的真实原初面目；世界已然成为一个为高技术所决定、所运行的世界。我们常常讲宏观经济学、微观经济学、政治经济学，看了《有限与超越》这本书，我倒是觉得十分有必要强调对知识或科学经济学的重视。

正是上述这些关乎人存在及发展的基础却又根本重大的议题，使我饶有兴趣地阅读完这本书，并很愿意将它推荐给读者。

魏　杰

著名学者、经济学家

清华大学文化经济研究院院长

清华大学经济管理学院教授

清华同方讲席教授、清华鸿海讲席教授

2020 年 3 月于海南

序言二
平等如何可能？
——辛迪《有限与超越——人的二重限制性及其平等》序

我想首先声明，这是一篇借“序言”之名同所序之书的作者共同讨论平等问题的学术小文，尽管还比较简略和初步，但其“问题意识”和主题讨论却是明确的，也是十分重要的。

一、平等问题之难

毫无疑问，自由与平等始终是政治哲学的两个核心主题，而且几乎始终纠结于现代政治哲学家和政治思想家运思论理的中枢神经，即便是像罗尔斯这样地位显赫的政治哲学家竭力将正义主题化为政治哲学和政治伦理的“核心理念”，但究其理论内容，也仍然难以超脱自由与平等之间的复杂关系，不得不将其“作为公平的正义”之核心理念最终落实于自由与平等的价值排序上①。事实上，正是面对自由与平等所采取的价值偏好（选择）或理论立场，使得不同的思想家尤其是政治哲学家们产生了各种不同甚至是相互对立的理论分野，形成了各种各样的政治“主义”（-isms）或“学派”，诸如自由主义、平等主义、共和主义、保守主义等。诸种“主义”之间虽有“温和”或“激进”之别，但更多且更重要的是它们在自由与平等之间所采取的价值选择立场，或者，至少是在两者之间所采取的价值偏好排序。

因为自由与平等两者的主题化意味过于沉重，以至于现代政治哲学或政治学界的研究者、思想者们常常不会轻易采取“直奔主题”的研究路

---

① 详见罗尔斯：《正义论》第一部分“理念”。（John Rawls. A Theory of Justice. Mass：Harvard University Press，1971.）

径，来谈论自由或者平等问题，其中，由于“平等”理念与“社会主义”和“共产主义”意识形态暨社会政治实践之间，曾经存在且依旧存在的某些十分复杂的“连带关系”，遂使得人们较少直接标举“平等”主题而为之辩护。相较而言，人们似乎更愿意选择旁敲侧击的间接方式，来探讨自由或者平等的关系问题。当然，也并非没有例外，只是需要足够的理论勇气和富于创新的论理方式，才能直面平等这一老问题，提出新看法，以免于老调重弹式的徒劳，或是落入政治不正确的忧虑。当今学界，罗纳德·德沃金（Ronald Dworkin）大概是少数几位敢于公开标举“平等乃人类社会之至上美德”的政治哲学家和法哲学家①。当然，我们至少还可以回溯到更早一些的近代思想者，诸如莫尔等“空想社会主义者”和以卢梭为代表的启蒙思想家对平等的偏爱与坚持。还有极少数当代较为激进的“左”派思想家和政治家，也公然强调平等优先的社会价值导向。前者的例子是英国牛津大学的科恩（Gerald Allan Cohen）②，后者的典型则是当今美国民主党的下一届总统竞选者桑德斯（Bernie Sanders）③，等等。但就思想和理论影响而言，德沃金无疑是最具代表性的。

总体说来，学界之所以较少聚焦平等的主题化研究，原因很多，其中最重要者可概括为两个方面：其一是社会现实方面的外部因素影响；其二是理论或学术方面的内部因素所致。就前者来说，不平等的社会现实及其长期存在甚至是与日俱增，使得平等的研究很容易落入罗尔斯在其《政

① 可见其代表作《至上的美德》一书，尤其是“导论：平等重要么?”。(Cf. Ronald Dworkin. Sovereign Virtue, The Theory and Practice of Equality. Cambridge, Mass: Harvard University Press, 2000.)

② 科恩的平等主义主张与其马克思主义理论立场和社会主义政治倾向是紧密联系在一起的。其主要代表作包括：《卡尔·马克思的历史理论——一种辩护》(牛津大学出版社，1978)、《自我所有、自由和平等》(剑桥大学出版社，1995)、《如果你是平等主义者，你怎么会如此富有?》(哈佛大学出版社，2000) 和《拯救正义与平等》(哈佛大学出版社，2008) 等。

③ 桑德斯是当代为数不多的公开宣称自己是“民主社会主义者”的美国政治家，被称为美国历史上“第一位社会主义国会参议员”。在目前正在进行的美国民主党内总统竞选候选人中，他也是最具竞争力的人选之一，在青年群体中颇有影响力。2016 年，美国极具公共影响的《时代周刊》曾经公布“2016 年度全球最具影响力的人物”名单，桑德斯竟然位居榜首。

治自由主义》一书中所说的“非现实的”窘境，也容易为多数读者的直觉判定为“不切实际的空洞说教”，遭受他们直觉式的批评和排斥。当然也就更不用说由于冷战后在东、西方形成的“姓资姓社”之政治意识形态的长期较量所造成的社会思想后果了。

就后者而言，平等主题的理论证成或学理辩护显然要比自由主题来得更困难、更复杂，毕竟，近代以来五百年的现代社会所推崇和确信的主流价值是自由主义而非平等主义。易言之，自由主义——无论其形式和名称如何变换——始终占据着现代社会意识形态的主导地位，成为现代社会思想的主流，即便这一状况有着鲜明和强烈的西方现代性色彩。道理很简单，近代以降的人类社会文明是由西方——首先是欧洲，而后是欧美，最近则是美国——的现代主义意识形态所塑造、主导和牵引的，纵然是21世纪的世界被广泛称为“经济全球化”的时代，这一趋势和状态似乎仍然没有发生根本改变，这是我们必须首先确认的基本现实和前提预制。

关于第一个方面的原因，因为实在是过于复杂，加之本文论题所限，我们只好暂且搁置不究。但对于第二个方面的原因，亦即限制平等主题化研究的内部要素，我们却可一谈。平等研究之难究竟难在何处？我以为，最难的是平等得以证成的基本条件，若将其转化为具体问题，则呈现为以下两个最为基本的问题：平等究竟是否可能？且如何可能？前者关乎社会政治和政治哲学的理论证明，后者关乎社会行为技术或条件的可行性与可操作性。

历史上，除了人类早期即我们常说的原始社会之外，平等的理念几乎很少获得，事实上也极难获得社会生活经验或人们生活实际的客观支持，反而更像是一种人类关于“美好社会”的社会理想，或者是人们对于“美好生活”的一种社会想象。这也是为什么在大多数情况下，平等多与形形色色的社会“乌托邦”勾连在一起的缘由，而在一些为数不多的社会实验中，社会平等的寻求常常以失败或悲剧而告终。以较近的例子来说，苏联以“计划经济”、“政治专政”和“文化一统”为基本模式的“苏联社会主义”，以及我国20世纪50年代后期至70年代末所实行的“仿苏式”的社会主义革命和建设实践，虽然不乏社会平等的努力和尝试，且在某些方面确乎也取得了某些成功，比如，“土地革命”或作为基本生产资料的土地分配改革，但在总体上都不幸遭遇严重挫折，甚或遭受失败。这使得人们对于作为一种社会价值目标和理想的平等究竟是否可能产生了诸多疑虑。仅仅从理论上说，人们不难对“人类为什么要追求平等?”这一前提性问题提供诸多理由，其中不乏强有力的道德伦理理由、政治理由甚至宗教信仰理由，职是之故，“人人平等”或者“人生来平等”等主张，并不难成为人们真诚确信的社会理想信条，从《圣经》的上帝造人说，到《论人类不平等的起源》和《共产党宣言》，人们都可以读到并不难认同这些理由。

可是，当人们面对“平等是否可能?”的问题时，答案却远不是那么简捷明了，因为它至少涉及这样几个无法回避的实际问题：(1) 自然或本性意义上的禀赋差异，包括生理（人种、肤色、体格等）、智力、人生机遇等禀赋的天然差别。(2) 地缘和人缘差异。(3) 后天社会资源“赋予”的差异，包括家庭、种族、民族、宗教信仰等社会资源赋予的差别。(4) 个人的主体能力和努力程度上的差异，所谓“一个人的能力有大小”“天道酬勤”之类的说法印证了这一点。(5) 诸如“道德幸运”一类的偶然性资源指数的“被赋予”或“偶尔获得”方面的差别。这一清单还可以继续延伸，它们都是——直接地或间接地——影响“平等是否可能?”的具体而实际的基本因素。

至于“平等如何可能?”的问题，解释和答案就更为复杂了。原因在于，从某种意义上说，该问题主要是一个社会政治问题，涉及社会基本理念、基本制度安排、基本条件或资源供应的容量（capacity）、意愿和实现方式等。在现代信息社会和高科技日趋进步的条件下，我们所谓的条件和资源更多的是指显性的信息科技条件和物质资源，这一点需要特别注意。

由上可见，平等是否可能且如何可能的问题才是平等主题化研究的焦点和难点所在。回顾近世以来平等理论（研究）的演进历程，我们发现，现代平等理论大致历经了三个阶段，即近代——从早期空想社会主义到卢梭的“社会公共意愿”再到马克思主义的“科学社会主义”——平等理论主要是以较为激进的思想理论方式和社会革命方式呈现的，早期偶尔的社会实践——确切地说是“社会实验”(如，空想社会主义者们的“乌托邦实验”)——和激进革命(如，18世纪法国大革命)，也是作为平等主义理想的社会实验或尝试而出现的，直到20世纪伊始俄国“十月革命”和随后相继出现的东欧社会主义运动，以及特别是以中国为代表的东方(东南亚，如，越南民主共和国、老挝、柬埔寨“红色高棉”)社会主义民主革命的“跨越式”实践，平等主义作为一种社会政治实践运动，随着社会主义“阵营”的革命与建设运动的展开而得到相当程度的推进。约略而论，这一时期世界范围内的社会主义运动确实在很大程度上促进了平等主义的社会实践，有一些成功的经验，譬如，20世纪前半叶苏联“苏维埃社会主义农庄”，1950年代前期中国社会的“土地革命”，等等；但更多的是失败的教训，譬如，苏联超强制的计划经济，中国的“人民公社”和“大跃进”运动，柬埔寨“红色高棉”以超强制手段实施的血腥的社会均等化，等等。一些成功的经验中，社会基本生产资源(如，土地和生产工具的平等分配)和生活资源(如，住房、公费医疗——尽管是较低程度上的、公共交通及其他一些特定资源的公共化分享，等等)的平等分配，不仅使平等获得了社会实质性的内涵或内容，而且也促进和提升了社会公共安全、社会秩序、社会公共财富积累、社会基础福利保障的社会均等化等方面的进步，以至于第二次世界大战后相当多的西方资本主义国家，也开始学习和吸收某些社会主义国家的有益经验。

这就是西方平等主义发展的第二个阶段，亦即所谓“福利资本主义”阶段。肇始于20世纪70年代的西方福利资本主义改革，实际上是西方社会内部矛盾激化，尤其是社会贫富两极分化日趋严重之社会状态的一种自我修复，其中，确实不乏对社会主义运动中某些平等主义实践经验的借鉴和挪用。福利资本主义改革的主要目标之一，是通过提高社会公共资源供应，增强社会基本保障条件，诸如改革国家税收制度并实行“累积(工资、其他收入)税制”、建构公共医疗保健体系、增加社会公共保险、开放并鼓励社会公益慈善事业、失业和贫困救济等，来增进社会的普遍平等，以更适应民主社会的政治平等需求。在某种意义上可以说，西方平等主义的发展主要体现为以“福利改善”为中心的经济平等主义社会改进，一些现代经济学家，尤其是制度经济学家常常用“帕累托改进”① 来刻画这种社会平等主义的努力。

如果说，20世纪中后期的西方平等主义主要表现为经济（福利）分配方式及其社会实施上的平等追求，那么，从20世纪晚期开始，人们对平等问题的思考开始从经济平等向以社会政治平等为中心的更为广泛的社会平等扩展了。这一运思理路的扩展主要沿两个方面展开。一方面，是从所谓“底线要求”或消极意义上，思考如何缩小或改善社会不平等的实际状况，譬如通过调整和改进社会基本分配制度（罗尔斯），直接改善社会贫穷，并解决诸如饥荒、灾害影响等问题来改善穷人的贫困生活（阿马蒂亚·森），甚至重新分配社会资源或实施并确保社会资源的平等分配（德沃金），来改善贫穷者、弱势群体或所谓“处于社会最不利地位者”的生活境况，以确保社会普罗大众获得最起码的“体面生活”（a decent life），并尽可能降低或缩小社会的不平等“系数”（即所谓“吉尼系数”）。可以说，当代西方的平等理论在相当程度上显示出更为全面、完整和深刻的演进趋势，已然从某种政治吁求和社会经济改革，“擢升到了”政治哲学的高度（罗尔斯）和社会整体改进策略的深度与广度（森、德沃金等）。相较于早期自由主义思想家所提出的“机会均等”和二战后的社会福利改善（经济学意义上的“帕累托改进”），晚近的自由主义政治哲学家、政治经济学家、法哲学家们对平等主题的思考和证成显然更完备、更深入，诚然也更令人信服。

另一方面，是从较为激进的“左”派立场出发，以积极的平等主张来考量社会平等问题，甚至诉诸社会平等主义的改良或改革策略，诸如提高工资税、储存税和“累积税”，或者，增加对社会中下层的福利，尤其是健康医疗保险，来改善社会中下层的生活与工作状态。美国民主党内的激进派领袖桑德斯、美国前总统奥巴马（Barack Hussein Obama）大概是这种积极平等的政治尝试者或实践者，而当代法国新锐经济学家托马斯·

① 所谓“帕累托改进”，简要地说就是，任何社会经济分配制度的实施及改进都必须在确保实现没有一个人的状态较以前变坏的前提下，实现社会总体状态的改善或改进。

皮凯蒂（Thomas Piketty）及其代表作《21世纪资本论》，则堪称积极平等的最新理论成果。

二、平等新论：“人的二重限制性”及其平等

但是，这些理论推进仍然没有根本改变平等研究的主题化之难！因为它们所提供或所展示的仍然只是平等问题的外在性因素或外部性条件，纵然已经相当完备和深入。易言之，这些理论研究和思想容量仍然不及迄今为止有关自由的主题化研究，后者似乎从一开始便拥有其较为坚实有力的内在性理据的支撑。比如自由主义理论——无论以何种形式或方式呈现——几乎都能找到内在于自由本身的有力证据，来证成自由之为人类核心价值的正当合法性结论，譬如：每一个人的自由和自由权利具有绝对“天赋”或自然生成的性质，没有人否认自由所蕴含的自主、自律是人与生俱来且必然可普遍化的人之为人的本性和能力；个人的“自由（权利）”是现代市场经济（商品交易）和现代法制（权利主体）得以可能的先决前提；等等。与之相比，无论是“底线要求”，还是诸如饥荒、灾害一类社会紧急情形或例外情形所导致的绝对贫困的社会救济，抑或是通过社会基本分配制度来重新分配社会基本资源，都不能被看作基于平等本身的内在根据，而只能被看作寻求平等之可能实现的外在辅助性条件。我们仍然需要寻找到平等之为每一个人的内在要求和自主选择目标的根据或理据。

是否存在这样的内在根据或理据？若有，究竟何在？让我意外和吃惊的是，辛迪博士在其新著《有限与超越——人的二重限制性及其平等》中，给我们提供了一个新颖且极有价值的答案。该书的解答也许是我们每一个人都能感受和认可却又没有注意到的、在我看来确实也极为关键的平等之内在根据。辛迪博士发现，平等之所以可能，进而平等问题之所以能够主题化为人类社会的核心价值，至少是由人自身内在的——而非外在于人的——两个基本特性及其内在限制所决定的，她将这两个基本特性称为“人的二重限制性”。

何为“人的二重限制性”？辛迪在其著作开篇即有开宗明义的概述：

"贯穿于本书的主题是：人人生而有别，且人生处境际遇差异万千，却同等地受制于人必有一死、人之个体认知不可存续这二重限制，从这个意义上讲人人又是平等的。人的这二重限制及其平等因何而来？人始于并超越这二重限制的意义何在？尤其身处高科技对这二重限制的影响日趋增深的现时代背景下，我们应该如何来看待它和对待它？"老实说，当我开卷读到这段开篇语时，顿生几许惊奇与震撼。在政治哲学王国漂游经年，我——或许绝大多数平等主义思想家——很少考量人之必死和人之个体认知（知识）不可遗传的二重性，对于破解平等主题的内在化难题所具有的内在意义。这段开篇语像是一声空谷哨音，吸引我几乎是没有停顿地读完全书打印稿。

氏著的确没有让我失望。作者不仅对"人的二重限制性"做了相当严谨的界定和清晰的解释，而且为"人的二重限制性"之于人之平等的内在关键意味，给出了相当充分且具有科学依据的证明。氏著提示，所谓"人的二重限制性"及其平等，是指在本源性差别的人类世界中，人有两个根本性相同，就是人之生命的有限性与人之个体认知的不可继承或遗传性，这两个根本性相同是人不得不接受的被限制了的相同，乃至是人渴望突破、渴望挣脱的。人是这二重有限的存在，它构成了人的原初平等，构成了人类得以在一定范围内达成平等关系的内在根基。（1）每一个人自然生命的有限性，也就是我们常说的"每个人都终有一死"，海德格尔将之称为"必朽性"（mortality）。无论高低贵贱，无论贫富美丑，无论性别肤色或种族民族，人人都必须面对从生到死且必死的生命限定。就此而言，人与人是绝对平等的、相同的。（2）通过分析人之个体认知的形态与存续途径，阐明人之个体认知（知识）不可通过血缘遗传获得之机理，指出人之个体认知的不可继承或遗传这一人之特性，直接导致了一个后果，每一个人都不得不是一个从零开始的新的生命认知周期。任何个人的知识都是通过他或者她自身的认知努力而独立获取的，任何人对知识的获取都必须从零开始，知识获取的程度与品质——从主体内在的角度看——仅仅同个体自身的努力、认知能力和求知条件直接相关；而且更为重要的是，任何个人所获得或所拥有的知识都不可能像物质财富等外部性资源那样直接留传给自己的后代，也不可能通过诸如"遗嘱"一类的方式直接授予别人，因之是不可存续、不可继承或遗传的。易言之，“个人知识”① 不仅具有“独立自主”的特性，而且具有“独立有限”的特征。这使得我们所有的人——无论我们之间存在多少差异和多大差异——在知识的原始获取上处在同等地位，具有绝对的平等性，一如我们面对生命有限性或必朽性一样。

“人的二重限制性”事实客观且绝对永恒存在，不会因任何其他因素的改变而发生改变：人既不可实现其自然生命的永恒不朽，也无法用任何自然的或人为的方式，把自身所拥有的知识自然而然地遗传给自己的后代。每一个人都必须独立直面从生到死的生命过程，同时也必须独自展开自身从无（零）到有的知识获取周期。这种与生俱来且不可超脱的“人的二重限制性”及其“原始的”或“天然的”平等，使得我们所有人都可以找到并认可人与人之间原始平等的内在理由。也就是说，“人的二重限制性”及其平等为人类平等留下了本体论暨生存论的依据和可能。作者进而指出，对于这一结论性的论断，我们至少可以从三个方面提供论据和论证：

其一，“人的二重限制性”及其平等为人性的建构和人类社会的文明进步提供了内在动力。因为个体生命的有限和独立，使得人对强力生命与好生活的追求成为其内在需求和生活的根本动力；而个体知识的不可存续或遗传性，又使得所有个体都必须站在同一起点，并从相同的起点出发亦即从零开始，去开始自身求知的生命周期，也就是独立开始自身求生存、求发展的自身文明化过程。而由于每一个人都会——自觉地或不自觉地，直接地或间接地——认识到，所有的人都同样具有生命有限、知识自求的二重限制性，因之又可能形成同样的谦卑与超越的人生心态及姿态，既意识到自身的有限和独立，又意识到彼此之间的相同和平等。正是“人的

① “个人知识”（personal knowledge）借自著名哲学家和知识社会学家波兰尼（Michael Polanyi），其意是指由个人所习得、生产或者创造、拥有的个体专属知识，它可以通过人际传授、公共教育、公共传播等方式，普遍化为“非个人的知识”或“公共知识”，但其形成、生产或创生、拥有或原初的“知识专利”首先是个人的或个体私有的。（Cf. Michael Polanyi. Personal Knowledge: Towards a Post-Critical Philosophy. esp. Chapter 5. Chicago, Illinois: The University of Chicago Press, 1958.）

二重限制性”及其平等这一内在固有的特性，赋予人性以“自谦”和“自我超越”的内在而积极的建构动力或创生动力。

其二，认知或知识的“不可继承性”或“不可遗传性”使得人类知识创新成为可能。诚如波兰尼所指出的，人们通常之关注公共性知识或者人类知识的公共性，却很少注意到“个人知识”的重要创新意义。从本源意义上说，所谓公共知识也不过是借助于传播、传授或教育、历史（记录）等社会化方式，得以进入公共转化过程后所形成、积累、传播的“非个人知识”。正是牛顿发现并证成了现代经典物理学基本原理，我们是在其后通过学习并懂得运用这些原理来创造现代物理学业绩的；同样，现代人类之所以能够创制各种飞行器进入太空，也是仰仗爱因斯坦的相对论才得以可能的。世代传承的人文学知识的原始生产也并非公共的，只是其得到人们的传播，进而逐渐扩展为公共化的知识而已。因此可以说，正是由于人之认知的“不可继承性”证实了知识的个人独有（专利）意义，增强和提升了每一个人类生命个体的认知价值和独立创造（开新）潜能。每一个人都必须独立展开自身从零开始的生命认知周期，也就意味每一个人及其认知都成为潜在的可以提供知识反思和知识创新的源头。当一个人“自知其无知”，也就是他或者她重新认知并反思一切已有知识的开始，也是他或者她能够超越已有知识、超越前辈知识约束、寻求并创造新知的开始。现代物理学中的量子力学及其不断分衍和深化，便是这一论断得以成立的显证。

其三，“人的二重限制性”及其平等还是人际差异的天然调节器，因而也是人际正义平等关系得以建立的原始根基。个人生命的有限或必朽与个人知识的不可继承或不可遗传之二重限制，仿佛是人类天然平等的先验预定，无人可以改变，无人可以超脱。这一原始的人生事实性或人性内在性的前提预制，使得每一个具有正常理性的人都不必陷入绝望人生或者狂妄人生的两极而不能自拔：天才老子有可能生出笨蛋儿子，“寒门”可以出“秀才”甚至“状元”，贵族或者帝王也可能沦为贫穷者甚至流浪者。所谓“一夜暴富”或者“瞬间从天堂到地狱”的人生事例，说的也是类似的道理。对于每一个人——更不用说对于每一个家庭或家族——来说，“一切都是可能的”！这就是说，“人的二重限制性”及其天然平等的预定，既给弱者以改变和改善人生的希望，也给强者以“慎独”、容忍或者宽容的自我提示，还能够给人类群体——部落或者社区、社会、国家和人类世界——以平等关注、正义公平甚至是互助互利的“相与”之道，提供最朴素而原始的内在支撑，为各种人际关系的调节协和提供原始的生物学或生命科学的内在性根据。当然，同样的预定也有可能给人际、群际、族际、国际提供相互竞争甚至相互争夺、相互伤害的生物学乃至动物学的消极性理由。

但一般而论，我们之所以有理由将之视作积极的“内在性根据”而非“消极性理由”，是因为“人的二重限制性”及其平等只是一种“有限性”的保守的理论预制，它是有特定限度的人的生命之内在特性的预制，而非一般化、普泛化的人性预设。并且，它是一种人之生物性事实（生命必朽）和社会性事实（个体知识不可继承或遗传），而非抽象的理论假设。所以，与其说它是一种预定或预制，不如说它是一种人无法超脱、无法否认的事实前提。也正是在这一意义上，我认同并赞赏作者的上述观点和论证，更何况作者还援引了大量现代生物科学和基因科技、现代认知科学和人工智能科技以及工程应用技术的最新成果和数据，为其理论或学理论证提供了相当丰富充实的前沿证据和数据补充。坦率地说，作者的多学科知识准备和跨学科理论视野也同样让我吃惊和感佩。限于我自己的学识和本序的篇幅，我这里就不展开赘述了。

三、依然开放的问题

如前备述，相比较而言，迄今为止人们对平等问题的研究，还远不如有关自由问题的研究那样丰富和充分，甚至还存在尚待开拓的处女地。一方面，就我所知，辛迪博士关于“人的二重限制性”及其平等的研究的确揭示了平等研究新的内在理据，或者说，揭橥了人们未曾留意和深究的平等问题的新向度，因而在某种程度上应该可以说弥补了这一研究领域的严重不足，应该值得关注和祝贺。另一方面，作者关于“人的二重限制性”及其平等的新探究，也给我们展示了一片尚待开垦的平等理论的新高地，留下或者引发了一些有待深入探讨的新问题。

首先，我们可以沿着作者的“人的二重限制性”及其平等的思路和言路，再向前一步追问：如果说，人类个体生命的有限性或必朽性构成了人与人平等的生物学预定，从而为人类平等提供了一种有意义的内在根据，那么，人类族群或群体生命的无限延伸是否有可能构成对这一预定或根据的否证或反驳理由呢？例如，某些族群或社群因为自然禀赋（如基因）优势、自然赋予或自然条件（如地缘环境）优势而获得相对于其他群体的生命发展优势，进而导致人类不同族群之间的不平等事实，历史地看，这类事实正是社会达尔文主义得以形成的重要原因。进而，平等问题毕竟不是个人问题，而是且只能是人际关系问题或人类社会关系问题。个人自身无所谓平等，当且仅当某一人类个体与他人或其他同类发生关联时，才会发生平等问题。既然如此，人类个体生命的有限性究竟能否且在多大程度上能预制人与人的社会平等呢？换言之，即便人们可以认可甚至确信这一预制是可能并可实现的，一当我们将之置于社会历史语境之中，也就是从现实的社会生活实际和长远的历史演进过程，来看待个人生命的有限性之于人类平等的前提预制意义，会不会有所不同？其作为平等之内在理据的意义是否较为有限呢？抑或会不会仅仅具有理论上的前提预设意义？这似乎是作者需要做出进一步解答的问题，也是我们需要进一步讨论的问题。

与人的生命有限性或必朽性相比，个体认知或知识的不可继承或遗传性对于论证和证成人类平等所提供的支持可能会更强一些，因为它是一个已然具有社会化特性的内在证据，而非自然或天然的内在证据。人的认知或知识只能后天习得，虽然这种知识习得在一定程度上也受制于人的先天禀赋（如所谓 IQ 即“智商”），但主要还是由人的后天学习的努力和程度来决定的。可是，即便如此，作为人类平等的论证理据，个人认知或知识的不可继承或遗传性也可能面临类似于前一个“有限性”的质疑和反驳：如果我们认可这样一种普遍的知识社会学前提，即所有有意义的人类知识都必须是可普遍化或可公共分享的公共知识，或者说，知识本身是不可私有化的，更不可能被某人所永久垄断，那么，知识的不可存续或不可遗传的限定就可能是一个不太可靠的假设。即使我们可以证明，一个人所拥有的认知或知识无法直接过继或遗传给其后代，也很难确证其后代不可以通过间接的方式传承甚至是优先获取其前辈的知识财富，比如，我们通常所说的“家学”传承和习俗教化（近似于古罗马文化中的“*paideina*”）。当然，这样的推论实际上多少超出了辛迪博士原有的理论预设，并不能一般地否认她所说的“代表了个体同一性的个人认知”和“个人知识”的不可存续、不可直接继承或遗传给后代的推断和结论。对此，辛迪博士在“二重限制性”概念中做出了一定解说，但无论怎样，这一推理仍是有意义的，是可以延伸辩论的。

“人的二重限制性”概念的提出确实为平等理论提供了新的内在理据，为平等理论的讨论开放了新的空间和可能，在此意义上可以说，本书作者的发现和论证将平等理论研究推进了一步。然而，有关平等的理论探究依然是开放的。我想补充的是，作为一种新理据或新论证，“人的二重限制性”及其平等的理论论证为我们贡献了新的生命科学和知识社会学理据，但它们还需要给予哲学的整合和提升，这就是借助于现代生物科学和基因科技、现代认知科学和人工智能科技以及工程应用技术之前沿科技成果，重新建构关于人自身有限性的认识，或者说，重新建构“人的知识”(培根语)。

无论是人的个体生命的有限性，还是“个人知识”的不可存续或不可遗传性，都是作为生命个体的人自身的有限性，从哲学本体论的意义上说，也是人类自身存在的有限性。对此，许多哲学家都曾有非常清醒的意识和自觉。当康德将其“道德形而上学”理论推进到如何确保人类对普遍的“善良意志”并永远保持其追求“至善”的道德信念时，他感受到的不单是逻辑推理的局限，更感受到了人类自身的有限性，因而只能——多少有些无奈地——为道德之可能性论证设立了三个终极性假设：人的意志自由、灵魂不朽、上帝存在。当海德格尔指出“此在”最终必须“向死而在”而“共在”最终难以可能的时候，他所洞见的也是人的有限性。

生命有限是人的本体论暨生存论宿命。然而尽管如此，大多数哲学家和伦理学家仍然给出了一种积极的解答：人的有限性决定了人只能是一种“理性的依赖性动物”(麦金泰尔语)，或者“社会性生物”(马克思语)，甚至是“政治的动物”(亚里士多德语)，每一个人都必须选择以社会的方式生存和生活，也只有凭借社会化的方式才能生存和生活。因为，人类个体的生命太脆弱，远不足以孤立地生存和生活，只能凭借群体的相互依存、合作和团结，人类个体才能得以生存和发展。正是人的这一相互依存特性，内在地决定了人际和群际的平等并非外在强加的社会限制，而是人类社会生存和发展的内在要求，甚至是一种持久的“充分必要条件”。如果说，人的自由是人类社会得以有效存续和发展的内在动力，那么，人与人之间的相互平等同样也是人类社会获得存续和可持续发展的内在要求，两者的价值指向不同，但对于人类社会存续发展的意义却又是相同的，两者都是人类社会生存和发展的充分必要条件或基本前提，失去其中任何一个，都会最终导致人类社会的瓦解。或可说，人的有限性本身即是平等的根本内在根据，甚至是终极根据。

当然，这种为人们所熟知的哲学本体论证明，可能已经越出了辛迪《有限与超越——人的二重限制性及其平等》一书的主题范围。事实上，氏著所致力解决的核心问题是，通过证成“人的二重限制性”及其天然平等，为已有的平等理论提供新的解释或新的解决方案。就其主题目标而言，作者确实获得了很大的成功。但正如我在本文开篇所谈到的那样，作为哲学尤其是政治哲学的核心主题，关于自由和平等的探讨永无终点，也不可能终结。辛迪的新探究及其成果也再一次证明，平等的理论没有既定不变的答案，它永远开放，每一次新的探究都会为我们的思想理论空间打开一扇新的窗户，或是，提供一个新的视角、新的路径、新的向度、新的尝试，俾使我们对平等的认识有可能向前推进，从而为平等理论增添一抹亮色，增添一抹理论之光。

让我们沿着前行的探索者们为我们敞开的新路，借助于他们所提供的光亮，继续前行！真理如光，永不熄灭！

且为序。仅供作者和读者们参考。

万俊人

清华大学首批文科资深教授，长江学者

清华大学人文学院院长

中国伦理学会会长

2020 年初春新型冠状病毒肺炎肆虐禁闭期间，

急就于北京远郊悠斋

目 录

导　论

为什么写这本书

贯穿于本书的主题是：人人生而有别，且人生处境际遇差异万千，却同等地受制于人必有一死、人之个体认知不可存续这二重限制，从这个意义上讲人人又是平等的。人的这二重限制及其平等因何而来？人始于并超越这二重限制的意义何在？尤其身处高科技对这二重限制的影响日趋增深的现时代背景下，我们应该如何来看待它和对待它？

该主题及本书的完成与笔者对人的生命限度和认知限度这两大人之本质问题的长期思考有着直接的联系。笔者对生命有限、人之无知、人面对广袤未知的茫然感和无力感，感悟由来久矣。本书正是笔者在思考“为什么人必有一死”“为什么人认知不可存续”“这两大人之本质的意义何在”这样一些问题及其复杂背景的基础上，逐渐形成的。同时，伴随着笔者对人际差异与平等所做的一般性哲学解释、对近现代平等理论发展阶段与脉络的反复梳理和反思、对当代平等理论的深度解析的整个研究过程，以及结合十余年来笔者在北大、清华的学习中对本书主题所涉及的各种背景知识和理论的思索探研，本书得以逐渐展开、深入，并逐渐趋于成熟。

首先，二重限制性是对人之生命限度和人之认知限度这二重人之本质问题反思而产生的理论概念和论述。“为什么人必有一死”、“为什么人认知有限”（包括两种限度：认知可存续限度、认知可及领域限度），这类问题常常伴随着人类的自我反思，可以说是直面每一个生命的最根本追问。越是累积人生阅历，越是步入中年岁月，就越发不可逃避地需要面对、反思和回答。

为什么人必有一死？死亡的生物学原因（现象解释）、生物学意义（对生物的利益或价值）是什么？死亡究竟可不可以避免，能不能像媒体热炒的俄罗斯大亨德米特里·伊茨科夫（Dmitry Itskov）2012年雄心勃勃所启动的永生人计划①那样，创造出全息身体并承载人工大脑，使个体独有的记忆和意识得以永远存续，成为克隆转忆人②？或者说，有没有“死亡之后”？“死亡之后”是什么？死亡是否如宗教所述，变形（transform）成另一种与我们隔离的形态，如灵魂摆脱肉体？还是像诸多濒死体验者所感受过的那样，于灯火通明的强光之中，意识——或者称之为正在出窍中的灵魂，即你还能感受到你此生的那种状态，离开身体，越行越远，越行越高，一生所遇犹如幻影，一幕一幕在强光中跳跃着闪过？抑或还是如现代科学以来，诸多科学巨匠历经300多年、接力赛似的执着于穷尽物质之谜，迨至20世纪上半叶所推至的物质“波粒二象性”③，以及爱因斯坦所相信的“上帝不会掷骰子”④，宇宙万物背后蕴藏的是完整的统一性（“波粒”所并存的不确定性、海森堡测不准原理，暗示主客观原本就不可分离，客观就是主观的展现）？

生死不可界越，现代科学300多年以来，诸多科学巨匠、世界最杰出大脑、诺贝尔奖获得者，前赴后继、穷尽终生，也尚未能完全揭示以上问题答案，这恰恰证实了笔者所思考的第二个问题“人之认知的有限性”。

正因为认识到了认知的限度、明白了问题不可穷尽的逻辑（4.2.2，人类认知具有可知域、未知域、不可知域），所以本书在结构设计中，在

---

① 维基百科、百度有大量关于伊茨科夫“永生人计划”的报道，一些学术文章也多有提及，但尚无系统性的理论资料，说明该项目当前或处于概念阶段、初期研究阶段，或处于秘密研究阶段。

② 卢风．人类增强与人权．广西大学学报（哲学社会科学版），2016（2）：9；韩东屏．“克隆转忆人”与永生不死．湖北大学学报（哲学社会科学版），2007（6）：18－19.

③ 20世纪上半叶量子力学提出的经典理论之一，指微观粒子同时表现出粒子和波的特性。

④ 爱因斯坦在思考量子力学理论中的随机性时的一句著名评价。

涉及“为什么人必有一死”“为什么人认知不可存续”这两大问题的背景理论论述中，也即对“二重限制性”的概念构建中所涉及生命科学、认知科学的内容部分，在提供了充分的自然素材论据之后，选择了适度止步。例如，在解释基因遗传学对人体禀赋差异影响的部分，梳理了基因科学研究和基因工程技术的来龙去脉、里程碑式关键理论突破，用以解释基因影响人体禀赋差异的机制、明确基因操纵和更改的关键控制环节和控制点（1.1.3），但是，并没有对基因的形成机制——如生命进化展开追踪。例如，对死亡的生物学原因，也即死亡现象的科学解释进行了论述（3.1.2），但止步于死亡的生物学意义。例如，在认知的存续途径部分（3.2），涉及了认知科学的一般理论，如大脑调控与基因调控的区别、智力作为一种功能性能力与遗传的弱关联关系、基于符号语言建构之上的高阶人类认知无法被自然遗传等，但是，并没有涉及更深层次的“认知谜团”（相比基因遗传科学，认知和脑科学尚处于婴幼期，尚有很多谜团没有破解）。

其次，对二重限制性及其平等的思考、提出和建构，伴随着笔者对人际差异与平等所做的一般性哲学解释，对近现代平等理论所做的专门性理论分析的整个研究过程，而逐渐展开、深入，并逐渐趋于清晰、完善。

人生在世，短促一生，除了必须面对生命必死、自我认知不可存续之存在消亡以外，还不得不面对人际差异这个根本性问题。同样生而为人，同样奔忙一生，为何人生处境和际遇差异如此之大？类似这样的心理情感困扰和理性思考需要在现实生活中一直伴随着人们。人际的差异与相同，如同自由与平等，皆为人之所求，却又充满矛盾张力。万物本自生而不同，人又如草木一般天性向往自由生长，然而自由生长本身就是一个创造和拉大差异的生命过程，这个过程使得强者将弱者越甩越远，强弱差异越来越大。对人际差异的不同看待与对待不仅导致了不同的人类社会建制，例如封建等级制社会与自由民主制社会，还直接关系到每一个人内心的充足、幸福与平静，对占多数的普罗大众更是如此。因此，本书在思考“为什么人必有一死”“为什么人认知不可存续”“这两大人之本质的意义何在”问题时，就必然将其与人际差异与平等关联起来探究了。

本书的创新之处在于：基于丰富的生命科学、认知科学和物理、地理、医学等科学知识，构建人之生命的有限性与人之个体认知的不可继承性（遗传）之上的人的二重限制性（亦称“二重限制性”），以及基于人之二重限制性的原初平等（亦称“二重限制性平等”“主体存在平等暨二重限制性平等”）这对极具解释力的新概念，以人之差异入手，逐层展开，揭示人之求同亦即追求人际平等的动因、理想、方式及其正当合理性和现实可能性，包括人始于并超越这二重限制存在的意义，高科技可能会对其造成的突破挑战，并提出解决方案。

二重限制性及其平等的具体建构路径是：把人必有一死与人之个体认知不可存续这样的事实（第3章），与作为一种理想的、一种自然主义心理情感的（第1章）以及功利主义价值的（第4章）平等，通过对人际差异与平等的一般性哲学解释（第1章），以及对近现代平等理论的动态性分析与共时性解析（第2章），合理地连接与建构起来，从而确立起“二重限制性平等”这一新的当代平等物（第3章），并深层次分析了基于当代两大生命高峰科学之上的基因工程和人工智能工程对二重限制性及其平等形成的实在的和可能的挑战（第5章），针对二重限制性及其平等的突破应对，提出了三大层面倡议、四大应用原则（第6章）。

在对近现代平等理论所展开的考察中，笔者设计了三阶段划分依据，据此分析了近现代平等理论发展的三个阶段（2.1－2.4）；设定了四要素分析框架，并据此重点解析了当代平等理论的主要内容与时代特征（2.4）。在解析当代平等理论所主张的平等物、平等形式及态度、分配原则、论证特征、批判关系、对平等实践的影响等过程中，基于笔者的理论发现，同时也结合笔者长期以来对人之生命限度、认知限度等问题的思考，迭次提出了“生命的有限性”“认知的不可继承性”“二重限制性”这一组概念（3.1－3.3）。之后，通过四个步骤、六点回应，经由对“休谟问题”的事实与价值之辩，从“二重限制性”合理地连接、过渡到“二重限制性平等”，从而推导出“二重限制性平等”这一新概念和新平等物（3.4－3.5）。最后，沿用四要素分析框架对“二重限制性平等”进行了维度定位，指明了“二重限制性平等”就是“主体存在平等”，亦称“主体存在平等暨二重限制性平等”，指出了其在当代平等理论图景中的位置，提出了研发例外原则和三项分配原则，将其纳入当代平等理论的逻辑和话语体系（3.6）。

所谓“二重限制性”，就是人之生命的有限性、人之个体认知的不可继承性（遗传）。它是每一个主体被限制了的二重最根本的相同特性；只要主体存在，主体就不得不受制于这二重限制。所谓“二重限制性平等”，就是在“生命的有限性”和“认知的不可继承性”这二重被限制的人类事实相同、实质相同面前，人与人处于一种同等的、等份的相互性关系。这样的同等、等份关系，使得人们在“二重限制性”所涉及的权利、机会和结果面前应被平等地对待。“二重限制性平等”是被“二重限制性”限制了的个人主体存在的平等，构成了“主体存在平等”之根本内容。

笔者进而发现，如果“二重限制性”这二重事实平等、实质平等不是从人类外部被限制了的人的平等，如果这二重限制可以被打破，如果一部分人可以不受制于这二重限制，那么人类社会的平等共处关系就将难以维持。君子之泽，就不是五世而斩，而将可能永固不变。带来绝对利好的长寿、蕴含着力量和实用性的认知，就必然会像特权、地位、财富那样，经由社会习俗和制度被合法化地固化下来，为一小部分人所世代继承。而那些不能拥有的人（往往是普罗大众、社会底层），也就永无自我改善的可能和希望。

笔者继续深挖二重限制性及其平等的哲学及伦理意义，发现人对自身之二重有限存在，也即对二重限制性的超越，是人性建构的动力、知识创新的源头；二重限制性及其平等因而成为保障我们共同价值（人性）、共同财富（知识）的宝贵根基。它还是天然的人际差异调节器，对主体间社会存在关系形成了根本性的影响，是主体得以平等存在、人类得以平等共处的自然物质基础和底线保障，对人类社会具有重大作用和意义（第 4 章）。

最后，对二重限制性及其平等的思考必然伴随着对现时代高科技背景下生命伦理的反思。不能外立于高科技背景而反思宇宙与生命、社会与人生，这正是当代人类的时代宿命。众所周知，18 世纪下半叶和 19 世纪科学革命时期的技术应用改变了世界，也塑造了现代世界。这一时期见证了人类历史上空前的科学进步，见证了科学改变世界的巨大强力和实用价值。进入 20 世纪，一场新的更加具有颠覆性的科学革命开始了，新的宇宙观、新的时空观、新的地球观、新的物质观、新的生命观相继出现，对 20−21 世纪造成了深刻的影响，现代世界已经成为一个为高科技技术所决定、所运行的世界。现时代下，没有任何一个国家、一个民族、一个组织、一个个体能够置身高科技技术之外而不受其影响。

本书联系 20 世纪下半叶以来生命科学的快速发展，首先是基因遗传学、基因和蛋白质学的飞速发展（1. 1. 3）以及基因工程技术的广泛应用（5. 1. 1），基因测序、重组、克隆、扩增、编辑等基因操纵和更改技术不断推陈出新，在转基因农作物和畜牧动物领域展开了成熟应用；同时包括基因定向疾病治疗、胚胎遗传疾病基因筛查、体外受精、胚胎性别选择、胚胎遗传特征选择、情绪控制及神经类分子制药、胚胎干细胞移植、人体增强、认知增强、延寿等针对人体自身的基因工程技术应用也越来越深入。这就不得不引发思考：人类可以在多大程度范围内改造人类自己的基因？是设立禁区、完全禁止，还是改善健康、保持自然遗传，抑或是适度增强、稍作升级突破，甚至是大篇幅修改，以完成某种特定目的，如太空移民、实现完美人类？倘若如此，则又会引发一个问题，我们应该如何看待对“生命的有限性”“认知的不可继承性”这二重人类最根本的事实相同、实质相同所可能会发生的基因改造？生命的有限性可以被突破吗？“寿命鸿沟”会扩大化和代际固化吗？人类会进入一个以“寿命鸿沟”而类分的新的演化时代吗（5. 2. 1）？

相较基因遗传，认知和脑科学兴盛稍晚，但因其针对人类最高等活动（意识）研究而所具有的特殊性、尖端性以及学科制高地位，被各发达经济体投以巨资，尤其是模仿脑、创新脑的人工智能工程，更成为世界瞩目的前沿科技（5. 1. 2）。建立在模仿人脑神经网络架构之上的，拥有机器视觉和机器听觉、能处理自然语言、高度智能化的计算机拟人技术和产品，已经具备了深度学习、与环境互动学习、经历累积迭代学习的能力，它们不仅在身体能力方面，还在储存即记忆、辨识、判断、模仿、分析等原本属于人类独有的认知能力方面超过了人类，由此导致了越来越多的人工智能产品不仅替代了那些具有重复性、机械性特征的体力劳动，还渗透到了语言处理、金融投资、医疗、教育、法律、商业、影视娱乐、新闻播报、国防安保等很多一直以来被认为是高端知识型的工作领域（5.1.2、5.2.2）。

根据认知的不可继承性，每一个人所获取的知识都是靠自我从零开始习得的，而不能像资产财富（社会继承）或生命体征形态及感知觉功能（自然继承）那样，将自身所拥有的知识转移或遗传给下一代（3.2）；认知的不可继承性使每一个人都成为一个从零开始的新的生命认知周期，每一个人都具备自我独有的认知潜能和认知可自由性，这是每一个人所独有的认知价值（4.2）。然而，人工智能凭借模仿脑、创新脑的仿人智能技术，乃至是不同于人类的新型智能形态，取代了人类大脑的认知价值，因此使很多人失去了工作机会和工作价值。不仅如此，近30年来，由巨量数据（vast data）所驱动的遗传算法、人工神经网络算法、脉冲神经网络算法、异构融合类仿神经网络算法等智能模拟技术，已经使智能工程脱离了原有的、传统的类人脑的智能化路径，导致了非类人脑的人工智能。基于大数据驱动、统计与概率、复杂算法等这些人脑所无法处理、所做不到的技术路径，人工智能可能会挖掘出一些人类根本无法感知到的认知领域，可能会走上一条不同于人类智能的智能形态道路，并越走越远，这就是人工智能领域的热点议题“人工智能威胁论”（5.1.2、5.2.2）。这也不得不引发思考：人工智能到底能在多大程度上超过人类智能？能在多大程度上取代人的体力和脑力工作？在取代人的工作以后，人工智能还可以继续创造价值来保障人类和辅助人类吗？未来的某个时刻，人工智能或其拥有者及控制者会不会威胁到人类自身（5.2.2）？

突破有限生命、竭尽极限地延长寿命；突破有限认知，增强认知，拓展新的认知存续方式，乃至物理转移认知、创造和拥有不同于人的新型认知力量，是绝对的利好，是人之普遍所欲。但同时，人又是二重限制性的存在，二重限制性及其平等是人类社会的根本事实和历史事实，人对自身之二重有限存在的超越，是人性建构的动力，是知识创新的源头；它还是天然的人际差异调节器，是主体得以平等存在、人类社会得以平等共处的自然物质基础和底线保障，对人类社会有着重大作用和意义（第4章）。从技术上看，二重限制性可以被突破吗？从伦理上看，二重限制性应该被突破吗？如果研究确证，二重限制性从技术上可以实现突破，是安全可靠的，是可以广泛适用的，那么它又应该被推广应用吗？它在推广应用中如何做到公平正义（第5章、第6章）？

正是围绕着“生命的有限性”“认知的不可继承性”“二重限制性”“二重限制性平等”“主体存在平等暨二重限制性平等”这一系列不同层次、互为关联、既是理论又是实践的问题，促成了本书研究的初衷，而对这些问题的深入思考、分析、推理和求证，则推动了本书的构思、运思和创作。这就是本书议题的背景及由来，伴随着议题不断丰满、完善的过程，其研究意义和价值也得到不同层面的展现。

这本书可以告诉你什么

任何对“人之生命限度”、“人之认知限度”、“人始于并超越这二重限度的意义”、“凭借高科技突破这二重限度”及由此引发的“人际差异与平等”议题感兴趣的读者，都可以从本书中受益。这也是一本可以陪伴读者迈入现代生物科学和基因科技、现代认知科学和人工智能科技以及工程应用伦理的科普读物，它正是围绕着这些议题而展开的一场哲学与科学、人性与科技的对话交融。

这本书可以让你沉浸于哲学思辨和逻辑推理的快乐中，它会让你感受到哲学的力量和功用。哲学并非无用之学，亦非玄谈。哲学是宇宙自然生命之最永恒、根本、深邃的智慧，它像科学一样从根子上诉诸理性，但又像宗教一样饱含着关怀。哲学是人类认识宇宙、认识生命、认识自我与人我的基础，是伴随我们一生的工具。从理论构建上，哲学可以包容和整合所有人类知识，因为它总是勇敢地迎接人类所面向的广袤未知，它总是在探索宇宙、生命以及人类社会的终极问题及由其所引发的不确定性，这正是为什么古今中外哲学总是在不断孕育出新学科，这也正是为什么迨至现代学科纵深细分以来，各门类学科仍然离不开哲学并建立所在领域的专门哲学，如历史哲学、科学哲学的原因。在实践应用上，哲学告诉我们如何看待这个世界，如何赋予其意义，如何依据这种意义来判断方向和指引行动，因之它使我们智慧且自觉，因之它抬高我们的事业和人生境界，这也正是为什么在现实中，我们发现一流的科学家、企业家往往最后也都是某种程度的哲学家的原因。

这本书的知识性素材非常丰富，它会让你记住这一概念：二重限制性。伴随着这一概念的系统性构建，这本书会与你一起，在与大量宇宙、地球、生命、基因以及认知等自然科学知识的穿插交融中，在与诸多科学史、人类学、心理学、伦理学、经济学、政治学等社会科学知识的娓娓对话中，走入"人必有一死""人个体认知不可存续"这二重人之有限的生物学基础、社会学特性，在差异与平等、有限与超越的思想碰撞中寻找二重限制性的意义，包括高科技对这二重限制如何形成了何种实在的和可能的挑战，以及由此所引发的新的不平等问题，尤其是身处现时代高科技背景下，我们应该如何来看待和对待这些问题。

哲学的功用

中国古代天文学、医学、农学都含有丰富的哲学色彩。中医本身就是中国哲学结合中国传统医学经验反思而形成的哲学——医学整体解释理论。在中国古代，科学和哲学本就不可分割。西方哲学史和科学史也告诉我们，西方哲学和自然科学本为一体所出，自古希腊以来一直到现代，哲学不断地孕育和分化出科学，如公元前 3 世纪的欧几里得几何学，16－17 世纪从自然哲学中独立出来的物理学，19 世纪的进化论以及生物学、心理学，20 世纪下半叶以来由逻辑学催生的计算机科学。于浩瀚的人类知识而言，哲学如同位于星系中心的太阳，是原生的、纷乱的、狂野的、磅礴旺盛的。过一阵子，这个"哲学太阳"就会甩出它自身的一部分，使其成为一门科学，之后，这门新科学就会冰冷而又规则地朝着遥远的终结状态演进，从而使得人类知识领域不断开散、扩展。古往今来的哲学家，包括自然哲学家、科学哲学家都企图建立普适的哲学－科学理论，原因就在于他们有一种宇宙情怀和雄心壮志，他们要为世界提供理性的整体解释，亚里士多德就堪称他们之中的伟大典范。

然而迨至现代，基于精密仪器和专门化实验手段，科学发现日新月异且越发纵深细化，现代科学越来越多地从自身孕育发岔、发展，包括形成自身门类的哲学解说，这就使为世界提供理性整体解释这样的宏伟目标可能要面临"被割裂""被终结"的尴尬。在海德格尔（Martin Heidegger,

1889—1976）看来，哲学已经借助现代科学-技术-工业-商业体系，席卷全球并得以充分展开，世界已经进入了后哲学时代。事实上，自维特根斯坦（Johann Wittgenstein，1889—1951）和海德格尔以来，哲学终结论已然此起彼伏、不绝于耳，俨然现代科学既是哲学-科学理论的继承者，又已经成为其“终结者”。正如陈嘉映教授在《当科学能够解释世界，意味着哲学走向终结?》一文中发问的，在实证科学以它的方式提供了世界的图景之后，哲学何为?

理解这一问题，从科学提供世界图景的实证方式出发，逻辑上可以有三层划分：（1）在自然科学内部，哲学是否可以继续反思和回答实证科学在当前不能回答乃至永远不能回答的问题？也即回答科学所不能回答的第一类（终极）科学问题，例如数是什么？波粒二象为什么并存？宇宙大爆炸的奇点之前是什么？物/有机体/意识为什么会存在？即使哲学对这类问题所做出的解释并不具备科学实证特性，乃至是基于现代科学证据之上的新的形而上学，然而如同近代科学就是在不断与古典形而上学抗争，以求摆脱而努力成长、发展、壮大的过往那样，实证特性的缺乏并不能降低哲学在一个漫长历史时期回答这类终极问题的意义。亚里士多德的哲学-科学体系在现代科学诞生以前就长期占据了这样的地位。易言之，哲学是否可以继续演绎过往的辉煌，重拾哲学-科学体系，不断孕育出新的自然科学？或许，这正是当代最伟大科学家所要担负起来的哲学使命。（2）在自然科学外部，哲学做自然科学所不能做也做不好的事情，也即哲学应对那些不可能经由实证而建立解说的理论。例如先验性思辨，纯粹逻辑思辨，概念考察与创新，对宇宙、生命与人类的经验反思与批判，对历史、文化与价值的经验反思与批判。只要人还有思想、有价值认同并会反思这一人类客观事实继续存在，哲学的这一项功用就不会消亡。（3）或者跳出实证与否，针对同一研究对象或命题，直接大大方方地承认，哲学与科学本就可以是不同的理论解说，科学解决其真理性（是然），哲学解决其意义，也即提供行动依据（应然）。例如针对人必有一死、人之自我认知不可存续这样的经验事实，科学来回答为什么人必有一死，为什么人之自我认知不可存续，其所依据的机制是什么；哲学来回答人必有一死，人之自我认知必定消亡对于人有什么样的意义，依据这样的意义，人应该要做什么。就这一点而言，即使将哲学的功用扩大到为人类文明确立目标和寻求发展方向，也是符合人类历史和人类现实的。

依照上述逻辑推论，哲学完全不会走向终结，并且随着现代科学事实的快速掘现，哲学需要承担的任务还会越来越多。理性地说，只要我们认可人类认知具有可知域、未知域、不可知域这一根本事实（4.2.2），我们就等于承认了科学所能实证世界图景的限度和边界、承认了哲学所不得不承担起来的对于世界的不确定性的解释和应对。如果这不是由哲学来承担，还能是谁呢？退一万步而言，即使科学能够提供越来越多的可实证的乃至近似完整机制的世界图景，哲学仍然能够为之寻求意义。哲学对世界不确定性的回应，哲学对世界意义的赋予，当然不同于科学解释世界的可实证性和唯一性，也因之，哲学总是为我们能够提出新问题、产生新反思、进行新批判而预留出想象和质疑的余地。

本书的三个看点

本书就是一个包容和整合自然科学知识来建构哲学概念及理论，并为之赋予意义，进而规范科学技术应用的尝试。这一尝试既是对哲学的运用，也体现了哲学的功用。基于跨学科视野，采用自然和人文学科交叉的方法构思、运思，进行知识整合，以完成主题哲学理论的创新与建构，正是本书的一个突出特点和看点。

期待哲学能像亚里士多德时代一样引领科学技术的价值追求，期待哲学与科学的学科融合回归，期待哲学能够走出象牙塔，开放胸怀、热情主动地关注自然科学的发展与应用，去了解、融通、结合其他当代科学的前沿领域，如宇宙科学、生命科学、历史地理、人类学、知识经济等的最新研究成果，以推动哲学更好地发挥对人类社会的作用。这是笔者的愿望，也是笔者一直身体力行地追求学术，这一点贯穿于本书的设计和论证始终。

唯有深层次了解生命的物质基础，如基因遗传、神经认知、心理情感等，才能帮助我们科学地认知生命的自然禀赋差异，帮助我们更好地解读生命的本质，从而对所涉及的生命伦理、对生命的价值取向做出更合理公正、更智慧远见的判断。哲学（伦理学）可以积极主动地走进生命科学，运用生命科学的“是然”理论，服务于哲学的“应然”价值，这是笔者的一点体会，也是笔者的研究态度和研究方法。这一点也体现在本书的设计和论证始终。

基于笔者对基因科学及基因工程、认知科学及智能工程的理解，以及对生命现象的哲学意义解读，本书综合运用了诸多生命科学知识、自然科学知识和自然主义素材，对“自然环境差异”“生命禀赋差异”“平等的天然心理情感机制”“人必有一死”“被限制了的生命时限”“认知的存续途径”“认知的不可继承性”“基于符号语言建构的高阶人类认知”“二重限制性”等概念进行了内容诠释、推理论证、事实证明，并用以维护人类共同的价值追求：正义、平等。

除知识整合以外，本书还运用了政治哲学分析，中西哲学对照，纯粹逻辑推演，以及史料、数据、事实及个案引证，自然主义论证等诸种方法，辅之以大量图表佐证，围绕本书主题展开了多视角、多层面、多学科的解析论证，也因之，本书主题聚焦但结构宏大，论据征引丰沛充裕。

“二重限制性”“二重限制性平等”“主体存在平等暨二重限制性平等”的概念建构与意义建构过程，充满了哲学思辨和逻辑推理的乐趣，这也是本书的核心看点。

二重限制性及其平等的建构在这样的问题序列中逐层展开：如何从一般或宏观的哲学意义上认识人之差异与平等？近现代意义上的平等是伴随着资产阶级革命及自由而并生的价值观念，是什么样的理论体系推动了近现代以来平等观念的确立与普及？二重限制性作为一种人类客观事实和历史事实，与这样的平等观念如何合理地连接起来？二重限制性平等与近现代以来的平等理论及诸种平等权利是否有、如何有以及有何种的内生关系？二重限制性、二重限制性平等对人及人类社会具有什么样的意义？

在对人际差异与平等进行了一般性哲学解释、对近现代平等理论进行了动态性与共时性考察的理论预制基础上，笔者迭次提出“生命的有限性”“认知的不可继承性”“二重限制性”这一组概念；之后，通过四个步骤、六点回应，经由对“休谟问题”的事实与价值之辩，从“二重限制性”过渡到“二重限制性平等”，推导出“主体存在平等暨二重限制性平等”这一概念和新平等物；而后，沿用所设定的当代平等理论四要素分析框架，对“主体存在平等暨二重限制性平等”进行了维度定位，指出其在当代平等理论图景中的位置，提出分配原则，将其纳入当代平等理论的话语和逻辑体系。笔者还进行了功利主义辩护，阐明了二重限制性及其平等对于人类社会的重大作用和意义。这是本书从“主体存在平等”（平等物维度）和“主体平等存在”（平等形式维度）的逻辑结构方面，对当代平等理论所做的一点新的结构补充和内容补充。

本书的部分研究成果有：（1）提出并设定了理论划分依据，提出并论证了近现代平等理论发展的三个阶段。对每一个阶段的理论代表人物与作品、突出特征、平等理念的主要内容、对平等实践所产生的影响等进行了分析和总结，期待形成一种健全的、综合的、宏观的近现代平等理论视野。笔者的这一研究成果《论近现代平等理论发展的三个阶段》发表在《学术界》2019 第 3 期。（2）提出并设计了四要素分析框架，用以解析当代平等理论的主要流派、主张以及核心时代特征，描绘了当代平等理论的解析图景（参见图 2－1，当代平等理论解析）。笔者的这一研究成果《论当代平等理论的三大特征》发表在《世界哲学》2019 年第 2 期。笔者确信，本书所设定的这一四要素分析工具是有效的。笔者对当代平等理论主要流派及其平等主张，如诸种平等物、平等形式及态度、分配原则、论证特征、批判关系、对平等实践的影响等方面的解析是通过艰难探索而求得的。借此，笔者期待精准把握当代平等理论的主要特征及所面临的时代挑战，并将之推进到当代前沿，做出新的刻画。

敏锐于社会和技术发展新趋势，敏锐于构建和运用哲学理论来关切重大现实问题，是本书的第三个特点和看点。现代生命科学有两大高峰，一大高峰以基因和蛋白质学为基础，研究人生命的遗传与健康；一大高峰以认知和脑科学为基础，研究意识的形成并破译人的认知。两大生命科学高峰以及工程技术的研究对象与内容，与本书提出的“生命的有限性”“认知的不可继承性”休戚相关，这正凸显出二重限制性及其平等的重要性和重大意义。

笔者关注这两大生命科学高峰的最新研究成果和发展趋势。笔者深入考察基因研究的来龙去脉以及核心研究突破过程（1.1.3）、基因工程技术及产品应用（5.1.1），是为了切实理解基因的遗传机制、理解基因对人的体征形态与感知觉功能的关键控制环节和控制点，以便判断出人类基因从技术上可以被改造的上限是什么，除了人的体征形态和感知觉功能以外，人的寿命、智力是否可以且是否应当被基因操纵和改造（5.2.1）。笔者还努力深入到认知和脑科学知识，如人的认知层级与认知存续途径（3.2），了解各国脑计划项目，考察各类仿造脑、创新脑的智能工程应用及技术开发路径（5.1.2），是为了切实了解人类认知可能的存续方式及其物质基础，人工智能的底层机理、发展现状及发展趋势，以便判断出人类智能在多大程度上可以被人工模仿与创新，新的人类认知存续方式是否可以被创造出来，人工智能会不会最终极大超过乃至全面超过人类智能，从而使人丧失宝贵的认知价值，所有的这些问题将可能带来怎样的社会、经济和政治后果（5.2.2）。

正是怀着这样的关切，笔者发出了对二重限制性及其平等的现实追问。本书基于科学理论和工程技术应用的大量论据，对二重限制性及其平等进行了突破分析，指明了其所遭遇的现实挑战和未来挑战；针对二重限制性及其平等的突破应对，提出了三大层面倡议、四大应用原则，并进行了情景分析。

本书的结构安排和内容概要

结构安排

本书在逻辑结构上始终紧扣一个中心，也即二重限制性及基于此的平等、超越（意义）与突破（挑战）。本书每一章节、每一问题或议题，无论具体内容走得多远、入得多深，都始终没有偏离过这一中心。

粗看起来，本书似乎涉及的理论诸多、领域诸多。如，既有伦理学和政治哲学等人文理论，又有基因遗传、认知和脑科学等生命理论，还有基因工程和智能工程的各类技术和产品应用，还多处可见人类学、心理学、经济学、自然地理、量化历史、科学史等知识的援用；既有关于人际差异与平等的一般性哲学解释，又有专门的近现代平等理论分析；既有人性的解析与建构，又有认知的发生状态与历史动态分析；既有纯粹的理论分析，又有强烈的现实关切……但细究下来，所有的理论、知识、观点、案例，不论走得多远、入得多深，无一不服务于一个论证逻辑框架之下，也即始终为二重限制性及其平等所预备、所适用。

学术问题研究的挑战和压力，能否成功转化并形成理论创新，关键在于找到合理有效的学理方式，这个方式至少包括三个方面，即视角选择、视域定位和用以切入问题视域的路径①。本书采取了“视角聚焦、视域扩展、路径周全”的总策略。具体来说：将视角聚焦在“二重限制性”“二重限制性平等”“主体存在平等暨二重限制性平等”这一关键问题。同时，在笔者对该问题所涉及背景知识的思索探研的基础上，尽可能扩展视域，也即将视域定位扩展至前沿生命科学、认知科学、自然地理、人类学、经济学等领域，应用其前沿研究成果服务于本书的问题研究。对所研究问题界定出一个宏观化、系统化的理论视域，视域可达之处既能展现问题的全面性和纵深性，又能凸显其前沿性和发展性，由此求得对问题不可或缺的动态历史了解和完整系统理解，这将为问题的理论融通和观点创新打下良好的基础。最后，通达结论的路径设计上，本书尽可能考虑周全。因此，笔者既注重理论构建，也注重实践应用；既重视提出新理论所必需的理念预制和理论依托，也重视建构新理论所必需的知识整合和学理论证。笔者还对其价值暨意义、所面临实在的和可能的挑战、政策倡议及应用原则进行了完整建构。由此可见，纵使本书涉及的理论多、内容广，但始终没有偏离设定的论证逻辑，始终服务于论证目标。因此本书的论证逻辑和结构是清晰明了的、容易理解的。如图导论-1，本书的运思导图，清晰地反映出笔者设计本书的诸多考量。

内容概要

本书分为导论、理论建构部分（第1—4章）、理论应用部分（第5—6章）。

① 万俊人. 当代伦理学前沿检视. 哲学动态，2014（2）.

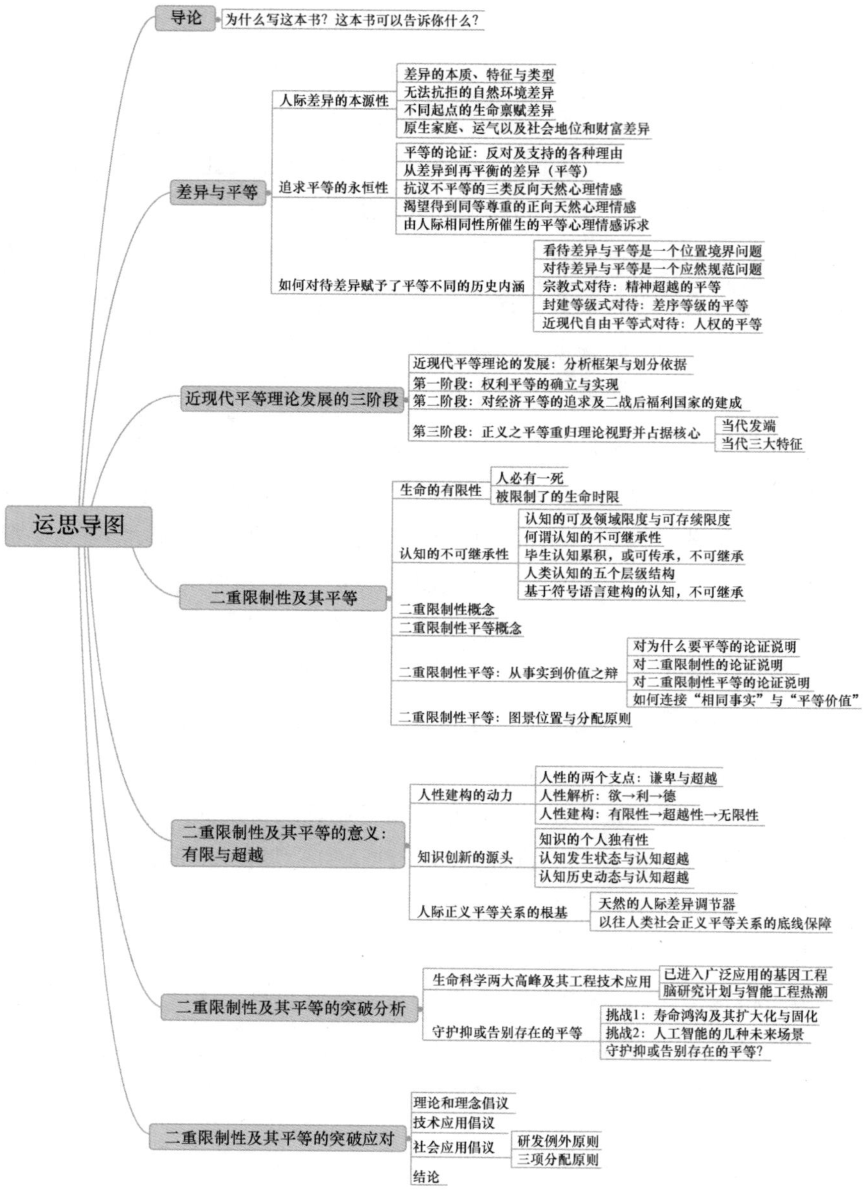

图导论-1　本书的运思导图（金辛迪 2019）

理论建构部分共四章。前两章，围绕着二重限制性及其平等概念的提出，进行了两方面的预制性理论准备。第1章进行了对人际差异与平等的一般性哲学解释，第2章展开了对平等理论的专门性理论分析，也即对近现代平等理论的动态性与共时性考察；同时也为二重限制性平等后续要进行的挑战分析及突破应对埋下了基因科学知识准备的伏笔（1.1.3）。

第1章，首先从差异切入，通过论证差异来引申平等议题。通过对造成各种人际差异的根本性乃至终极性原因的探索，揭开人际差异的本源性真实面目。其中，地理地缘理论、基因遗传理论、近30年以来新发展起来的基于大数据和计算机技术的研究不平等的量化历史研究成果，尤为本书所关注，这些是较新的、多视角的、多时段的论证人际差异本源性存在的论据，也是本书论证人际差异的主要路径和方面。

本书始终围绕着差异，也即自然环境、生命禀赋、原生家庭、运气、社会地位及财富差异这些可感知的客观事实来展开、引申对平等的讨论（1.1）。先后论证了差异的定义/本质/特征、不公平的差异、从差异到再平衡的差异（平等）之间的递进逻辑，在这一系列叠进展开的对“差异”的论证中，引申出对不公平差异调节的必要性和正当性、平等的定义、差异与平等的关系，人类社会三种典型的对待差异与平等的方式（1.3）。正是对差异的根本性乃至终极性原因的追根溯源，如地理地缘原因、生物遗传原因，量化历史演进尺度上的多项研究结论，才得以深刻揭示了差异的本源性特征，才更加凸显了在本源性差异的人类世界中，人之“主体存在平等暨二重限制性平等”这一事实平等、实质平等的宝贵价值。

引申出平等议题后，进而为平等价值进行辩护。概括总结了常见的反对平等的八项理由、常见的支持平等的四项理由及论证，提出了本书要进行的两项论证。一是人类社会对不公平差异进行调节的必要性和正当性。这是借助正义来支持平等的论证。二是以人类的天然心理情感为分析视角，综合了进化心理学、博弈论的研究成果，创新性地提出“平等的天然心理情感机制”（1.2），包括三类反向心理情感和一类正向心理情感（内在动因），以及由相同性催生的心理情感（外在动因）。该论证认为，平等作为一种理想价值，具备与之相对应的天然心理情感基础，这种心理情感基础决定了平等是人类的必然内在要求，人类会永恒追求的。这实际上是基于自然主义的平等论证。相比通常见到的反对和支持平等的理由及论证（1.2.1），这一论证是具有新方法意义的。

平等并非客观之实然，差异和不平等往往更符合自然之原貌。正视差异的客观存在和本源性存在，有助于我们洞悉：如何看待差异与平等，本质上是一个心理情感境界问题，看到平等所处的位置要高于或者说大于看到差异所处的位置。在不同历史时期，人类对待差异与平等的不同态度赋予了平等不同的历史内涵。本书进一步总结了自轴心时代以来，在人类的社会实践中出现的三类典型的对待差异与平等的方式：（1）宗教式对待：精神超越的平等。（2）古代封建等级式对待：差序等级的平等。（3）近现代自由平等式对待：人权的平等。

第2章带着对“近现代自由平等式对待”方式的重点关注，进入了对近现代平等理论的动态性与共时性考察。具体见前相关论述。

第3章，延续解析当代平等理论及其批判关系、形成流变的过程，笔者从“主体存在平等”（平等物维度）和“主体平等存在”（平等形式维度）的逻辑结构出发，提出了“主体存在平等暨二重限制性平等”这一概念和新平等物。具体见前相关论述。第3章3.6节对“主体存在平等暨二重限制性平等”进行了三点说明，也即就平等理论研究之学理而论，进一步阐明：为什么是“二重限制性平等”？与之前平等理论的关系是什么？为什么之前没有被提出来？

第4章，对二重限制性及其平等进行了功利主义辩护，也即揭示了人始于并超越二重限制性存在的意义。作为二重限制性的存在，人，对自身之二重有限的超越，是人性建构的动力、是知识创新的源头；二重限制性及其平等因而成为保障我们共同价值（人性）、共同财富（知识）的宝贵根基。它还是天然的人际差异调节器，对主体间社会存在关系形成了根本性影响，是主体得以平等存在、人类得以平等共处的自然物质基础和底线保障，对人类社会具有重大作用和意义。

笔者在广泛涉猎自轴心时代以来的传统人性理论、人性论的现代性转折、新达尔文主义人性论的基础上，概括出人性论的三大核心问题域，并围绕三大核心问题域进行了人性解析与人性建构。在“欲→利→德”的人性解析过程中，在“有限性→超越性→无限性”的人性建构过程中，综合援用诸派人性论理论及观点，逻辑推理与事实证明相结合，以动态展现的方式，论证了人平等地始于并超越二重限制性对于人性建构的价值和意义（4.1）。

在论证二重限制性及其平等与知识创新的关系方面，本书既注重运用认知科学和脑科学知识，又避免涉及更深层次的“认知谜团”。这是因为，相较于基因科学，认知和脑科学尚处于婴幼期，尚有很多谜团没有破解。这体现在本书立足“一个基础”、搭建“三个通道”的结构设计上。“一个基础”就是“认知的不可继承性”（3.2）。作者对“认知的不可继承性”的提出非常谨慎，力求考虑周全。区分了“认知限度”的二重含义（可及之领域限度、可存续限度）；分析了认知可能的存续方式及其对象、媒介、结果、可行性等（参见图 3－2，认知的存续途径），包括不同存续方式之间的关系和影响。之后，通过分类、纯粹逻辑分析、科学史料引证等方法，搭建了“认知的不可继承性”与知识创新的“三个通道”：知识之个人独有性（4.2.1）、认知潜能及其超越（4.2.2）、认知可自由性及其超越（4.2.3）。这样的论证既丰富了本书的运思论理，也体现出较为缜密的细节安排，如运用自然科学知识的尺度。

理论应用部分，包括第 5 章、第 6 章，是对二重限制性及其平等的现实关切。

第 5 章分析了二重限制性及其平等的突破可能、所遭遇的挑战。现代生命科学有两大高峰，即基因和蛋白质学、认知和脑科学，以及构建于这两大高峰科学之上的技术应用，亦即生物工程（基因技术、纳米技术等）、智能工程（神经网络架构技术、模仿脑和创新脑的机器智能技术等）。在这一章，结合生物工程和智能工程的前沿技术应用，分析了二重限制性及其平等的突破可能，指出了所面临的现实挑战和未来挑战，包括：寿命鸿沟及其扩大与固化、人工智能的几种未来场景以及可能存在的风险。还概括总结了包括生物学家、物理学家、科学家在内的一些思想家、哲学家、伦理学家的不同观点，依据他们对这些高技术支持与否的态度，将这些观点分成三类：极端支持派、温和支持派、批评反对派。

第 6 章提出二重限制性及其平等的突破应对方案，即三大层面倡议和四大应用原则。三大层面倡议包括理论和理念层面的倡议、技术应用层面的倡议、社会应用层面的倡议。在社会应用层面上，进一步阐述了本书在第 3 章提出的二重限制性平等的四大应用原则，即研发例外原则（平等存在维度）和三项分配原则：同等重要性原则（平等权利维度）、自主不伤害原则（平等机会维度）、差别补偿原则（平等结果维度）。阐明了为什么要有研发例外原则，进行了应用原则的情境分析。

数据与文献

本书的数据与文献围绕着二重限制性以及基于此的平等、超越（意义）、突破（挑战）诸议题而展开。

建构人之“二重限制性”，也即“生命的有限性”“认知的不可继承性”的事实性论述，必然需要实在、可靠的生命科学论据支撑，而其所遭遇挑战的形成、现状与趋势分析，既有科学底层机理部分，也有工程技术应用部分。这一领域的前沿研究主要集中在美、日、英等发达国家以及近十几年来奋起追上的中国。本书通过以下四点来保障这部分研究内容的前沿性和可靠性：第一，重点选取与百年来诺贝尔生理学或医学奖获得者研究成果相关的内容。在 1.1.3 小节、3.1.2 小节、3.2 节、第 5 章中，很多知识观点都来自获诺贝尔生理学或医学奖的科学家们。第二，基于对科学史的把握，选取那些 1901 年诺贝尔奖没有开展以前及开展以后，在基因研究、认知和脑科学研究领域做出业界公认贡献但因为诸多原因没有获诺贝尔奖的内容。第三，在上述两点之上，选取和参阅一些新近的国外知名学者的著作，这些学者或者本人是英美国家科学院的院士，或者是知名的大学教授，或者该图书获得过所在国家最高科学领域图书奖或国家级奖项，或者三者皆有。第四，还选取和参阅了国内一些专家的著作和文章观点。

对基于二重限制性之上的平等、超越、突破诸议题，本书参阅的数据及文献较为广泛，包括了专门的平等理论文献，也即近现代以来学术界公认的具有代表性的平等理论著作、政治哲学著作，它们大体上涵盖了近现代西方平等理论的主要内容及当代发展动向。还包括了更广泛意义上的哲学类、人文社科类、科学史和科学哲学类著作，也即在更为广泛的背景下，如认知论、历史、西方哲学、中国哲学、道德乃至宗教层面，展开对人际差异与平等、人始于并超越二重限制性意义的讨论。此外，深层次讨论有限与超越、平等与平等突破议题并将之推进到实践层面，不可避免会涉及诸多领域，如地理地缘、社会经济、科技应用等。因此，本书的数据与参考文献较为广泛、丰富。下图导论-2，本书的数据与文献构成，清晰地体现出以上考量。

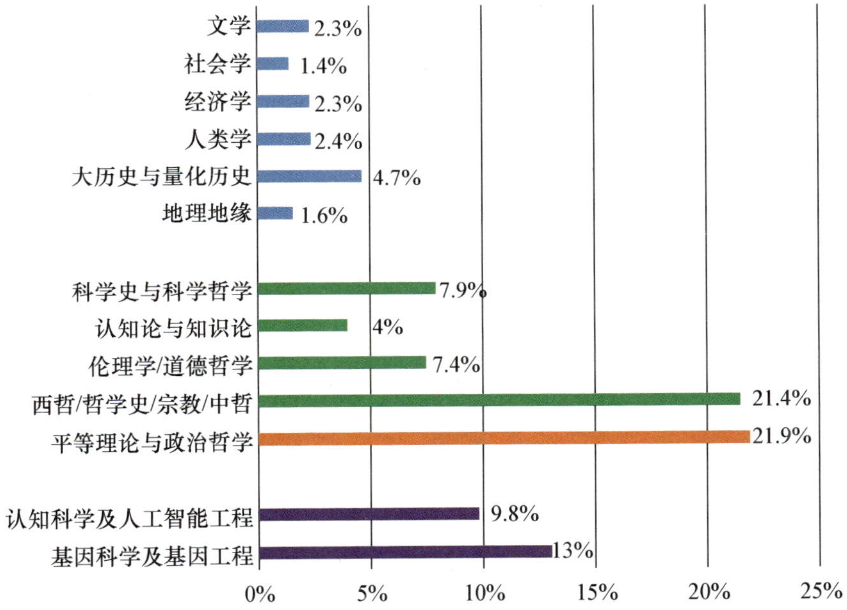

图导论-2　本书的数据与文献构成

对于中国哲学部分，根据行文需要，直接在正文中引证，不再做页下注。如“仁人之所以为事者，必兴天下之利”（《墨子·兼爱中》），“道之将行也与，命也。道之将废也与，命也”（《论语·宪问》）。

附录是笔者为建构二重限制性之概念、意义所做的知识储备。

笔者还在文中较多地配以图表，以明晰勾勒本书的经纬要素，提纲挈领，促进理解，减少读者阅读负担。需要说明的是，笔者一直秉持对图书工作者的极大尊重，在实际创作中竭尽可能地保护知识产权和图书版权。本书所用图表的65%来源于笔者自行绘制，21%为引用他人，14%为主体方公共新闻发布。图表中如有涉及一些理论、观点或数据，笔者均如实、清晰地注明出处。对于引用图表，笔者均如实、详尽地注明了作者等信息。笔者还尽最大可能通过电话、邮件等方式联络到作者或相关出版社责任编辑，获得了图表使用授权；对此，笔者深表感谢。读者在阅读本书的过程中，如有任何有关图表的疑问，欢迎在第一时间联系笔者。

第 1 章　差异与平等

1.1　人际差异的本源性

1.1.1　差异的本质、特征与类型

依据莱布尼茨（Leibniz，1646—1716）的“差异律”①，自然界里不存在两个完全一样的东西。莱布尼茨 21 岁博士毕业，先后“被五个欧洲王室所雇佣”② 担任皇家顾问，被罗素称为“千古绝伦的大智者”③，他在宫廷授课时的一句名言被广为流传：“一个花园里找不到两片完全相同的树叶”④，即使是在皇帝的花园。同样，两个同胞胎双生子婴儿，即使再相似，其指纹也不会完全相同；在全球 70 亿人口中，也找不到两个完全相同的人。这就是差异。

差异即是万物生而不齐，它是个体自生、自为的存在性，它既是个体自由存在的起点，亦是个体自由发展的过程和结果。差异是个体的客观自然存在，它无所不在、无时不有亦无法完全消除。

差异的本质和特征普遍地表现于人际差异的方方面面。恰如森所说的，这是“人际相异性（human diversity）的经验事实”⑤。只要人类存

---

① 赵敦华. 西方哲学简史. 北京：北京大学出版社，2001：234.

② 加勒特·汤姆森. 莱布尼茨//张世英，赵敦华. 最伟大的思想家. 李素霞，杨富斌，译. 北京：中华书局，2002：15.

③ 罗素. 西方哲学史：下卷. 马元德，译. 北京：商务印书馆，2015：114.

④ 同①234-235.

⑤ 阿马蒂亚·森. 再论不平等. 王利文，于占杰，译. 北京：中国人民大学出版社，2016：99.

在，人们就无法抗拒来自：（1）所处外部自然环境的差异，如因为地理纬度、气候、可经济化自然资源、便于传播化的地貌地形等差异所决定的贫穷落后地区与富饶便利地区；（2）所持个体生命禀赋的差异，如健残、寿夭、强弱、高矮、美丑、慧拙①，也即天生的体征形态、感知觉功能、自然状况等不同；（3）原生家庭的差异，如父母家庭的贫富状况与受教育环境、古代社会的地位尊卑等级、现代社会上中下社会阶层；（4）进入社会后所必须面对的新的人生运气、新的社会地位和财富变化的差异。这是外部客观自然环境，人类智慧生物性本身，人的家庭、运气和人类社会所施于人身上的无法消除的人际差异，是人一生所无从回避的差异。

在造成人际差异的诸多因素中，在宏观层面上，起决定性作用的是外部自然环境差异；在个体层面上，给人们带来巨大而深刻影响的是人从出生开始就被决定了的、不同起点的生命禀赋差异；在社会层面上，则是人的原生家庭的社会地位和财富差异，当人进入社会以后，又不得不面临的人生运气差异，以及由社会经验所带来的新的社会地位差异和财富差异。

外部自然环境差异、个体生命禀赋差异、原生家庭差异、进入社会后的新的运气差异及社会地位和财富差异，均是人一生所无从回避、必须承受的差异。差异无所不在、无时不有、无法彻底消除。可以说，人在差异中出生，在差异中成长，由人组成的社会又固化和放大了差异，形成了地区群体差异和社会阶层差异。人的世界本质上就是一个充满了差异的世界，差异更像是世界的本源面目，差异是客观的、本源性存在的。

下面，为了揭开人际差异本源性的真实面目，本书将对形成这些人际差异的根本原因进行深入探究。我们将探究：为自然环境差异提供相关解说的一些具有国际影响力的历史和地理理论以及相关宏观经济学研究成果，为生命禀赋差异提供相关解释的近现代基因遗传理论，一些有关原生家庭差异、社会不平等、财富不平等的最新研究成果，尤其是近 30 年以

---

① 慧拙，如儒家传统的“智愚之分”，为了避免有智力歧视倾向的误解，本书不用“智愚”一词，而改用“慧拙”或“慧钝”一词来表达个体间实际存在的智力、悟性及学习能力差异。

来出现的、基于计算机和大数据技术的研究不平等问题的量化历史分析的最新成果。

1.1.2 无法抗拒的自然环境差异

在地球时空意义上说，自然环境差异是普泛而终极的，仿佛一种人类命运的决定论，是种族、民族、国家差异的根源，亦即人类群体差异根源，非人类主观意志和理性选择可以左右。一些非常著名的历史和地理理论、地缘理论提供了这方面的有力论证。

自然环境差异与区域发展程度及速度

第一种理论认为，环境差异影响了处于地球不同维度、不同轴线走向的大陆文明之间的发展程度和速度。即使处于同一大陆区域，地理维度、气候、可经济化自然资源、便于传播化地貌地形的差异，也会导致不同地区文明的发展程度与速度的差异，通俗地说，就是由于这些差异决定了贫穷落后地区和富饶发达地区。这是宏观层面上的人类群体差异的环境决定因素。

历史学家汤因比（Arnold J. Toynbee，1889—1975）在其名著《历史研究》中，对于文明的起源及发展，提出了“文明不是由于舒适而是恶劣的环境条件所致”① 的观点，并且认为，这种恶劣环境对人类所提出的挑战要“适度”，要在人类可以回应的能力范围之内。自然环境过于舒适，则无法产生文明；自然环境过于严峻，则会毁灭文明。北温带就是可以为人类提出适度环境挑战的区域，所以古代文明、世界独立发明粮食生产的地区都产生于北温带。汤因比归纳总结了 23 个古代文明样本，对其进行了考察，并据此提出了“环境适度挑战→文明成功回应”的文明发展理论。汤因比的这一理论后来被进一步总结和提升为“北纬 30 度地理及气候决定论”。美索不达米亚新月文明（今伊拉克、以色列、巴勒斯坦

① 阿诺德·汤因比．历史研究：上卷．郭小凌，等译．上海：上海人民出版社，2010：568.

境内）、古巴比伦文明（今伊拉克境内）、古埃及文明（尼罗河流域）、古印度文明（今印度、巴勒斯坦境内）、中华两河文明、中美洲神秘的玛雅文明，都处于这个地带范围内。因此，“北纬 30 度”上下 5 度即北纬 25 度~35 度之间的区域，被称为地球的“丹田”。从图 1－1 可以清晰地看出，地球的丹田与古代四大河谷文明、古代美洲文明、世界七大独立发明粮食生产区之间的地域关系。

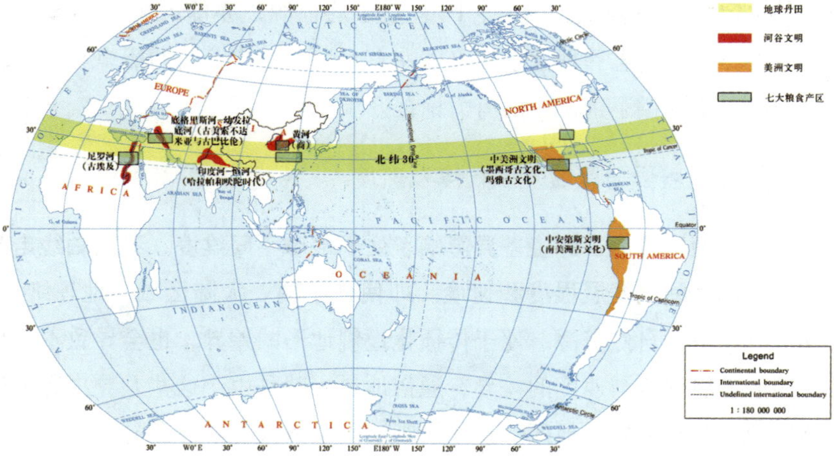

图 1－1　地球丹田与世界文明、独立粮食生产区

美国地理和生物学家、哲学家戴蒙德（Jared Diamond，1937—　）将这种“环境-文明的决定论”向前推了一步，提出了“人类社会的洲际差异理论”①。其名著《枪炮、病菌与钢铁：人类社会的命运》的主题就是要回答一个问题：为什么地球不同大陆板块上人们的发展速度和发展状况的差异如此之大？换言之，为什么近现代世界的财富和权力分配主要是欧洲人带着枪炮、钢铁工具和工业品，入侵和占领美洲大陆印第安人、非洲黑种人和澳大利亚土著的土地，而不是反之呢？进而言之，就像新几内亚当地一位知名土著政治家在 1972 年对戴蒙德不断发出的追问那样：为什么你们白种人能制造出那么多的货物，并能将它们运到新几内亚，而我们

① 戴蒙德. 枪炮、病菌与钢铁：人类社会的命运. 谢延光，译. 上海：上海人民出版社，2006：22.

黑种人却几乎没有任何属于自己的货物呢①？

在据实求证、抽丝剥茧的剖析之后，戴蒙德反驳了以下几种可能形成这种差异的原因：民族间的智力差异、热带气候抑制人的创造力和精力、古代中央集权政治组织和低地河谷及水利系统的比较优势。

依据最新的考古研究，借助于较新的生物地理学、人类遗传学、流行病学、语言学等研究成果，戴蒙德把近现代世界的不平等根源追溯到了人类史前阶段。戴蒙德提出，造成人类在不同大陆板块之间巨大发展差异的根源在于："可以用作驯化的当地一批批动植物在地理上的差异"②。世界上只有多则9个、少则5个地区（大多认为是7个地区）具备了能够成为独立粮食生产中心的基础，且都处于地球丹田区域。大陆轴线方向的不同造成了粮食生产的传播可能和传播速度差异。欧亚大陆是东西向轴线，美洲和非洲是南北向轴线。东西向轴线处于同纬度，具有相同气温、相同的黑白天和季节变化时差，也往往具有相近的雨量和植物生态、细菌生态以及生物坐落群。"轴线走向的差异"产生了"巨大的、有时是悲剧性的后果"③，美洲和非洲是南北向轴线，影响了美洲和非洲可驯化植物和牲口的东西方向的同纬度传播可能和传播速度，进而延缓了美洲和非洲采集狩猎文明进入以农业种植和畜牧为主要方式的粮食生产文明的时间和速度，以至于在现代世界被连接之前，美洲和非洲的绝大部分地区还处于原始的采集狩猎社会形态。参见图1-2，各大陆的主轴线（戴蒙德）。

从各大陆植物和动物驯化得以考古证明的年代，到粮食生产的起源与传播，再到对细菌的演化、文字的演变、车轮及钢铁等技术的演进等最新的考古和人类学考察，戴蒙德得出结论，欧亚大陆民族和美洲、非洲及澳大利亚民族的历史遵循不同的道路和速度前进，其原因是民族所处地理环境的差异，而不是民族在生物学或智力上的差异。

---

① 戴蒙德．枪炮、病菌与钢铁：人类社会的命运．谢延光，译．上海：上海人民出版社，2006：3.

② 同①21.

③ 同①171.

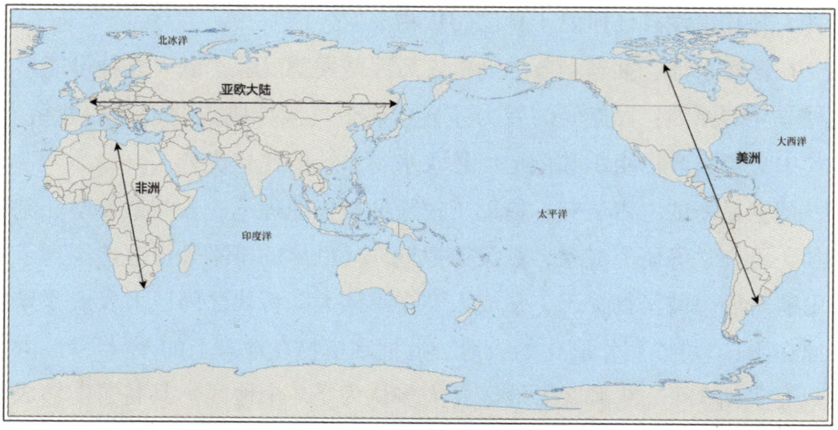

图 1-2　各大陆的主轴线（戴蒙德）

我国学者胡焕庸（1901—1998）于 1935 年提出了“瑷珲-腾冲线”，后因为地理名称更名，又被称为“黑河-腾冲线”。参见图 1-3，中国的胡焕庸线（胡焕庸）。划分这条线最初的目的是揭示中国人口分布的规律，

图 1-3　中国的胡焕庸线（胡焕庸）

但后经中国和西方学者进一步研究发现，这条人口分割线与我国境内的诸多差异，如地貌区域分割、降雨线分布、生产方式、文化信仰以及不同中原王朝历史上的边境战争与控制，都有着某种天作之成的契合。这条线的东部，是平原、水域、丘陵和丹霞地貌，是农耕生产，是科举制度，是儒教信仰……而这条线的西部，是大草原、沙漠、沙丘和雪域高原，是游牧或狩猎生活，是有着不同信仰和生活方式的血缘部落。

自然环境差异与区域政体形态及战争

第二种理论认为，环境差异中的地缘因素对政治及战争优势产生了深刻影响，而政治与战争自古以来就是造成不同地区间人类群体命运差异的直接原因。

19 世纪末至 20 世纪初，英国人文地理学家、政治地理学家麦金德（Halford J. Mackinder，1861—1947）几乎横空出世般地改变了当时英国的地理学研究，他创建了一种理解和运用地理的全新方式：地缘政治。麦金德认为，“肇始历史的是人类而非自然，但是自然在很大程度上起支配作用”①，万事万物都是联系在一起的，而追溯这种联系的正是地理。麦金德于 1904 年 1 月 25 日在英国皇家地理学会上做了题为《历史的地理枢纽》的演讲，提出了“世界霸权的天然位置”这一概念，并给出了日后被认为是“地缘政治传统中最著名的地图”——《力量的自然位置》②。《力量的自然位置》将世界描绘成一个巨大的帝国棋盘，包括三个不同的地区：枢纽地区、内部或边缘的新月形地区、外部或岛状的新月形地区。控制枢纽地区是控制其他地区的关键。枢纽地区包括东欧、俄罗斯大部分领土和中亚。麦金德首先简要概括了全球历史，而后引用不同历史时期的战争史实，结合地理地缘，指出长期以来居于欧亚大陆腹地霸权地理位置也即枢纽地区的征服者，对外围不同层次的新月形地带区域进行的三个方向的扩张和侵略。麦金德的“枢纽地带”（一战后被称为“心脏地带”）

---

① 詹姆斯·费尔格里夫. 地理与世界霸权. 胡坚，译. 杭州：浙江人民出版社，2016：324. 该书附录部分收录了麦金德《历史的地理枢纽》的全篇演讲。

② 杰里·布罗顿. 十二幅地图中的世界史. 林盛，译. 杭州：浙江人民出版社，2016：295.

理论，在20世纪上半叶风起云涌的两次世界大战中得到了部分验证，也被当时西方很多的国家领袖和军事领导所器重，在二战前后，“他的观念早已被认为是当时最有影响力的政治理论”①。

《力量的自然位置》被评价为“这幅地图的说教力量是无可争议的”②，其原图的制图状况比较简化，是主题地图，本书不再转述。麦金德一生都致力于研究地缘对人类政治和历史的影响，地缘政治学也因为地理学和帝国主义的联姻而兴盛一时，麦金德开创了这一重大领域并为之做出了重大贡献。

麦金德的“世界霸权的天然位置”理论，可以看作我们的祖先孟子早在战国时期就提出来的“地利”思想的现代政治表达，所谓“三里之城，七里之郭，环而攻之而不胜。夫环而攻之，必有得天时者矣；然而不胜者，是天时不如地利也”（《孟子·公孙丑下》）。事实上，地缘作为天然的区域分界或屏障，与国家的形成确乎有着深刻的自然渊源和历史渊源。越是深入了解一个国家的历史和地理、了解该国家与邻国的领土分界的自然特征、了解该国历史上所发生的战争规律，我们就越是能深切地领会这一点。正如一部中国的发展与舒卷史，就是一部被东亚“中华民族生存空间之自然疆域”所支配和主导了的中心平原华夏民族（汉族）与周边藩属少数民族的战争与融合史。

如图1－4，“中华民族生存空间之自然疆域”是西高东低落差、两侧山脉延伸、以太平洋岸为底的东亚大陆大三角。这个大三角西起帕米尔高原；西—东北一侧有天山、阿尔泰山、阴山、内外兴安岭山脉，直抵鄂霍次克海；西—西南一侧有昆仑山、喜马拉雅山、横断山脉、云南广西南部热带雨林，连通南海海岸；大三角底部是中国东南部海岸线，也就是太平洋海岸线及其岛屿。“中华民族生存空间”四周布满了天然屏障，它的东北部是被大兴安岭、小兴安岭、长白山三面山脉森林环绕的南部向内陆开放的马蹄状东北平原；它的北方是蒙古高原山地和戈壁沙漠，北漠往南至

① 杰里·布罗顿．十二幅地图中的世界史．林盛，译．杭州：浙江人民出版社，2016：300.

② 同①297.

阴山、贺兰山、祁连山一带，则是自西周始发、秦汉大兴、明代重建的万里长城；它的西北部是三山夹两盆、三面环山、东部向内陆敞开的新疆；它的西南部是可以阻断一切的喜马拉雅天堑和横断山脉；它的南部云南、广西以南是蚊虫毒蛇丛生的热带雨林；它的东南部太平洋海岸则连接着一望无际的茫茫大海。

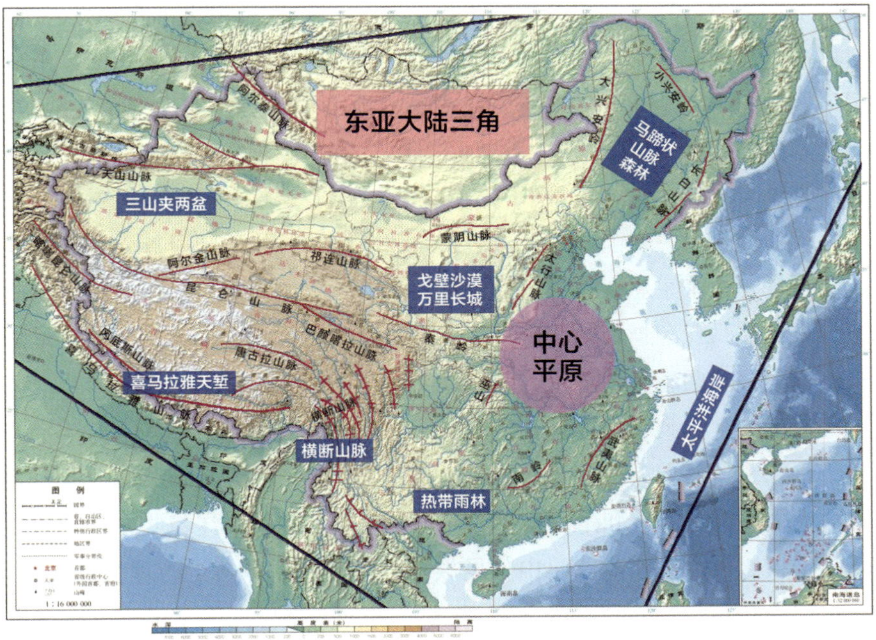

图1－4　中华民族生存空间之自然疆域（金辛迪2019）

“中华民族生存空间之自然疆域”始发于这个四周布满了天然屏障的东亚大陆大三角的中心地带，它就是中华大地的中央——中心平原。中心平原是华夏民族（汉族）的起源地，历经夏、商、周三代，形成了汉民族为主的以黄河和长江中下游地区为中心的广阔平原农耕区。《尚书·禹贡》这样描述这个中心，“东渐于海，西被于流沙，朔南暨声教讫于四海”。天下、四海之内、四夷（东夷、西戎、南蛮、北狄）、中原、中土、中州、中国、中央……凡此种种称谓，莫不源于对中心平原这个地理地缘中心的认同。

“中华民族生存空间”四周的山脉森林、戈壁大漠、热带丛林、大海大洋，在很大程度上阻挡了来自外部民族的大规模入侵，为中国政体的统一性和中华文明的延续性提供了安全屏障。“中华民族生存空间”的完整性也与西欧地理的破碎性形成了鲜明对比，欧亚大陆两端亦因此而发展模式迥异，同样历经古今战争不休，东端中国大一统政体延续至今，西端西欧诸国林立而合少离多。

“中华民族生存空间”的中央地理枢纽——中心平原，也即黄河和长江中下游平原，地势平坦开阔，生态优越丰裕，总面积达百万平方公里，对周边区域形成了天然的可扩展性和辐射性，周边区域则对中心平原形成了天然的向心力。几千年来发生在中华大地上历朝历代的大型民族战争，无一不以“一统天下”、“入主中原”或“光复中原”为终极目标。自秦始皇一统天下，“书同文、车同轨”，建立于汉字之上的中原文明便形成了强大的凝聚力。也因此，无论是来自北漠游牧民族的契丹族人和蒙古族人，还是发源于东北森林的鲜卑族人和满族人，即便是对汉族发动血腥战争，金戈铁马、翻越长城，短暂的入主和统治中原，也都无一例外、早早晚晚地臣服和归融于华夏民族的中原文明之中。

笔者经常听到一种提法：中华民族不是好战的民族，郑和下西洋带去的都是和平；西方人多好战，自大航海开启以来，西方人带给美洲大陆和非洲大陆的都是战争和殖民。笔者认为，仅以郑和下西洋与西方大航海的直接结果比较，是不能证明中华民族好战与否的。事实上，理性地来讲，依据“中华民族生存空间之自然疆域”的地缘分析，华夏民族自秦汉以来就已经将“四海之内”可拓展的领土全部占领了，当然主要是经由战争占领的。继续拓展到“四海之外”的土地，就要战胜来自“中华民族生存空间之自然疆域”四周的山脉森林、戈壁大漠、热带丛林、大海大洋的挑战，其征服成本和治理成本远远高于其收益。征服和治理成本过高、不利于中央大一统政体的统治利益，这恐怕才是古代中华民族政体不积极主动对“四海之外”的土地发动战争，以及明清以来不重视海事的一个主要原因。笔者特别强调的是，此处的论述无关爱国与否，仅仅是基于理性的一种地缘战争理论分析。

自然环境差异与区域民族文化认同

第三种理论认为，环境差异对所在地区人们的生理、心理和性格特征都造成深刻而复杂的影响。人们往往以地区来形成族群和民族，以族群和民族来建立自我的身份认同，并以此区别其他族群和民族。

在《论法的精神》里，孟德斯鸠（Montesquieu，1689—1755）特别强调了地理环境及气候对民族的心理特征、民族精神、风俗习惯以及建立在民族精神基础之上的国家政治制度、法律制度等因素的影响①。

先哲孔子则早在2 500年前就智慧而洒脱地总结出了“知者乐水，仁者乐山。知者动，仁者静。知者乐，仁者寿”（《论语·雍也》）的至理名言，从某种程度上暗示出中国古代中原人和古希腊地中海人性格、习性和文化的不同。如果说胡焕庸线揭示的是中国境内草原文明、高原文明和江河文明的不同，那么孔子这段经典的论述，则揭示了中国的江河文明与地中海地区希腊海洋文明的不同。

费孝通1988年在香港中文大学发表演讲，提出了“中华民族多元一体格局”理论。该理论认为中华大地的地理生态结构决定了中华民族以汉族为核心、各民族地缘血缘交互融合，“万里同风”而又“和而不同”的多元一体的民族基本格局，也奠定了对中华民族文化的情感认同。

自然环境差异与民族命运及个体命运

综上可见，认识自然环境差异及其影响，对于我们阐释人的差异确实有着十分必要的参考意义。本书之所以重视自然环境差异，在于自然环境差异往往因为过于“自然”而被人们忽视，但事实上，它是所有差异的根源。要认识不平等产生的根源，就必须首先注意并认识自然环境差异。宏观经济学有一类基本的研究命题：为什么在一个宏观跨度时间范围内，如几百年乃至几百年以上，一些国家的经济发展长期裹足不前，而另一些国家却能保持繁荣昌盛？对此，有很多著名学者给出了不同的研究解答，有社会制度论的，有地理地缘论的，还有人群及地区间群体遗传差异论的。作者认为，明显的、更具有广泛适用性和终极影响意义的解答来自地理地缘论，也就是自然环境差异。经济发展的现状，不仅受到目前地理条

① 孟德斯鸠. 论法的精神. 于华忠，译. 北京：中国工人出版社，2016：第三章1-6小节.

件的直接影响，还受到历史地理状况的间接影响。宏观经济学统计分析表明，大约50%的国家经济发展差异可以用少数几个地理和环境变量来解释，例如海拔高度、气候、大陆/海岛等，其中仅海拔就能解释大约13%的差异①。哥伦比亚大学的地球研究室主任、联合国高级顾问、研究贫困问题的专家、著名经济学家萨克斯（Jeffrey Sachs，1954— ），直接对贫穷做出了这样的解说：贫穷国家之所以贫穷的原因在于它们的自然条件，这些国家往往四周都被陆地所包围，土地贫瘠，气候炎热，疟疾肆虐，这些国家很难靠自身条件提高生产力、改善状况，同时也因为贫穷，无法支付投资回报，因而也无法获取投资，陷入了所谓的经济学“贫困陷阱”②。

从宏观上看，是否居于地球的丹田北纬25度~35度区域？是否拥有便于生产和经济要素传播的东西走向大陆轴线？是否具有相对恒定的优势地理，如丰富的河流、适宜的气候、肥沃的土壤？是否拥有较多的可经济化自然资源，如可食用、可驯化和可种植的植被，可畜养的动物？是否具有可作为生产及军事工具用途的畜力，如战马？是否具有便于交通运输和集散控制的地貌地形，如走廊或平原？在世界进入工业化和全球化以前，也即在古代集约型农业社会里，以上这些自然环境条件，难道不正是一个国家、一个民族被限定了的命运之网吗？只有深入理解了这些自然环境差异，才能真正理解近现代新旧大陆的对接碰撞，以及在进入现代世界过程中所发生的种族不平等和民族不平等。

从中观上看，历史如同演剧，地理乃是舞台。陆河文明（苏美尔/巴比伦、埃及、印度、中国）、海洋文明（希腊、罗马、西班牙/葡萄牙、比利时/荷兰、英国/法国）乃至寒地森林（北欧/东北欧的广寒地、俄罗斯）、沙漠绿洲（伊斯兰发源地）、广平草原（游牧民族发源地），各有文化魅力特征，各有崛起的历史时代，各有出场的地域舞台，展现的正是地缘差异影响的基础性和持久性。

---

① S. Enrico，R. Wacziarg. How Deep are the Roots of Economic Development?. Journal of Economic Literature，2013，51（2）：325–369.

② 阿比吉特·班纳吉，埃斯特·迪弗洛. 贫穷的本质. 景芳，译. 北京：中信出版社，2013：3.

从微观而论，一个人出生所在地点的外部自然环境的差异，往往决定着这个人是成长于贫穷落后地区，还是富饶发达地区，这正是决定人一生差异的最原始因素。面对西部贫瘠落后地区的大漠农村儿童、上有天堂下有苏杭的鱼米之乡儿童，来讲资源平等，进而讲教育平等，既是无奈的（没有人有什么过错），也是尴尬的（也没有人可以说自己必然应该如此）。

自然环境差异更多决定了民族整体命运，是民族各自不同的宿命，是更高层次上的人类群体差异、更大范围内的人类区域差异。民族地区差异的命运、民族特定历史时期的命运，往往又对个体命运形成了决定性影响。其广义上的影响，是造成地球不同大陆板块间人们巨大发展差异的终极因素，而不是后生的近似因素，如美洲、非洲和澳大利亚土著在进入近现代世界进程中所遭遇的种族不平等、民族不平等的根源。其狭义上的影响，意味着出生在不同地区，如贫穷落后地区和富饶发达地区的人们，所能够拥有的资源优势、地缘优势、发展状况及速度、发展潜能的现实差异，它规定了个体在整个人生长度内所可能达到的生命限度。

1.1.3　不同起点的生命禀赋差异

生命禀赋是个体生命形态与功能的统称。生命形态，就是生命的各种体征形态，如大小、高矮、强弱等身体轮廓，肤色、头发、眼睛等身体颜色，头发曲度、手指个数、四肢比例、脸型和脑型、有无酒窝、雀斑及体痕分布等等的诸类身体特征。生命功能，就是生命的感知觉功能和器官功能。如视觉、听觉、味觉、嗅觉、触觉、联觉等神经传感意识（现代神经科学所讲的六觉）；如喜、怒、忧、惧、爱、憎、欲等心理情感意识；如记忆、模仿、思考、发明创造等学习和认知意识；如不同人体器官的独立运行及相互配合，完成呼吸、进食、消化、睡眠等身体功能。

可以说生命禀赋就是一个人全部的体征形态和感知觉功能。我们必须承认，除了不得不接受的外部自然环境差异，人们还要被动地接受来自天然生命禀赋的各项差异，如体征性状的受欢迎与否，也即俗称的漂亮不漂亮；如感觉和知觉能力的高低状况，也即俗称的聪明不聪明；如身体功能的残缺与否，也即健康不健康；等等。生命自然禀赋的差异随处可见，比如：有人四肢五官健全，有人却残缺不全（残疾）；有人身体功能完整并运行良好，有人却神经状态异常；有人可以长寿或者接近平均寿命活下来，有人却因病早年猝死；有人出生以后就强壮，有人却孱弱；有人高大魁梧，有人矮小纤瘦；有人拥有美丽的面孔，有人却丑陋；有人天生灵动聪明，有人却迟钝笨拙……

人们不得不接受的生命禀赋差异

健残、寿夭，强弱、高矮，美丑、慧拙，这些由生物性所造成的个体间的禀赋差异，对于已出生的人来说无所不在、对于即将出生的人来说则是随时发生。这种差异所具有的上帝掷骰子式的随机性，使得人们对“幸运”与“不幸运”、“公平”与“不公平”之间关系的感受，增添了很多晦暗不明的色彩。而现实中恰恰就是“幸运”或“不幸运”、“公平”或“不公平”，决定了人们所认为的不平等。

为什么人与人之间自然禀赋差异这么大呢？现在人们习惯于说，这是因为有些人基因好，有些人基因比较差。通俗地说，好的基因（如强壮、健全、长寿、美丽、高大、聪明）遗传给后代好的禀赋体征，差的基因（如孱弱、残缺、病夭、丑陋、矮小、智障）遗传给后代不好的禀赋体征。然而，这种表述太过肤浅和随意，因为它表达的是结果，而不是原因。基因的好坏状况恰恰证明了差异，而差异本身何以如此表现以及如何施受于人们，却仍然没有理由。此外，从表面上看，即使暂时占据了好基因，然而由于有性繁殖的基因洗牌重组效应、隐性基因、发育变异等原因，也未必都能得到好的遗传。

自然禀赋差异对一个人的影响，从结果上来看，是巨大而深刻的；从时间上来看，甚至会伴随一生。这就不得不让我们深究，到底是什么造成了个体自然禀赋的差异？半个多世纪以来，占据垄断性地位的、被科学实验所确证了的理论是：基因（DNA，deoxyribonucleic acid，脱氧核糖核酸）的遗传和突变，是导致生命禀赋差异的主要原因。细胞遗传学、基因遗传学、基因和蛋白质学等领域的科学家，在基因遗传与生命禀赋差异的关联性研究方面取得了诸多公认的科研成果。

基因遗传通过什么样的机制来影响个体生命禀赋差异？为了搭建一个全面有效同时又基于理性探究基础的基因遗传的认知路径，本书将简要梳理基因理论的来龙去脉和具有里程碑意义的标志性重大研究成果，简要总结基因遗传对个体生命禀赋的决定和调控机制、基因控制的关键环节和关键点，这些认知对于理解人际禀赋差异的形成和现状，当下以及未来可能实施的基因操纵及更改，以及评价基因操纵及更改将会产生的影响，都具有重要的前提条件性意义。

通过梳理，我们将看到，正是“自然选择、性选择、变异”的进化论思想发端（达尔文）、遗传定律及遗传因子（孟德尔）、遗传物质及突变生成（摩尔根）、遗传物质单元实体（艾弗里）的先后实验确证和理论确立，遗传物质单元的分子结构破解（沃森、克里克、威尔金斯）、遗传信息密码及调控机制的破解（科拉纳、尼伦伯格、霍利）等这些里程碑式的重大理论突破，以及那些自生物学先驱达尔文、孟德尔以来，200多年间诸多科学家的研究、实验、确证，才使基因遗传理论得以完成至今。20世纪下半叶以后，随着基因工程的应用展开，如基因重组农作物、基因编辑畜牧业动物、人体胚胎遗传疾病基因筛查、疾病基因疗法等，使得基因这一生物学概念成为关于生命遗传奥秘的信条。

生命禀赋差异的遗传机制：从进化论到分子生物学

达尔文（1809—1882）于1859年发表《物种起源》，为生物的进化与遗传开辟了“自然选择、性选择”的新思想。达尔文与生物进化观念先行者林奈（1707—1778）、拉马克（1744—1829）的区别在于①，达尔文明确指证，物种是由同种祖先经过自然选择而缓慢进化、在一代代进化中累积变异，并通过胚胎遗传而来的，而不是物种从原初开始就各自不同地、永恒不变的、居于具有方向性的、充实而连续的、等级上升的进化巨链中（这是林奈观点，也是当时社会的主流观点，最高一级是上帝）；或

---

① 此观点综合参考了以下著作：雷·斯潘根贝格，戴安娜·莫泽．科学的旅程（珍藏版）．郭奕玲，等译．北京：北京大学出版社，2014；英国DK出版社．科学百科．王晋，译．中国科学院理化技术研究所于天君，审校．北京：电子工业出版社，2015；悉达多·穆克吉．基因传．马向涛，译．北京：中信出版社，2018。

是物种受环境影响而进化，并通过后天获得的性状遗传而逐代变化（这是拉马克观点）。对著名的“长颈鹿拉长脖子”① 的两种不同遗传解释，恰当地反映出达尔文与拉马克进化理论的不同。为了验证达尔文与拉马克的观点，德国胚胎遗传学家魏斯曼（August Weismann，1834—1914）顽固地坚持实验，前后切除了5代以上共901只老鼠的尾巴②，被切除尾巴的老鼠后代仍然长出了同样长度的尾巴。虽然魏斯曼反对达尔文的一些观点，但他提出了著名的“种质”和“体质”遗传差别之分，反对获得性遗传理论，他实际上是有力地支持了达尔文。

达尔文生物进化论以“生存竞争、自然选择、性选择”③ 为进化因果链，以“遗传、变异、选择”为进化过程，揭示出生物由于“无数的、连续的、轻微的变异”④ 积累而缓慢进化，由共同祖先持续分化出了成千上万种新生物，新物种通过胚胎保持遗传并累积变异。考虑到进化论观点所可能引发的各种责难，在《物种起源》出版的12年之后，达尔文才在1871年出版的《人类的由来及性选择》中，将生物进化论进一步明确地扩展到了人类自身。达尔文谈道，“人类的起源和历史，也将由此得到许多启示”⑤；“在我看来，我可断言，导致人类种族之间在外貌上有所差别的所有原因，以及人类和低于人类的动物之间在某种程度上有所差别的所

---

① 长颈鹿拉长脖子的例子常常被用来区别达尔文与拉马克进化理论的不同。拉马克认为父母可以将获得性状（也即有生之年通过习得所获取的特征）遗传给后代，例如长颈鹿为了多吃远处的叶子而拉长脖子，鹳为了保持干燥而生长出更长的双腿，这些性状都可以后天获得，并且都可以遗传给后代。达尔文则认为，同样作为长颈鹿，同样作为鹳，其生存能力和生殖能力都不同，那些脖子最长的长颈鹿能吃到的叶子更多，有更强的生存竞争能力，后代也就会更多；那些脖子短的，吃不到更多的叶子，后代就会逐渐减少；加上有影响颈长的遗传变异，经过许多代逐渐增强变异，长颈鹿的平均脖长增加了。

② 悉达多·穆克吉．基因传．马向涛，译．北京：中信出版社，2018：51.

③ 达尔文．物种起源．钱逊，译．南京：江苏人民出版社，2011.《物种起源》的目录设置清晰地体现了达尔文的这一理论内容。

④ 《物种起源》第五章“变异的法则”、第六章“变异的方式”的内容。

⑤ 达尔文．人类的由来及性选择．叶笃庄，杨习之，译．北京：北京大学出版社，2009：3.

有原因，其中最有效的乃是性选择”①。通过前后两本论著，达尔文提出了“人类起源于动物界、人是自然选择与性选择的结果，性选择在使人类种族分化上起重要作用”这些在当时来说是颠覆性的、惊世骇俗的人类起源论。

从某种程度上说，达尔文进化论仍然是解释学意义上的生命起源说。但不可否认的是，基于大量的动植物观察、胚胎观察和自然考察，达尔文建立了一种全新的“遗传–变异②–选择”观念。“达尔文的进化思想既不是全新的，也不是全面的，但由此引起的一场革命，却永远改变了人类对其自身以及在宇宙中所处位置的理解。”③ 达尔文进化论在当时的最大革新之处在于，它明确提出了人类的生命及体征特征（也即达尔文所说的“外貌”“与低于人的动物之间的某种程度上的差别”），其进化是由于同种祖先基于自然选择、性选择而发生的。“遗传–变异–选择”进化思想，为研究生命起源和生命遗传打开了一扇新思维之窗。

奥地利修道士孟德尔（Gregor J. Mendel，1822—1884）于 1865 年发表论文《植物杂交试验》。著名的孟德尔试验历时 10 年之久，对包括 34 个品种、约 3 万株、近 40 万粒种子的豌豆进行了不同试验目的的反向性状杂交，追踪 7 组性状在前后 6 个～7 个代际的杂交规律。通过对豌豆的同种变化与变种发生、种子平滑与起皱、高株茎与矮株茎、豆荚的形状与颜色、开花的位置及颜色等遗传过程与结果观察，总结出了至今仍然适用的遗传学基本规律，包括：（1）孟德尔遗传定理，即分离定律、自由组合定律；（2）命名并总结出“显性性状”和“隐性性状”的遗传机制；（3）认为代际遗传中存在着独立的遗传单元，提出并命名“因子”④ 的概念，“因子”是不可分割的信息微粒，以一种游离但是延续的方式，

---

① 达尔文. 人类的由来及性选择. 叶笃庄，杨习之，译. 北京：北京大学出版社，2009：403.

② “变异”这一达尔文术语后来被 20 世纪的遗传学家改为“突变”。

③ 雷・斯潘根贝格，戴安娜・莫泽. 科学的旅程（珍藏版）. 郭奕玲，等译. 北京：北京大学出版社，2014：284.

④ “因子”后来被命名为“基因”，即 gene，基因后来又因为其物质成分脱氧核糖核酸 deoxyribonucleic acid 的揭示而被称为 DNA。

持续着生物的性状遗传。正是孟德尔的这些研究发现和“因子”概念，为后来的基因、染色体等生命遗传奥秘的揭示，提供了可供参照的知识基础和研究方向。

孟德尔遗传定律解答了达尔文的进化论所没有回答的棘手问题：使某种变异一代一代遗传下来，并最终将A物种转变成B物种的机制是什么；也很好地解释了一些子代和隔代遗传现象中所不能解释的例外现象，通俗地说，就是为什么有些性状会被遗传、有些不会被遗传、而在一代中已经消失了的性状在隔代之后可能又会出现的一些遗传规律。孟德尔生前在生物学界并无影响，其遗传定律提出后也无人问津。孟德尔豌豆遗传试验之后35年，也就是他去世之后17年，孟德尔遗传定律在1900—1901年被荷兰、德国、奥地利三个互不相识的生物学家不约而同地重新发现和引用，这个戏剧性事件被科技史学家称为“孟德尔的再发现”①。“孟德尔的再发现开辟了遗传学的新纪元，20世纪成了名副其实的遗传学的世纪”②。Genetics（遗传学）这一词汇和新兴学科，被孟德尔的追随者所创造；gene（基因）这个词汇也随之诞生，专门用于孟德尔所提出的独立遗传单位“因子”。

摩尔根（Thomas H. Morgan，1866—1945）进行了前后7年的著名的果蝇实验。在1909—1910年，摩尔根先后在果蝇身上制造出了40多种不同的突变，突变包括了红眼、白眼、驼峰、矮胖、圆胖、褶皱、斑点、刚毛、短翅等各种不同性状。1910—1912年，摩尔根和他的学生团队“对上千种果蝇突变体进行了杂交实验，并且最终得到了数以万计的果蝇”③。孟德尔果蝇实验首次将表现型性状与某一具体的基因类型相对应，证实了染色体具有遗传作用（基因是染色体中的端粒）、决定生物不同的性状。摩尔根发现：“所谓的孟德尔因子，就是在染色体上占据确定位置的特定物理单元，或者基因”④；“染色体就是基因载体，一个染色

---

① 吴国盛．科学的历程．北京：北京大学出版社，2002：471.

② 同①472.

③ 悉达多·穆克吉．基因传．马向涛，译．北京：中信出版社，2018：94.

④ 雷·斯潘根贝格，戴安娜·莫泽．科学的旅程（珍藏版）．郭奕玲，等译．北京：北京大学出版社，2014：284.

体上可以携带多个基因”①。摩尔根年仅 20 岁的学生绘制出世界上首张果蝇染色体线性遗传图谱。摩尔根清晰地证明并表达了遗传的物质基础，他于 1919 年出版《孟德尔遗传现象机制》《基因的遗传物质》，于 1926 年出版《基因论》，建立了基因遗传说，并因为发现染色体在遗传中的作用而获得了 1933 年诺贝尔生理学或医学奖。

薛定谔（Erwin Schrodinger，1887—1961）是量子力学的奠基人，诺贝尔物理学奖获得者，却因为对分子生物学的研究和推动而闻名天下。1943 年薛定谔在都柏林的圣三一学院举办了三次讲座，旨在讨论一个重大问题“发生在生命世界中的事情，怎样用物理学和化学的原理来解释”②。该系列讲座引发了极大影响，1944 年薛定谔在讲座内容的基础上发表了《生命是什么》这部里程碑式的现代生物学经典名著。它包含这样一些重要观点：（1）“正是生命有机体的活跃部分自身所具有的特殊结构，才使得物理学家和化学家要把曾经发现的规律直接应用到生命有机体的行为上去几乎是不可能的”③；生命有机体的活性结构也即活细胞中“最重要的部分是染色体纤丝”，薛定谔将之命名为“非周期性晶体”，“非周期性晶体——我认为它就是生命的物质载体”④。（2）薛定谔进一步假设：“一个基因就是一个非周期性晶体”⑤，而“这个结构中，只需要很少的原子就可以衍生出无穷的排列组合”，“莫尔斯密码可以帮助我们更好地理解这个问题”⑥。莫尔斯密码用“.”和“-”两种符号编织成任意 30 种不同的代号，而在“.”和“-”之外，再加上第三种符号，就可以编出 88 572 个组合。与之类似，非周期性晶体结构中所带有遗传物质的原子排列组合很可能如同二进制代码一样简单。（3）薛定谔把物理热力学的“熵”（单位是卡/摄氏度）引入了生命有机体中，用以解释生

① 吴国盛. 科学的历程. 北京：北京大学出版社，2002：473.

② 埃尔温·薛定谔. 生命是什么. 吉宗祥，译. 广州：世界图书出版公司广东有限公司，2016：4.

③ 同②6.

④ 同②6-7.

⑤ 同②78.

⑥ 同②79.

命所具有的活性特征，给出了“生命以负熵为生”① 这个著名的论断。“一个非活的系统被独立出来，或是把它置于一个均匀的环境里，所有的运动由于周围的各种摩擦力的作用都将很快地停顿下来……由此，整个系统最终将慢慢地退化成毫无生气的、死气沉沉的一团物质。于是，就达到了热力学平衡或‘最大熵’”，“一个有机体为了避免衰退所带来的惰性‘平衡态’，于是显示出活力”；生命有机体的活力依靠“吃、喝、呼吸以及（植物的）同化”也即“新陈代谢”来汲取，新陈代谢交换的既不是物质，也不是能量，而是避免生命有机体趋近最大熵（也即进入停顿、平衡态的死亡）的负熵②。（4）薛定谔进一步用量子论来解释，“量子论与遗传机制有着密切的关系，后者建立在前者的基础之上”③。“如何才能摆脱死亡，一直保持生命的存在状态？从环境里孜孜不倦地汲取负熵恐怕是唯一的办法了。”④ 活细胞中的“染色体纤丝”也即“非周期性晶体”所携带的密码本“内置了一些重新组织附近的化学物质的方法，这样就能够在那巨大的熵流中利用‘涡流’，保证自身以细胞或身体的形式活下去”⑤。“薛定谔用量子理论来解释电子的移动，展示出这一运动是如何影响化学键的形成以及这些化学键是如何影响细胞、基因以及进化。”⑥

1956 年，也即 12 年后，薛定谔又在三一学院发表了重要演讲，直面更深层次的生命现象：意识的物质基础、心智进化等问题。薛定谔的《生命是什么》《意识和物质》早已成为生命科学的经典读本。正是薛定谔对生命所必须遵守的物理法则的判断，以及对“非周期性

---

① 埃尔温·薛定谔. 生命是什么. 吉宗祥，译. 广州：世界图书出版公司广东有限公司，2016：96.

② 同①90－93.

③ 同①60.

④ 同①93.

⑤ 克雷格·文特尔. 生命的未来. 贾拥民，译. 杭州：浙江人民出版社，2016：6. 此乃文特尔对薛定谔《生命是什么》中该部分对应理论的概括。

⑥ S. W. 鲍尔. 极简科学史：人类探索世界和自我的 2500 年. 徐彬，王小琛，等译. 北京：中信出版社，2016：273. 此乃鲍尔对薛定谔《生命是什么》中该部分对应理论的概括。

晶体”的假设和解释（后来的DNA研究成果证明了这些假设和解释都是正确的、到位的），吸引和激励着物理学、生物学和遗传学大量的科学家前赴后继地去破译那个“非周期性晶体”的密码本。DNA的发现者克里克写信给薛定谔表达“非周期性晶体”对自己的启发。最早完成人类基因组测序的文特尔在其个人著作里盛赞《生命是什么》①。

孟德尔通过植物试验确证了性状遗传及改变规律、变种规律，提出了独立的遗传单元因子。摩尔根通过果蝇实验确证了遗传和突变的物质基础，即由多个基因构成的染色体。但是，基因或DNA到底是什么结构和性状？遗传信息传递在基因层面上是如何操作发生的？换言之，薛定谔所命名的活细胞内的“非周期性晶体”所携带的原子排列组合也即遗传密码本到底是什么？密码是如何传递的？这些就是自20世纪下半叶以来，伴随着揭开生命奥秘而诞生的新生命科学细胞遗传学、基因遗传学、分子生物学，所致力攻克的难题。

在两个多世纪的持续探究里，有许多生物学家和科学家，或因为科研时机超前、或因为与当时居于垄断地位的观点不同而遭受冷遇。比如，美国分子生物学奠基人艾弗里（Oswald T. Avery，1877—1955），历经15年实验，栽培细菌与DNA之间的遗传，通过给细菌植入外源DNA，导致细菌具有永久的传染性，在1945年证明了DNA是遗传过程中的活性信息载体，这一成果被称为值得荣获两次诺贝尔奖的伟大发现，但艾弗里本人却因为研究时机超前和寿命所限而错失诺贝尔奖。又比如，麦克林托克（Barbara McClintock，1902—1992）于1951—1956年就发表了关于转座基因及其机制的研究成果，却不断受到漠视、嘲讽和攻击，直到30年后分子生物学取得进一步发展，她的理论才被重视，才在1983年获得了晚到的诺贝尔奖②。还比如，英国的威尔金斯（1916—2004）和助手富兰克林（1920—1958）、美国的鲍林（1901—1994，先后获诺贝尔化学奖、和平

---

① 克雷格·文特尔．生命的未来．贾拥民，译．杭州：浙江人民出版社，2016：引言．

② 《经典读库》编委会．改变世界的100位诺贝尔奖得主．南京：江苏凤凰美术出版社，2015：232-234．

奖），都经过十几年的深入研究，也都实际搞清楚了 DNA 的螺旋形状结构；然而，独立完成 DNA 的 X 射线衍射图的富兰克林却因为患病英年早逝而错失诺贝尔奖。

最终，DNA 的遗传奥秘在 1953 年 4 月由幸运儿美国的沃森（James D. Watson，1928— ）和英国的克里克（Francis Crick，1916—2004）共同揭示。沃森、克里克和威尔金斯三人也因此获得了 1962 年诺贝尔生理学或医学奖。天赋的悟性、惊人的想象、建模论证、化学验证，通过参考从富兰克林那里拿来的几张 X 射线衍射照片，这些综合因素，使得沃森和克里克灵感勃发、一气呵成，成功建构了 DNA 的分子结构模型（如图 1－5），揭示了 DNA 双链如何在分子结构的级别形成互补。

结合图 1－6，DNA 分子结构和分子编码，我们可以这样理解 DNA 分子结构的运行机制：（1）双螺旋，即两条 DNA 链、反向同轴盘绕、类似链状旋梯。（2）生命的遗传密码镶嵌于双螺旋旋梯的梯轴，是四种碱基的相互配对，A-T、C-G，构成了双螺旋旋梯的踏板；配对碱基的形状和成键限制是，T 永远只能和 A 配对，G 永远只能和 C 配对。双螺旋结构可以看作由 ATGC 四个字母组成的密码合成。（3）这样的信息配对关系，使得双螺旋的两条 DNA 单链包含了相同的信息，像是彼此的倒影，双链中的密码更像是“镜像密码”（彼此的信息互为镜子）的缠绕。（4）“细胞分裂时，每条 DNA 双螺旋都会分成两股单链，每股单链都会合成另一条互补单链”①，由于 DNA 就是脱氧核糖核酸，核酸之间可以形成氢键（化学键），氢键通过“双螺旋轴梯”同步进行着：打开、复制自我模板、重建完全相同的自我双链的完美传递（只有这一种方式，且永远保持这种方式）。这样的传递结构使 DNA 成为一台天然的、自动的自我复制机器，使遗传指令在活性细胞的分裂与形成中（分子层面内）的传递得以实现。

① 雷·斯潘根贝格，戴安娜·莫泽. 科学的旅程（珍藏版）. 郭奕玲，等译. 北京：北京大学出版社，2014：500.

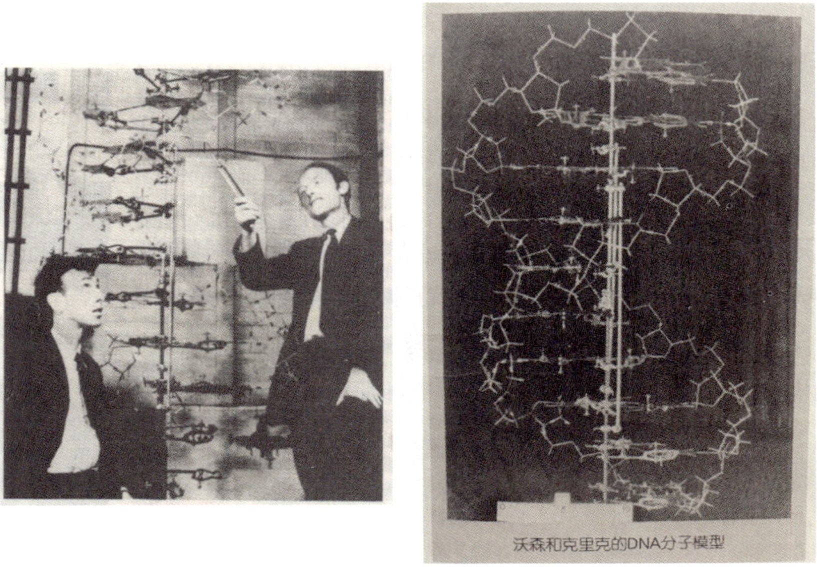

图 1－5 沃森和克里克制作的 DNA 分子结构模型

图片来源（左图）：吴国盛. 科学的历程. 北京：北京大学出版社，2002：476.

图片来源（右图）：雷・斯潘根贝格，戴安娜・莫泽. 科学的旅程（珍藏版）. 郭奕玲，等译. 北京：北京大学出版社，2014：499.

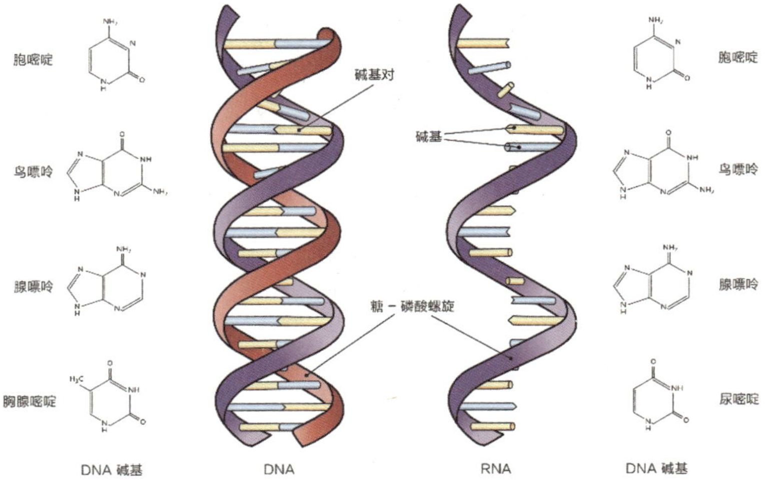

图 1－6 DNA 分子结构和分子编码

DNA 分子结构回答了“遗传信息如何传递”，但还不是生命遗传奥秘的完整答案。到了 20 世纪 60 年代，在同年代几位杰出生物学家研究成果的基础上，科拉纳（Har G. Khorana，1922—2011）、尼伦伯格（Warren Nirenberg，1927—2010）、霍利（Robert W. Holly，1922—1993）三人在1961—1963年先后破译了DNA遗传密码（三联体密码子，是密码中的密码），也即A-T、C-G四种碱基密码的组合。此后的几年里，他们还挖掘出了编码信使RNA，RNA是DNA结构中比较特殊的部分，与细胞内的蛋白质互为影响关系，他们阐明了RNA在蛋白质合成中的作用。他们三位的研究成就，通俗地说，就是破译了薛定谔所说的类似于摩尔密码的生命密码本，为生命遗传补充了关键答案：遗传编码是什么、遗传编码如何合成蛋白质、蛋白质如何实现生命形态和功能。科拉纳、尼伦伯格、霍利三人也因此共享1968年诺贝尔生理学或医学奖。

生命禀赋差异的遗传机制：DNA遗传机制到底是什么

基于以上的基因遗传知识，也基于我们所掌握的细胞遗传、有性繁殖的生命科学知识，对于基因遗传通过什么样的机制来决定、调控和影响个体的生命禀赋差异，结合图1－7、图1－8的内容，我们可以建立这样一些认知：

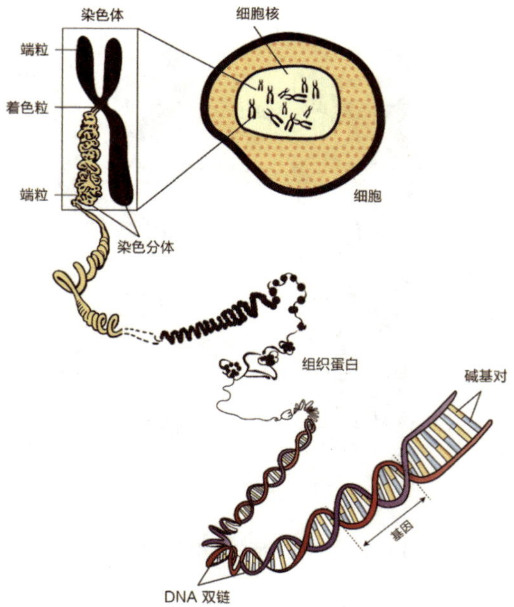

图1－7　DNA在哪里

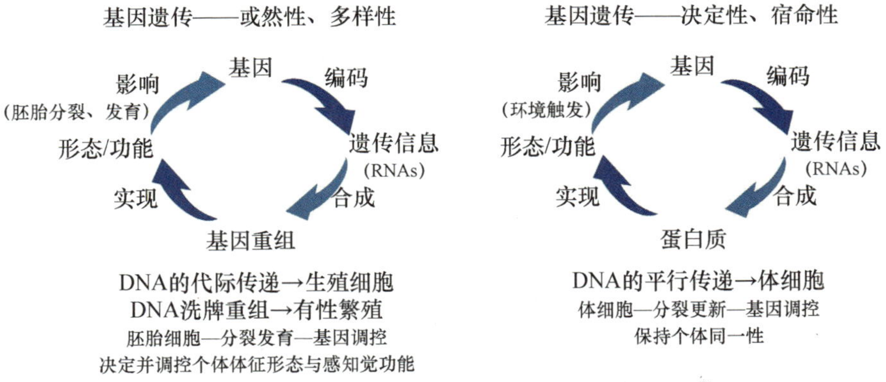

图 1－8 基因的遗传机制、代际传递与平行传递（金辛迪 2019）

图 1－8 内容参考了尼克·莱恩教授的观点，同时整合了参考文献中多部有关生命及基因科学书籍的观点；图形是笔者在参考悉达多·穆克吉的《基因传》（马向涛，译. 北京：中信出版社，2018）第 276 页图形思路的基础之上自行绘制而成。本图意在说明：基因如何决定和调控生物的体征形态和感知觉功能（基因遗传机制 DNA—RNA—蛋白质）、基因的代际洗牌重组和传递（经生殖细胞）、基因的平行传递（经体细胞）。

• DNA 在哪里、是什么：每个人体细胞都有一个细胞核，染色体存在于细胞核中。构成染色体的一长串端粒就是 DNA，即脱氧核糖核酸。DNA 是遗传信息的基本单元，是遗传过程中的活性信息载体，每一个 DNA 分子都是一份完整的生命遗传信息密码。

• DNA 分子结构：双螺旋、反向、双链的分子结构，氢键即化学键隐藏在旋链的梯轴中。双链镜像密码、氢键旋轴对接，这样的结构使得 DNA 分子可以不间断进行自我复制。可以说，DNA 就是自我的自身复制。

• DNA 分子密码：人类基因组由约 32 亿个碱基对组成，DNA 通过四种碱基的三联体密码子组合（密码中的密码），形成基因码，就是描写生命体征形态和各类感知觉功能的“信息说明书”，也即是遗传指令。

• DNA—RNA—蛋白质，是遗传信条：DNA 通过其编码信使 RNA，向蛋白质发布遗传指令；蛋白质是由 20 多种名为氨基酸的化合物串联起来的链状结构，可以扭转成各种特殊的空间结构，其折叠变形能力可以使得蛋白质携带 DNA 指令在细胞中执行不同的功能。

• 基因的平行传递——体细胞：细胞是构成人体的基本单元，人体大约有 40 万亿~60 万亿个细胞，分为体细胞和生殖细胞。每个细胞核内都有完整的 DNA 密码。体细胞不能被遗传，最终会全部死亡。不同器官的体细胞不断进行分裂和更新，随着体细胞周期性更新，DNA 完成在同一个人身体内的平行传递，使得生命在新陈代谢和成长发育的整个过程中，在胚胎、婴儿、少年和成人的各阶段，人的体征形态和感知觉功能能够保持连续、完整的“个体同一性”。

• 基因的代际传递——生殖细胞：即精子、卵子、最初的受精胚胎，通过有性繁殖进行摸彩票式的基因洗牌重组，合成了新生命体的 DNA，一个新的生命就代表了一套全新的 DNA 遗传信息密码。受精胚胎经过几十万次的分裂，才可以发育为不同的器官，新的 DNA 通过受精胚胎的细胞分裂和器官分化，调控新器官的形态与功能，使代际遗传得以完成。

• 基因洗牌重组——有性繁殖①：有性繁殖是摸彩票式的基因洗牌重组，被称为全世界最大的性彩票机。来自不同生命体（两份不同的 DNA）的精子与卵子，经由细胞融合、染色体分离、基因自由重组三个阶段，产生出全新的胚胎细胞 DNA（第三份 DNA）。自然发生的有性繁殖中，每个个体生命的基因都经过了洗牌重组，其过程是完全分离、自由、随机的。有性繁殖相比无性繁殖（即同体克隆），更利于清洗掉有害的突变，甩掉遗传背景里潜伏的垃圾，从而增加遗传的多样性，提升后代存活的适应性。有性繁殖的进化意义在于：促进遗传的多样性，提高后代生存适应度，而并非提供基因的最佳强强结合。有性繁殖以或然性为特征，以多样性为目的，这已经成为遗传学共识。

• 基因变异/突变：由于端粒损耗、自由基泄露、辐射、病毒入侵、DNA 自身复制出错等原因，细胞分裂中会发生很多基因突变。“每一次一个人类细胞分裂，大概每套染色体会出现 3 个突变”，“细胞分裂越多，这样的突变积累越快”，“突变也会跨越代际”②。有性繁殖中的基因洗牌重组也是突变的主要来源。坏的突变，使生命器官受损，如导致癌症，如

---

① 尼克·莱恩. 生命的跃升. 张博然，译. 北京：科学出版社，2016. 该书第五章“性——地球上最大的彩票机构”，比较了无性繁殖（克隆）与有性繁殖，总结了科学家和进化生物学家对有性繁殖的研究及结论。

② 同①43.

导致胚胎发育中的缺陷和畸形。正常的突变，或者说无害突变，则形成细微的体征形态的变异，表现为儿子看起来很像父亲，但儿子又不同于父亲，儿子始终还是保持了自己的体征形态差异。

• 基因工程：针对生殖细胞和体细胞所携带基因进行不同技术方式的操纵和更改，如基因组合、基因克隆、基因编辑，以达到控制、改良、增强及创造生物形态和功能的目的。基因工程在农作物、畜牧业动物领域已经被确证成功，并已投入人类生活应用。基因实验在各国家被广泛进行，由于生物界分子基本构成的高度一致性①，理论上所有应用于动物实验的基因操作，如小鼠和猕猴基因实验，都可以在人体上引发类似的变化。

生命的奥秘从此打开，“DNA—RNA—蛋白质”成为生命遗传的核心法则，DNA 通过其编码信使 RNA 向蛋白质发布遗传指令来调控生命形态，实现生命功能，这一生命信息流动的理念，经受住了半个多世纪的理论检验、实验确证，以及诸多基因工程技术应用的确证。

基因决定并调控生命的体征形态和感知觉功能。基因在有性繁殖中进行分离、自由、随机式的洗牌重组，之后，通过生殖细胞及其分裂与发育完成代际传递。基因在与外部环境的互动中，通过体细胞的分裂与更新，完成平行传递。在代际传递与平行传递过程中都会不断发生基因突变。在代际传递中的基因突变，具体表现为每一代都会发生的、不同于上一代的细微变化，“每一代都会发生变异和突变，这是人类生物学中无法摆脱的现实”②。有害的基因突变直接损伤身体，如导致癌症。无害的基因突变则表现为一个人从婴儿到老年持续的体征形态及功能的细微变化。

从进化论的思想诞生并逐步完善，到确证遗传机制、突变机制，到确证基因即 DNA 而非其他物质是生命信息的遗传载体，到破译 DNA 的遗传结构双螺旋，到破译 DNA 的遗传密码，到确立 DNA—RNA—蛋白质的遗传信条，最终这些伴随着揭开生命奥秘而诞生的新学科——生物进化论、细胞遗传学、基因遗传学、基因与蛋白质学，合力完成了对生命遗传奥秘

---

① 指构成生命体蛋白质的氨基酸结构相同，导致生物界分子的高度一致性，这是生物学基础常识。

② 悉达多·穆克吉. 基因传. 马向涛，译. 北京：中信出版社，2018：523.

的完整解释。这条探索之路，前后走了整整两个多世纪。

笔者整理了自 1901 年诺贝尔奖①开始颁发以来，至 2018 年的诺贝尔生理学或医学奖得主和获奖原因，根据笔者粗略统计，与遗传及基因遗传有关的获奖原因约占 34%。如图 1 - 9、图 1 - 10 所示，笔者综合参阅了诸多与基因及生命科学知识相关的文献，梳理了基因研究的重大理论突破事件、基因工程的重大技术突破事件，绘制了基因理论研究、基因工程技术开发的历程图，以便于读者简明读解。

1970 年以后，基因工程应用技术迎来了大发展。基因重组、基因克隆、基因扩增、基因测序、基因编辑等基因操纵技术不断推陈出新，胚胎遗传疾病基因筛查、体外受精、胚胎性别选择、胚胎遗传特征选择、胚胎干细胞应用、情绪控制及神经类分子制药、基因定位治疗、人体增强、认知增强、延寿等针对人的应用也越来越深入。基因工程通过人为地介入基因遗传、人为地改变生物的天然基因组合，达到控制、改良、增强或创造生物形态和功能的目的。基因工程所实施的对基因的各类控制，不论是通过对体细胞，还是对胚胎细胞的基因控制来实现，都与我们本章所介绍的基因遗传理论中的那些重大研究突破有关。关于基因工程，本书将在第 5 章进一步论及。

深入理解生命禀赋差异及其遗传机制的意义

本书对基因遗传理论（1. 1. 3）和基因工程技术（5. 1. 1）进行了简要综述，对基因研究的重大理论突破、基因工程的重大技术突破进行了简要追踪，这样做，并不是为了进行基因知识科普，而是出于这样一种主张：唯有深层次了解生命的物质基础，如基因遗传、神经认知、心理情感等，才能帮助我们科学地认知生命的自然禀赋差异，帮助我们更好地

---

① 诺贝尔奖以瑞典著名化学家诺贝尔的名字命名，诺贝尔将自己的遗产作为基金创立了诺贝尔奖，以基金每年的收益授予前一年世界各国在“物理”“化学”“生理或医学”“文学”“和平”五大领域（五个奖项）做出重大贡献的人。1968 年增设“经济学奖”，形成了共六个奖项。诺贝尔奖从 1901 年开始颁发至今，经过了 100 多年，成了世界科学界、文学界（含文学、哲学类）和经济学界的最高荣誉象征。

1956—1959：科恩伯格、奥乔亚在蛋白质合成、核糖核酸复制、脱氧核糖核酸复制方面取得了很多实验成果。共享1959年诺贝尔奖。

1951—1956：麦克林托克发现可移动遗传元素、转座基因及其移动机制。后获1983年诺贝尔奖。
1951：蒙塔尔奇尼和科恩发现遗传信使蛋白质中的生长因子。后获1986年诺贝尔奖。

1945：大爆炸模型提出者、物理学家伽莫夫提出，DNA的四种碱性可能就是基本的遗传密码符号，并提出三联密码假说，被后来实验所证实。

1944：量子物理学家薛定谔出版《生命是什么》，其物理化学与生命共融思想、所做的基因密码及遗传假设，推动了分子医学的发展。后获诺贝尔奖。

1927：穆勒证明X射线可改变果蝇遗传信息，证明了基因就是分子（辐射可导致原子和分子结构的变化）。后获1946年诺贝尔奖。

1909—1926：摩尔根历经7年果蝇实验，确证了染色体就是遗传载体，揭示了更多遗传及突变规律。建立了基因遗传学说。后获1933年诺贝尔奖。

1880：弗莱明发现染色体。
1890：赫尔曼·亨金发现并命名X染色体。
1902：博韦、麦克伦、威尔逊、斯蒂文斯等先后证明染色体的遗传作用。

1869：米歇尔发现细胞分裂后产生的新物质，并命名为核酸。

1859：达尔文《物种起源》出版。

1961—1966：科拉纳、尼伦伯格、霍利，破译了DNA遗传三联体密码，并阐释其在蛋白质合成中的作用。共享1968年诺贝尔奖。

1953：沃森、克里克确立了DNA双螺旋、反向同轴盘绕、链状分子结构，并确认细胞从中读取遗传指令。两人与威尔金斯共享1962年诺贝尔奖。

1945—1960：帕拉德、贺兰德、莫诺、雅各布等研究显示，基因通过编码RNA来发挥作用。

1945：艾弗里历经15年，证明DNA是遗传信息的载体，被称为值得获两次诺贝尔奖的伟大发现；且得到德尔布吕克、科恩等4人通过“噬菌体”研究结论支持。

1940：比德尔和塔特姆发现生物基因→酶→表现型细胞之间的改变关系，酶对这些化学反应所起的催化作用。后获1958年诺贝尔奖。

1911：列文查明核酸分为两种，核糖核酸（RNA）和脱氧核糖核酸（DNA）。

1900—1901：孟德尔定律被三个国家的科学家不约而同重新发现。
1905—1909：遗传学学科（Genetics）和遗传单位基因（gene）被命名。

1871：达尔文《人类的由来及性选择》出版。

1865：孟德尔历经10年豌豆试验，发现了独立的遗传单位“因子”，总结出孟德尔遗传定律。

图1-9　基因遗传奥秘的揭示：基因理论研究历程（金辛迪 2019）

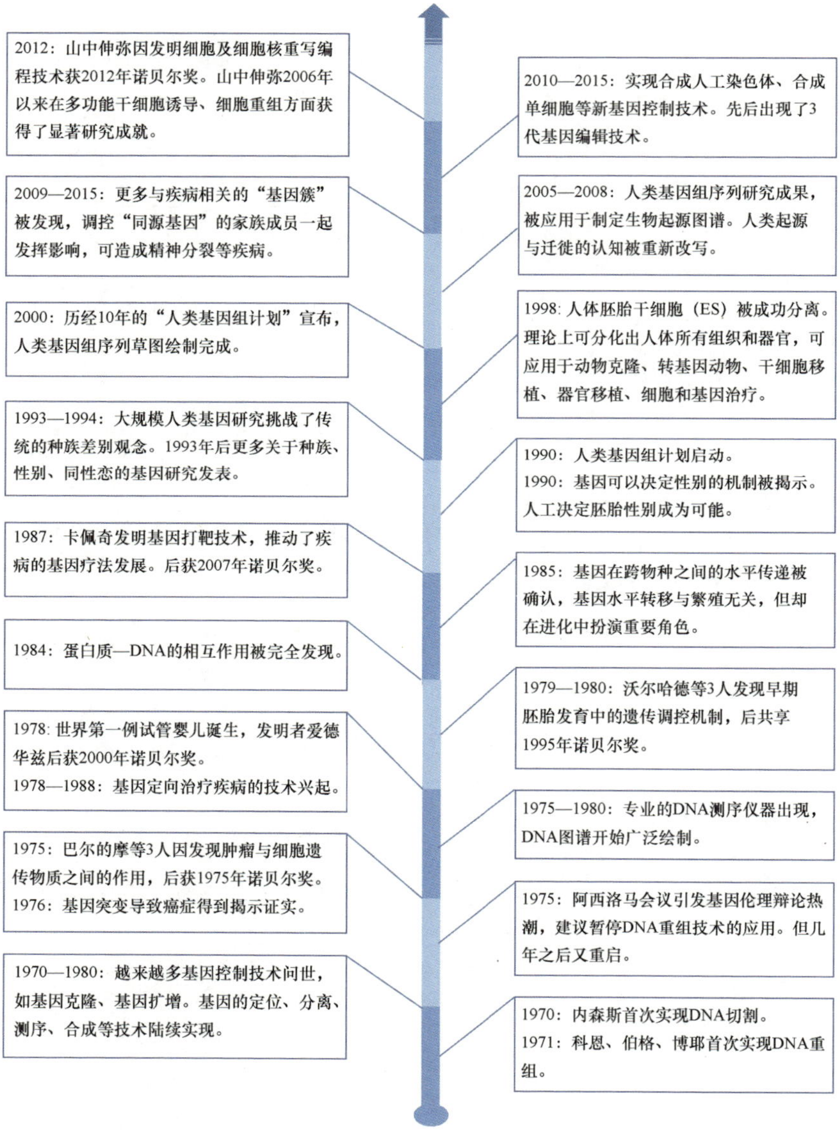

图 1－10　基因遗传奥秘的揭示：基因工程技术开发历程（金辛迪 2019）

解读生命的本质，从而对所涉及的生命伦理、对生命的价值取向做出更合理公正、更智慧远见的判断。反之，如果不了解这些必要的生命科学知识，随口就谈："通过基因编辑使人变得更美丽、更聪明、更高大、更长寿"（恨不得凭着想象无限加长），"基因工程是人类完善自身的伟大进化工程"（恨不得对基因技术顶礼膜拜），"基因科技应用导致了不平等"、"基因编辑违反道德，应该被禁止"（恨不得一棒打死所有的基因技术），等等，难免落入人云亦云、不负责任的空泛之谈。这样的草草论断，从论证上看，缺乏学术求证精神；从结论上看，其结论不论如何，即使碰巧和经过充分求证的结论相同，也是不负责任的。

人的自然禀赋差异对个体一生的影响巨大而深刻，往往会影响到个体的幸福感、公平感、对不平等的厌恶感。可以说，自然禀赋差异构成了一个人自身的天然物质基础，自然禀赋差异对于个体的影响，就像1.1.2小节自然环境差异对不同地区群体的影响一样，往往带有一种决定论甚至是宿命论的伤感色彩。从人际内部看决定论是不公平的，因为自然禀赋在人们之间的分配是任意而随机的；但从人际外部看决定论，自然禀赋的随机分配又是任何人都无法控制的，从而任何人无法抱怨人生来是因为他人而不公正。深思起来，自然禀赋的分配权力由人之外的大自然随机分配，而并不属于人类内部的有意识、有目的或有预见的规划分配，这一基本事实对人类而言也许是一个更为妥善的安排。

基因决定和调控人的体征形态和感知觉功能，基因自始至终都存在且伴随每一代生命而存在，基因在细胞之间永无止境地复制传递，这体现出基因遗传的决定性、宿命性。有性繁殖中的基因洗牌重组是完全分离、自由、随机的，有性繁殖是不可预知的摸彩票，这体现出基因遗传的或然性。有性繁殖以制造出具备更多适应性的多样化生命为目标，而非以制造基因强强联合的最强生命为目标，这体现出基因遗传的多样性（参见图1-8）。

基因遗传的决定性、宿命性带有了一些伤感色彩，但同时基因遗传的或然性、多样性，又使得每一代/每一个人都是一次基因的随机洗牌重组。这恰恰印证了本书对差异的理解，差异是本源性存在的，差异是万物生而不齐，每一个生命都是一份独一无二的基因洗牌重组。基因的决定性、宿命性，使得生命禀赋差异成为我们自己必须为自己人生负责的现实，因为没有人可以为此负责，即便是自己的父母。与此同时，基因的或然性、多样性，又使得我们可以怀揣一个关于未来的梦想，因为健残、寿夭，强弱、高矮，美丑、慧拙，类似于这样的人际禀赋差异并不是世代永固的。君子之泽，五世而斩，究其根底，就是因为最伟大皇帝为其后人所创造出来的天命特权和举国财富（人为的政治和经济优势），也抵消不了皇帝一脉上下五代人延续下来的基因遗传的或然性和多样性。

总之，要对人类生命禀赋差异以及意义做出判断，无论这种判断是解释它还是评价它，抑或改变它，都必须了解人类生命禀赋差异产生的根本原因，而要了解根本原因，就必须主动走进基因，尤其是在全球化、科技化、多文化的现时代。深入到基因理论及基因工程技术之中去，搞清楚基因通过什么样的遗传机制来影响个体生命禀赋差异，其控制的关键点和关键环节是什么，对于我们理解人际禀赋差异的形成和现状，当下以及未来可能实施的基因操纵及更改，以及评价基因操纵及更改将会产生的影响，都具有重要的前提条件性意义。

1.1.4 原生家庭、运气以及社会地位和财富差异

如果说，来自自然客观环境、个体生命禀赋的差异，更多表现的是人际差异的自然风貌，那么，来到这个世界上以后，人所在的原生家庭则进一步加深了它，人类社会则进一步放大了它，由此造成了更多层级、更为复杂的社会差异。

原生家庭的初始差异

人出生后，首先面临的是所出生及/或成长家庭（统称为原生家庭）的差异，如父母受教育状况、能力和工作状况、社会地位和财富状况。美国社会学协会主席、宾夕法尼亚大学安妮特·拉鲁（Annette Lareau，1952—　）教授基于一项大型的包括从美国中产阶级、工人阶级和贫困人口家庭中抽样的88个孩子的调研，对其中拥有9岁~10岁孩子的12个家庭，从1993年开始采取了长达5年的密集“自然主义”观察法追踪，调查和研究他们通向大学教育道路的不同，各自家庭对形成这种不同的影

响。之后，安妮特·拉鲁又将追踪调研扩展到了他们的工作和结婚成家之后，这项社会调研长达 20 年之久。

基于这项调研，安妮特·拉鲁出版了著作《不平等的童年——阶级、种族与家庭生活》。书中，安妮特·拉鲁给出了这样的结论，“本书确认了，父母的社会地位会以一种在很大程度上是无形的但是又是强有力的方式冲击着孩子的人生经历；而本书就标识出了不平等的社会地位是如何影响教育方式的”①。“家庭在社会结构中的位置有规律而系统地塑造着孩子的生活体验和人生成就。”②“尽管工人阶级家庭和贫困家庭父母都很爱他们的孩子，但他们中间却没有一个成功地把孩子送上通往大学教育的道路，而这正是获得稳定又赚钱工作的基础。”③“在参与研究的孩子们中，当他们 10 岁的时候，人生的关键环节已经确定，最终他们很可能会陷入与父母相似的处境，而现实也的确如此。”“并非所有的孩子都拥有平等的机会”，“社会阶层的背景建构并改变了个人的行为。因此，我们所追求的人生道路，既不平等，也不能进行自由选择”④。

这样的长期、密集、大型的基于自然观察法的社会调研结论，尤其在被认为是富有而民主的美国现实社会调研中得出，令人唏嘘感叹。然而，除了所出生家庭差异的影响，人们在进入社会后，还不得不面临一系列不断发生和调整的新差异。这些社会差异主要包括：微观层面人生命运的不同，宏观层面或者说起主导性作用的社会地位和财富的不同。

人生运气的“达”与“穷”

“达”，在这里指的是运气通达，是好运气。“穷”，在这里指的是运气困顿，是坏运气，就是俗话所说的倒霉。所谓“时来天地皆同力，运去英雄不自由”⑤，就是时运好时，天地都可以借力相助，而走背运时，

① 安妮特·拉鲁．不平等的童年．宋爽，张旭，等译．北京：北京大学出版社，2018：3.

② 同①35.

③ 同①394.

④ 同①395.

⑤ 出自唐代诗人罗隐的七言律诗《筹笔驿》，惋惜诸葛亮才能卓越却时运不济。

再卓越的英雄都难免于困顿不济、壮志难酬。

一个人的一生很可能跌宕起伏，时而好运，时而坏运，很难判定谁的运气更好、谁的运气更差。但即使运气难以量化，从一生运气的行程即“运程”总量来看，不得不承认的是，出生在更好原生家庭，拥有更高社会地位和更多财富收入的群体，往往面临更多的选择机会和选择运气；而能在一生中得到更多总量的选择机会和选择运气，对一个人的发展和成就具有实质性的影响，这就使得那些处境悲惨、缺少选择机会和选择运气的人感受到不公平、不平等。

当代政治哲学中的运气平等主义（luck egalitarianism）① 将环境（运气）与选择（责任）视作最重要的区分，其基本理念在于主张矫正因外部环境因素即个人不能控制之因素，如自然禀赋、家庭出身及社会阶层等所形成的不平等，但同时强调人们应对个人选择即对自愿及自主的个人行为承担责任。通常认为，运气平等主义来自罗尔斯的“好天赋不应得”论，也即“我们并不应得自己在自然天赋的分布中所占的地位，正如我们并不应得我们在社会中的最初出发点一样”②。围绕罗尔斯的“好天赋不应得”论，德沃金、阿内森、科恩等都提出过不同的批判，但当代政治哲学中第一位明晰地提出运气平等主义观点的学者，通常认为是德沃金（鉴于其 1981 年的两篇文章③）。德沃金也被认为是运气平等主义学派中最著名的学者，本书第 2 章将继续对这部分内容进行分析。

古代社会地位的“尊”与“卑”、现代社会阶层的“上”与“下”

自然环境差异、个体生命差异，往往构成了社会差异的先天基础。出生在贫瘠地区的人，即使拥有好的天分，也得不到那些富裕发达地区的教

---

① 普遍认为“运气平等主义”的名称源于伊丽莎白·安德森（Elizabeth S. Anderson. What is the Point of Equality?. Ethics，1999，109（2））。

② 罗尔斯．正义论．何怀宏，等译．北京：中国社会科学出版社，2009：79.

③ 两篇文章指的是：Ronald Dworkin，“What is equality?”，Part 1：“Equality of Welfare”，Philosophy and Public Affairs，Vol. 10，1981；Ronald Dworkin，“What is equality?”，Part 2：“Equality of Resources”，Philosophy and Public Affairs，Vol. 10，1981。

育资源和发展机会。出生在同一地域的人，弱者往往因为自身禀赋劣势而处于当地社会的较低阶层。个体差异在社会中被叠加和放大，就形成了社会中强弱不同的阶层分化。被分化了的社会阶层，拥有不同的社会地位，享有不同的社会资源。

在古代身份等级社会里，“尊”与“卑”就是享有各种特权的皇族贵族与平民草民的地位差异。莎士比亚歌剧《李尔王》第一幕第四场，肯特伯爵说“我来教你什么是尊卑上下的差别”时，就很正义凛然，这是因为在前现代社会中，等级差异本身就是正义的社会秩序。在现代社会中，人们的政治身份平等了，都是国家公民、都享有同样的法律权利，古代身份“尊”与“卑”的意义所指已经不存在了；但现代社会中仍然有“上、中、下”社会阶层的实质性的差异，包括机会、经济、文化、教育在内的资源享有及分配等诸多方面的人际差异。

有关现代社会分层理论研究的中外著作很多，如美国宾夕法尼亚大学保罗·福塞尔（Paul Fussell，1924—2012）教授的著作《格调：社会等级与生活品味》（*Class-A Guide through the American Status System*）就从相貌、衣着、住房、消费、休闲、摆设、精神生活、谈吐等方面描绘了一个分为 9 层的美国社会等级，即看不见的顶层、上层、中上层、中产阶级、上层贫民、中层贫民、下层贫民、赤贫阶层、看不见的底层①。

中国也有类似的社会分层研究和分层理论。一些小说也直接映射现代社会的阶层差异，比如青年作家郝景芳的《北京折叠》。该作品获得了 2016 年第 74 届雨果奖最佳中短篇小说奖，其中，主人翁老刀是个垃圾工，为了让孩子就读更贵更好的学校，老刀冒险选择成为信使，穿梭于截然不同、各成体系、彼此互不相关的北京三层空间之间。小说中三层折叠空间的北京虽然是科幻意义上的，但实际暗喻了现实中越来越分层固化的上层、中层和底层②。

---

① 保罗·福塞尔，格调：社会等级与生活品味．梁丽真，等译．北京：北京联合出版公司，2017：15-59.

② 郝景芳．北京折叠//孤独深处．南京：江苏凤凰文艺出版社，2016.

古代社会、现代社会都存在的"富"与"贫"

财富差异古来有之，被看作人际差异中最核心和实质性的部分，人们在财富占有以及收入分配方面的巨大差异，往往从直觉上被直接视作不平等。对财富差异的研究在20世纪以前多见于定性，比如财富差异是否正当。进入20世纪下半叶，尤其是近30多年来，对财富差异的前沿研究多见于基于大数据和计算机技术的大历史分析比较研究，着重对影响财富差距的各种因素进行长历史时段和更多国家及区域内的定量追溯，找到其演变规律。这一部分研究资料和成果，可以说是研究社会和财富不平等的最新文献资料，很具有代表性。

20世纪90年代以来，计算机的储存量剧增，计算机处理数据的速度剧增，与之伴随发生的是社会文献、历史文献的电子化。经过几十年的文献电子化，越来越多的量化历史数据库得以形成，大历史和量化历史研究应时而生。由于技术得以实现，借助于历史数据库化、社会数据库化、计算机分析技术的网络化和智能化、多机构和多学者大型联合研究的综合优势，越来越多的量化历史研究得以展开，出现了很多卓有成果的新型研究。无论是在学术研究出版方面，还是在社科书籍出版方面，我们都能明显地感受到这一趋势。陈志武教授在量化历史研究方面做了很多工作。由陈志武、龙登高、马德斌主编的《量化历史研究》（1-4辑）就整合和吸纳了很多关联中国与世界的前沿研究，收录了多项跨社会、国家、经济与文化多领域的量化历史研究成果。

本书对财富不平等的长期演进、技术生产方式与财富不平等关系的研究较为关注。以下是其中具有代表性的一些最新研究成果：

第一，关于财富不平等和收入不平等的历史演化。最具代表性的是法国皮凯蒂（Thomas Piketty，1971— ）教授的《21世纪资本论》。

《21世纪资本论》2013年首版发行法文版就引发了轰动。皮凯蒂和全球不同国家的30多位研究者，历时15年海量数据搜集，并借助于最新的计算机技术，建立起了WTID数据库（World Top Incomes Database，世界高收入数据库），结合WWID数据库（World Wealth and Income Database，世界财富与收入数据库），得出18世纪以来300多年间英国、法国、德国、美国资本/收入比的演变，并在数据可能的情况下扩大到了更多的国家。皮凯蒂的研究结果否定了库茨涅茨曲线①。他提出，20 世纪上半叶出现的收入不平等的减少，源于两次世界大战以及战后所采取的政策。而自 1980 年以来，由于税收和金融政策的转向，收入分配的不平等又开始呈现出逐渐拉大并加剧的趋势，其不平等程度正在逼近跌宕起伏的 19 世纪。皮凯蒂还提出，促进平等的趋同力量主要是知识的扩散以及对培训和技能的资金投入，但远远无法抵消导致促进不平等的分化力量，那就是 r> g，资本收益率高于经济增长率，r> g 与市场缺陷无关。相反，市场越发达，r> g 的比率就越高。皮凯蒂还给出了一些重要历史时段、不同国家或区域内，上层 10%（顶级 1%和其后的 9%）、中间 40%、最下层 50%人口的劳动收入、资本占有和总收入状况②，来进一步证明 r>g，简言之，就是劳动收入增长远低于资本收益增长。

第二，关于生产方式及社会组织形态与财富不平等的演变关系。华盛顿州立大学蒂莫西·科勒（Timothy Kohler）教授与其他 13 个学术机构共 18 位教授，对 63 个分布于世界各大陆的考古遗址进行了研究，研究成果于 2017 年 12 月发表在《自然》（*Nature*）期刊上③。陈志武教授后来用图表绘制了该研究成果（如图 1－11）。

这 63 个考古遗址来自世界各大陆，其中，前 11 000 年—前 2 000 年的遗址在非洲大陆与欧亚大陆，前 3 000 年—300 年的遗址在美洲大陆

---

① 库茨涅茨曲线是美国经济学家、诺贝尔经济学奖获得者西蒙·史密斯·库茨涅茨于 1955 年提出的，是第一个利用庞大统计数据所形成的关于不平等的系统理论。库茨涅茨在 1913—1948 年对美国的所得税及国民收入进行了测算和分析，库茨涅茨曲线也被称为“倒 U 曲线”，其核心结论为：收入状况在工业化初期呈不平等扩大趋势，是因为工业化早期带来的新财富只有少部分人能够受益，但随着工业化和经济的进一步发展（到达 U 形顶部后），收入分配差距扩大将停止并自动减缓，这是因为经济充分增长的成果被越来越多的社会公众所参与和分享。

② 托马斯·皮凯蒂. 21 世纪资本论. 巴曙松，等译. 北京：中信出版社，2014：250－254.

③ Timothy A. Kohler and Others (total 18 Professors). Greater Post—Neolithic Wealth Disparities in Eurasia than in North America and Mesoamerica. Nature, 2017 (12).

（美洲大陆有人类迁徙以及进入近现代世界的时间都较短）。选址覆盖了各大社会形态，房屋大小被理解为当时家庭总体财富的指标。蒂莫西·科勒等教授将各遗址内的房屋大小，按照统一的标准换算为财富基尼指数，将不同遗址按照考古发掘的实际结果，归属于狩猎采集社会、半农业社会、农业社会；同时归属于家庭型社会、小部落社会、大部落社会、国家社会。以房屋大小为标准而建立起来的财富基尼指数、在不同时期遗址中的演变，就代表了财富不平等状况在不同的经济生产方式、不同的社会组织形态中的演变。

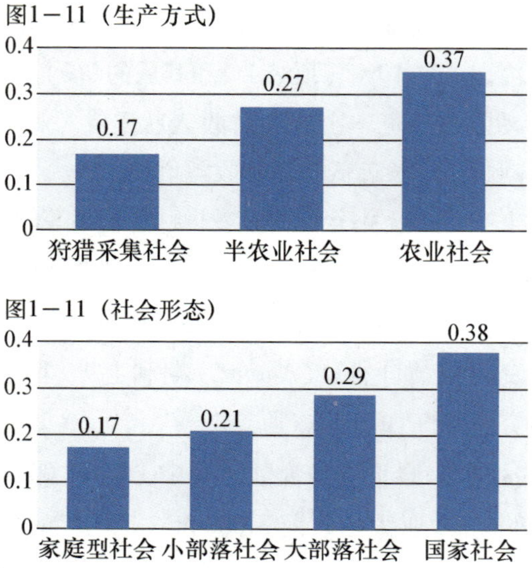

图 1－11　财富不平等与生产方式、社会组织形态的演变关系（陈志武 2018）

图 1－11 生产方式数据：处于不同生产方式下的考古遗址的房屋面积基尼系数中位数，包括狩猎采集社会（5 个）、半农业社会（20 个）、农业社会（38 个）。图 1－11 社会形态数据：处于不同社会组织形态下的考古遗址的房屋面积基尼系数中位数，包括家庭型社会（1 个，只有单个家庭，没有之上的社会组织）、小部落社会（12 个，存在家庭之上的社会组织）、大部落社会（33 个，社会组织等级增加、阶级多于两个）、国家社会（17 个，出现了垄断暴力的国家组织）。

数据来源：陈志武. 量化历史研究与新知识革命. 北京大学学报（哲学社会科学版），2018，55（4）：117.

研究结果显示：（1）财富的不平等在史前社会就已经存在并持续发展。伴随着集中农业生产方式的发展，尤其是动植物的驯化，社会人口和社会组织都不断扩大，财富的不平等也越来越显著。相对于非洲和美洲大陆（更为长期地处于狩猎采集社会），欧亚大陆不平等扩大速度更快的原因是农业和畜牧业经济的变革，对大型哺乳动物（如马、牛等）的驯化促使小农场主开疆扩土，从而财富快速增长，同时也造成了无地可耕种也无法返回采集和狩猎生活的农民。遗址的考古结果也揭示出，基于集中农业生产方式之上的冶金技术、骑兵技术、大型建筑、土地征服所带来的进一步财富差距的扩大。（2）房屋面积的基尼系数中位值在原始狩猎采集社会的时候为 0. 17，到半农业、半狩猎采集社会（低密度的非充分农业社会、零散规模的小农艺种植）的时候是 0. 27，到了大规模集中农耕社会则成为 0. 35。这就揭示了人类生存技术和生产方式的每次变革（或称之为进步、飞跃），都会产生显著的财富差距的扩大。（3）社会人口越密集、社会组织形态越复杂，财富基尼指数的差距也越大，相比族群、部落、酋长管辖地，形成“国家”的社会中财富基尼指数的差距最大。

结果表明，每一次新的生产方式的变革，以及与新生产方式相适应的社会组织形态的变革，都同时伴随着财富的不平等差距的扩大，而且是技术促进了不平等。这样的研究结果，当然引发了轰动。

第三，关于环境变化与技术变革对社会不平等的影响。戴蒙德在《枪炮、病菌与钢铁：人类社会的命运》中，深入研究了植物和动物驯化、农业产生和传播对不同大陆发展状况和发展速度的影响，其研究结论我们在前面已经做过介绍。俄罗斯马特兰加（Matranga）教授带领莫斯科新经济学院的研究团队，构建了目前最完整的反映世界各地农业革命发轫时间的数据库。他回答了：农业社会比原始社会更加不平等，普遍出现了奴隶和奴役，为什么各大陆原始人类还是由狩猎采集社会进入了半农业、农业社会？马特兰加给出的解释是，相比原始人类漫长的狩猎采集社会，前 11 000 年—前 4 000 年地球气候发生了很大变化，气候的季节性变化强度增大，原始人类面临不断增加的季节性气候下的生存风险，为了应对这一风险，只能先后进入农业生产方式，以进行气候不利季节时期的粮食储备①。这个结论，从另一方面佐证了我们前面介绍过的汤因比的“环境适

---

① 陈志武. 量化历史研究与新知识革命. 北京大学学报（哲学社会科学版），2018，55（4）：120.

度挑战→文明成功回应”理论。

第四，关于财富差距与消费差距的演变及对比。短期消费差距研究，如芝加哥大学迈耶（Meyer）教授和苏立文（Sullivan）教授在 2013 年发表于《美国经济评论》（*American Economic Review*）期刊的文章《消费与收入的不平等和经济大衰退》（“Consumption and Income Inequality and the Great Recession”），他们对 2000—2011 年美国收入差距和消费差距演变进行了量化研究及比较①。长期消费差距研究，如普林斯顿大学卡勒斯（Carles）教授和耶鲁大学罗森布鲁斯（Rosenbluth）教授 2014 年在《美国政治科学评论》（*American Political Science Review*）期刊发表的文章《争论焦点：身高不平等的政治经济学》（“Bones of Contention：the Political Economy of Height Inequality”），该研究以人的身高差距作为消费差距的代理指标，身高的决定因素是成年之前的营养，可以代表消费能力。他们所使用的数据样本十分丰富②，包括：（1）欧洲：中世纪德国 26 所墓地考古身高数据，18 世纪以后欧洲的征兵身高记录，19 世纪英国乡下和英国城市的男性身高数据，当代西欧男性身高数据，当代东欧男性身高数据。（2）北美洲：3 个印第安原始部落的考古身高数据，19 世纪实际测量和记录的 1.6 万个美国本土印第安人的身高数据，19 世纪美国各地男性的身高数据。（3）中美洲：3—9 世纪玛雅社会墓地的考古身高数据。（4）埃及：古埃及国王、贵族和陪葬的普通人的木乃伊考古身高数据。（5）日本：前 4 000 年、前 4 世纪、13—16 世纪，日本这三个时期所有的可采集身高数据。卡勒斯和罗森布鲁斯凭借大量的身高数据，推算出不同历史时期、不同考察样本的身高差异系数（即设计了不同人的身高与当地考察样本的平均身高的比较系数），身高差异系数越高，则表示该时期的消费差距越大。结论表明，随着不同社会形态的演进，人类的平均身高总体处于上升趋势，尤其是欧洲人的平均身高在工业革命以后增加显著，但综合来看，身高差异系数的总体扩大趋势却并不显著。这种结论意

① Bruce D. Meyer，James X. Sullivan. Consumption and Income Inequality and the Great Recession. American Economic Review，2013，103（3）：178-183.

② Carles Boix，Frances Rosenbluth. Bones of Contention：the Political Economy of Height Inequality. American Political Science Review，2014，108（1）：1-22.

味着消费差距和收入差距的扩大并不成正比，这是因为再富有的人也有消费上限。

关注消费差距的研究体现出一个倾向，即认为：财富差距拉大本身并不重要，关键的是消费差距。因为富人即使再富有，也存在消费上限，因此只要消费差距变化不大，不平等状况就不需要政府特别介入。

第五，关于新技术消费普及对平等状况的影响。加州理工大学凯兹腾鲍姆（Kesztenbaum）教授和罗森塔尔（Rosenthal）教授研究了 1807—1947 年巴黎最高 2%收入的富人、最低 25%收入的穷人的寿命变化，重点分析了卫生条件和下水管技术在刚开始应用和后来的普及应用中，对富人和穷人寿命变化的影响，用以说明新技术的普及可以促进平等①。阿塔纳西宾（Attanasio）教授和皮斯塔费里（Pistaferri）教授对 1985 年和 2010 年电冰箱、洗衣机、烘干机在富人和穷人家庭中的消费情况进行了分析和对比②。

这类研究结论的倾向是：新技术刚开始应用时，富人拥有更高甚至是垄断的新技术消费机会，但随着新技术的普及和价格下降，这种技术就会被穷人越来越平等化地享有，也即新技术的普及可以促进平等。

第六，关于财富不平等得以缩小的因素。斯坦福大学沃尔特·沙伊德尔（Walter Scheidel）教授于 2017 年发表了一本内容很震撼的著作《大分层：暴力与不平等的历史——从石器时期以前到 21 世纪》（*The Great Leveler：Violence and the History of Inequality from the Stone Ago to the Twenty-First Century*）③，给出了和皮凯蒂一样的观点：不平等的演化无法自然消除。沙伊德尔追踪的对象不是资本收入比，他综合了近十几年来对古埃及、西罗马帝国、中世纪欧洲、近代欧洲国家的多项量化历史研究，得出了比皮

① 陈志武：量化历史研究与新知识革命．北京大学学报（哲学社会科学版），2018，55（4）：126-127.

② Orazio P. Attanasio，Luigi Pistaferri. Consumption Inequality. Journal of Economic Perspectives，2016，30（2）：3-28.

③ Walter Scheidel. The Great Leveler：Violence and the History of Inequality from the Stone Ago to the Twenty-First Century. Princeton，New Jersey：Princeton University Press，2017.

凯蒂还要悲观的结论：不平等的改善通常不会自然发生，只有在“自然灾害如大型瘟疫、社会革命、大规模战争、国家崩溃”这些极端情况下，社会现存的不平等状况才能得到改善或一定程度上的拉平。这和皮凯蒂关于20世纪上半叶不平等状况的降低是两次世界大战导致的结论是一致的。

以上这些大历史研究和量化历史研究，都是近年来关于财富及收入不平等的演化、成因、趋同或分化力量的最新的、影响力比较大的研究成果。可以看出，财富不平等与生产方式的关系（技术促进了不平等的演进）、区分财富差距与消费差距、新技术消费普及时间与不平等，这些研究视角和研究结论，对我们分析当今的贫富差距是具有启发性的。

1.2 追求平等的永恒性

以上关于差异的研究成果，使我们了解到，外部自然环境差异、个体生命禀赋差异、原生家庭差异、进入社会后的新的运气差异与社会地位和财富差异，都是人们一生所无从回避、必须承受的差异。差异无所不在、无时不有，且无法完全消除。人们在差异中出生，在差异中成长，由人组成的社会又固化和放大了差异，形成了更大范围、更为显著的地区群体差异和社会阶层差异。人的世界本质上就是一个充满了差异的世界。在此意义上，我们不得不再一次回到前文所得出的结论：差异更像是世界的本源面目，差异是客观的、本源性存在的。

这就引发了一个问题，既然差异无所不在、无时不有，且无法完全消除，从某种意义上说，人际差异是本源性乃至客观终极的，那么，人们为什么又要反抗差异和不平等呢？比如，人们为什么要反抗人际巨大的社会地位及财富占有的差异？或者说，人们为什么要把某些差异当作不平等，从而不断抗争呢？换言之，为什么人类一定要反抗不平等、追求平等呢？

对于“为什么人类一定要反抗不平等、追求平等”这个问题，首先，本节将概括和总结常见的反对平等的八种理由，还将概括和总结常见的支持平等的四种理由及其依据。之后，本书将要进行两项论证：（1）人类社会对不公平差异进行调节的必要性和正当性。这是借助正义来支持平等的论证。（2）创新性地提出“平等的天然心理情感机制”，认为平等作为一种理想价值，具备与之相对应的天然心理情感基础，这种心理情感基础决定了平等是人类的必然内在要求，人类会永恒地追求平等。从第 3 章（3.2.4）对于人类认知五个层级的分析中可以看出，心理情感认知是人类生命的一种本能性认知，是高于人类神经认知的上一阶的认知功能。从心理情感角度来论证平等，实际上是基于自然主义的一种论证方法，将平等看作人类进化过程中所普遍形成的人性心理情感需求。

具体的论证过程是：首先，分析什么是“不公平的差异”、从差异到再平衡的差异（平等）之间的递进逻辑、平等的定义、差异与平等的关系；进而，以人类的天然心理情感为分析视角，综合进化心理学、博弈论的研究成果，提出并论证“平等的天然心理情感机制”，包括：抗议不平等的三类反向天然心理情感（内在动因）、渴望得到同等尊重的正向天然心理情感（内在动因）、从人际相同性出发催生的平等心理情感诉求（外在动因）。这些内在动因和外在动因一起，共同形成了平等的天然心理情感机制，激发了人们对不平等对待的本能厌恶、控诉乃至反抗，并激励着人们渴望平等、追求平等。

1.2.1　平等的论证：反对及支持的各种理由

通过研读当代平等理论，我们知道，常见的反对平等的论证理由包括：

（1）影响效用论，如功利主义，认为平等影响总体效用、降低效率和产出。（2）侵犯权利论，如极端自由主义的代表者诺齐克认为，由于个体的财产所有权具备持有“资格”，也即符合“持有正义原则”，因此通过国家实行高税率来对穷人进行经济上的差别补偿，会侵犯富人的个体所有权。（3）侵犯自由论，实际上是侵犯自由的权利论。这种观点一般也来自极端的自由主义者。他们认为，过于支持平等，就会压抑或损害一部分人的自由权利。（4）抹平贡献论，如社群主义的代表者麦金泰尔，认为过于支持平等，会抹平个体因为“应得”所付出的贡献。（5）拉平反驳（平等结果更坏），如反平等主义者认为，平等所带来的结果比不平等还要坏。（6）平等可欲而不可求（平等无法实现），如反平等主义者认为，平等是一个可以追求的理想（平等的可欲性），但是在现实中却无法实现（平等的不可求性）。（7）平等缘于妒忌而非正义，很多著作里都有对平等与妒忌关系的论述，认为平等并非是对公平正义的追求，而是弱者对强者的妒忌。（8）平等并非自明真理，平等是义务论的，平等价值也需要有根据和需要被证明。

我们还知道，常见的支持平等的论证理由主要包括：

（1）基于尊严和道德能力的论证。比如，威廉姆斯（1929—2003）、德沃金等。基于尊严和道德能力的论证是比较通行的，很多文章里都将康德的道德律令“人是目的”当作黄金法则来引用。这一类论证都将平等观念建立在人类尊严之上，都认为人与人具有平等的尊严，且一般情况下，都以康德的道德哲学为基础，也都以康德基于人类共有的实践理性结构的道德“绝对命令”为依据。笔者认为，这类论证的问题是：表面上看理由十分有力，受欢迎，很通行，但实际上基于康德式的形而上、先验式的论证，并没有为平等价值提供可靠的真实理由和依据。它产生了一种类似于“信仰诉求”而非“价值论证”的效果：因为我们信仰“人是目的”，所以我们认为“人具有平等的尊严，应该被平等地对待”。

（2）基于证明程序的论证（可以理解为论证的难易）。这种观点认为，相对于平等，从程序上证明不平等的合理性，需要提供更多的理由。更为激进的是，这种观点甚至认为平等是不证自明的。我们比较熟悉的以赛亚·柏林（1909—1997）“10人分小饼”的例子，就被用来证明：大家平等分配不需要理由；而不平等分配则要有理由，也即平等具有天然性，不需要论证。笔者认为，不论是从对人的平等对待（尊严平等、政治平等、权利平等），还是从对利益的平等考虑或进行某种程度上的平等安排（涉及经济利益的具体分配），来检验这种对平等不证自明的论证，都使这种论证显得太过虚弱，显得没有说服力。

（3）基于权利的论证。如传统契约派对自然状态下的平等的自由、平等的权利的观念沿承。因为人们在自然状态下是自由的，基于每个人的自由本性产生了对平等对待的普遍需求，利己且富有理性的人们可以在竞争中达成合作，从而使平等权利的达成得以实现，所以人们具有平等的生命权利（霍布斯）；自由的人们通过掺入个人劳动取得了对财产占有的正义，所以人们可以平等地享有财产权利（洛克）。契约派的自然权利理论是近现代自由、平等普遍价值得以确立的重要推手。近现代平等思想及理论就是经由契约主义实现的，这一点我们在近现代平等理论发展的第一阶段（2.2）会有专门论述。

（4）基于正义的论证。这类论证借助公正这一价值来反驳不平等的不正义性。如，罗尔斯和森都借助正义来支持平等，诺齐克则借助正义来反对差别原则（即反对过度支持平等）。罗尔斯设置了“无知之幕”这样一个对人人都公正的“正义环境”，通过充分公正的环境和程序，推导出人们能普遍接受的两个正义原则，这两个正义原则有三个组成部分，其核心在于差别原则，差别原则从根本上是促进平等的，这就证明了正义是支持平等的，正义总是意味着某种程度的平等。尽管“无知之幕”的前提预设为一些哲学家所批评，被认为是预设的前提太多，且不必要。但笔者认为，“初始状态”中的人们彼此漠不关心、有些利己却又富有理性，这样的人性预设是符合契约论理论传统的，是经得起近现代哲学和政治哲学的学理检验的。同时，身处“无知之幕”下，面对自身利益的不确定和不安全，人们会做出一种接近相同的保障自我底线利益的选择（“最大最小规则”，相对于博弈方的最坏结果，选择方的最坏结果仍然是更好的结果），这是自由、平等并理性的人们，在没有预先信息和偏见的情况下，所倾向于做出的共同选择。这样的“正义环境”“正义程序”是与“初始状态”中的人们相融的。所以罗尔斯的正义论证，是一种智慧的、成功的平等论证。这也正是《正义论》出版后，在短世间内产生了巨大影响并获得了很高的理论地位的原因。

综上可见，基于自然权利、基于正义来论证平等，是更具有说服力、更可靠的论证平等的方式。还可以看出，相对于反对平等的诸多理由，平等观念虽然被人们广泛认可且人人向往，但作为哲学的价值依据，为支持平等提供更多新途径（理由）的辩护和论证，是有学理意义的。从这个角度来说，对于“为什么人类一定要反抗不平等、追求平等”，本书除了论证人类社会对不公平差异进行调节的必要性和正当性以外，创新性地提出了“平等的天然心理情感机制”并做出了系统论证，本书的这一努力，是具有新方法意义的。

1.2.2 从差异到再平衡的差异（平等）

上节所用标题“1.1 人际差异的本源性”中，我们首先使用的是“差异”一词，并没有直接使用“不平等”一词，这是因为“差异”并不等于“不平等”。公平合理的差异，比如，基于不同贡献的应得，虽然表现为收入上的高低差别，但却是公平平等的，人们可以接受也应当接受。比如，风貌不同的出生地区美景和民俗，体现着世界的多样性，虽然在自然景色丰富多样的同时，必然存在着“导致不同地区文明发展程度与发展速度的自然环境差异”，通俗地说，就是由于地理维度、气候、可经济化自然资源、便于传播化地貌地形的差异，贫穷落后地区和富饶发达地区人们生活状况呈现巨大差异，但人们往往对此不会产生出强烈的不公平感，尤其是在地区流动性低、区域无对抗的情况下。

在通常情况下，人们不能接受的是不公平的差异。不公平，往往被称作不正义、不正当、不平等。不公平的差异，在现实中表现为无法提供合理理由支撑的、差距过大以至于难以继续维持平衡的差异。尤其是当这种差异毫无理由，仅仅就是因为人们无法选择的自然出生状况（健残、寿夭，强弱、高矮，美丑、慧拙）、家庭出身状况（社会阶层、富贫状况），或者是人生运气状况（达运、穷运），就强加在人们身上，人们不得不接受，人们的命运只能受其影响；更糟糕的是，仅仅就是因为这些强加于人们的毫无理由的巨大差异，使一部分人不得不长期陷于穷困和底层的处境，这就导致了人们乃至社会强烈的不公平感。人际关系中最强烈的不公平感，往往就指向这种最初的人际差异的不平等。正如狄更斯名著《远大前程》中主人公皮普（Pip）所说的那样，“在儿童的小小世界中，再没有比艰难度日所带来的不公平更容易让人感受至深了”。

“平等”也并非人人同等。但是，能够被人们在心理和情感上所接受的、公平正当的平等，也绝不会是人们在实际所处的生活境地、在权利和物质的实际享有、在寻求自我发展及幸福机会面前的实际可用资源和可行能力方面所存在的巨大人际差异。尤其是，当这样的差异处在持续扩大、不断恶化的历史阶段；事实上，恰恰是人类历史证明，不论这样的历史阶段是在古代、近现代还是当代，正是这种巨大的人际差异本身，激发了人们对于不平等的控诉，以及人们对于平等的强烈诉求，并最终因此带来社会生活秩序的重新改变乃至于颠覆性重建。

恰如萨托利所说，“平等首先突出地表现为一种抗议性理想”；“平等体现并刺激着人对宿命和命运、对偶然的差异、具体的特权和不公正的权利的反抗”①。亚里士多德在《尼各马可伦理学》中指出，“不公正是不平等，公正就是平等”②。罗尔斯在《正义论》中指出，“正义总是意味着某种程度的平等”③，两个正义原则“必须首先加以应用的就是人们所无法选择的最初不平等”④。

人们在心理和情感上对不公平差异的反抗，形成了人类社会调节不公平差异的必然性和正义性，经过公平的差异调节后，产生了人们可以接受的再平衡的差异，也就达成了可接受的所谓的平等。如图 1－12 所示，这就是差异→不公平的差异（不正义）→公平的差异调节（正义）→再平衡的差异（平等）之间的内在逻辑。

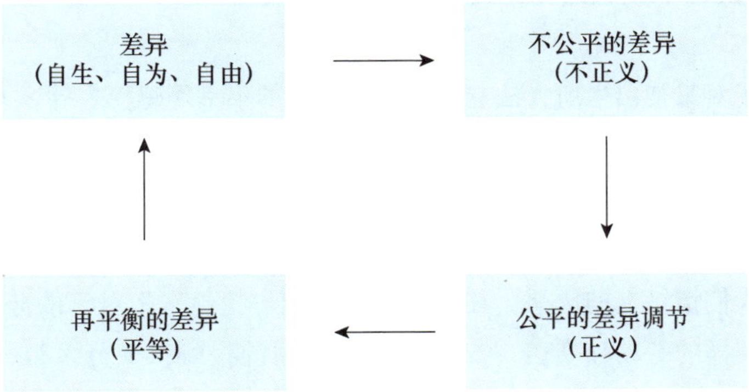

图 1－12　从差异到再平衡的差异（金辛迪 2019）

---

① 乔万尼·萨托利. 民主新论：下卷. 冯克利，阎克文，译. 上海：上海人民出版社，2015：511.

② 亚里士多德. 尼各马可伦理学. 王旭凤，陈晓旭，译. 北京：中国社会科学出版社，2007：189.

③ 罗尔斯. 正义论. 何怀宏，等译. 北京：中国社会科学出版社，2009：8.

④ 同③6.

由此，我们可以给平等下一个初步的定义：平等，是对各种不公平的差异，以及可能导致平衡丧失的巨大差异所进行的更为正当、更为充分的调节，以使之达到再平衡。

再进一步，差异与平等的关系表现为：差异先于平等存在，就差异自身而言，个体各不相同；就差异自身的发展而言，个体皆相同。差异就是“万物生而不齐”（本源性不同的个体），是个体自生、自为、自由的存在性。差异的发展就是“万物向生”（每一个体相同的向生性），“万物向生”是每一个体所拥有的同等强烈、同等分量的向生性，是每一个体内在的同等重要的生存、繁衍和发展的驱动力量。“万物向生”就迈入了平等的视野。个体生命同等强烈、同等分量的向生性，使个体自我保存及发展的欲望、权利具有同等重要性，需要得到同等的重视和对待，由此，就形成了存在于差异个体间的、普遍的平等关系，易言之，差异在其自身的发展中蕴含着平等、催生着平等。

1.2.3　抗议不平等的三类反向天然心理情感

除了对最初出生所无法选择的人际差异的不平等感受之外，人们还对分配差异表现出高度的敏感性。越来越多的人类学、心理进化学研究证明，分配的公平与否直接影响人们的平等或不平等的心理情感。公平的分配意味着付出和得到要对等，不对等就是不公平。不对等的分配，不仅直接导致人们情绪上的厌恶，往往还引发抗议、拒绝。不对等的分配包括：付出了同样的劳动和辛苦，却不能得到相同的报酬；少劳多得、不劳而得、多劳少得、劳而不得。

除了不对等的分配，还有不对等的所得，包括：意外横财（往往暗含着下一步要惹祸上身）、不法所得（如贪污受贿）乃至强取豪夺（如抢劫越货）。一般情况下，人们一致反对不对等的所得，并支持对违法所得采取惩罚措施。但是对不对等的分配（也即分配的公平与否），人们之间经常存在感受和看法上的分歧。

在这里，我们将人们对于分配对等与否的天然心理情感分为以下三类：“弱抗议不平等”“强抗议不平等”“极端抗议不平等”。由于这三类天然心理情感都是出于反抗，即对分配的不对等或者说对无法同等地占有或获取的反抗，故此我们称之为抗议不平等的“反向天然心理情感”。

“弱抗议不平等”的天然心理情感

这类抗议不平等的心理情感表现为，在付出了相同的代价（比如劳动交换）后，必须得到相同的待遇，否则就视作不对等、不平等，也即不公平，进行抗议，并拒绝接受。

举一个著名的进化心理学实验例子①：美国科学院院士、埃默里大学灵长类动物行为学家弗朗斯·德瓦尔（Frans de Waal）教授和同事一起，对猴类的公平心理进行了实验。他们训练小猴子去捡鹅卵石，捡回来以后来换取黄瓜，猴子很快就喜欢上了这种交换，它们乐于提供鹅卵石，每次都津津有味地吃着它们交换回来的黄瓜。但是在连续交换黄瓜很多次以后，他们对其中的一只猴子继续交换黄瓜，对另外一只猴子则改为交换葡萄。结果就发生了变化，继续交换得到黄瓜的那只猴子开始抗议了，它或者把捡到的鹅卵石扔出实验室，或者在交换完黄瓜以后，拒绝吃掉黄瓜，直接把黄瓜也扔出实验室。这就是猴子在心理和情感上，对不对等、不平等待遇所直接表达出的厌恶和抗议。

尽管我们知道，猿猴心理及行为和人心理及行为之间或不能直接进行相同性对比和连接，然而，鉴于人类学、进化心理学以及当代达尔文主义人性论在其研究中较多地开展了灵长类动物实验并采用其数据，这让我们至少能得到参照性的分析与启发。这个实验的启发是，猴子都天然地抗议、拒绝接受不平等的待遇，作为猿类的近亲（以生命遗传密码而论，人类与近亲黑猩猩的基因有 98.4%的相同、1.6%的差异②），想必人心也莫不如此吧。实际上，细细揣摩起来，人们对于收入和资源分配的对等与否，是极为敏感的，尤其是在付出了同等劳动、同等代价的情况下，如果所得到的回报不公平对等，就能直接激发人们的厌恶、敌意，乃至

---

① 弗朗斯·德瓦尔. 猿形毕露：从猩猩看人类的权力、暴力、爱与性. 陈信宏，译. 北京：三联书店，2015：214-215.

② 该数据是生物起源图谱中灵长类基因与人类基因的对比共识，是基础数据。

抗议、反击。这就是为什么要公平，而公平就必须表现为被平等对待的最直接原因。要被平等地对待，而不能区别对待，如果不一样对待就是不公平，这就是人们心中普遍的正义感受的来源，是人们判断正义与否的直觉标准。

受人类学、史前史和大历史的影响，笔者认为，这种抗议不平等对待的心理情感来源，植根于占据了人类历史绝大部分时间跨度的觅食型人类社会的长期心理演化①。遗传学和解剖学意义上的智人出现在距今约25—30万年的东非，遗传学和解剖学意义上的现代人诞生距今约12.5—13万年。智人和现代人都以觅食即植物采集与动物狩猎作为生存“适应策略”（adaptive strategy）②。人类以觅食模式为食物来源的时代，是人类历史上第一个时代，也是迄今为止时间跨度最长的一个时代，是奠定人类社会基础的漫长时代。考古学发现的最早动植物驯化在约1万年前的中东地区，约7 500年前—5 500年前世界才陆续出现了7个~9个独立的粮食生产中心和人类产粮定居点。人类以粮食生产模式（园艺农业、农耕、畜牧）和工业化生产模式（近现代以来工业社会生产）为食物来源的时代，加在一起，才仅仅占据了不到1万年的人类历史时段。1万年以前，所有人类都是觅食者，人们以游族、游居的社会形态散落在非洲、欧亚大陆、澳

① 这段人类学及史前史数据，综合参考了以下人类学家、历史学家、生物地理学家、哲学家的著作：康拉德·菲利普·科塔克. 人性之窗. 范可，等译. 上海：上海人民出版社，2014；Yehudi Cohen. Man in Adaptation：The Cultural Present. Chicago：Aldine Pub. Co，1968；戴蒙德. 枪炮、病菌与钢铁：人类社会的命运. 谢延光，译. 上海：上海译文出版社，2006；戴蒙德. 第三种黑猩猩：人类的身世与未来. 王道还，译. 上海：上海译文出版社，2012；大卫·克里斯蒂安. 大历史. 刘耀辉，译. 北京：北京联合出版公司，2016。

② 人类学家耶胡迪·科恩（Yehudi Cohen）在其著作《适应中的人：文化存在》（*Man in Adaptation：The Cultural Present*）中提出“适应策略”（adaptive strategy），用以描述人类社会赖以生存的生产及经济体系。基于对不同人类族群及其社会状况的考古研究和田野研究，科恩提出：不同的人类社会之间的相似性在于人类采取了相似的生存适应策略。人类的生存适应策略也即生存之道分为五种：觅食、园艺农业、农耕、畜牧、工业化生产。采取相同生存策略的社会之间存在相似性，相似的经济因素导致相似的社会文化结果。

洲和美洲。“族群是最小的社会，一般由 5 到 80 人组成”①。由觅食型族群所构成的人类社会，其基本特征是：仰赖自然生存；以族群为单位游居；健康的人都靠自己觅食维持生存；土地、水源、食物繁茂区域、狩猎区域等战略性资源都是开放的；游居族群及家庭的权力等级主要基于年龄和威望区分；交换是对等的，交换被视为是互惠的、礼节的。基于这样生产形态和组织规模的游居族群社会，基本上都是（也只能是）平等主义的。

“强抗议不平等”的天然心理情感

这类抗议不平等的心理情感表现为：即使在大家都不付出代价的情况下（如分配某种额外福利、公共福利乃至自然资源），该分配所涉及的人也要得到同等份额或被认为是公平比例份额的对待，否则就会抗议、拒绝。

我们举博弈论②模型中的一种“最后通牒博弈”，来说明这种类型的抗议不平等。“最后通牒博弈”与罗尔斯在《正义论》“无知之幕”中采取的“最大最小规则博弈”（相对于博弈方的最坏结果，选择方的最坏结果仍然是更好的结果）类似，是博弈论中典型模型。

“最后通牒博弈”是：选择方 A 有完全的权力决定分配比例，负责提出资源分配方案。假设资源为 100 元人民币，选择方可以设计为 99∶1 分配，也可以设计为 50∶50 分配，也可以设计为 70∶30 分配，选择方 A 完全可以给自己多分配，但不能一点都不给博弈方 B。分配方案出来以后，如果博弈方 B 同意这一方案，则该分配方案成立，双方都能得到该分配份额。但如果博弈方 B 不同意这一方案，则该分配方案无效，两个人都不能得到任何分配份额。

---

① 戴蒙德. 枪炮、病菌与钢铁：人类社会的命运. 谢延光，译. 上海：上海译文出版社，2006：277.

② 博弈论又称对策论，在 20 世纪中叶形成理论体系，是重要的决策分析工具。从 1994 年开始先后有 7 届诺贝尔经济学奖与博弈论的研究有关。博弈论首先被应用于经济学领域，随后在生物学、计算机科学、国际关系和政治学领域都产生了广泛的应用。博弈论研究具有竞争或斗争性质现象的理论和方法，关注博弈中个体预测行为、实际行为以及优化策略。博弈论的底层逻辑是制度设计与人性设定。

由于双方并没有像前面“弱抗议不平等”例子中的猴子一样，有劳动交换之类的付出，因此从人的理性出发来讲，只要同意任何方案，两个人都可以得到额外的资源分配，即使得到1%也好过什么都得不到。但是博弈实验的结果显示，通常选择方A能够接受的分配比例上限是50：50，也就是说分配份额少于50%，选择方A就倾向于拒绝分配；博弈方B则显示出更大的起伏，倾向于不低于30%，也就是说少于30%就倾向于拒绝分配。

对于选择方A，这种强不平等抗议心理体现了：因为我拥有分配权，我比你有优势、占主动，所以如果我连50%都得不到，我宁可损失，也不能接受让你多得到（因为这样的分配令人心里很难受，不愿意接受）。

对于博弈方B，这种强不平等抗议心理体现了：虽然你拥有分配权，但如果我不同意，你也什么都得不到，所以如果我连30%都得不到的话，我宁可什么都不要，也不能接受让你多得到（因为这样的分配令人心里很难受，不愿意接受）。

这是一个非常有意思的博弈，联系现实，可以有这样的启发：选择方A隐喻了税收的定价方或分配规则的制定方，比如国家、企业。博弈方B隐喻了民众对税收、公共政策以及分配规则的支持与否，隐喻了民众和劳动力的议价能力。这个博弈说明了不仅对个人付出与回报，而且对公共资源分配、对影响分配的各项社会制度及组织规则，也需要维持某种平衡的份额平等关系。这种恰当、平衡的份额平等关系就是人们心理可以接受、情感可以认同的被公平、平等地对待。

“极端抗议不平等”的天然心理情感

称这类心理情感为“极端抗议”，原因是这类抗议不平等的心理情感所抗议的不是不公平、不平等，而是抗议别人拥有了，自己却没有拥有。它表现为：无论自己或别人有没有付出代价，无论别人付出多少代价，只要是自己不能拥有的，也希望别人不能拥有。这种心理情感往往被称为嫉妒。嫉妒是一种被普遍反对的不良心理。

要求平等、反对不平等，往往被视作“弱者嫉妒强者”。古今很多哲学家在论证民主或平等的时候，都评价过嫉妒，古希腊如伯里克利、柏拉图；近现代如托克维尔、罗素、罗尔斯、诺齐克等。早在公元前雅典时期，伯里克利就在公开演讲中表达出，表现卓越的人，对他们功绩的酬答，不应被看作对他们的特殊待遇。这暗示着，要求与表现卓越、有功绩的人受到同等对待，是不正当的。伯里克利的这段公开演讲被美国国父派学者多次引用。托克维尔也曾批评人们心中存在对平等的变态的喜好，那就是“弱者想法把强者拉下到他们的水平”，他们“宁愿在束缚中平等，而不愿在自由中不平等”①。

嫉妒是这样一种心理状态：如果自己不拥有，那宁可人人都不拥有。这包括了三种情况：（1）如果自己拥有，别人也拥有，这是可以的。（2）如果自己拥有，别人没有，这也是可以的。（3）如果自己没有，那无论在什么情况下，无论别人有没有付出劳动或代价、付出了多少，只要别人拥有了，就会很难受。

嫉妒心理是一种极端的、抗议“强者和弱者之间差距”的心理情感。所谓极端，是指这种心理情感抗议的不是不平等，相反，它不问缘由地从人自身的心理情感出发，抗议别人拥有了而自己却没有拥有，抗议别人超过了自己。恰如罗素指出的，嫉妒“是人类最普遍、最根深蒂固的感情之一”，“是理智上的一种缺陷，它永远看不见事物本身，只见事物之间的关系”，“嫉妒当然是与竞争紧紧联在一起的”②。

我们可以简单地评价嫉妒是不健康的心理，不为人们所赞同。但是，就像前面两个关于人类天然心理情感的例子一样，让我们扪心自问或仔细观察一下，这样的心理情感难道不是经常可以感受到吗？难道不是常常发生吗？

1.2.4 渴望得到同等尊重的正向天然心理情感

如果说“抗议不公平、不平等”是人们追求平等的反向心理情感机

① 托克维尔．论美国的民主：上卷．董果良，译．北京：商务印书馆，2013：67.

② 罗素．罗素论人的理性．石磊，译．北京：中国商业出版社，2016：41，44，45.

制，那么“渴望得到同等尊重”则是人们追求平等的正向心理情感机制。

同为契约论学派代表人物，霍布斯重视“同等的生命权”，洛克则重视“同等的私人财产权”，而卢梭则特别强调“同等被尊重”。卢梭的这种强调，正是人们渴望得到同等关注、同等认可的天然心理情感反映。

卢梭在对人类不平等起源之论述中有一段经典描述，他敏锐地观察到并强调了人们的自然差异。卢梭认为，人类在脱离原始的“纯粹自然状态”，进入“社会发生阶段”后，自然差异直接促成了人类最初的不平等。每个人都开始注视他人，也希望受到他人的注视，因而“众人的尊敬就成了对一个人的奖赏”。那些最能歌善舞的人，最美、最壮、最灵巧或最善言辞的人，就成了最受尊敬的人。这就是迈向人与人之间不平等的“开头第一步”，也是迈向罪恶深渊的第一步。在这些最初的偏爱心中，虚荣和蔑视产生了，羞耻和嫉妒也产生了。人们一旦开始相互品评，尊重的观念一旦在脑海中形成，每个人就都认为自己有权利受到尊重，从此以后，再也没有人在不尊重他人的时候还能安然无恙①。

人际的自然差异没有任何理由地施加于人们，人们只能选择接受。然而，不同的自然差异却导致了一些人可以得到关注和尊重，一些人却被忽视乃至受到轻视和蔑视，这就是最初的不平等产生的心理情感机制。得到同等的关注和尊重，意味着人们的心理感受、意见表达、态度和信念应该得到他人的承认，而不仅仅是只能有一部分人得到。

卢梭的观察是独到而犀利的，从某种意义上说，要求“同等被尊重、被承认”为人们实现同等的政治权利进行了心理和情感上的储备。实际上，要求“同等被尊重、被承认”这种普遍的心理情感诉求，正是近现代以来人类能打碎旧有尊卑不同、等级有别的身份不平等社会，进入身份平等和权利平等的近现代社会的共同心理情感基础。

卢梭之后，康德进一步将对人尊重的平等拉升到了“人的尊严平等”的境界。在《道德形而上学》中，康德基于先验的理性建构主义，推导出了著名的道德命令，要把人“永远当作目的看待，绝不仅仅当作手段

---

① 卢梭．论人与人之间不平等的起因和基础．李平沤，译．北京：商务印书馆，2007：91-92.

使用”①，体现出人与人具有同等的内在价值。这条命令被后人解读成“人具有平等的尊严，人们在道德上是平等的”，也因此被广泛引用。

笔者认为，如“1.2.1 平等的论证：反对及支持的各种理由”所论及的那样，与其将以“人作为目的”的“人类尊严”“人的平等尊严”看作人类共有的实践理性结构之上的道德“绝对命令”（形而上、先验式论证），不如将需要“同等被尊重、被承认”当作一种人类的天然心理情感需求。这种天然心理情感需求具有更为坚实的自然物质基础、进化基础，至少在人类学、进化及认知心理学的研究中，提出了一些可以依据的实验和论证。

黑格尔将人们需要被尊重、被承认的欲望无穷放大，因此他认为，人们因为寻求得到承认而进行的一系列不断重复的斗争，是人类历史进程的推动力。“黑格尔从相互承认的欲望出发，阐述自我意识的生命本质和社会存在，这在哲学史上是一大突破。”② 黑格尔《精神现象学》里著名的“主奴关系论”就植根于不同自我之间争取被承认的斗争。自我普遍需要被承认，而一个自我又不可能得到其他自我的普遍承认，渴望得到承认的需求就导致了自我生命个体之间无休止的生死斗争。在古代封建等级社会中，统治者和贵族进行斗争，是需要被承认其作为皇帝、国王存在的高尚或优越价值。在现代民主自由社会中，人们普遍斗争，是需要被承认普罗大众曾经作为被贬低身份阶层所缺失的平等地位和权利。从某种程度上来说，人类的历史进程和文明成果，正是人类永不满足于所受到的承认的副产品。难怪，对不平等的普遍厌恶和抗议、对获得同等尊重和承认的普遍性需要，在近现代以来的伦理学和政治哲学中，常常被看作构成人们相互间正义关系的心理情感基础，是正义关系的根基。

1.2.5 由人际相同性所催生的平等心理情感诉求

如果说，反向抗议不平等、正向渴望得到尊重的双重心理情感机制，

---

① 北京大学哲学系外国哲学史教研室．西方哲学原著选读：下卷．北京：商务印书馆，1982：318.

② 赵敦华．西方哲学简史．北京：北京大学出版社，2001：345.

是人们追求平等的内在动因，那么，在充满差异的世界中，从人们所拥有的相同性出发，质问差异的合理性和公正性，并向往平等，形成对平等理想的普遍心理情感诉求，则成了平等心理情感的现实催生机制（外部动因）。

洛克、卢梭等近现代哲学家都从自然状态中个体间的相同性出发来看待平等和平等权利。在中国儒家思想里，也有很多与人的相同性有关的经典名句。

人的种属相同：

都是人而不是动物。

人体功能相同：

都有五官、有四肢，脑可以思考、手可以劳动。

都有生、有死，都繁殖后代。

人的感觉意识相同：

都有感觉，都具备意识。

六欲：眼、耳、舌、鼻、身、意。

神经科学：视觉、听觉、味觉、嗅觉、触觉、联觉。

人的心理情感相同：

都有心理感受、情感感受。

中医七情：喜、怒、忧、思、悲、恐、惊（《黄帝内经》）[①]。

儒家七情：喜、怒、哀、惧、爱、恶、欲（《礼记·礼运》）。

佛教七情：喜、怒、忧、惧、爱、憎、欲。

人的本能欲望相同：

都有求生的本能和欲望。

中国："天下之大德曰生"（《周易·系辞下》）。

西方：生命的欲望和需求。自我保存、趋利避害、趋乐避苦。

上述这些人际相同性，足以让一代又一代的人不停地对差异的合理性和公正性发出质问，如：同样生而为人（暗含了，我们有上面那么多相同性），为什么我们之间的差别这么大？同样生而为人，为什么别人是皇

① 赵建新，田元祥. 黄帝内经. 北京：北京联合出版公司，2016：98.

亲国戚，我却要面朝黄土背朝天来种地？恰如陈胜、吴广早在公元前 209 年反抗暴秦的大泽乡农民起义中喊出的“王侯将相，宁有种乎”。同样都是辛苦一生，每天都是忙忙碌碌，为什么我收入这么低，那些有钱有势的人却那么富有？同样是有生有死，为什么别人生下来是健全的、健康的，而我或我的孩子生下来却是有生理残缺的、残疾的、有先天性疾病的？同样一起听课学习，甚至我更用功、付出的时间和努力更多，为什么他的悟性比我高，他的考试成绩比我好？如果我们愿意，对不公平差异的质问，可以包括我们前面在人际差异部分所列举出来的每一项，甚至更多，其目录可以被不断地添加下去……

基于以上天然心理情感机制的内在动因和外在动因，笔者认为：差异并非不平等，但人们之间巨大的社会、政治、经济、智识及能力差异本身，尤其在处于同一历史时期和同一地域或国域的人群内部，人们之间高度分化的悬殊处境和差别对待本身，就能直接从心理情感上激发人们对不平等的控诉，以及被平等对待、享有同等资源和处于相似处境的强烈诉求。平等作为人类的一种理想价值和理想追求，具备与之相对应的天然心理情感基础，这种心理情感基础决定了平等是人类的必然内在要求，人类对平等的追求必定是持久不变的。

1.3 如何对待差异赋予了平等不同的历史内涵

1.3.1 看待差异与平等是一个位置境界问题

平等的天然心理情感机制决定了平等是人类的必然内在要求，人们对平等理想有着永恒的追求。然而，认识到差异的无处不在、无时不有、无法完全消除，正视差异的客观存在、本源性存在，有助于我们洞悉：如何看待差异与平等，本质上是一个心理情感境界问题，看到平等所处的位置要高于或者说大于看到差异所处的位置。站在人群内部看，是人与人的现实世界，人人皆有差异；站在不同的族群、民族、国家乃至整个人类外部看，就能不断地增加所在群体人们的相同性。充分的、绝对的平等，往往是针对人类整体而言、针对人的外部而言的。

如图 1－13，看待差异与平等的位置。最小圈内、不断扩大的圈内，是差异。不断扩大的圈外、最大的圈外，是相同。

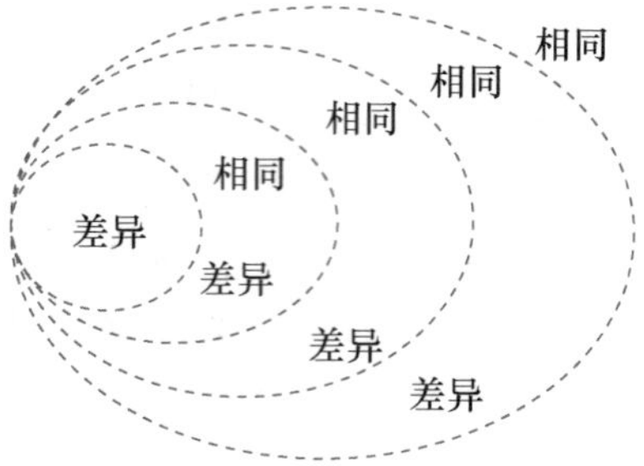

图 1－13　看待差异与平等的位置（金辛迪 2019）

差异总是显露于人际现实和社会现实，世界就是充满差异的世界。巨大的差异和有可能导致平衡丧失的差异，总是让现实人际充斥着不公平、不平等的感受。人只有站在更高层面、更高境界，才能看到更多的相同性，也才能抵达平等。平等本质上是个境界问题。对于时代及国家而言，是一种文化境界、政治境界；对于个体而言，是一种心理情感境界、人生境界。充分的、绝对的平等，只能处于超越的境界层面。

细细究来就会发现，在我们所列出的差异清单和相同性清单里，人的种属、人体功能、人的感觉意识、人的心理情感、人的本能欲望，这些相同性都具有“形而上”特征，都是非具体的、中性的，都只能被称作相同的“性质”，而不能被称作相同的“东西”。这些相同性，都不像现实世界中的各种差异清单那么实在、那么具体，甚至是那么有用。

世界是差异的世界，差异是客观的、是本源性存在的，乃至是终极的。平等更多体现的是理想、是境界。绝对的平等只能用来被追求，而无法像具体的差异那样被实际拥有。这也正是为什么这一章中使用的标题是“人际差异的本源性”“追求平等的永恒性”，笔者认为，人类“追求平等”是永恒的，而并非平等自身或拥有平等是永恒的。

宗教看待平等与差异的位置，是典型地站在圈外乃至最大的圈外。所谓“跳出三界外，不在五行中”，其所谓者也。大多数宗教都主张万物众生平等，指引人们从精神层面上接受并信仰人人平等。大多数宗教寻求平等大同的路径也都是回避或者说超越现实差异，从精神世界上创造平等、抵达平等。成圣、得道、成佛、到达天堂与神同在，都是追求形而上的永恒存在，是终极的、超越的平等，是精神上无视或放弃一切世间差异的超越，是理想境界。

政治看待平等与差异的位置，是典型地站在圈内。这是政治的本性所致，政治本身就出自社会阶层差异，且有着维护乃至固化社会差异的功用。政治稳定所面临和需要解决的最根本问题，就是调节各种不公平的差异，使其成为人们可以普遍认同和接受的平衡的差异。政治稳定的内在驱动决定了任何一种政治秩序能够维持的基本条件是，这种政治秩序必须在人际差异和人际平等之间达成某种可以持续的平衡。

在现实社会中，那些真正的智者，那些对生命有着更深体验、更高取向、更多能量的卓越之人，往往都平等待人、平易近人、虚怀若谷。这是因为他们的经历、学识和悟性，使得他们能够站在更大的圈外看待世间万物，他们有着更高、更大、更远的人生境界。而那些特别强调身份地位和财富差别，尤其要凸显自己高人一等、与他人不同的人，往往都是现实、短视、狭隘的，是只能生活在具体差别之中的平庸俗人，不论他们在现实中拥有多少权力和财富。

1.3.2　对待差异与平等是一个应然规范问题

如何看待差异与平等是一个位置境界问题，如何对待差异与平等则是一个应然规范问题。前文已论证平等并非客观之实然，平等更多的是一种理想、追求和境界。差异才是客观之实然，世界是一个充满差异的世界。万千年斗转星移、沧海桑田，差异本身并没有因为人类历史的演进而消失，外部自然环境差异仍然在那里，个体生命禀赋差异也并没有消除，原生家庭状况依旧是足以影响人们一生的原初差异，运气仍然有好有坏，社会阶层由农业社会的尊卑等级演化为工业社会的上中下多个层级，贫富差距似乎从绝对数量上来说还在变得越来越大。

通过历史研究并通过学习先哲的思想，我们发现，古往今来没有变化的是差异，发生变化的则是我们对待差异尤其是不公平人际差异的态度与观念，以及基于此所采取的调节策略和规范制度。这往往决定了人类社会的历史演变方向。自轴心时代以来，在人类的社会实践中，出现了三类典型的对待差异与平等的方式：（1）宗教式对待：精神超越的平等。（2）古代封建等级式对待：差序等级的平等。（3）近现代自由平等式对待：人权的平等。

对于一些纯粹理论的、非历史实践性的对待差异与平等的思想或理想，或者乌托邦似的对待差异与平等的短期实践，本书不展开论述。例如，柏拉图在《国家篇》中一方面通过灵魂特质（欲望、激情、理性）的不同确立了人的差异统治阶层，同时又对武士阶层、理想国中的儿童教育采取了极端平等的对待设计；一些早期空想社会主义乌托邦式的短暂平等理想实践；短暂的完全充分的公有制、完全充分地废除私产、个人经济均等的分配制等。

宗教看待平等与差异的位置，是典型地站在圈外乃至最大的圈外。宗教是人人可以向往、可以追求的信仰，但政治却不同，政治是具体对待、处置人际差异的人类社会现实。政治的本性决定了政治只能站在“不同大小的圈内”看待人际差异与平等。政治本身就出自差异，“政治的出现，恰恰是人与人之间，确切地说是社会集团之间差异化发展到一定程度的结果”，“它意味着一部分人因为经济或者军事上的优势而建立了对另一部分人的制度化的统治。就此而言，政治就有维护甚至强化差异的作用”①。政治稳定的内生驱动决定了任何一种政治秩序能够维持的基本条件就是，这种政治秩序必须在人际差异和人际平等之间达成某种可以持续的平衡。为了维持这种平衡，“它就有可能以等级或者特权的方式使自然的和社会的差异凝固下来”②。

古代农业社会就是在承认人们之间实际存在的自然和社会差异的基础之上，创造出了与之相匹配的封建特权等级制度，将人的身份尊卑对应于人们在社会中实际处境的高低，并将其凝固，也就是给予它合法化的社会规定和制度安排；尊卑不同的人应该被有差别地对待，相同的人相同对

---

① 唐士其．政治中的差异与平等．北京：北京大学中国与世界研究中心，2017（8）：1.

② 同①2.

待，不同的人不同对待，这样的等级制度既符合自然也符合正义。这实质上为处于统治地位的皇帝和国王、皇亲国戚和贵族，找到了享有统治权、征税权等各种特权的合法依据。这也成为自轴心时代以来 3 000 年里人类社会中最普遍的等级制共处关系。

直到 300 多年前，伴随着人类在技术领域和贸易领域的扩展，人类关于理解地球、理解自然界、理解人以及人类社会自身的知识开始产生了变化，新的智慧开始形成，契约权利派和自由主义的思想兴盛起来，人们逐渐接受了新人际关系观念：人们享有同等的生命权、财产权和自由权，这是人人生而就拥有的自然权利；人们之间并无等级尊卑之别，人们生来就具有平等的尊严，在权利和法律面前人人平等。这就进入了近现代权利平等，也即对人之自由的平等的承认。

在下文中，我们将简要论述前两种方式，即“宗教式对待”“封建等级式对待”。而后，我们将带着对“自由平等式对待”的重点关注，进入第 2 章，深入考察近现代平等理论的发展。

1.3.3　宗教式对待：精神超越的平等

由于差异更像是世界的本源面目，万物本就生而不齐，差异无所不在、无时不有，亦无法消除；宗教智者认清了这一现实，就转而投入超越具体人之上的形而上境界，从不同的智慧出发，引申、创造出另一个美好的平等世界，比如中国儒家的“大同世界”、基督教的“天堂”、佛教的“彼岸”。

绝大多数宗教都信仰万物众生平等、推崇平等，绝大多数宗教寻求平等大同的路径是：回避或者说超越现实差异，从精神世界上创造平等，抵达“天国”、“来世”或“神圣化”等非现实的平等。成圣、得道、成佛、到达天堂与神同在，都是追求形而上的永恒存在，是终极的、超越的平等，是精神上无视或放弃一切世间差异的超越，是理想境界。

儒家：人皆可以为尧舜（暗含“圣凡平等”）、民胞物与（暗含“民、物，与我胞同”）、天下大同（大同世界是儒家理想世界）。

道家：以道观之、物无贵贱。万物一齐，孰长孰短？

佛教：众生皆有佛性、佛法平等、众生平等、冤亲平等。

基督教：上帝面前人人平等、团结博爱、视邻若己、视敌若己。

伊斯兰教：安拉面前人人平等，穆斯林兄弟种族平等①，禁止世俗崇拜。

不仅在平等理念上，而且在平等实践上，入世型的宗教还深刻影响着现实政治，有些甚至成为统治阶层乃至整个社会占据主流地位的伦理规范和基本政治原则，渗透到社会治理的方方面面。例如，儒家伦理规范中的友道信义、忠恕之道；私塾教育方面的有教无类；国家人才录用方面的科举考试、任贤举能、学而优则仕。例如，伊斯兰教对贫富差距的调节。《古兰经》在7世纪就直接规定了对富有者的累进税（是全世界最早对此做出明确规定的教义和制度规范），指示这项收入“给那些有即刻需要的；给那些要赎回自由的奴隶们；给还不出债务的欠债人；给陌生人和旅人；给那些募捐和分配施舍的人们”②。《古兰经》圣训还提出了很多减少贫富差距的具体措施，如针对穷人的济贫金、遗产的后嗣共享、禁止收取利息。事实上，信仰伊斯兰教的群体以贫穷人口居多，与伊斯兰教所宣传的经济平等思想有着直接关系。这一点非常具有启示性。

为了救赎信徒，宗教有义务在自己的教义里给现实差异找一个合理的依据。儒家把差异的责任诉诸“天命”。基督教把差异的缘由寄托给“赎罪”（救赎自己应偿还的原罪）。伊斯兰教则设计了每个穆斯林都要平等面对威严公正甚至激发恐惧的“最终审判日”，来维持最终的平等正义。道教和佛教，则以完全彻底的脱俗，或者说，通过对现实差异的鄙视和放弃，来逃离现实差异。

宗教对待差异及平等的思想，有的被统治阶层所用，成为政治治理的正当性依据工具；有的则成为人们内修自身、寻求超脱，以抵达宁静平和

① 休斯顿·史密斯. 人的宗教. 刘安云，译. 海口：海南出版社，2013：240. 研究宗教史、宗教哲学颇有建树的史密斯教授在书中论及，伊斯兰教强调平等，相较其他宗教的平等，伊斯兰教在“民族共存上成就非凡”，种族主义在伊斯兰没有先例，伊斯兰之所以在非洲取得进展，与其种族平等、种族宽容的教义有很大关系。

② 同①234.

的精神食粮。

1.3.4 封建等级式对待：差序等级的平等

在所有的古代农业文明中，都存在各种不尽相同的平等思想因子，但古代社会人际关系中占绝对垄断地位的仍然是身份等级制。尽管希腊早在3 000 年前就创造了公民平等享有的城邦自治民主，但轴心时代先哲柏拉图和亚里士多德还是没有任何道德负担地认可一部分人天生就是奴隶，而非自由民或公民。尽管基督教从诞生之初就闪烁着上帝面前人人平等的博爱光芒，伟大教宗保罗还是在《新约·罗马书》中教导众基督徒“在上有权柄的，人人当顺服他”。尽管陈胜、吴广早在公元前 209 年反抗暴秦的大泽乡农民起义中就喊出了“王侯将相，宁有种乎”的革命口号，中国古代儒家、道家、佛家传统文化无一不存在着平等主义的思想光芒，但尊卑有别的封建传统礼教还是被普遍接受且延续了两千多年。

为什么古代文明中的那些平等思想没有成为社会和政治现实中的平等人际关系呢？为什么古代社会不像我们今天一样主张人人尊严平等和权利平等呢？为什么古代的皇帝和草民、国王和农夫，不能互为尊严上和权利上的平等对待呢？这是因为，在以农业生产为主的封建社会，社会智识普遍预设、接受并合法化了一个与现实世界中客观人际差异相匹配的差序等级的平等理念：人在本质上就是不同的，不平等的等级秩序符合人的本性；相同的人之间相同对待（平等）、不同的人之间区别对待（差等），这样对人的差别对待是公平正义的。

在古希腊哲学中，人与人本质的不同在于人们天然的智性差等之分，这实际上就是个体生命的自然禀赋之分。苏格拉底和柏拉图在著名的灵魂差等中主张，理性既规范激情又控制欲望，理想的国度是一个禀赋分明、各司其职、等级合法有序的正义统治体系。

亚里士多德认为恰恰是这种智性（理性能力）的自然差别，形成了天然的主人和奴隶之分，一个被欲望和激情所奴役的人，就是天然的奴隶。教育只能为少数精英所有，能力也只能是少数人的特权，最理想的政治体制就是精英式的贵族共和。亚里士多德还区分了“规约型奴隶”和

“天然型奴隶”。亚里士多德认为，如果天然的奴性存在，那么奴隶及奴隶制的存在就是合理的。于是，亚里士多德做出了在今天人们听来几乎是不可想象的结论：自然所赋予人类的体格是有区别的，而且区别的程度竟犹如神像和人像那么分明，奴隶的体格总是强壮有力，适合于劳役，而自由人的体格较为俊美，于劳役并不合适，而宜于政治生活。凡是自己缺乏理智，仅仅能够感应别人的理智，就可以成为而且真正地成为别人的财产（用品），这种人就是天然的奴隶。“根据灵魂方面的差异来确定人们主奴的区别就更加合法了”。“奴役既属有益，而且也是正当的”①。

源于古希腊的这种“自然精英”思想，在后来的美国国父杰弗逊、英国的密尔、法国的托克维尔思想里都有体现，他们都曾经就智力差异做出评价，也都认为“代议制”“比例代表制”“选举制”的根本目的就是从大众中推选出天然的贵族，也即智力和能力卓越者。智性差异一直都是种族差异、种族不平等这一热点议题中的敏感议题。

《新约·罗马书》中明确表述，“在上有权柄的，人人当顺服他，因为没有权柄不是出于神的，凡掌权的，都是神所命的”。“所以抗拒掌权的，就是抗拒神的命；抗拒的必自取刑罚”。“你们纳粮也为这个缘故，因他们是神的差役，常常特管此事”。“凡人所当得的，就给他；当得粮的，给他纳粮；当得税的，给他上税；当惧怕的，惧怕他；当恭敬的，恭敬他”②。不仅如此，基督教还通过“原罪说”“灵魂救赎说”，把世间的种种不平等苦难归结于人们为自己赎罪，人们只有接受世间不平等的种种，并完成赎罪后，灵魂才能得到上帝的救赎，从而进入人人平等、没有忧虑和苦难的天堂。

基督教之上帝面前人人平等、团结博爱的思想，虽然降格了世俗国王贵族在上帝面前的地位，使得世俗国王贵族与普罗大众在上帝面前，在等待临终审判以及是否能够得到救赎进入天堂时，形成了平等关系，但同时其“原罪说”“灵魂救赎说”又为国王贵族的世俗特权享有提供了庇护依

---

① 亚里士多德. 政治学. 吴寿彭，译. 北京：商务印书馆，2009：16.

② 香港汉语圣经协会. 圣经. 香港：国际汉语圣经出版社，2013：1369. 罗马书 13：1，2，6，7.

据，为普罗大众的苦难承受提供了麻醉解读。更有甚者，它被统治阶层所利用，成为政治治理的正当性依据。尼采（Nietzsche，1844—1900）在《人性的、太人性的》和《论道德的谱系》中，就将伦理道德为掌权者所利用的现象，描写得淋漓尽致。尼采探究道德伦理的历史发展，把它们的源流称为道德的谱系。在该谱系中，早期对善与恶的区分，更适合被理解为：高贵与低俗、自由与受奴役、统治者与被统治者、洗干净的与没有洗干净的……的区别。居于上位者首先声称自己（以及自己所享有的贵族生活方式）是善的，是被神所爱的；而恶则代表了他们与被奴役的、过着凄惨生活的弱者之间的差距。

在古代中国，“天命”成为仁人志士跌宕起伏而无法摆脱的命运之神。“道之将行也与，命也。道之将废也与，命也。”（《论语·宪问》）“不知命，无以为君子也”（《论语·尧曰》）。命就是宿命、命运。天命就是一种自然已经规划好了的、有目的、有轨道的力量，是来自上天的命令、上天的意志。人们在尽力之后，最终也只能归于这个“命”。不同的人，因为所肩负的天命不同，在世上的命运自然也不同，当然也就存在着尊卑、上下、智愚、贤与不孝的分野。“王者受命于天”，君子（士大夫）与小人（庶人）则应“制礼义以分之”，这样的人际差别既是合乎各自天命的，也是符合社会正义的。

为了稳固秦帝国所开创的七国统一局面，为了建立和巩固新的政治、社会秩序，自汉武帝始推行“罢黜百家、独尊儒术”，此后，三纲五伦就成为中国社会人际关系中差等区别的基础。君臣、父子、夫妇、兄弟、朋友“五伦”，作为儒家最重要的五种社会关系，除朋友一伦存有平等关系之外，其余都是贵贱从属、尊卑从属关系。“旧时纲常二字连用，意指道德或一般道德律”，“君为臣纲、夫为妻纲、父为子纲”，“三纲是社会的伦理”①。纲纪伦常，就是贵贱、尊卑、长幼、亲疏的差别纲要。贵贱是社会中的人际关系差别，尊卑、长幼、亲疏则是家族中的人际关系差别。

---

① 冯友兰．中国哲学简史．北京：北京大学出版社，1985：221.

“中国历史上的社会阶层，如果贵贱是一种范畴，则良贱是另一种范畴”①。“贵贱”是贵族士大夫与庶人的差别，“良贱”则是良民（即齐民）与贱民的差别。贱民包括了“官司奴婢、娼优皂隶，以及某一时代某一地区的特殊人口”②。“贵贱”“良贱”的等级差别，体现在社会地位、法律地位、可配享有的欲望与生活方式，如饮食、衣饰、房舍、舆马等；可配结合的家庭阶层，如阶级内婚制、妻妾身份等；可配享有的礼仪规格，如参拜、婚配数量及婚礼、丧葬、祭祀等；可配获得的职业发展，如贱民不得应试、不得为官等方方面面。

如果说“礼不下庶人，刑不上大夫”体现的是“贵贱”的不平等差别，那么“良犯贱”刑罚轻，“贱犯良”刑法重，体现的则是“良贱”的不平等差别；如果再遇有“主奴”关系，则不平等更加剧增。封建礼制也即古人所谓的纲常名教，千百年来维护着社会阶层中的贵贱、良贱、主奴之间的等级差别，也维护着家族关系中的尊卑、长幼、亲疏之间的等级差别，成为区分和彰显人际“差别”的有力工具。借此工具，有差别的人不同对待，同一等级级别内的人则相同对待。

1.3.5 近现代自由平等式对待：人权的平等

然而，回望历史，存在的不一定永远合理，实然的也不一定必然、应然。现实的实然（历史或当下的实然）并不代表价值的应然（未来的应然），也不代表发展的必然（未来的必然）。正题必将走向反题，否定的合题呈现为扬弃后的重构。不论是西方还是东方，不论是宗教还是世俗，凡是后天经由人类社会和人类文化建构而成的，就终究有可能为人类历史所重新建构。

人类从出生到死亡都存在各种差异这一客观事实，和他们理应被视为“是灵魂或天命不同的人，并应该被以这种不同而差别对待”这一封建等级伦理原则并不存在必然联系。同理，“人们是都生来相似（相同）这一

① 瞿同祖．中国法律与中国社会．北京：商务印书馆，2010：251.

② 同①253.

事实，和他们理应被一视同仁这一伦理原则并不存在必然联系”①。如前所述，人类对“不公平差异”具有调节的必要性和正当性，这种调节，更多地应被视作与人类社会的正义目标相联系，而不是与它们不同或相同的事实相联系。是人类社会正义目标的内容变化导致了平等的正义与否，而并非人际不同或者相同的事实导致了其正义与否。

如前面论述的，差异与平等之间存在一个递进的逻辑关系（1. 2. 2），这就是：差异→不公平的差异（不正义）→公平的差异调节（正义）→再平衡的差异（平等）之间的内在逻辑。衔接这个内在逻辑关系的是“正义”。正义需要我们判断什么是不公平的差异？如何调节不公平的差异？近现代社会之所以能够扬弃农业社会的身份等级制人际关系，转而采取权利平等制人际关系，就在于我们所做出的这种关于正义的判断发生了根本性的变化。

1492 年哥伦布发现中美洲，1519—1521 年麦哲伦发现非洲好望角以及其船队穿越太平洋和印度洋，地理大发现使欧洲兴起了探险与寻宝热潮；紧接着，16—17 世纪宗教改革和宗教战争，16—17 世纪科学革命，17—18 世纪启蒙运动。自地理大发现以来，带动起第一波欧洲殖民主义，以西班牙、葡萄牙、英国、法国为首的第一波殖民国家，凭借海权国家兴起的优势，在北美洲、中美洲、南美洲相继扩张。18 世纪下半叶，世界力量发展转移，1775—1783 年美国独立战争，18 世纪末蒸汽化以及由此发端的工业革命开始重塑世界；缘于工业化所带来的第二波殖民主义，英国、法国等欧洲强国在澳大利亚、南非、新加坡等海域相继扩张；1914 年第一次世界大战爆发前，欧洲各国因为海外殖民地而相互较量。全球贸易极大扩张，美国崛起，德国、苏联崛起，20 世纪上半叶两次世界大战；二战后的民主化浪潮和民族解放运动，新的现代民族国家格局形成……这五个世纪以来，诸多人类历史前所未有之大变革，相互渗透、影响并交织，产生了巨大的连续性结果链条，这个链条，一环一环将旧大陆与新大陆连接起来，又经由殖民主义（殖民化、殖民地区的后民主化浪潮）和

---

① 乔万尼·萨托利. 民主新论：下卷. 冯克利，阎克文，译. 上海：上海人民出版社，2015：514.

全球贸易（工业化、全球产业分工协作）这两条管道，最终把整个地球不同的民族和国家连接在一起，并轰轰烈烈地将整个世界从封建等级的旧世界推入了自由平等的新世界。

可以说，地理大发现以来的这五个世纪，是自 7 500 年前苏美尔地区产生最早的城邦组织（国家）以来，人类历史中最翻天覆地的 500 年。这 500 年间所发生的两个最大变革，导致了新旧世界的截然不同。人类的生存之道，即人们赖以生存的经济适应策略，从旧世界的农业生产（园艺农业、农耕、畜牧），变革为现代世界的工业化生产。人类社会组织形态，则伴随着旧世界族群、部落、酋长管辖地的消亡①，从旧有的皇权贵族封建等级制国家逐渐转换、过渡到近现代的民族国家格局；与此相适应，人类的和平之术，即人们的共处及政治治理关系，从旧世界普遍的身份等级统治乃至奴役，变革为现代自由平等的社会公民治理。

的确，人的尊严平等、政治平等和权利平等，是人类社会在近现代才采取的和平相处之术，是我们在近现代才做出的关于人类如何共处的人际关系的应然规范。人际平等成为近现代社会的基本价值诉求，是近现代社会区别于前现代社会的一个重要的现代性标识。

① 到地理大发现和殖民主义之前，地球上人类所居住的土地面积总和中，被用边界划分为国家（官员治理、法律统治、军队武力保障）的面积还不到 20%。今天，除了南极大陆以外，所有的土地都被划分为不同的国家了。戴蒙德．枪炮、病菌与钢铁：人类社会的命运．谢延光，译．上海：上海译文出版社，2006：276.

第 2 章　近现代平等理论发展的三阶段

接续上章内容，自轴心时代以来，人类历史上三种典型的对待差异与平等的方式：(1) 宗教式对待：精神超越的平等。(2) 封建等级式对待：差序等级的平等。(3) 近现代自由平等式对待：人权的平等。上章 1.3 节简要论述了前两种对待方式的核心理念和主要特点，本章将伴随着对第三种方式“近现代自由平等式对待：人权的平等”的重点关注，进入对近现代平等理论的考察。

2.1　近现代平等理论的发展：分析框架与划分依据

平等理论基于这样一种政治哲学理念：人们从根本上是同等重要的，应该被平等地对待。在此理念之上，不同的平等理论流派，对于什么应平等对待（平等的形式和态度）、什么的平等对待（平等物）、如何平等对待（分配原则）等问题，给出了不同的价值主张和论证。平等问题和平等理论始终是近现代西方政治哲学关注的核心之一，也是反映社会正义的焦点所在。当代政治哲学还进一步将平等的主体进行了很大范围的拓展，如扩大到了民族国家范围内的平等（即国内正义）、超越民族国家范围的平等（即地区正义、全球正义）；如某一个世代之内的平等，以及关注不同世代之间的平等（即代际正义）；如除了关注人与人之间的平等、不同性别之间的平等（即男女平等），不少功利主义者还关注动物的权利问题等。

近现代以来的西方平等理论为资本主义崛起及其自由民主实践提供了思想保障，也为近现代自由平等国家的建立提供了合法性基础，为国家建制提供了法理依据。为了深入理解近现代以来的平等理论的核心问题，比如，如何被确立起来的？有哪些主要的代表人物和代表思想？其观念是如何影响近现代平等实践的？其形成和演化呈现出怎样的发展脉络和发展阶段？笔者针对近现代平等理论，设定了一套理论分析框架和阶段划分依据。

2.1.1 本书所设定的平等理论的四要素分析框架

对以人际为主体的平等理论的讨论，至少会涉及四个方面的问题：（1）哪些方面的平等，即主张什么平等物，也即森提出的“什么的平等”、科恩称作的平等的“通货”。（2）所主张平等物如何进行分配。这两点反映出对平等的真实态度，是形式平等还是实质平等？是提供平等的结果还是提供平等的机会？由此决定了该理论所处的流派或派别。（3）所主张平等物及其分配原则的规范性论证。其论证逻辑是否经得起推敲？其价值主张和哲学依据是否可靠？也即是否回答了为什么是这样的平等物？为什么这样分配是正义的？（4）所主张平等物及其分配原则对平等实践起到了什么样的影响和作用？是否具有现实可操作性？关注这一点的意义在于，毕竟，经由启蒙时代以来的300多年的历史发展，可以说，正是对自由、平等、公平正义这样的人类共同价值的追求与实践（不同意识形态只不过是理解和抵达它们的不同路径）才塑造了我们今天的现代世界。本书认为平等理论对实践的影响作用十分重要。以上四个要素形成了本书考察近现代平等理论特别是当代平等理论的分析框架。

2.1.2 本书所设定的近现代平等理论的三阶段划分依据

关于近现代平等理论发展阶段的划分依据，本书提出这样的设想：（1）紧扣平等问题自身，对相关学者及学说，主要涉及其平等思想及理论部分，而不涉及其他部分。比如，文中对康德和密尔的具体论述。比如，谈及契约论时并没有涉及其代表人物之一的孟德斯鸠，也没有涉及对契约论提出质疑的休谟。如此取舍就体现了这样的标准。（2）在平等理论的主线上，对所涉及的学者及学说，划分发展阶段的依据，主要看重其对平等理论本身所带来的重大创新、突破或转折，或对现实即当时社会的平等实践所产生的重大影响。这种创新、突破、转折或影响，往往具有坐标性的历史地位，并且也得到了学术界学者的认同。这样的划分标准和依据，在对近现代平等理论第一阶段、第二阶段、第三阶段的划分中都得到了体现。（3）突出平等问题自身，而不强调不同流派、不同意识形态。毕竟，平等是全人类共同的、基础性的价值追求，也是现代世界的基本特征。突出并紧扣这一问题本身的发展，将不同流派、不同意识形态的思想及理论，通过上述划分标准和依据，容纳到这一问题体系之下，以形成对这一问题的健全的、综合的、宏观的理论视野，显然是更为可取、明智的研究路径。（4）在不同阶段内，尽可能还原那个时代的精神面貌和理论气质，而尽量控制使用当代的理论语汇来描述过去的理论。比如第一阶段、第二阶段标题内容的设定，就体现了其所在阶段时代内的平等理论及实践的显著特征，而没有用自罗尔斯《正义论》发表以后政治哲学分析中涌现出的林林总总的新名词、新语汇来进行题目设定。

基于上述对平等理论的理解和对划分依据的设定，将近现代平等理论划分为以下三阶段：第一阶段为 17 世纪中至 18 世纪，权利平等的确立与实现；第二阶段为 19 世纪至 20 世纪 60 年代末，对经济平等的追求及二战后福利国家的建成；第三阶段以 1971 年罗尔斯的《正义论》为发端进入当代，标志着正义之平等重归理论视野并占据政治哲学分析的核心。

本章将对每一阶段的理论代表人物与作品、突出特征、平等理念的主要内容、对平等实践所产生的影响等，进行分析和总结，期待形成一种健全的、综合的、宏观的近现代平等理论视野。之后，本章将重点解析当代平等理论的发端、主要流派及其平等主张，总结当代平等理论的主要时代特征。

2.2　第一阶段：权利平等的确立与实现

恩格斯在《反杜林论》中指出："一切人，作为人来说，都有某些共同点，在这些共同点所及的范围内，他们是平等的，这样的观念自然是非常古老的。……要从这种相对平等的原始观念中得出国家和社会中的平等权利的结论，要使这个结论甚至能够成为某种自然而然的、不言而喻的东西，必然要经过而且确实已经经过几千年。”① 是的，平等观念首先是一个历史产物，我们能够划分出近现代平等理论第一阶段的依据，就在于平等观念在近现代历史上所产生的根本性转变。这一转变，在萨托利那里，被称作从“前民主的平等”到“民主的平等”②；在梅因爵士那里，被称作体现了现代社会进步的“从身份到契约的运动”③；在我国学者高瑞泉那里，被称作“平等有古今之变”④。

“观念的转变和人类意志的力量，塑造了今天的世界”⑤。确实，现实和普遍意义上的人类权利平等，是近300多年来现代世界才逐渐形成的新的人际对待及共处关系。它实质上表现为人类社会从等级有别、尊卑不同的身份不平等社会进入身份平等、权利平等的现代社会；表现为帝王和贵族的特权消亡，帝王和贵族，奴隶、农奴和自由民，良民和贱民的身份区别消亡，人际关系转换为人与人成为同等重要存在、享有同等权利的国家公民。在这个过程中，全球贸易扩张和资产阶级利益诉求成为推动权利平等实现的主导力量；自然权利论和契约论学者所提出的具有承继性的、体系化的权利平等理论，则为上述平等观念的转变提供了哲学依据和法理基础。

基于近现代平等观念的根本性转换，我们将近现代平等理论的第一阶段划分为：17世纪中至18世纪，权利平等的确立与实现。该阶段以1651

① 马克思恩格斯选集：第3卷. 3版. 北京：人民出版社，2012：480－481.

② 乔万尼·萨托利. 民主新论：下卷. 冯克利，阎克文，译. 上海：上海人民出版社，2015：518.

③ 亨利·萨姆纳·梅因. 古代法. 沈景一，译. 北京：商务印书馆，1959：97. 梅因（Henry Sumner Maine，1822—1888），英国历史法学家，提出了“迄今为止，所有进步社会的运动，是一场从身份到契约的运动”的著名论断，因其提出“从等级身份的古代社会”到“契约对等的平等社会”的现代社会进步规律，被各国学者广泛引用。

④ 高瑞泉. 平等观念史论略. 上海：上海人民出版社，2011：26.

⑤ 哈耶克. 通往奴役之路. 王明毅，等译. 北京：中国社会科学出版社，1997：1.

年霍布斯的《利维坦》的发表为发端，以洛克 1690 年的《政府论》为发展，以卢梭 1753 年的《论人类不平等的起源》和 1762 年的《社会契约论》为高峰，以 1776 年美国《独立宣言》和 1789 年法国的《人权宣言》的发布为历史转折点。

霍布斯（1588—1679）、洛克（1632—1704）、卢梭（1712—1778）、麦迪逊（1751—1836）和汉密尔顿（1755—1804）等契约派大师先后确立和完善了权利平等的理论，在当时社会产生了强大的观念引导作用，为资本主义崛起及自由民主实践提供了思想保障。权利平等，就是人人生而平等，人与人之间并无尊卑等级之分。在上帝面前，在生而为人的自然法框架内，在国家法律制度下，人人皆平等地享有同等重要的生命权、财产权和自由权。权利平等自然而合法地延伸，外化为社会中的法律面前人人平等和政治选举权、被选举权的平等。

社会契约一般习俗和观念古来有之，古以色列人的人民法（《旧约》中的《利未记》、《耶利米书》和《出埃及记》有相关记载）、古希腊城邦直接民主自治、古罗马西塞罗对自然法的阐释、盎格鲁－撒克逊人的古老制度，都可以找到社会契约的原始踪迹和原型观念。但近现代意义上的清晰的社会契约理论的提出、引发不同社会阶层及学术界的持续批判和争议，并迅速被人们所了解和接受，这一发端，学术界普遍认为是以霍布斯《利维坦》的发表为标志①。《利维坦》对权利平等的理论贡献在于，作为一部伟大的哲学和政治学巨作，它首创“自然状态”和“自然权利”（而不是“自然法”），并提出两条“自然律”：第一条即人的生命权利，人们会利用一切手段保全自己。第二条，出于自私和理性，人们为了自身利益，会放弃别人也同样放弃的自然权利。基于这两条，人们达成了“和平协议”，从而对“主权者”进行了“契约授权”，“由群聚的人同意授予主权的某一个或某些人的一切权利和职能”②。“主权权力”和“国家”都是契约授权的产物。公民与统治者的等级差异并不来源于君权神

① 罗尔斯. 政治哲学史讲义. 杨通进，等译. 北京：中国社会科学出版社，2011：23-26.

② 霍布斯. 利维坦. 黎思复，黎廷弼，译. 北京：商务印书馆，2017：133.

授，而来源于公民出于避免“自然状态”之害（陷入战争或冲突的境地）所做出的“利己的、理性的”决定（保护公民自身的和平与安全），霍布斯将君主由君权神授的统治者转化成为一种“主权者”职务，主权者必须对授予其权力的公民负责。通过这些概念的引入和论证，霍布斯直截了当地向中世纪以来主流的君权神授信仰（传统的身份等级不平等）发起挑战，在当时的英国社会引起了巨大反响，“成为那个时代最富于革命性的理论”①。在霍布斯的自然状态下，人们是大体相同、相差无几的；人们在契约授权时，是平等的和理性的。霍布斯将契约授权的目的聚焦在和平与安全上，事实上是对人们生命权的关切：一切存在者都对自我的生命享有根本的利益（自由）、一切存在者都有同等重要的生命权（平等），主权者被契约授权的目的就在于保护公民的生命权。

洛克进一步打破君权神授，把权利平等延伸到了私有财产权。洛克认为，在“自然状态”下并不存在上帝指派或指定的政治权威，政府权威的唯一来源就是人们所签订的契约。人们需要公共权力对他们的财产权进行裁定和判决，政府取得契约授权的意义就在于保护人们的财产权。如果政府失去了保护财产权的公正性，人民就可以更替政府。洛克论述到，自然状态下“同种和同等的人们既毫无差别地生来就享有自然的一切同样的有利条件”②，人们在自然状态下的财产就是人们用自己身体和双手“掺进他的劳动”、与之混合并使之脱离自然的那些“东西”。人们对于这些“东西”有着不可剥夺的自然权利，人人都自然而平等地享有这样的权利③。财产权起源于个体的私人物化劳动，私人财产权具有自然合法性和不可让渡性，是不可剥夺的自然权利。人们有权反抗不能公正保护人民财产权的政府，洛克提出的这些思想，对自由主义国家的政治与经济制度设计产生了重大而深刻的影响。

继霍布斯自然状态下的人性“恐惧、利己”假设和洛克自然状态下的人性“勤劳、理性”假设之后，卢梭在对人类不平等起源的论述中继

---

① 乔治·霍兰·萨拜因. 政治学说史：下册. 刘山，等译. 北京：商务印书馆，1990：526.

② 洛克. 政府论：下篇. 叶启芳，瞿菊农，译. 北京：商务印书馆，1964：3.

③ 同②18－21.

续在抽象自然人格意义上挖掘人们的自然状态，为此卢梭还专门到圣日耳曼森林里居住、冥想。在卢梭的自然状态下，人们自由而平等，此外，还具有“可完善性”（perfectibility）、“同情心”（sympathy）、“自尊”（respect）等重要天性。但是，当一部分“最棒、最美、最壮、最灵巧或最善言辞”的人成为“最受尊敬的人”，走向不平等的“开头第一步”就从这里迈出了……从一个人感到“拥有两个人的食物”大有好处之时起，平等就不存在了，私有财产的观念就开始形成了①。通过假设、条件式地推理人类历史，从“纯粹自然状态”到“社会发生阶段”，再到“政治体压迫阶段”，最终卢梭把人类社会不平等的根源归结于家庭和私有制（直接影响了马克思和恩格斯），并认为一定程度上技术的进步（冶铁和农业）也促成了新的差距和不平等。卢梭 1753 年《论人类不平等的起源》中对不平等问题的关切和论述，为 1762 年《社会契约论》埋下了很多观念准备和理论伏笔。它像警钟一样，警告和警醒了人类社会：权力不平等和财富不平等给人类带来了深刻的道德伤害、心理伤害和情感伤害；同时也唤醒了世人对建立理想平等社会的热忱、向往和实践冲动。卢梭的平等观念直接影响了马克思和恩格斯，康德和托克维尔也谦虚地自称为卢梭的学生，后世也普遍认为卢梭二论（人类不平等起源论、社会契约论）是 1789 年法国大革命的导火索，也成为 18 世纪下半叶法国乃至整个西欧启蒙革命运动的思想旗帜。

在近现代平等理论第一阶段，需要单独提到的是康德（1724—1804）。康德在《道德形而上学》中推出来一个著名的道德命令：要把人“永远当作目的看待，绝不仅仅当作手段使用”②。“人是目的”这一道德命令体现出人与人具有同等的内在价值，被后人看作“人具有平等的尊严，人在道德上是平等的”，也因此被广泛引用。康德在《道德形而上学》及一些论文中论述到“原始契约”，康德原始契约的达成在于主体从“天赋的内在法权”到“公共法权”的跨越，也即人们自愿并有义务交出

① 卢梭. 论人与人之间不平等的起因和基础. 李平沤，译. 北京：商务印书馆，2007：91－93.

② 北京大学哲学系外国哲学史教研室. 西方哲学原著选读：下卷. 北京：商务印书馆，1982：318.

外部自由，这样就从自然状态进入文明状态，以实现每一个人更大的自由。“天赋的内在法权”也以自由、平等的主体独立性为基础。但是，康德的论证本质上是形而上学的，不像霍布斯人性预设中的生存竞争、安全恐惧、自私并理性、为达成“互利”而形成和平契约来得那么真实；也不像自然权利和契约派对生命权、自由权和财产权论证得那么具体；对当时英、美、法等新兴自由民主国家的政治变革及社会建制的影响，也不像洛克、孟德斯鸠、卢梭那么直接。因此，我们不重点展开讨论。

在这一阶段还有很多火热一时，但随着历史推移其思想影响力已经减弱或熄灭的有关平等理论的著作，如法国哲学家皮埃尔·勒鲁（1792—1871）的《论平等》，这些也都不是我们所重点关注的。

美国1776年的《独立宣言》和1787年第一部成文宪法，均受到欧洲自然法传统、自然权利论及契约论的影响①。麦迪逊和汉密尔顿等起草的美国《独立宣言》于1776年7月4日在北美大陆会议上经表决通过并发布。《独立宣言》称：我们认为这些真理是不证自明的，人人生而平等，他们被造物主赋予了若干不可剥夺的权利，其中包括生命权、自由权以及追求幸福的权利。从此，“人人生而平等”的平等观响彻整个地球人类。1776年美国《独立宣言》的发布，标志着“人人生而平等”成为人类权利平等的转变“奇点”。尽管事实上人人生而有所差别，甚至有很大的现实差别；尽管因为历史、习俗、经济及政治的原因，在《独立宣言》发布时，美国国内还存在着奴隶制度、妇女和印第安人的权利问题，同时在世界很多国家还存在着帝王和贵族的特权等级制、种姓制度等事实；但更加不可阻挡的事实是，人人生而平等、破除人际身份等级差别，使人们享有平等的社会尊严和政治权利，这样的观念，成为人心之所向，成为人类道德情感和价值认同之所趋，成为崭新的现代社会的核心价值理念。从托克维尔记录的他在1831年考察美国的状况中（《独立宣言》发表半个世纪后），我们或能身如其境地感受到这种“奇点般”的平等观念转变所带

① W.克里昂·斯考森.飞跃5000年.毛喻原，译.北京：群言出版社，2015：26-41.

来的巨大冲击。托克维尔在《论美国的民主》中记录到，“最引我注意的，莫过于身份平等”；随着他对美国社会研究的逐步深入，他益发认为“身份平等是一件根本大事，而一切个别现象好像均源于这一事实”①；“身份平等的逐渐发展，是事所必至、天意使然”②；民主时代“占有支配地位的独特事实，是身份平等”。民主时代“鼓励人们前进的主要激情，是对这种平等的热爱”③。

伴随法国大革命而生的1789年法国《人权宣言》，是人类历史上第一部由国家正式颁布的人民权利宣言，该宣言直接规定了权利平等，更为重要的是明确提出了法律平等、担任公职的权利平等。《人权宣言》第1条规定，人生来就是而且始终是自由的，在权利方面一律平等；第6条规定，所有公民在法律面前平等，他们有权平等地根据其能力担任一切公职并领取报酬，唯一区分的是品德和才智。1794年罗伯斯庇尔垮台后，在拿破仑时代以及后来的复辟时期，作为复辟的一种政治条件，更为重要的是作为法国当时的社会潮流所向，《人权宣言》中所规定的公民权利平等，逐渐外化为现实中的政治选举权扩大、公民权利扩大。这些在1793年法国宪法以及后来的不同修宪宪法中都有所体现。

法国《人权宣言》后，欧洲各国家先后跟随，都在宪法中规定了公民的权利平等，选举权也不断得到落实，尽管在那个时期还存在不同程度的选举资格限定，如对财产、性别以及年龄等的限制，但是政治选举权的平等，已经是大势所在，不可逆转。总之，在美国《独立宣言》和法国《人权宣言》发布之后，权利平等观念迅速为欧美以及越来越多的现代国家所接受。以至于两百多年后的今天，地球上的某一个体或某一个国家如果不认同人在尊严和权利方面是平等的，那么该个体或该国家就将陷入“不正义”“政治不正确”的危险境地。

“在社会演化中，没有什么东西是不可避免的，使其成为不可避免的

① 托克维尔. 论美国的民主：上卷. 董果良，译. 北京：商务印书馆，2013：4.

② 同①8.

③ 托克维尔. 论美国的民主：下卷. 董果良，译. 北京：商务印书馆，2013：679.

是思想”①。近现代平等理论第一阶段的精神实质就是在这段时期内，现代世界文化设定了，也检验通过了，并普遍接受了人际权利平等这一根本价值，现代世界成为人人权利平等的世界。无关乎“平等”这一价值是否具有绝对意义上的真理性、普遍性和终极性，现代世界的人们尽可以去质疑它、挑战它或诠释它，但无法全盘否定它或是脱离它的语境之外。

2.3 第二阶段：对经济平等的追求及二战后福利国家的建成

近现代平等理论第二阶段为19世纪至20世纪60年代末，主要包括：马克思主义平等观念的提出、共产主义对经济平等的要求与实践、欧洲社会主义思潮及社会民主主义对经济平等的推动、二战后西方福利国家的建成。如萨托利所指出的，“在19世纪和20世纪的头几十年间，对经济平等的要求被社会主义并最终被它的马克思主义流派大力推到了显著地位”②。围绕经济平等所进行的理论交锋与实践变革，是平等理论发展第二阶段的显著特征。

18世纪末欧洲进入“蒸汽化”③，工业革命迅速展开。工业化结果导致了欧洲社会诸多矛盾和冲突，且进入19世纪以后愈演愈烈。一方面表现为生产过剩和经济危机，如1825年、1836年、1847年的经济危机，每次都从工业革命的中心英国爆发，危机幅度和深度一次比一次扩大，乃至后面席卷欧洲、波及美国；另一方面表现为狄更斯笔下记载的下层人民、城市贫民的悲惨生活，如《雾都孤儿》中令人心碎的童工。19世纪上半

---

① 哈耶克. 通往奴役之路. 王明毅，等译. 北京：中国社会科学出版社，1997：72.

② 乔万尼·萨托利. 民主新论：下卷. 冯克利，阎克文，译. 上海：上海人民出版社，2015：525.

③ “蒸汽化”：1785年瓦特的第一台改良蒸汽机问世，之后随着瓦特进一步发明压力计、离心式调速器等，完成了对整个蒸汽机的改良。从英国开端，遍及整个欧洲及美国，蒸汽机先后在纺织、冶金、采矿、铁路交通、机械制造领域迅速普及，从而推动欧洲快速进入工业化革命时期。

叶是欧洲工业化国家贫富分化迅速扩大、社会危机重重的半个世纪，法国发生了 1831 年和 1834 年的里昂工人运动，英国发生了 1836 年、1842 年、1848 年三次人民宪章运动，德国发生了 1844 年的西里西亚纺织工人起义。1848—1849 年更是爆发了席卷意大利、德国、法国和奥地利的欧洲革命。

19 世纪上半叶欧洲的社会危机催生了马克思主义。马克思主义要求实质平等和经济平等，就是对当时欧洲社会无产阶级和劳苦大众悲惨处境的真实反映和现实关切。伟大导师马克思（1818—1883）、恩格斯（1820—1895）英雄般的①、成就非凡的一生，自始至终与无产阶级的命运相关联。马克思、恩格斯与欧洲很多工人团体建立并始终保持着亲密联系，恩格斯于 1845 年发表《英国工人阶级状况》，以具体、真实、生动的调查材料反映了英国曼彻斯特工人的悲惨生活事实，全面分析当时的英国资产阶级状况，研究英国工人罢工，为工人阶级寻出路。1847 年马克思、恩格斯为共产主义者同盟撰写了纲领性文件《同盟章程》与《共产党宣言》。《共产党宣言》很快被翻译成多国文字，在全世界广泛传播，它所“阐述的科学理论在 1848—1849 年欧洲革命中经受了检验，并在实际的运用中得到发展”②。

《反杜林论》第一编“道德和法”系统性地提出了马克思主义平等观。文中论述了古代社会的平等思想、资产阶级对权利平等所起的历史积极作用，提出“平等应当不仅仅是表面的，不仅仅在国家的领域中实行，它还应当是实际的，还应当在社会的、经济的领域中实行”。无产阶级平等观念“是从对资产阶级平等要求的反应中产生的”，“无产阶级所提出的平等要求有双重意义”，“无产阶级平等要求的实际内容都是消灭阶级的要求”③。

① “英雄般的”评价来自罗尔斯，罗尔斯的《政治哲学史讲义》（中国社会科学出版社，2011）“马克思讲座”开篇就评价了：“鉴于马克思的生活处境，他作为一位理论经济学家和政治社会学家的成就是非凡的，事实上可以说是英雄般的”。

② 马克思恩格斯选集：第 1 卷. 3 版. 北京：人民出版社，2012：第一卷说明 7.

③ 马克思恩格斯选集：第 3 卷. 3 版. 北京：人民出版社，2012：484.

如果说马克思主义平等观为无产阶级争取经济平等指明了前进方向，那么《资本论》则揭开了经济剥削的奥秘，为无产阶级争取经济平等提供了思想保障和斗争依据。首先，马克思、恩格斯对资产阶级的权利平等进行了毫不留情的揭露，认为其是形式上的，具有虚伪性。其次，通过唯物辩证法和《资本论》，进行劳动分析（具体劳动和抽象劳动、私人劳动和社会劳动）、剩余价值分析（绝对剩余价值和相对剩余价值）、资本分析（不变资本和可变资本），揭示了剩余价值的真正来源，揭开了经济剥削的奥秘，并把经济不平等的根源归结为私有制，特别是把生产资料作为私人财产的私有制。最后，通过一系列著述，为无产阶级取得经济平等提供了解决方案：建立无产阶级专政国家，消灭私有制，实施国家公有制，进行生产方式的变革，通过彻底改变生产关系来实现对所得分配的改变，大力发展生产力，从社会主义的按劳分配（初级阶段）达到共产主义的各尽所能、按需分配（高级阶段）①。

正如马克思墓碑上铭刻的，“哲学家们只是用不同的方式解释世界，问题在于改变世界”② 这一名言所昭示的那样，马克思主义的伟大在于改变世界，而不仅仅是解释世界。马克思主义始终是付诸实践的理论，是共产主义运动用于改变世界的武器。共产主义运动的历史就是工人阶级和劳苦大众改变不平等世界的历史：从 1836 年的工人流亡组织正义者同盟，到 1847 年 6 月 2 日改组成共产主义者同盟和发表《共产党宣言》；从 19 世纪 30 年代至 40 年代的法、英、德三大工人运动，到 1864 年的国际工人联合会（即第一国际）、第二国际、第三国际；从 1917 年 11 月 7 日的俄国十月革命，到 1919 年五四运动和 1949 年社会主义新中国成立；从东欧到东南亚、从中非到拉美，共产主义运动风起云涌。还有哪一个世界性运动能像共产主义这样，如飓风海啸般席卷人类世界？这背后难道不是全人类人性中所共有的、刻骨铭心的、对不平等（尤其是巨大的实质不平等）的厌恶和反抗？

19 世纪下半叶，马克思主义广泛传播。“在 19 世纪晚期每个有思想

---

① 马克思恩格斯选集：第 3 卷. 3 版. 北京：人民出版社，2012：364-365.

② 马克思恩格斯选集：第 1 卷. 3 版. 北京：人民出版社，2012：136.

力的人物，多倾向社会主义，实际上都接受马克思的看法"①。很多源流于马克思主义的，或支持马克思主义的，又或受到马克思主义影响的欧洲社会主义思潮，不仅在工业无产者和工人组织中被迅速接受，这种思潮及其语汇表达，在当时的知识界包括在很多资产阶级民主人士中，也都被当作一种表达进步的时尚。形成于 19 世纪末的英国社会主义联盟、费边社会主义、社会民主主义就是其中的重要流派。

当代英国著名思想家吉登斯（1938—　）认为，"过去，社会民主主义总是与社会主义联系在一起的"②。在很多国家，社会民主主义被视为马克思主义的一个分支。"在西方文献中，社会主义与社会民主主义这两个词几乎可以相互交替使用"③。社会民主主义在第二国际解体以前，在欧洲就等同于共产主义和社会主义。19 世纪末 20 世纪初，欧洲各国新成立的工党、社会党、社会民主党，也曾经都是第二国际的成员。著名的英国工党理论家柯尔（1889—1959）长达六卷的《社会主义思想史》第四卷，专门论述了共产主义与社会民主主义的密切历史关系，其结论指出，"从 1889 年到 1914 年 8 月解体的走完自己路程的第二国际，尽管在内部发生过尖锐的政策分歧，曾经确实代表了作为单一的和根本上统一的世界力量的社会主义概念"④。随着一战的开始、俄国革命的胜利，第二国际正式破裂，欧洲各国的社会主义政党，无论是以正统的共产主义为纲领⑤，还是

---

① 彼得·F·德鲁克. 后资本主义社会. 傅振焜，译. 北京：东方出版社，2009：14.

② 吉登斯. 第三条道路：社会民主主义的复兴. 郑戈，译. 北京：北京大学出版社，2000：25.

③ 朱旭红. 论社会民主主义和马克思主义的一致性. 浙江学刊，2012（3）：113.

④ G. D. H. 柯尔. 社会主义思想史：第四卷下册. 奚瑞森，译. 北京：商务印书馆，1994：364.

⑤ 在第二国际解体之前，社会主义和社会民主主义虽然存在一些认识分歧，如对待资本主义的方式是渐进改造还是武装夺取政权，但都属于社会主义内部分歧。在马克思、恩格斯逝世后，这种分歧因为一战而激化，1917 年俄国革命胜利，一些主张必须通过武装革命建立无产阶级政权的社会主义政党更名为共产党，1919 年在苏联领导下第三国际成立，又称为共产国际，第三国际和社会民主主义正式分裂。

以右倾的社会民主主义为纲领（如费边社会主义和英国工党），都越来越成熟，加快了斗争步伐，积极参与国家政治，有效组织工人运动，要求扩大工人阶级的权利并推动进行有利于工人阶级的经济改革。“对平等的追求已经成为所有社会民主主义者（包括英国工党）的主要关注点”，“更大程度的平等”将通过福利国家的“各种拉平策略”来实现①。由此，马克思主义要求经济平等的主张，渗透到了自由主义和资本主义内部，从而扩大了要求经济平等的斗争战线。

有学者指出，“马克思对资本主义的看法，促使俾斯麦在1880年后，企图通过社会立法来抑制阶级冲突，而这些立法正是后来20世纪福利国家的雏形”②。19世纪中叶以后的英国社会主义联盟、费边社《社会主义文集》在揭露资本主义痼疾、宣传社会改革和提高工人待遇等方面，发挥了巨大影响；英国工党对1906年英国大选的影响，也使得工党在下议院中对推动有利于工人阶级和穷人的一系列社会立法发挥了积极作用。“英国福利事业的真正发端是在19世纪，特别是19世纪中叶以后”③，英国真正具有现代福利国家意义上的社会立法，如教育法、儿童法、养老金法、劳工介绍法、国民保险法等，都是在20世纪开始后的十几年里先后颁布的。“资产阶级政府自此开始广泛介入贫困、疾病和失业等社会问题，原来主要由慈善机构和群众性的互助组织承担的责任开始转化为资产阶级国家的责任”④。

英国福利国家的形成，基于诸多的促成因素，包括：1929年经济大危机催生了国家干预经济的需要以及干预能力的提升；经济学中出现了凯恩斯主义；1942年《贝弗里奇报告》提出了国民保险和社会保障方案；19世纪80年代后费边社会主义的影响以及之后英国工党的崛起。但是

① 吉登斯. 第三条道路：社会民主主义的复兴. 郑戈，译. 北京：北京大学出版社，2000：11.

② 彼得·F·德鲁克. 后资本主义社会. 傅振焜，译. 北京：东方出版社，2009：15.

③ 冉隆勃，黄跃秋. 英国的“福利国家”——其由来、发展与面临的问题. 西欧研究，1985（4）：4.

④ 同③6.

“一般说来，社会改革永远也不会以强者的软弱为前提；它们应当是而且也将是弱者的强大所引起的”①。英国宪章运动、工人阶级自身的壮大，工会组织和英国工党的成熟，马克思主义的快速传播及其对包括自由主义、保守主义在内的当时社会意识形态的影响和渗透，苏联的成立，苏联在二战中的卓越表现所带来的世界性影响，等等，这些因素形成了前所未有的外部压力，使得英国资产阶级认同福利保障制度符合其统治利益，并将之作为防止政治灾难的“解毒剂”和稳固统治的“策略”而加以采纳②；不能不说，迫于应对共产主义和工人阶级的崛起，是一股不容忽略的、强大的推动英国福利国家形成的力量。

即使后来东欧剧变、苏联解体，我们仍然有充分的理由运用历史唯物辩证法来解释：为了应对工人阶级和工人政党所带来的政治压力，为了应对共产主义在二战后不可阻挡的趋势，资本主义借鉴了共产主义的理论精粹，如经济危机周期论；资本主义对共产主义变革生产方式的十条措施③进行了吸收和萃取，并学习了共产主义的解决方案，如国家干预和国家宏观调控、实施儿童义务教育，征收高额累进税。这不包括两次世界大战前后，欧洲各社会民主主义政党（各国的工党、社会党、社会民主党）所推行的一系列具有浓厚社会主义色彩的经济改革；这还不包括1951 年社会党国际“法兰克福宣言”中提出的诸多具有社会主义性质的福利保障措施；这也不包括美国理论界及经济界对苏联在 20 世纪 50 年代至 60 年代的快速发展进行的一系列的理论研究和借鉴。纵观今日之世界，一切经济发达国家的治理模式，不论是资本主义国家的还是社会主义国家的，有哪一个能够声称自己没有受到过马克思主义的影响？

“20 世纪 40 年代，社会主义已经取代自由主义成为绝大多数进步人士所坚持的信条”④，连哲学家维特根斯坦、罗素，物理学家爱因斯坦，

---

① 马克思恩格斯全集：第 4 卷. 1 版. 北京：人民出版社，1958：284.

② Derek Fraser. The Evolution of the British Welfare State. London：Macmillan Publishers Ltd.，1984：164－172.

③ 马克思恩格斯选集：第 1 卷. 3 版. 北京：人民出版社，2012：421－422.

④ 哈耶克. 通往奴役之路. 王明毅，等译. 北京：中国社会科学出版社，1997：50.

经济学家熊彼特，都在使用时髦的共产主义语汇。正是在这样的时代背景下，赢得了二战的丘吉尔不得不黯然谢幕，英国工党被推到了历史的聚光灯下，以艾德礼为首的工党政府进行了大刀阔斧的社会改革及立法，1946年密集出台了英国国民保险法、国民医疗保障法、住房法、国民救助法。1948年7月艾德礼宣布英国已建成福利国家。在英国之后，福利国家论和福利国家制度迅速成为欧美社会的时代精神和社会治理潮流。各国家纷纷效仿，也先后宣布本国进入了福利国家。

除了梳理和剖析马克思主义平等思想及实践对促成西方福利国家制度的直接和间接影响以外，本书之所以强调西方福利国家的形成，原因还在于，福利国家的建成是人类历史上意义深远的一大进步，它是一种伟大的经济平等实践：（1）它突破了以往资本主义形式平等的框架，体现出实质平等。平等不再仅限于人的尊严与权利，如人格尊严平等、政治上选举权和被选举权平等、社会机会平等。在巨大的贫富差距面前，在困顿的出生起点和人生境遇面前，在缺乏生产资料和技术能力面前，乃至在缺乏生活物资和极端贫困面前，权利平等和机会平等的实际可行意义非常微弱，正如马克思主义指出的，它具有虚伪性。福利国家制度则不同，它本质上是财富的二次分配。由于社会福利保障制度具有普遍性，几乎惠及所有公民，所以它体现出公民在享有社会资源和财富上的实质平等。（2）它使作为权利的福利得以确立，使提供福利成为一项社会责任和国家责任。它改变了以往资本主义国家的风貌，缓和了不同收入阶层之间的矛盾，弱化了资本主义与社会主义的意识形态之争。它以立法的形式，通过高额累进税实现了对低收入者的转移支付，使得对老弱病残和穷人的救助成为国家的一种职能和义务。国家福利保障不一定是减少贫富差距的有效途径，但对于一个负责任的国家来说，良好地运用福利制度，就等同于采取一系列旨在降低人们生活的不利条件、缓解贫富差异两极化、促进社会稳定与和谐的务实政策。二战后，不论是资本主义国家还是社会主义国家，社会福利保障水平都已经成为现代国家治理能力的重要标志。

在近现代平等理论第二阶段，有必要单独提到的是密尔、托克维尔。密尔（1806—1873）与同时代的马克思一样，是少年天才、跨界天才。

《逻辑学体系》、《政治经济学原理》、《论自由》、《功利主义》和《代议制政府》都为密尔带来了声誉，严复于 20 世纪初翻译出版的《群己权界论》更是令密尔名扬中国。密尔在 1869 年《论妇女的从属地位》中提倡男女平等，在当时是非常领先的。密尔的功利主义也强调“所有成员的利益都应得到平等的考虑”①，但显然，在密尔的政治哲学中，平等居于次要地位。

在近现代平等理论第二阶段，自由主义内部最重要的平等理论著作当属托克维尔的《论美国的民主》。年轻的法国公务员托克维尔（1805—1859）于 1831 年赴美国考察了 9 个月，搜集了丰富的文献记录。1835 年《论美国的民主》上卷出版，1840 年《论美国的民主》下卷出版。在上卷中，托克维尔毫不隐讳地赞赏了平等是不可阻挡的神意、美国民众对平等的热情以及平等所带来的诸项益处，比如，对自由思想的促进、对公共精神的激发、利于建立普遍的法制意识。然而托克维尔也多次表达了对平等的忧虑。上卷第二部分，托克维尔质疑多数人一定比少数人更加智慧，批评平等理论被应用在了智力领域，并指出会导致“多数的暴政”②。下卷第三部分，论及平等身份对于美国人性格的消极影响，认为“平等使个体变得相似，从而彼此漠然相对，对我们共同的命运漠不关心”，“使人的心灵过分向往物质的满足，致使社会到处弥漫着利己主义的思维”。下卷第四部分，还论及平等身份同样对国家政治和社会造成了影响，平等所形成的“感情和思想一致”容易引导人民走向“中央集权”。“趋平”使得社会中间调剂力量减弱乃至消亡，中央集权不断扩张，最终会出现“新柔性专制”（温和专治、监护型专制）。总之，这是一本具有远见的重要著作，托克维尔对美国身份平等所带来的真切感受，对平等的赞许、质疑和忧虑，无论是资本主义还是社会主义，无论是右派还是左派，在该书出版后的 180 多年以来的政治实践中，都可以回头在书中找到对应之处，实在令人赞叹。

---

① 约翰·穆勒. 功利主义. 徐大建，译. 北京：商务印书馆，2014：38. 穆勒即文中说的密尔。

② 托克维尔. 论美国的民主：上卷. 董果良，译. 北京：商务印书馆，2013：316.

19世纪下半叶到20世纪上半叶，法国、英国、美国、德国等绝大多数资本主义国家都普遍实行了选举权。法国取消了消极公民限制，英国实现了妇女选举和取消了选民资格限制，美国将黑种人选举扩大到所有的地方和州政府。但是，平等理论第二阶段所闪烁的最耀眼的光辉，不属于自由主义，它属于马克思主义；它是无产阶级反对经济剥削（巨大的实质不平等）的时代，是马克思主义带领工人阶级和劳苦大众进行人类伟大经济平等实践和斗争的时代，是马克思主义广泛传播和渗透并直接或间接改造世界的时代。在这个时代，产生了世界范围内的社会主义运动，形成了体现着经济平等、实质平等的福利国家制度。

2.4 第三阶段：正义之平等重归理论视野并占据核心

2.4.1 当代平等理论的发端

近现代平等理论第三阶段以1971年罗尔斯（1921—2002）的《正义论》为发端，进入当代。确立该理论里程碑的依据和意义如下：

第一，《正义论》所倡导的正义原则和平等理论，具有承前启后的坐标地位。它为“平等主义类型的福利国家资本主义”提供了“一种哲学辩解”[①]，它是那一时期的完美的理论总结和哲学表达。如前第二阶段所述，二战后西方大多数民主发达国家都效仿英国，扩展国家职能，迈向福利国家。从直觉主义上很容易得出福利国家是右派的市场自由主义与左派的国家计划主义之间竞争的含混妥协，但这却不是一种具有说服力的、令人满意的政治哲学解释。《正义论》应时而出，两个正义原则分别对应政治利益、社会利益和经济利益的制度安排，无疑“为理解围绕福利国家进行的政治争论，提供了在思想上令人满意的

---

① B. Clark, H. Gintis. Rawlsian Justice and Economic Systems. Philosophy and Public Affairs, 1978 (4): 512－518; Robert P. Wolff. Understanding Rawls: A Reconstruction and Critique of *A Theory of Justice*. Princeton, New Jersey: Princeton University Press, 1977: 195.

框架”①。

第二，《正义论》引发了巨大影响，对后来的平等理论的政治哲学分析提供了一个基本的理论框架。连罗尔斯最有力的批评者诺齐克也认为，《正义论》如此重要，以至于“现在，政治哲学家们或者必须在罗尔斯的理论框架内工作，或者必须解释不这样做的理由”②。森则认为，“今天已很难再建构一个不受罗尔斯的深刻分析和阐述影响的正义理论”③。《正义论》在出版前，其相关思想就已经通过罗尔斯发表的文章引发了热烈讨论。《正义论》一经推出，其恢弘的理性建构主义论证逻辑（自称为康德式的）；其契约派的正统承继和理论创新（初始状态、无知之幕）；其所涉及的广博领域（伦理学、政治学、法学、经济学等）；其“理论”“制度”“目的”三部分结构和内容所展现出的哲学思辨和现实关切的良好结合（对论证和解决正义、平等问题的执着不懈）；其理论的精致、全面与综合（反思的平衡、高度规范性）；其文风的审慎明辨（避免独断，谦虚谨慎），都从不同方面展现出这部巨著的分量。这也就不难理解，何以不同国家、不同流派的知名学者先后出版专著以回应罗尔斯，政治哲学期刊更是出现了辩论、回应、挑战罗尔斯的热潮。

第三，作为对《正义论》的回应或批判，围绕着正义及由其所引发的平等、分配问题的讨论，“在相对较短的时间内，出现了一大批重要的政治哲学文献以及凭借这些文献而闻名世界的政治哲学家，而且这一影响还在不断延续和扩大”④。这些问题及其回应或批判、这些人物和著作，

---

① 金里卡. 当代政治哲学. 刘莘，译. 上海：上海译文出版社，2011：88. 金里卡在《当代政治哲学》第三章第五节认为出现在 1970 年代的罗尔斯的平等理论，为思考西方福利国家制度提供了更为复杂的思维方式：自由主义者青睐福利国家，不应被简单视为是在左翼和右翼的冲突理想之间寻求妥协的策略，而是由于一般的平等理念本身就要求这些经济自由，是为了实践自由主义平等价值本身的要求。

② 诺齐克. 无政府、国家和乌托邦. 姚大志，译. 北京：中国社会科学出版社，2008：218.

③ 阿马蒂亚·森. 再论不平等. 王利文，于占杰，译. 北京：中国人民大学出版社，2016：99.

④ 姚大志. 什么是社群主义. 江海学刊，2017（5）：15.

从某个程度上说，构成了当代政治哲学分析的核心。

知名的人物及其作品包括：诺贝尔经济学奖获得者森（1933— ）《论经济不平等》《再论不平等》，诺齐克（1938—2002）《无政府、国家和乌托邦》，德沃金（1931—2013）《至上的美德》，萨托利（1924—2017）《民主新论》；分析马克思主义学派 G. A. 科恩（1941—2009）《拯救正义与平等》《私有权、自由和平等》。因批判罗尔斯而声名鹊起的社群主义学派，沃尔泽（1935— ）《为多元主义与平等一辩》、麦金泰尔（1929— ）《谁之正义？何种合理性?》、桑德尔（1953— ）《自由主义与正义的局限》；批判与回应还来自如德国学者亨氏（1956— ）《被证明的不平等——社会正义的原则》等很多国家的学者。在中国，据何怀宏统计，截至 2009 年 2 月 15 日“中国大陆学术期刊中引证罗尔斯著作的次数大约有 5 万多次”①。我国学者何怀宏、姚大志、高瑞泉、高景柱、王立、龚群等，也发表了较多数量的著作与文章，就正义与平等问题，对多位国外学者的观点展开回应、讨论与批判。

《正义论》在过去的 50 年里被广泛解读，它大体上是这样一种理论：（1）正义总是意味着某种平等，公平的正义实质上是要论证什么样的不平等可以在道德上被接受，什么样的不平等需要进行调节和纠正。（2）人们在出生时的自然禀赋、社会地位和财富等环境差异很大，这对于那些仅仅因为出生就处于极不利处境的人来说是不公平的。社会是一个人们共同合作和受益的系统，个人天赋应被看作社会的公共资产；然而天赋的分配却是随意的，好的天赋不是道德上的应得。这些最初的不公平，不是可以被接受的不平等，是需要通过正义原则进行调节和补偿的。（3）“初始状态”中的人们彼此漠不关心，有些利己却又富有理性，身处“无知之幕”后，面对自身利益的不确定和不安全，人们会做出一种相同的保障自我底线利益的选择（“最大最小规则”，相对于博弈方的最坏结果，选择方的最坏结果仍然是较好的结果）。这是自由、平等并理性的人们，在没有预先信息和偏见的情况下，所倾向于

① 罗尔斯．正义论．何怀宏，等译．北京：中国社会科学出版社，2009：2．这是何怀宏在 2009 年中译版《正义论》译者前言中所做出的统计数据。

做出的共同选择，由此会形成两个普遍的适用于各方利益的正义原则，该正义原则在公共理性的共识基础上，有可能成为指导社会基本结构设计的根本性道德原则。（4）社会基本结构设计有两个重要方面，一是公民的政治权利，二是公民的社会利益和经济利益。公民的政治权利、社会利益和经济利益体现在社会基本善之中。社会基本善是人们都需要的社会益品，包括自由和权利、机会和权力、收入和财富。（5）两个正义原则由三部分组成，第一个正义原则（平等的自由原则）对应自由和权利，是公民政治权利的分配指导原则；第二个正义原则的第一部分（差别原则）对应收入和财富，即社会和经济的不平等安排要符合最不利者的最大期望利益；第二个正义原则的第二部分（公正平等的机会原则）对应机会和权力，即职务和地位在公平平等的条件下向所有人开放。第二个正义原则是公民经济利益和社会利益的分配指导原则。正义原则的相互优先关系为：平等的自由原则>公正平等的机会原则>差别原则；符号“>”表示“优先于”。由此形成了对社会基本善的正义分配秩序。（6）可设定一定的特征来鉴定最不利者，或直接按照低于中等收入一半的水平进行差别补偿。根据正义原则的优先顺序，对最不利者的鉴定，可依次排除自由、权利和机会这三项基本善，那么，最不利者就是那些在社会中拥有最少权力、最少收入和财富的人。由于权力不可测度，而权力与收入又密切相关，因此鉴定最不利者时最需要考虑的就是他们实际的收入和财富。差别原则与“帕累托最优”是可以兼容的，正义的分配方案选择首先要符合最不利者的最大期望收益。

正义原则的核心是差别原则，引发学术界争论最大、回应或批判最多的也是差别原则。差别原则反映出罗尔斯对待平等的态度是偏爱“最少受惠者”的。差别原则对应公民经济利益的制度安排，反映出社会的经济正义。经济正义的核心是分配正义，这充分说明，分配的正义与否，也即什么样的分配不平等可以被正义所认可、什么样的分配不平等需要被调节和纠正，质言之，也就是何谓正义之平等，这一问题重归理论视野并占据政治哲学分析的核心。因此，我们将平等理论第三阶段的标题设定为“正义之平等重归理论视野并占据核心”。

2.4.2 当代平等理论的三大特征

不同于第一阶段，那一时期平等理论的突出特征在于平等观念的古今之别，打碎尊卑等级的身份不平等，破除封建特权，确立人际的尊严平等和权利平等；也不同于第二阶段，那一时期的平等理论围绕着如何看待经济平等（实质平等）产生了分歧，资产阶级和自由主义似乎要止步于权利平等，而共产主义者、社会主义者、社会民主主义者和工业无产者则坚持主张并争取一定程度上的经济再分配，这对二战后福利国家的建成、对体现出实质平等的现代国家福利保障制度的形成，起到了重大的促进作用；当代平等理论，在罗尔斯《正义论》发表之后，受其影响，并基于社会及经济发展之现实，表现出如下三大特征：

第一，呼应罗尔斯的理论框架，整体上体现出一种精致论证的风格，充满了认识论式的乃至形而上学意味的哲学思辨气质，具有高度的规范性特征。

罗尔斯对“初始状态”和“无知之幕”的设计，实际是对传统契约论所做的承继和创新，用罗尔斯自己的话说，就是要使社会契约论“上升到一个更高的抽象水平”①。“初始状态”中继续契约论的自然状态及自由主义的人性假设（自由、利己、理性），但并没有通过天启的自然法和自然权利传统，而是增加了创新的程序主义的设计，也即通过“无知之幕”的程序正义形成了正义原则。这一点凸显并确立了当代政治哲学尤其是正义、平等理论的论证风格。

同样从自然状态开始，诺齐克设计了“看不见的手的解释”② 来隐喻自然状态中的市场机制；自然状态中的人们完全自由、自我保护，自行惩罚伤害自己的人并向其索取赔偿。但这常常无法由个体单独达成，需要他人帮助，这种需求导致了作为交换的强行正义的互助，互助团体自然而然

---

① 罗尔斯．正义论．何怀宏，等译．北京：中国社会科学出版社，2009：9.

② 诺齐克．无政府、国家和乌托邦．姚大志，译．北京：中国社会科学出版社，2008：21-27.

地形成了最初的"保护性社团"；通过竞争、向委托人提供更加优质价廉的安保服务，一些社团发展成了本区域内的"支配的保护性社团"。为了解决本区域内"委托人"和"独立者"（即没有委托社团，仍然自行惩罚及索赔）的冲突，进而产生了"禁止"，也即禁止任何个人的强行正义，本区域内的惩罚和索赔由"支配的保护性社团"垄断，由此过渡到了"超低限度的国家"之事实。诺齐克描述了"任何两个人在自然状态中彼此之间所占据的处境"共 16 种①，来论证事实上的垄断和禁止何以可能。为了使事实上的强行正义垄断合法且合乎道德，出于公平原则，需要再经过"赔偿"，即"超低限度的国家"为包括那些没有支付安保费的"独立者"在内的所有人毫无差别地提供安保服务。所有人同等对待（正义），同时，垄断惩罚和索赔的强行权（国家强力），这就达到了"最低限度的国家"。诺齐克自然而然地推导出了国家的诞生及其合法性，也即一个正当的国家何以可能，却并没有涉及契约授权、权利转让、一致同意等传统权利概念，从而也就使诺齐克著名的个体"自我所有权"得以保留、使行为"边界约束"② 得以成立，而这正是诺齐克用以对抗平等主义、对抗罗尔斯差别原则的有力武器。

德沃金提出资源平等主张③，强调不平等责任承担。他设计了公平分配资源的"拍卖"模型、对抗厄运风险的"保险"模型，用以排除那些导致不平等的不可抗因素。然而，德沃金的靶子却在于指出，即使达到这些平等条件后，也仍需承担导致不平等状况之个人责任。"拍卖"模型首先符合德沃金的"重要性平等原则"④，即每个人从客观和主观上来讲都具有同等重要性，该模型还要通过"妒忌检验"⑤。德沃金假设了一个资源丰富的孤岛，被一艘大船带到岛上并多年与外界失去联系的移民。德沃

① 诺齐克. 无政府、国家和乌托邦. 姚大志，译. 北京：中国社会科学出版社，2008：144－145.

② 同①35.

③ 德沃金. 至上的美德：平等的理论与实践. 冯克利，译. 南京：江苏人民出版社，2012：61.

④ 同③6.

⑤ 同③63.

金将岛上取之不尽的贝壳当作钱币平均分配给每一个人，之后对岛上对除个人自身以外的全部资源进行公开、漫长、可以供岛上所有人自由选择和随时竞买的“拍卖”，“拍卖”结束后就形成了最初的资源平等。但资源平等之后又该怎么办？一旦人们从资源分配环节进入生产交换阶段，就面临着“选择的运气”（option luck）和“无情的运气”（brute luck）①。德沃金又设计了虚拟的“保险”市场来对抗人人都可能面临的“无情的运气”，基于残障及危害的随机分布，一般情况下人们都可以接受“用保费固定的强制性保险为每个人保险”②。德沃金进一步论证了各种可能，包括劳动与工资、失业保险、作为保险的税。在“拍卖”和“保险”以及各种可能的论证中，德沃金始终强调“具体责任原则”③，也即“人们应该为自己选择的生活支付成本，而衡量成本的标准是他们为了这样做而放弃的另一些生活”④。这就要求正义的分配要遵循“对天赋的不敏感”（ambition insentitive）和“对抱负的敏感”（endowment sentitive）⑤。个人应当承担规划和选择自己生活的责任，如寻求安全而不冒险、冒险赌博成功或冒险赌博失败。如果一个人自己选择放弃一份稳定的工作，转而进行创业或投资，并因为“选择的运气”获得较多的财富或破产，因这样的个人选择所导致的人际差异结果是正当的，而非不平等的。

萨托利在《民主新论》下卷第十二章对平等进行了论述⑥，短短43页文字，用缜密精致的结构和逻辑，搭建出了一个平等基本轮廓：把平等定义为“一种抗议性理想”，平等的发展分为“前民主的平等”和“民主的平等”，平等的类别、标准，平等主义的原则、对待及结果，平等的最大化，以及自由与平等的关系。可以说，这是综合论证平等问题的精彩篇

① 德沃金．至上的美德：平等的理论与实践．冯克利，译．南京：江苏人民出版社，2012：70.

② 同①77.

③ 同①7.

④ 同①71.

⑤ Ronald Dworkin. What is Equality?. Part 2：Equality of Resources. Philosophy and Public Affairs，1981，10（4）：283－345，311.

⑥ 乔万尼·萨托利．民主新论：下卷．冯克利，阎克文，译．上海：上海人民出版社，2015：511－553.

章，每一段都洋溢着酣畅淋漓的思辨魅力。文中，萨托利对机会平等进行了深层次的分类与论证，这实际上是对导致不平等因素的纵深化分析。在德沃金强调区分“责任”、萨托利强化分析“机会平等”以后，越来越多的平等研究都增加了对这两方面的重视。

分析马克思主义学者 G. A. 科恩对罗尔斯的回应，则令人拍手称快。《正义论》理论部分第二章第 13 小节中，在过渡到“差别原则”最终陈述前，罗尔斯论证到，由于有“公正平等的机会原则”和“平等的自由原则”，企业家就会拥有较好的前景，而对较好前景的期待能鼓舞他们做出促进劳动者阶级长远利益的事情，能刺激他们提高效率、发明创造、革新加速等①；这是充分正义的方案，即那些状况较好的人的期待对较不利者的福利至少能有所贡献；如果他们的期待降低，最不利者的前景也要受损。因此，这种不平等是差别原则所允许的。科恩对此不满意，他这样批判罗尔斯，“我断言，这种证明不平等正当化的方式比一般假设的更有问题”②。科恩进行了著名的对激励论证的检验③，他建议罗尔斯把“对状况较好的人的激励”修改为“富人对穷人的宣告”：（1）富人告诉穷人，“各位注意了”④，除非我得到更多的收入和回报，否则你的处境不能得到改善。（2）由于科恩和罗尔斯都认同天赋是造成不平等的主要来源之一，而一般情况下富人是天赋更好者。对富人的激励就相当于预设：更好天赋者在税率 40%时比 60%时更加努力。（3）那么在 60%税率时，我之所以不是那么努力，是因为在这种情况下，或者我不能够努力，或者我不愿意努力。（4）在 60%税率下我不能够努力分为两种情况……（5）在 60%税率下我不愿意努力也分为两种情况……科恩以分析哲学的策略，对这两种税率差别下的各种富人偏好进行了深层次的人际检验，最终否定了它。表面上看起来，科恩是在竭尽逻辑上的可能性甚至用“少见的反例”来反驳罗尔斯对富人的激励论证，但实则科恩是在罗尔斯的差别原则（体现

---

① 罗尔斯．正义论．何怀宏，等译．北京：中国社会科学出版社，2009：61.

② G. A. 科恩．拯救正义与平等．陈伟，译．上海：复旦大学出版社，2014：13.

③ 同②28－86.

④ 同②28.

的是人际互惠性）与激励论证（体现的是人际自利性）的相容性之间寻找不合理性。

以上这些辩论，为我们思考平等问题提供了很好的逻辑训练和方法指引，也凸显出正义与平等的当代特征：程序主义精神，也即对论证（体现在理论上）、对建制设计（体现在制度上）的合理合法性、周密严谨性的高度重视。正义不再是一个强人或者强国自我声称的正义，不论其理念自身是什么，即使这样的正义在事实或结果上符合实质正义。正义同时也是一种程序正义，一种符合规范性约定、经过程序化过程所得出的正义，一种在相应的社会建制和法律设计中被遵循与贯彻的正义。这种制度之正义本身就是对正义价值的捍卫。

第二，当代平等理论进入了一种出于不同分析视角，针对不同评价域的精细化、纵深化的范式研究。一方面，越来越多的平等物和平等主张出现，反映了平等理论在当代的多维面向发展；另一方面，不同的平等理论也都在提供平等的机会（形式平等）与提供平等的结果（实质平等）之间寻找自己的位置，并为之论证，仍然没有偏离近现代平等理论的历史沿承轨迹。

如前所述，本书设定了一个四要素分析框架来分析以人为主体的平等理论：（1）哪些方面的平等，即主张什么平等物，也即森提出的“什么的平等”、科恩称作的平等的“通货”。（2）所主张平等物如何进行分配。这两点反映出对平等的真实态度，是形式平等还是实质平等？是提供平等的结果还是提供平等的机会？由此决定了该理论所处的流派或派别。（3）所主张平等物及其分配原则的规范性论证。其论证逻辑是否经得起推敲？其价值主张和哲学依据是否可靠？也即是否回答了为什么是这样的平等物？为什么这样分配是正义的？（4）所主张平等物及其分配原则对平等实践起到了什么样的影响和作用？是否具有现实可操作性？关注这一点的意义在于，毕竟，经由启蒙时代以来的300多年的历史发展，可以说，正是对自由、平等、公平正义这样的人类共同价值的追求与实践（不同意识形态只不过是理解和抵达它们的不同路径）才塑造了我们今天的现代世界。本书认为，平等理论对实践的影响作用十分重要。

当代对于分析框架中的（1）平等物即什么的平等和（2）平等物如

何分配，罗尔斯提出了“基本善”、两个正义原则。诺齐克支持罗尔斯的“平等的自由原则”和“公正平等的机会原则”，也即捍卫平等的自由权利，但他反对罗尔斯的差别原则，反对国家可以以高税率向富人征税，转而对穷人进行差别补偿。这是因为：首先，市场是有效的，“最低限度的国家”是成立的（见前文论述）且没有“差别补偿”这个职能，再分配可以通过市场，也可以通过慈善。其次，正义的分配不能侵犯“自我所有权”和“边界约束”（见前文论述）。最后，根据诺齐克的“资格”理论，只要满足“持有的原初获取原则”、“持有的转让原则”以及违反前两项的“矫正原则”，就形成了对财产的持有权利，也即符合“持有正义”①，而正义的分配恰恰在于承认、尊重并保护这种财产持有权。

不得不承认，诺齐克的论证及其对罗尔斯的批判从学理上看是成立的、自洽的乃至是有力的。这使笔者回想到，笔者在 1.2.1 小节分析对比当代政治哲学中各种反对平等、支持平等的理由时所产生的感受：相对于本源性差异的世界，相较于反对平等的各种理由，从学理上论证平等并不容易，作为直到近现代才崛起的一种人道主义理想，人际平等做功利主义、同情主义、博爱主义的辩护，才是更为有效的。本书对平等的辩护采取了自然主义论证（平等的天然心理情感机制，第 1 章）、功利主义及后果主义论证（二重限制性及其平等的意义，第 4 章）。通过笔者在附录 A 中对新达尔文主义人性论的解读和总结，可以看出，在新达尔文主义进化论和人性论那里，自然主义往往就是自然生命的功利主义。

森对罗尔斯的批判主要集中在“基本善”与人的关系上。森认为，“基本善”只被罗尔斯看作优势的具体体现，而不被看作“人与善之间的一种关系”②，获致自由才是平等的目的，“基本善”只是提供了手段，而“手段与实际自由之间的联系却因人而异”③，而且“‘资源’和‘基本善’转化为自由时，其‘转化率’会有重大差异”，“这种转向不足以

① 诺齐克．无政府、国家和乌托邦．姚大志，译．北京：中国社会科学出版社，2008：180－184.

② 阿马蒂亚·森．什么样的平等．闲云，译．世界哲学，2002（2）：62.

③ 阿马蒂亚·森．论经济不平等//不平等之再考察．王利文，于占杰，译．北京：社会科学文献出版社，2006：297.

洞悉自由的程度"①。森说，"基本善的平等分配并不能带来追求我们目的的自由的平等，这样，我们就不得不将目光转向对将基本善转化为个体追求各自目的的能力的差异的检视"②，"能力不仅仅与可实现个体福利的自由有关，也会影响到已实现的个体福利水平"③。这正是森将"自由可行能力"作为平等物的原因。

森从能力视角看待平等问题，具有重大现实意义。这表明，**看待平等物问题**，在"形式平等"与"实质平等"之传统分析视角以外，还须厘清人与平等物之间的关系，在客观立场上看，如拥有的各种资源太少；在主观立场上看，如平等地实现自由乃至使用资源的能力太差。这就揭露出不平等的本质："贫困的基本含义是指最起码的能力的缺失，即使贫困同时也意味着经济谋生手段（免于能力缺失的手段）不足"④。森本人在不平等的测算与评估、不平等与贫困、贫困与饥荒、福利经济学的研究方面投入了大量精力，也因为"把伦理学、把道德评价标准应用于经济制度"而广受赞誉，获得了1998年诺贝尔经济学奖。

关于森对罗尔斯的批判，笔者有以下四点看法：首先，森的观点简明而犀利，指明了贫困的本质，而贫困就是最普遍意义上的不平等，就是森在不平等诸多实例中所指出的"业已'固化'的剥夺"⑤，这样的解读直入人心，阅之震撼。其次，森与罗尔斯的分歧实际上是类似于"环境造就了人，还是人改变了环境"这样的循环决定论问题。罗尔斯不会认识不到最不利者同时就是能力缺失者，罗尔斯之所以坚持差别原则，正是为了保障最不利者得到用于改善自身能力的外部资源。再次，在理论和制度层面，基本善作为平等的"通货"或标准，更为流通且容易分配，具有客观性和普遍性。在实践层面，如对扶贫方案的制定、对扶贫资源的利用、对贫困改善状况的评价等方面，可将"自由可行能力"的提升作为

---

① 阿马蒂亚·森. 再论不平等. 王利文，于占杰，译. 北京：中国人民大学出版社，2016：38.

② 同①100.

③ 同①56.

④ 同①127.

⑤ 同①62.

一项重要测量标准。最后，森和罗尔斯的争议恰恰给我们这样的启发：如何看待平等理论与平等实践之间的联系。这也正是本书注重平等理论对实践所起的影响和作用，并将之作为平等理论评价框架四大要素之一的原因。

德沃金主张资源平等，认为政府应致力于“提供某种形式的物质平等”①。罗尔斯的基本善本身就是人们都想拥有的各项资源，在这一点上，他们是一致的。德沃金的“重要性平等原则”与罗尔斯正义原则的三个部分是兼容的，但德沃金还提出了“具体责任原则”，也即在不平等的原因中区分“选择的运气”与“无情的运气”。也因此，德沃金被伊丽莎白·安德森称为最著名的运气平等主义者。德沃金将外在资源和自然禀赋视作环境因素，属于个人碰到“无情的运气”时应该得到矫正补偿的方面；将抱负、信念和偏好视作“选择的运气”，属于个人应该承担选择责任和选择后果的方面。德沃金批评罗尔斯的差别原则“不考虑抱负、嗜好、职业或消费的差别，更不用说生理条件或残疾上的差别”，是“基本物品的简单平等”②。也因此，德沃金设计了“拍卖”和“保险”模型，先后排除造成不平等的个体非可控因素，并提出正义的分配要遵循“对天赋的不敏感”和“对抱负的敏感”。把个人的志向抱负、努力与选择纳入平等责任体系，是德沃金的一个重大贡献，其“具体责任原则”可以被视为自罗尔斯《正义论》以来，对正义原则的一个最有力的补充。

在笔者看来，德沃金还有一个重大贡献深具启发意义，也即“强调政治理论与实践争论的相互依存关系”③；德沃金的平等理论并不回避于任何的理论抽象园地，但却要使理论终于对经验和生活问题的一般性哲学论证，这样才能带来真实而非虚幻的理论认知。德沃金注重理论的实践价值，也因为如此，相比罗尔斯及诺齐克的平等著作，我们会立即被德沃金在平等实践方面所提供的诸多理论框架、案例及情景分析所吸引，如医疗保健措施、福利保险计划、民主选举改革、种族教育中优待措施的有效性

---

① 德沃金. 至上的美德——平等的理论与实践. 冯克利，译. 南京：江苏人民出版社，2012：3.

② 同①116.

③ 同①4.

与公平性、基因实验评价，以及安乐死、同性恋问题等。在笔者看来，相比德沃金引发关注较多的“运气平等主义”辩论（无非是最终归结于人与环境的无解命题，如从认知论上如何区分天赋与抱负，如从决定论上如何区分人们是被环境决定的还是可以自由选择的），强调政治理论与实践争论的相互依存关系（正呼应了本书四要素分析框架中的第四个要素），其实是德沃金平等理论更为重要的方面。

除了上述最具代表性的平等物及其分配理论以外，当代还有如下非主流的平等物主张：R. 阿内森提出“福利机会的平等”（equality of opportunity for welfare）①，简言之，这是一种把福利偏好限定为自利的、合理的幸福平等理论。它提供追求幸福的平等机会，但强调个人责任，并设计出一种有效等价的决策树工具来进行福利目标方案的选择。G. A. 科恩质疑诺齐克“自我所有权”的正义性，批判罗尔斯正义原则实质是对资本主义的又一个辩护。科恩提出“可得利益平等”（equal access to advantage）②，实际是一种深层次的机会平等理论。沃尔泽提出独特的“复合平等”（complex equality）③，遗憾的是，这种复合平等并没有清晰的平等物指向，其分配也要划分出不同的善领域，其目的在于消除对善的垄断性支配，而不是促进对善的平等分配，这导致它是一种阐述含混的、无法执行的理论。此外，麦金泰尔以“应得”为武器批评罗尔斯，桑德尔则对罗尔斯义务论的论证提出哲学性批判，这两位学者并没有提出他们的替代性方案，因而并未引起过多的关注。

对于分析框架中的（3）所提出平等物及其分配原则的规范性论证，就

---

① 常春雨. 论理查德·阿内逊的幸福机会平等理论. 教学与研究，2015(12)：90-96. 阿内逊即文中说的阿内森。姚大志. 平等. 北京：中国社会科学出版社，2017：68.

② G. A. Cohen. Equality of What? On Welfare, Goods and Capabilities// M. Nussbaum, A. Sen. The Quality of Life. Oxford: Clarendon Press, 1993: 28-47; 李华荣，乔瑞金. 科恩平等观的实质及其对自由主义的批判. 哲学研究，2008(11)：31. 科恩的 equal access to advantage 也在一些文献中被翻译成“可及优势平等”“优势可达之平等”。

③ 大卫·米勒，迈克尔·沃尔泽，等. 多元主义、正义和平等. 高建明，译. 南昌：江西人民出版社，2018：3.

平等（或反对平等）理论的体系性、自洽性以及规范性来说，罗尔斯拔得头彩；诺齐克当仁不让；德沃金紧随其后。他们三者各自都建立了完备的或基本完备的平等理论。萨托利和科恩，虽然没有描绘一个完整的平等图景，但对丰富平等理论做出了重要贡献，其睿智的辩论也着实精彩。森对“为什么要平等”、“什么要平等”、“手段与自由”和“贫困的实质”进行了一系列辩论，准确、犀利、直入人心。这部分理论内容前文已有充分论述。

我们用图 2-1 来综述前面的平等理论。y 轴，代表不同类型的平等物，体现出平等物与人的关系：是注重外部资源的实际拥有平等，还是注重获取外部资源的环境平等？是关注外部资源作用于人们身上的感受，抑或是关注人们获取及运用外部资源的能力？各种平等物的分歧在此一目了然。x 轴，代表对平等物的态度，体现出平等的形式维度：这种平等物要求的是一种自由和权利的平等、机会的平等，还是一种结果的平等？在此可分辨出各种平等理论的倾向或立场。按照这样的分析视角和评价维度，我们可以对当代不同平等理论的平等物、相应的正义及分配原则进行定位。

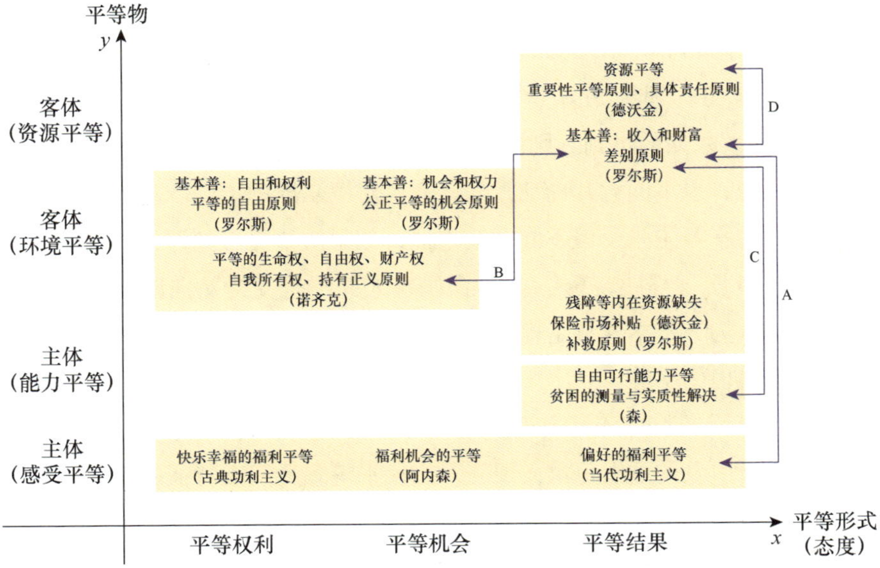

图 2-1　当代平等理论解析（金辛迪 2019）

如图 2－1 所示，针对罗尔斯的正义原则，出现了 ABCD 四组批判关系，分别对应如下：（1）福利平等与基本善平等。就作为平等物而言，福利只体现出注重快乐幸福感受或偏好满足，不考虑自由、权利等内在价值；就作为平等权利分配而言，福利太过主观，而基本善则具有客观性和普遍性；福利平等本质上是功利主义的、目的论的，福利的“功利最大化”（效率）是实在的，但其“边际效用递减”（公平）却是抽象的、无法被证明的。在罗尔斯批判福利平等以后，森和德沃金也进一步批判了福利平等。总体上看，福利平等受到了较多的批判。（2）平等权利与差别原则。诺齐克代表了极右自由主义，只愿意停留在自由平等权利和机会平等权利，反对差别原则，也即反对再往实质平等方向前进，反对理由是“自我所有权”“资格”，也即持有正义原则。（3）自由可行能力平等与基本善平等。（4）资源平等与基本善平等。对后三组批判关系，前文已做出了相关分析。

通过研读本章诸多当代平等理论文献，我们得以知道，常见的批判平等的论证主要包括：总体效用（功利主义，影响效用论）、资格（诺齐克，侵犯权利论）、应得（麦金泰尔，抹平贡献论）、拉平反驳（平等结果更坏）、平等可欲而不可求（平等无法实现）、平等缘于妒忌而非正义、平等并非自明真理（平等是义务论的、平等价值也需要有根据和被证明）。针对罗尔斯的批判，则可归结为两大类：第一类，不同意差别原则的平等主张，也不同意其论证，如诺齐克对罗尔斯的批判。第二类，同意差别原则的平等主张，但不同意其论证，如德沃金提出批评，差别原则没有区分“责任”；科恩表明反对，激励富人并不是支持差别原则的可靠理由；森则认为，基本善只是提供了手段，并不能真正帮助最不利者摆脱贫困、实现自由的平等。

本书以罗尔斯的《正义论》为中心，围绕着国际知名学者对罗尔斯平等理论所引发的重大争辩而展开对当代平等理论三大特征的把握、概括和总结，就是因为正是这些争辩问题及其批判或回应（这些学者的观点及其著作），从某个程度上说，构成了当代政治哲学分析的核心。

我们以上述分析要素为路径，切入当代各种平等理论和主张，厘清其核心内容、论证特征、批判关系，为从整体上把握当代平等理论的主要状况搭建了一个清晰、有效的框架。这些分析也清晰表明了本书所总结的当代平等理论的第二大特征：既没有偏离形式平等与实质平等（这两者体现出实际的平等态度）的历史沿承轨迹，又进入了对越来越多平等物和平等主张的不同分析视角、不同评价域的多维度、精细化、纵深化范式研究。

第三，当代平等理论还有一个显著特征，也是当代平等理论无法回避的一种尴尬：一方面，学术领域里，平等物、分配原则、平等理论及主张越来越丰富；另一方面，现实中的不平等尤其是不同社会阶层的贫富差距越来越大。多项经济学研究数据表明，自 20 世纪 80 年代以来，全球财富分配不平等状况持续拉大。我们无意预设巨大的贫富差距是不正义的，我们也并不指向这种差距应该在何种程度上被调节和纠正，同时也知晓理论和实践并不是在所有时期都表现为一致。但我们强调，必须敏锐洞悉这一事实，对之进行深入探究并追问，在一个“当代平等主义处于主流地位”① 的时代里，为什么社会现实中的平等实践即不平等状况却呈现出一种与理论价值相偏离且不断扩大的相反趋势？正视并回答这个问题会对平等理论的拓新带来富有意义的启发。

当代平等理论的尴尬是：世界早已成为权利平等的世界，法律面前人人平等也已然是人类社会共识，政府和公共机构越来越遵照规范化程序运作（程序本身就意味着平等对待所有人）；流浪汉和国家元首都具有投票权，原则上你可以去应聘很多岗位；如果有哪位公众人物声称自己是特殊的、高人一等的，那他就会陷入政治不正确的泥潭。平等观念、平等主义占据主流了，但现实又似乎并不买账，恰如科恩 2000 年发表著作的题目《如果你是平等主义者，为何如此富有?》所追问的那样。是的，现实中的贫富差距呈现出越来越大、越演越烈的“反平等”，以至于大多数人实际所能拥有和动用的、用以获取自身发展机会的能力和资源越来越拮据。觉得“能力拮据”，是因为科技世界变得既复杂又魔幻，越来越远离我们的需求、挑战我们的认知；觉得“资源拮据”，是因为不论是美国还是别的国家，都有关于生活趋于艰辛的诉说乃至抱怨。我们不仅仅是感觉上

① 姚大志. 平等. 北京：中国社会科学出版社，2017：119.

“拮据”了，经济学和社会学研究提供了越来越多的绝大多数人事实上“拮据”了的数据。

局部“拮据”数据（美国），例如，诺贝尔经济学奖获得者斯蒂格利茨（J. E. Stiglitz，1943—　）于2011年3月在《名利场》（*Vanity Fair*）杂志上发表文章《1%的群体所有、所治、所享》（“Of the 1%，by the 1%，for the 1%”）就描述了美国不断加剧的不平等状况，其脱胎于这篇文章的2013年著作《不平等的代价》在第一章使用了大量基于美国实际历史税收收入数据的统计分析①，并结合一些较新的经济学和社会学研究结论，给出了自1980年以来美国的不平等状况，包括：顶端1%乃至最顶端0.1%家庭财富在不同具有统计意义的年份占国民收入以及国家财富的比例；1980年以来社会阶层收入比例的变化；劳动力底层工作时间及工资差距的变化、年度开支用度的实际下降、净资产及存款的下降、生活水平的下降及抵抗风险能力的脆弱化；还给出了美国贫困差距指标、基尼指数的国际比较。对机会平等和阶层流动的分析也显示出不平等状况的扩大。斯蒂格利茨指出，美国劳动力的“两极分化”（polarization）意味着，中产阶级的收入不是停滞就是下降，一方面更多的钱流向了上层，另一方面更多的人滑落到了底层，中产阶级面临着被掏空的严峻形势②。

宏观“拮据”数据（多国），例如，法国经济学家皮凯蒂于2013年出版的引发轰动的巨著《21世纪资本论》。皮凯蒂和全球不同国家的30多位研究者，历时15年海量数据搜集，并借助于最新的计算机技术，建立起WTID数据库（World Top Incomes Database，世界高收入数据库），结合WWID数据库（World Wealth and Income Database，世界财富与收入数据库），得出18世纪以来300多年间英国、法国、德国、美国资本/收入比的演变，并在数据可能的情况下扩大到了更多的国家。皮凯蒂指出，自1980年以来由于税收和金融政策的转向，收入分配的不平等又开始呈现出逐渐拉大并加剧的趋势，其不平等程度的演进正在逼近跌宕起伏的

---

① 约瑟夫 E. 斯蒂格利茨. 不平等的代价. 张子源，译. 北京：机械工业出版社，2013：3-24.

② 同①8-9.

19 世纪（参见 1. 1. 4 小节）。

当代平等理论的尴尬也已经无从回避：自 1970 年以来的这半个世纪，随着经济全球化的趋势加深、知识经济及科技创新驱动下的新产业经济的深入，全球经济总量和各国总体经济收入水平持续提升的同时，全球范围内的财富不平等状况也已经发展到了无从回避的尖锐程度。这一事实，体现在贫富差距上，如巴菲特 2017 年 6 月在美国《美国公共广播电视台新闻时段》（*PBS Newshour*）访谈中所评价的，1982 年首发“福布斯 400”富豪榜，榜单财富总额为 930 亿美元，而到 2017 年已达 2. 4 万亿美元，35 年间富豪榜总资产增加了 25 倍（年增长率 71%），这样的经济繁荣不均衡，给予了最富有人以巨额回报；经济非常好，但美国人过得并不好。据瑞信研究院（Credit Suisse Research Institute）的年度全球财富报告，2016—2018 年“全球财富金字塔”连续三年数据显示，全球约 50%的财富集中在了顶级最富有 1%的人手中。这一事实，体现在社会运动中，表现为 2016 年 6 月英国高达 72. 2%投票率的全国脱欧公投结果；表现为 2015 年势如破竹、2016 年 11 月完败美国主流政界和媒体的“特朗普现象”；表现为自 2008 年世界金融危机以来，萨科齐、奥朗德、马克龙，连续三任总统所无法应对的、似乎任何社会不满或矛盾都可以爆燃的法国街头抗议。

面对这样的尴尬，对我们来说，意味着：或许是时候要减少一些对精致结构、高度理想化、纯粹理论的精力投入；或许是时候要少谈一些“不可能的反例”（比如“前根瘤蚜葡萄酒”或“凤头麦鸡蛋”之类的福利偏好比较）；或许是时候捡起一些历史研究，回顾自 17 世纪现代世界形成以来，我们在争取人类尊严平等、权利平等，以及建成现代国家福利保障制度方面取得了多么伟大的成绩；或许是时候主动投入一些兴趣和精力到科技和经济学领域（从亚里士多德开始先哲可都是跨界大师），了解当代世界前沿的科技趋势、时兴的财富生成奥秘，以及居于垄断的知识经济所造成的新的社会差异；或许是时候走出象牙塔，主动去了解、学习、求证和结合其他社会科学的研究，比如人类学、量化历史、经济学等领域对不平等状况的一些最新研究；或许是时候像马克思说的那样，走进“现实的人”，不是为了思辨而解释世界，而是为了更好的世界而解释世界，最终是为了改变世界而解释世界。这或许就是当代平等理论及实践对我们提出的新要求，从某种程度上说，这也是当代平等理论和平等哲学最光明的前景。

平等并非客观之实然，差异才更像是世界的本源面目；平等更多的是一种理想、追求和境界。恰如萨托利所说的，“平等首先表现为一种抗争性理想”①。自由、平等是人类在近现代历经了无数斗争，付出了艰辛代价，才争取到的一种约定人际如何共处关系的应然之规范。恰如皮凯蒂所说的，“历史会怎么演变取决于社会如何看待不平等，以及采取怎样的政策和制度去衡量和改变不平等”②。300 多年前，伴随着人类能力的增强和智慧的成熟，我们感悟到并选择了平等这一价值，我们创新了人类近现代以来的社会合作方式来匹配这一理想，它值得我们珍惜，值得我们爱护，值得我们不断付出努力去关注它、完善它，解决它在前进道路上可能会面临的不同时代的问题。

---

① 乔万尼·萨托利. 民主新论：下卷. 冯克利，阎克文，译. 上海：上海人民出版社，2015：511.

② 托马斯·皮凯蒂. 21 世纪资本论. 巴曙松，等译. 北京：中信出版社，2014：36.

第 3 章　二重限制性及其平等

第 1 章是对人际差异与平等所做的一般性哲学解释。第 2 章划分了近现代平等理论发展的三阶段，对其展开了动态性分析与共时性解析，建立起了对平等的专门性理论认知。

在解析当代平等理论的过程中，基于笔者的理论发现，并结合长期以来对人的生命限度、认知限度（可及领域限度、可存续限度）等的思考，笔者迭次提出了“生命的有限性”“认知的不可继承性”“二重限制性”这一组概念。之后，通过四个步骤、六点回应，经由对“休谟问题”的事实与价值之辩，从“二重限制性”过渡到“二重限制性平等”，从而推导出“二重限制性平等”这一概念和新平等物。最后，沿用当代平等理论的四要素分析框架，对“二重限制性平等”进行了维度定位，指出了其在当代平等理论图景中的位置，提出了分配原则，将其纳入当代平等理论的逻辑和内容体系。这是本书从“主体存在平等”（平等物维度）和“主体平等存在”（平等形式维度）的逻辑结构方面，对当代平等理论所做的一点新的结构补充和内容补充。

3.1　生命的有限性

3.1.1　人必有一死

何谓生命的有限性？简单地说，生命的有限性，就是人必有一死。

生命的有限性，以沉默而恒定、为我所是、亘古不变的态度表达着：任凭做何解读，人都必有一死。任凭通过何种方式，人都必有一死。生命的有限性使人之死亡具备了这样一些特征：死亡无所不在、无从避免。死亡是全然的、必然的、不可取代的、不可交易的、不可重复的、不可预测的。生命的有限性还意味着，人生命的时间限度是被限定了的、不可突破的；这是被人类的智慧生物性所限定了的。

对于死亡，有不同的解读。但任凭做何解读，人都必有一死。

人必有一死，这一现象在日常生活中，常常被这样表达：我失去亲人了，我再也见不到我的亲人了，我的亲人没了，某某病故了，某某出车祸了，某某尸体被送火葬场了，今天参加某某的追悼会了……

人必有一死，这一现象在医院里，常常因为这样的生理表象而被医生做出死亡结论：血压停滞、体温降低、身体僵硬、瞳孔扩散、脑电波仪显示为“平直”走向、无检测迹象表明生命功能继续……

人必有一死，这一现象被不同的宗教赋予了“天命轮回”“生命循环”“投胎转世”“救赎进入天堂”“超度到达彼岸”等美好寄托，既表达了人们对神、神之法力、神永恒存在的信仰，也是人们对灵魂不灭、免予彻底消亡的祈求……

人必有一死，这一现象被持有二元论的哲学家描述为：死亡来临的时刻，就是人的灵魂和人的肉体最终分离的时刻，灵魂从肉体中解脱出来，离开可感的物质世界，进入永恒的理念世界（实体世界，柏拉图式的天堂）。关于人的肉体死亡、人的灵魂脱离肉体而不灭的表述，在柏拉图《斐多篇》《高尔吉亚篇》《国家篇》中都可见到。

人必有一死，这一现象被量子力学的奠基人、诺贝尔物理学奖获得者薛定谔描述为：“生命以负熵为生”①，如果生命有机体无法再从环境中孜孜不倦地汲取负熵，就会趋近最大熵也即热力学的稳定平衡态，最终进入停顿、死亡。人的生命只能在一定的温度范围内存活，就是对生命热力负熵的最好证明。人在 71 摄氏度的时候，可存活 1 小时；82 摄氏度的时候，可存活 49 分钟；而在极限温度 100 摄氏度以上，则连 30 分钟都挺不过去。同样，气温发生类似幅度的骤降，就会引发人走路困难、失去知

① 埃尔温·薛定谔. 生命是什么. 吉宗祥，译. 广州：世界图书出版公司广东有限公司，2016：96.

觉、心脏骤停（物理热力学的“熵”，单位是卡/摄氏度。更多论述，参见前文1.1.3小节，生命禀赋差异的遗传机制：从进化论到分子生物学，薛定谔生命理论部分）。

人必有一死，这一现象被近现代的一些哲学家、科学哲学家认为是“个体同一性”（personal identity）的消亡。人在时间跨度中如果保持了同一性，人就是存在的；人在时间跨度中如果丧失了同一性，就导致了人格消亡，则该个体可以被视作死亡，即使肉体还继续存在，那个肉体也不是原来活着的那个人了，二者不具备同一性。“个体同一性”就是人在其一生中基于本人经历体验所持续存在着的情感、思维、经验及回忆。

正如1972年诺贝尔奖得主埃德尔曼（Gerald M. Edelman，1929—2014）所认为的，意识是人类展现自身独有的宝贵特质的基础，人的身体即使还存在着生命迹象，但永久性的意识丧失则无异于死亡①。举一个实例，某医院有一个占据了将近10年床位的植物人，认不出任何人，也不会说话，仅仅依靠输液维持肉体所需营养，每天早晚2次被护士执行翻背的固定程序。这种情况下，这个植物人已经丧失了自我的“个体同一性”，也即可以宣判死亡了。再看另一种情况，如果某人A的肉体消亡了，但是A的意识和记忆能够被转移出来或分离出来，植入计算机或机器人内存，计算机或机器人可以读懂和使用A的意识和记忆，代表A与A的家人和朋友聊天，聊天时计算机或机器人所表现出来的状况和A平时说话时的感觉、想法、对往事的回忆都一致，那么A的家人和朋友就能够感受到A依旧存在。在这种情况下，即使A的肉体消亡了，也不能把A宣判为死亡，因为A还保持了他原来的“个体同一性”。近年来比较新潮的科技梦想，如“克隆转忆人”，就属于这一类例子，当然这还不是一个现实案例，这样的“克隆转忆”梦想还没有实现。

对死亡的不同解读，表达了人们对于死亡的不同理解途径和不同认知结果。事实上，任凭何种解读，不论通过何种方式，人都必有一死。不论通过何种方式，指的是不论是主动求死还是被动等死、不论是自然死亡还

---

① 爱德华·威尔逊. 人类存在的意义. 钱静，魏薇，译. 杭州：浙江人民出版社，2018：165.

是意外死亡、不论是死于天灾还是死于人祸，人都必有一死。

不论通过何种方式，就是不论导致人死亡这一客观人类生命事实的具体来由是什么，人都必有一死：（1）比如生老病死，衰老、病痛、猝死；（2）比如死于医学治疗，手术事故、不良药物反应；（3）比如意外事故，车祸、坠机、失足摔死、被东西砸死；（4）比如自然灾害，瘟疫毒死、雷电击死、洪水淹死、林火烧死、天灾饿死；（5）比如战争、叛乱、武力对抗及冲突，被枪击死、被轰炸死；（6）自杀、被执行死刑、被谋杀、被囚禁虐死……

无论怎么解读，也无论通过何种方式，人都必有一死；这意味着，死亡是无所不在的、无从避免的。这就使得死亡具备了如下一些顽固的特征：（1）死亡是全然的。人人都是要死的。（2）死亡是必然的。人是必然要死的。（3）死亡是不可取代的。即使别人替代你死过，也不能换来你的永生不死。（4）死亡是不可交易的。不能用世间任何东西来交换、换取到你的不死。（5）死亡是不可重复的。死亡就意味着“斯人永别”，再不复于人世间。（6）死亡是不可预测的。死亡可以在任何时间发生，死亡也有多种方式，难以预测自己何时会死和如何死（除非有意图地自杀）。

总之，不论怎么解读，也不论通过何种方式，对于一个生命个体而言，死亡意味着“斯人永别”“斯人彻底毁灭”“斯人彻底终结”。

3.1.2 被限制了的生命时限

人必有一死，意味着人的生命时间限度是被限定了的、不可突破的。尽管个体的死亡方式有很多，但普遍意义上的人必有一死，究其终极原因，则是由人的智慧生物性所决定的，正如“海弗利克极限”① 所限定的，人

① “海弗利克极限”是一个著名理论，是关于细胞分裂次数极限、细胞增殖能力极限与寿命的关系的理论；是目前被临床医学广泛接受的关于解释身体衰老、死亡原因的理论。尽管这一理论还并不是解释人必有一死（死亡）的终极原因，还可以继续追问，也可以继续解答为什么细胞分裂存在上限？死亡的原因（其生物学目的，或者说对生物的好处）是什么？但综合来看，“海弗利克极限”目前是解释人体为什么会衰老和死亡的直接原因中的最优回答。

体会不可避免的、从最微观的细胞开始，到整体的衰老、衰竭和死亡。

美国生物学家海弗利克（Leonard Hayflick，1928—　）历经5年细胞实验后，于1965年提出，人体细胞分裂总次数存在一个极限，56次/代是人体细胞分裂的极限；体细胞分裂增殖的周期为每2.4年（该周期体现了细胞的增殖能力，通俗地说，就是平均每2.4年身体的可增殖新细胞能够更新一遍死去的细胞）；细胞分裂增殖周期每2.4年X细胞总分裂次数上限范围50次/代~56次/代，因此推算出来，人的生命的上限为120岁~134岁。

这个细胞分裂极限以其发现者海弗利克命名，被称为“海弗利克极限”。该理论在提出后的十几年里，被不同国家的几位生物学家通过连续的新发现进一步验证。新发现包括：染色体中的端粒和端粒酶的存在、端粒酶如何合成端粒、端粒如何保护染色体末端、染色体末端端粒缩短现象与细胞分裂次数之间的对应关系（是相关性关系、非因果性关系）。这些新发现完成了对“海弗利克极限”分子实验的一种相关性验证，澳大利亚的布莱克本（Elizabeth H. Blackburn，1948—　）、美国的格雷德（Carol Greider，1961—　）、法国的绍斯塔克（Jack Szostak，1952—　），也因此共享了2009年诺贝尔生理学或医学奖。

细胞为什么就不能一直分裂下去呢？或者说细胞分裂的次数为什么不能翻倍，比如达到100次/代~112次/代呢？如果细胞可以分裂到100次/代，套用“海弗利克极限”的计算方法，人的寿命理论上就可以达到240岁。

通过前文1.1.3小节（生命禀赋差异的遗传机制：从进化论到分子生物学）我们了解到，细胞是生命的基本结构单元，DNA是生命遗传信息的物质载体，每个细胞核中都携带完整的DNA密码，每套DNA密码都通过自身的双螺旋轴梯结构在细胞分裂中不间断地自我复制。“海弗利克极限”就像是在细胞内部严格执行、滴答滴答往前走着的生命时钟。这个时钟每走一圈（细胞每分裂一遍）都会伴随着发生一个现象，就是细胞核中由DNA构成的染色体端粒的损失。细胞每分裂一次，端粒就会变得更短一点（即上述获诺贝尔奖学者证明的相关性关系），导致端粒DNA每次丢失约30bp~200bp碱基对，以至于到最后，也就是到了细胞分裂的

"海弗利克极限"的时候，端粒因为过短不能再保护 DNA 双螺旋链的末端了，DNA 必然受到损害。受损的 DNA 不能完整地自我复制甚至被迫丧失复制功能，这就导致身体加速衰老、功能衰退、免疫能力下降，产生各种退化性老年疾病。

染色体末端端粒变短与"海弗利克极限"之间是相关性关系，目前还没有确定的因果性关系被揭示，但可以确定地说，这其中一定少不了与自由基的泄露有关。"几乎所有的物种里，寿命都是随自由基的泄露而变化的"①。从某种意义上说，生命过程就是细胞不断更新、不断进行新陈代谢的过程，当细胞失去更新能力也即彻底失去活性（达到"海弗利克极限"）的时候，细胞就将死亡。细胞在新陈代谢中，要与外部环境进行互动、消耗氧气。氧分子的化学反应，外部环境中光、热、辐射、烟雾的影响，都会促进活性氧自由基的泄露。自由基是一种含有未配对电子的异常活跃的分子，由于含有未配对电子，所以极不稳定，四处争夺其他正常分子（如脂肪、蛋白质、线粒体、DNA 等）的电子，过多自由基的异常活跃，会导致其他正常分子发生核酸突变、产生畸形。自由基泄露所累积的一系列连锁反应，会破坏细胞，使细胞核内的 DNA 损伤，使细胞氧化，最终产生突变，演变成癌症。

不仅仅是细胞分裂极限、端粒损失、自由基泄露，一些其他原因也会导致基因无法正常复制。在 1.1.3 小节介绍过，摩尔根、穆勒等人利用 X 射线辐射来促进果蝇、小鼠发生突变，以研究基因突变的物质基础和发生规律。穆勒因为这一发现获得了 1946 年诺贝尔生理学或医学奖。除了 X 射线辐射促进基因突变以外，强烈日照及烟雾等其他辐射源、基因本身在自我复制中的出错概率、一些不好的激素和细胞废物沉淀、恶劣环境所带来的病菌感染、过大压力所导致的蛋白质紊乱，等等，都会干扰基因的正常复制，从而导致基因非正常复制并形成细胞变异。不好的变异会造成细胞增生及失控，最终导致癌症。

"海弗利克极限"、端粒说、自由基说、基因有害突变说，是当前对人必有一死的主流的生物学解释。对于生命为什么必须死亡的更深层次的

① 尼克·莱恩. 生命的跃升. 张博然，译. 北京：科学出版社，2016：340.

原因，死亡的生物学目的或者说死亡对于生物的好处或意义，则必须走进几十亿年漫长的生命演进链中。有理论认为，生物的死亡装置是生命演化过程中细菌和噬菌体永不停歇的自然大战的产物。也有理论认为，在多细胞生命演化的过程中，死亡是种质细胞系（生殖细胞）和体质细胞系（体细胞）为了生存所做的一种妥协：种质细胞实现了不朽，也即生殖细胞可以繁殖、分裂和发育成一代人的不同身体器官，可以一直存活到人死亡；体质细胞则成为炮灰，也即体细胞不能繁殖，且有更新周期的上限，注定了要消亡，只能通过周期性更新来帮助种质细胞实现不朽。通过这种方式的妥协合作，多细胞生物才能维持延续。

每类生物都有一个统计学上的“生命时间期限”，该“期限”与生物个体大小、细胞代谢速率、生态供给链及天敌等属性有关。这是单细胞生命走向多细胞生命、多细胞生命演变出不同的生命形态（如藻类、植物、动物、人类等）的过程中，为了维持自身的存在与延续，在自然演化中，生命与环境、生命与其他生物物种所达成的一种进化妥协。

有的生理学家倾向于将死亡看作自然演化将身体打造成“整体同时崩溃”的状态。生命老化的各种痕迹，在老年来临的时候，在身体的每一个方向同时出现，如牙齿磨损、骨骼疏松、肌肉松懈、头发花白、血管硬化、感官迟钝、心脏衰竭、免疫退化、记忆模糊……人体的衰老是基于人体细胞、器官和整体功能的一系列复杂的过程，“衰老是诸多基因共同作用的结果，并没有一个有效而简单的捷径能够控制衰老、阻挡人类死亡”①。

概括起来说，对于死亡的形成原因、影响机制及其生物学意义，还有许多不能解释的地方，这属于生命科学的高峰顶端问题。但可以确定的是，所有影响死亡的原因，无非来自两个方面：一个是生命内部，如细胞与基因；一个是生命外部，也就是人所面临的环境。如图3－1所呈现的，基因/细胞（微观）、生物体/形态与功能（中观）、环境（宏观），三者互动循环，这样的生命信息循环理念，已经深入人心，为生命科学界所广泛认同。正是在这样的互动循环中，人类历经着漫长的演

① Nicholas Wade. A Pill to Extend Life? Don't Dismiss the Notion Too Quickly. The New York Times，2000：A20.

化，外部环境像凿子一样雕琢着人由内而外的一切生命体征形态和感知觉功能，而人类生命则用一代一代的遗传和变异，通过性选择的方式来回应自然选择。

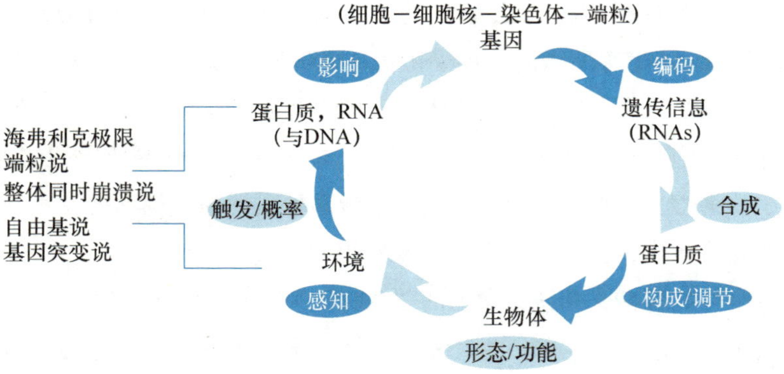

图 3－1　基因－生物体－环境互动关系

图 3－1 内容参考了尼克·莱恩教授的观点，同时整合了参考文献中多部有关生命及基因科学书籍的观点；图形是笔者在参考悉达多·穆克吉的《基因传》（马向涛，译. 北京：中信出版社，2018）第 443 页图形思路的基础之上自行绘制而成。本图意在说明：所有影响死亡的原因均来自生命内部和生命外部，基因/细胞（微观）、生物体/形态与功能（中观）、环境（宏观），三者的互动构成了生命信息的循环。

3.2　认知的不可继承性

3.2.1　认知的可及领域限度与可存续限度

在进入“认知的不可继承性”概念之前，首先厘清“认知限度”这一概念。前文多次提到“认知限度”，本书的“认知限度”有两重含义：

其一，人认知的领域限度，也即人的有限认知能力相对于无限繁多和复杂的认知对象之悬殊差距，就这一点来说，人的认知可及领域必定是有限的。本书第 4 章 4.2.2 小节，给出了人认知存在“不可知域”的六大理由，可被视为是对“领域”维度上的人认知限度的解释。

其二，人认知的存续限度，也即一个人毕生所积累的、属于个人独有的、体现着“个体同一性”的认知不得不随着生命的逝去而消亡，就此而言，人的认知存续是有限的。本书第 3 章 3.2 节从多层面对“认知的不可继承性”进行了论证，可被视为是对“存续”维度上的人认知限度的解释，特别是从平等价值来看。

之所以没有采用“认知的不可存续性”这一概念，而采用“认知的不可继承性”这一概念，是因为就建构二重限制性及其平等的内涵、意义、挑战以及解决而言，显然，对于“人际平等”议题，“认知的不可继承性”相比“认知的不可存续性”更加具备论证的意义。与其说“认知的不可继承性”使得每一个人“生而无知”，不如说“认知的不可继承性”对知识精英及富人进行了代际制约，是来自外部环境对人际知识及能力差异的天然调节。这种代际制约和天然调节，相较于人类社会内部之财富与权力分配，更好地保护了普罗大众的希望与未来。

本书中凡出现“认知的不可继承性”，即表达第二重“认知限度”的含义。本书中凡出现“认知限度”，则既有可能表达第一重含义也有可能表达第二重含义，具体可根据上下文判断，必要时，笔者也会专门注明。

3.2.2　何谓认知的不可继承性

所谓“认知的不可继承性”，就是属于人类独有的高阶认知，也即基于人类语言建构的人类思维认知和文化认知，无法经由血缘遗传获得，每一个人都不得不是一个从零开始的新的生命认知周期。

当死亡发生，人们基于个人独有经历所承载的人生经历、情感归属、价值认同、记忆与经验、知识与智慧，尤其是那些没有形成文字的、没有经过知识载体和媒介记录的认知，都将不复存在。

一个人毕生所积累的认知，或许可以将其中一部分转换为文字形式的认知表述乃至被知识载体所记录的认知表述，从而被大众所学习、所传承；或许可以将其中一部分口传言授给后代、弟子及其他人；但它不能被物理转移，不能像个人财产一样，过继给别人，直接成为别人的认知；它也不能像人的体征形态和感知觉功能一样，通过自然遗传而被后代继承，直接成为后代的认知。

即使一个人形成文字的或被知识载体所记录的认知表述，如书面知识，被他人所学习和传承（非继承），但那仅仅是一个人一生中所有认知的一部分，甚至是很少的一部分。一个人活着时的大部分认知，尤其是最具自我独特性、可以代表是我自己的那部分（即体现着“个体同一性”的那部分），如无法普遍化的个人回忆、情感归属、价值认同、特殊体验、经验智慧和灵性超越，还是将不得不伴随着一个人生命的终去而消亡、不复存在。

所以我们说，人的认知不能被继承，它是属于每个人独有的资源：（1）它不能被物理转移、不能被社会继承。质言之，人的认知不能像个人财产一样，通过社会的法律和习俗，过继给直系后代、亲属或特定的任何人。（2）它不具备遗传的物质基础、不能被自然继承。质言之，人的认知不能像眼睛的颜色、头发的曲度、嗅觉和听觉这样的形态体征及感知觉功能一样，通过 DNA 遗传给血缘后代。

我们将上述这些“人的认知不能被继承”的特性统称为“认知的不可继承性”。人的认知具有不可继承性，这种特性，与人必有一死一样，对人个体而言，是一种被限制了的消亡。看清楚并深刻认识到这一点非常重要，这一点成为我们人性建构、知识创新和人类如何形成共处关系的一个重要的自然物质基础。

对个人来说，认知的不可继承性，其根本意义在于：作为独有的、体现着“个体同一性”认知，尤其是毕生所积累的经验及智慧，是无形的财富和力量，是自我意识的延续，但它却不得不和有限的生命一样，是一种被限制了的消亡。

对人类社会来说，认知的不可继承性，其根本意义在于，它直接导致了一个基本事实：每一个人都成为一个从零开始的新的生命认知周期。最博学广识的鸿儒名门之后，最权倾朝野的皇亲贵族之后，最富可敌国的财阀富豪之后，也同目不识字的寒门弟子一样，出生落地后，不得不从牙牙学语开始，不得不从零开始重新积累属于自我的经历、经验、知识和智慧。人的认知不可以被社会继承（财富过继），也不可以被自然继承（DNA 遗传），人的认知必须通过个体的自我学习、自我体验才能获取，这个关于人类认知的基本事实，普天之下人人皆相同。

对一个智力发育正常的个体来说，其认知还可以分为两大形态，一是认知水平，即一个人所实际达到的认知状况。由于认知的不可继承性，人们所达到的实际认知水平不论有多高，都只能伴随着个体生命的死亡而消亡。二是认知功能，即作为人体功能意义上的认知能力，也即俗称的智力。智力，是否可以被确认为一种身体感知觉功能而存在？是否与遗传存在关联？存在着多高的关联度？这些问题往往成为基因遗传和认知科学研究的焦点之一，也是社会关注的热点。

尽管有少数像《钟形曲线》（*The Bell Curve*）那样的极端观点①，但绝大多数有关“智力与遗传”的研究还是倾向于支持这样的观点：智力是存在的，但智力与遗传的关联是不确定的，是弱关联。支持弱关联的理由包括：（1）仅凭经验感觉，就能判断人际的智力差异是存在的，但其关联是不确定的。一些同卵双胞胎、异卵双胞胎、同胞兄弟姐妹，以及更大型人群范围的智力研究结果显示了这种关联存在。一些导致智力缺陷的编码基因突变②和一些与智力相关的基因集群也已经陆续被找到③。但智力遗传关联具有不确定性，且影响智力差异的基因以及机制至今尚不明确。（2）有性繁殖这台“性彩票机”所操纵的基因重组是完全分离、自由、随机的，每一代/每一个人的基因都会通过有性繁殖重新洗牌。有性繁殖以或然性为特征、以多样性为目的，这是遗传学共识。有性繁殖的进化意义在于促进遗传的多样性、提高后代生存适应度，而并非提供基因的最佳强强结合④。（3）此外，由于隐性基因、影响胚胎发育的各种因素，如基因-环境交互作用、触发器、概率等⑤的存在，即便是强强基因联合

---

① 在《钟形曲线》（Charles Murray，Richard J. Herrnstein. The Bell Curve：Intelligence and Class Structure in American Life. New York：Free Press，1995）一书中，莫里和赫恩斯坦认为智力可遗传，且非裔美国人比白种人智力低的主要原因也是基因遗传造成的，社会会沿着认知曲线（智力差异）分层。该书引起了巨大争议，莫里和赫恩斯坦被斥责为种族主义分子和白人偏执狂。

② 道尔顿·康利，詹森·弗莱彻. 基因：不平等的遗传. 王磊，译. 北京：中信出版社，2018：181.

③ 人民网-健康卫生频道. 新闻要闻. 英国科学家首次在大脑中发现“智力网络”.（2015-12-23）. http://health. people. com. cn/GB/n1/2015/1223/c398004-27967293. html.

④ 详见第 1 章 1. 1 节对“有性繁殖”的注释。

⑤ 悉达多·穆克吉. 基因传. 马向涛，译. 北京：中信出版社，2018：293.

也未必产生更强的结果，生活中屡见不鲜的聪明父母智障儿、双胞胎智商差异，都在向我们验证出智力与遗传之间的弱关联，或者说这种掷骰子式的不确定性关联。（4）人的先天语言能力、记忆力、智力，这类高于纯粹生理性功能的带有一些智能色彩的能力，即使存在（尚有科学家质疑它们是否存在），也还是与新陈代谢、吃饭睡觉、神经感触、心理感受这样的生理性功能有着根本区别。生理功能缺失或变异，人会立即表现出受损伤、得病乃至死亡；如果仅仅是有先天语言能力障碍或智力障碍，但只要身体的生理功能正常，人依旧可以存活下去。这反映出智力这一类能力具有弱功能性。（5）与本书所引用的人类语言环境隔离案例（3.2.5）相似，如果没有后天环境的激发，人的先天语言能力就会丧失。智力也正是如此，深受后天环境激发，如个体努力程度、个人所持续积累的学习深度、学习方法、教育环境和教育质量等多重因素的激发的影响。这意味着，即使一个人活着时智力超群，也大多是后天激发的因素所致，是无法遗传给后代的。综上所述，本书不否认智力的存在，但是本书认同智力与人体功能性遗传之间存在着弱关联，而非强关联。

总之，如图3－2所示，我们充分考虑了各种情况：

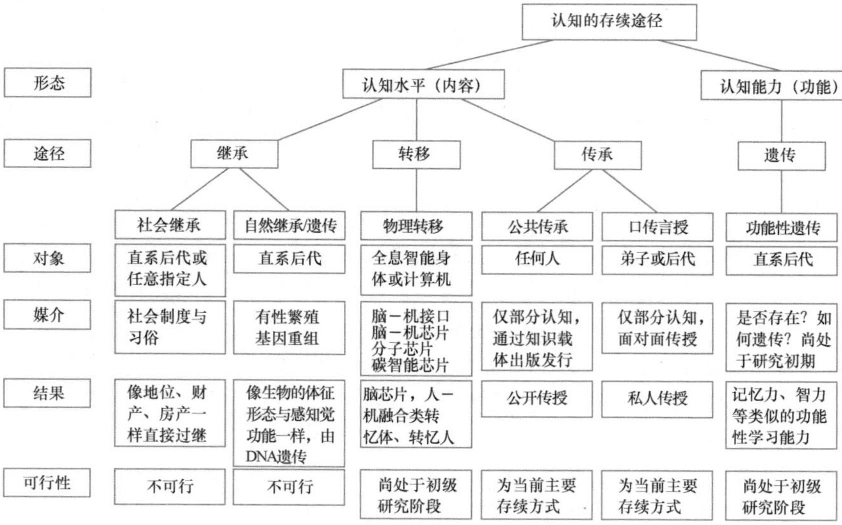

图3－2 认知的存续途径（金辛迪2019）

（1）认知可能存续的各种状况，如公共传承、口传言授、社会继承即过继、自然继承即遗传、物理转移即不同类型的转忆体等。（2）认知存在的形态，包括认知水平，也即一个人所实际达到的认知水平状况；认知能力，也即作为人体功能意义上的认知能力，俗称的智力。分析了智力作为一种功能性能力与遗传是弱关联关系。下文还将继续分析。（3）公开传承和口传言授，及其与认知不可继承性的比较。（4）认知发生的五个层级：神经认知、心理认知、语言认知、思维认知、文化认知。（5）基于人类符号语言建构的认知具有不可继承性。这些内容，构成了对“认知的不可继承性”的充分论证。

在对上述这些情况做出了全面考虑、详尽分析以后，本书认为，人类认知以公共知识的形式或以口传言授的形式所进行的知识传承、智力与遗传有弱关联，这些人类认知所具有的一些特点，与本书提出的“认知的不可继承性”并不形成任何矛盾，并不能从根本上动摇我们提出并确立“认知的不可继承性”这一概念。

3.2.3 毕生认知累积，或可传承，不可继承

对于很少的一部分人来说，即使留下了见诸文字的、通过知识载体和媒介记录的认知表述，如可留存的书面知识、经由出版的书面知识，能够作为知识遗产来传承，被后人所读取、所学习；但是对于其创造者来说，仍然在传承内容及方式、传承对象及结果等方面，存在着这样或那样的限制，难免会造成传承缺失、传承变形、传承消亡和传承损毁。

（1）形成文字的或被知识载体所记录的认知表述（书面知识），仅仅是一个人一生中所有认知的一部分，甚至是极少一部分。一个人活着时的大部分认知，尤其是一个人最具自我独特性、体现着“个体同一性”的那部分，如无法普遍化的个人回忆、情感归属、价值认同、特殊体验、经验智慧和灵性超越，最终还是会随其死亡而不复存在。

（2）虽然人类自有文字以来，各个时代的学者和科学家都留下了浩瀚的文献和典籍，可为后人所传承，但是，首先，从对象上来说，传承没有确定的对象，传承面对的是所有人，如人手一册的经典书籍或官方政教

科目教材；也有可能会失传，如仅仅在个别文献馆藏中占据一个几厘米的位置。其次，传承结果也往往会变形乃至背离创作者之本意，这样的情景在政教史和科学史上都不乏案例。再次，不同的历史时代，根据当时的社会发展状况，所传承知识的内容也会有极大变化，有些知识会被时代所抛弃，比如唐朝私塾所传授的知识和今天公立小学所传授的知识，就大不相同。最后，由于知识载体的局限性，知识也可能会遭到破坏，如举世闻名的亚历山大图书馆就曾在西罗马入侵中被烧毁，焚书坑儒式的运动似乎在各大文明中也都不乏案例，即使是现代社会仍然会发生电子知识被黑客销毁、某些知识被当局禁止传授乃至销毁的事件。

对于很多人来说，虽然可以在日常生活和工作中相互学习各种经验，并将这种经验通过口传言授的形式传播给合作伙伴、弟子及子孙，但这种口传言授，或者说非规模性的传授，同样不能免除于上述的传承缺失、变形、消亡、损毁等问题。

本书重点论述的是认知的不可继承性。继承并非传承，可传承的是公共物品，受众是每一个人，如由个人认知转化成的公共知识遗产；可继承的是私人物品，受众是具体的相关个人，如个人毕生积累的认知并不能被直系后代所继承或被转移赠予特定的利益相关人。

我们知道，作为个体一生的宝贵的、独有的认知，尤其是个人经验及智慧，几乎在所有的社会，不论是采集狩猎游族社会、农业等级封建社会还是工业化以来的自由平等社会，都是一个人安身立命的根本，也体现了不同个体之间的能力差异。可偏偏就是这样的认知，既不能被物理转移和过继给后代，也不能通过 DNA 被自然继承。如我们所感知的，人一生所实际达到的认知水平，是存在于人大脑之中的，是呈现在思维意识活动中的，和人的身体是合为一体的，是无形的，所以不能像物质财富一样，被他人或后代所取走，也因此不能被社会继承。那么，认知为什么不可以被自然继承呢？为什么一个人脑海里面的人生经历、情感归属、价值认同、记忆与经验、知识与智慧，不能通过 DNA 遗传呢？就像眼睛的颜色、头发的曲度、手指的数量及抓握功能、嗅觉和听觉，以及那些本能的心理情绪一样，直接遗传给自己的后代呢？这就需要我们对人的认知进行深度挖掘。下文，我们将从认知的五个层级结构、认知的生理结构及遗传机制来回答这个问题。

3. 2. 4　人类认知的五个层级结构

据我们了解，目前对人类认知和大脑的破译，仅仅从研究程度上类比，还远落后于对基因和蛋白质学的研究。人类对认知的探究晚于对生物进化及基因遗传的探究，然而，认知科学的发展却非常迅猛，尤其进入 21 世纪以后，大有后来者居上的势头。“北美和欧洲已有 60 多所世界知名大学成立了认知科学系或研究中心”，“认知科学被确立为 21 世纪最重要的带头学科”①。

“从脑与神经系统产生心智的过程叫认知”②，蔡曙山在《论人类认知的五个层级》一文中，综述了 20 世纪以来人类认知领域的主要研究状况和一些具有标志性意义的重要研究成果，包括：

- 意大利神经科学家高尔基（Gamillo Golgi，1843—1926）发明了“神经元染色法”，可以针对人类及不同动物绘制神经节细胞图（获 1906 年诺贝尔生理学或医学奖）。高尔基的研究为现代生物学的神经元学说奠定了基础。
- 西班牙神经科学家卡哈尔（Cajal，1852—1934）发现了神经元重大突破，即神经元的单一性及单向触发（获 1906 年诺贝尔生理学或医学奖）。
- 美国精神心理学家斯佩里（Roger W. Sperry，1913—1994）提出了“左右脑分工理论”（获 1981 年诺贝尔生理学或医学奖）。
- 德国心理学家艾宾浩斯（Ebbinghaus，1850—1909）提出了“遗忘曲线”。
- 认知科学第一代领袖人物，被认为引发了心理学认知革命的美国

---

① 蔡曙山. 认知科学：世界的和中国的. 学术界，2007，125（4）：14.

② 蔡曙山. 论人类认知的五个层级. 学术界，2015，211（12）：9. 蔡曙山，清华大学心理学与认知科学研究中心主任。本研究系中国社会科学基金重大项目“语言、思维、文化的高阶认知研究”（项目批准号：15ZDB017）和“语言大脑加工的神经机制研究”（项目批准号：14ZDB154）。

哲学家、心理学家乔姆斯基（Avram Chomsky，1928—　），提出了“先天语言能力”、“普遍语法”、“世界语言的底层语法”、“世界语言及语法的同一性”与“语言的复杂形式镶嵌于大脑”等经典的人类语言认知假设。这些理念和理论，对引领认知科学从行为主义转向到心理主义，以及对基于自然语言的计算机分析和人工智能分析都做出了杰出贡献。

• 英国心理学家沃森（Peter Cathcart Wason，1924—2003）创造的“选择任务实验”，揭示了逻辑加工与心理加工在人的认知过程中的关系。

• 卡尼曼（Daniel Kahneman，1934—　），心理学博士，跨界获2002年诺贝尔经济学奖，和特沃斯基（Amos Tyersky，1937—1996）一起建立了“风险投资理论”以揭示人的心理认知对于决策的影响，如经济学里的“沉没成本效应”。

为了更好地说明人类大脑的认知过程和认知结构，也为了更好地体现认知过程、认知科学研究对象和认知学科发展三者之间的关系，如图3－3所示，可以将人类的认知分为五个层级，从初级到高级依次为：神经层级认知、心理层级认知、语言层级认知、思维层级认知、文化层级认知。

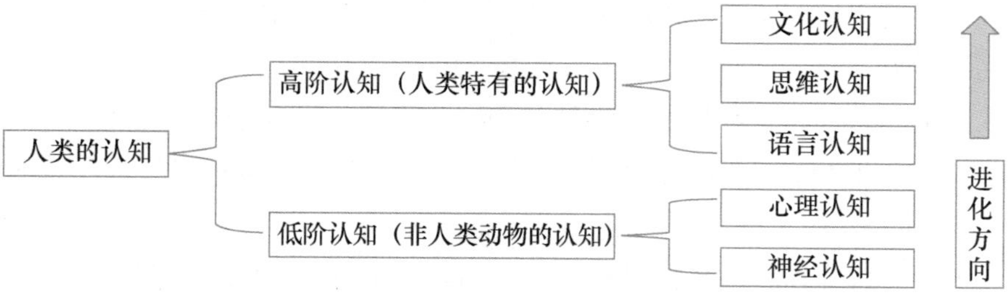

图3－3　人类认知的五个层级（蔡曙山 2015）

蔡曙山认为，“迄今为止，人类认知只能而且必须被包括在这五个层级之中”①。前两个层级，即神经层级认知和心理层级认知，为人类和动物所共有，属于“低阶认知”。后三个层级，即语言、思维和文化层级认知，是人类自身所特有的，属于“高阶认知”。“在高阶认知中，语言认知是基础；在人类认知的五个层级中，语言认知是核心”②，“低层级的认

① 蔡曙山．论人类认知的五个层级．学术界，2015，211（12）：5-6.
② 同①6.

知是高层级认知的基础，高层级的认知向下包含并影响低层级的认知”①。可以看出，这个五层级认知的划分，将人类认知与非人类的动物认知的本质区别划在了语言这一级。

戴蒙德认为，“我们怎样成为独一无二的物种的？关键是语言”，“人类语言的起源，是我们了解自己最重要的谜团”②。科塔克认为，“只有人会说话，其他动物的任何行为都不能够接近人类语言的复杂性。其他灵长类（猴子和猿）天生具有的交流系统被称为呼叫系统”③。邓巴等认为，尽管可以接受“人类语言的雏形同样也存在于非人灵长类之中，但我们仍然不得不承认，没有一个非人物种（包括有着夸张舞蹈‘语言’的蜜蜂）拥有与人类语言一样复杂的交流系统”④。

实际上，由“符号语言”（人类的语言及文字）与“非符号语言”（动物的呼叫系统）这一标志性人类进化突破来分界人类认知与灵长类动物认知的不同，而非由“直立行走”、“使用火”、“使用工具”（灵长类能使用的工具也很多）、“狩猎技能”（猿类也合作狩猎）、“自我意识”（猴子经过照镜子训练以后认识了自己）、“习得性文化”（猴子学会并教会其他猴子在河边清洗土豆）等其他人类进化突破来分界，这一共识，已在人类学、进化心理学、认知科学研究中被广泛接受并应用。

3.2.5　基于符号语言建构的认知，不可继承

基于“符号语言”与“非符号语言”来分界人类认知和动物认知，得到了很多科学实验的支持。从对该分界研究的深入了解中，笔者感受到了人类认知自身的一些特性，如，笔者强烈地感受到了人类认知的稀贵性

① 蔡曙山．人类的心智与认知．北京：人民出版社，2016：序言．

② 戴蒙德．第三种黑猩猩：人类的身世与未来．王道还，译．上海：上海译文出版社，2012：143．

③ 康拉德·菲利普·科塔克．人性之窗．范可，等译．上海：上海人民出版社，2014：220．

④ Robin Dunbar，Louise Barrett，John Lycett．进化心理学：从猿到人的心灵演化之路．万美婷，译．北京：中国工业出版社，2017：100．

和脆弱性。说它稀贵，因为它是展现人类全部特质、承载人类恢弘文明的基础；说它脆弱，因为它创造了如此伟大磅礴的人类成就，却依旧在自然的进化征程中，还不如人类头发的曲度、眼睛的颜色那么长久和可靠，还不能为自己赢得一个小小的席位（尚未形成进化的物质基础、不能被自然继承）。

第一，20 世纪 60 年代中期开始，对野生动物呼叫的研究采取了一系列新技术和新方法，尤其是对人类的近亲、灵长类亲属猿类和猴类的野外呼叫的研究“已经产生了新颖的睿见，足以透视人类语言演化的根源”①。

新技术包括：用先进的、特制的录音机来记录动物的所有呼叫；利用电脑技术对动物呼叫进行各种类型的分析；用电脑技术侦察人耳所无法察觉的动物呼叫差别，即使是细微的变化；将不同的录音内容有针对性地播放，或者播放经过人工剪辑的录音，让野生动物听到，进一步观察和记录它们的反应、语言回应，等等。

如图 3－4，研究结果显示，灵长类的呼叫系统虽然远比我们想象的

人类的语言	灵长类的呼吸系统
有谈论不在场的事物和事件的能力（移位能力）。	是刺激依赖的；食物呼叫只能在食物在场的情况下出现；不能造假。
有通过结合其他表达生成新的表达的能力（创造力）。	包含有限数量的呼叫，且这些呼叫是无法创造新的呼叫的。
其特殊性还在于所有的人类都有语言能力，但是各语言社区都有自己的语言，且是通过文化传递的。	倾向于是整个物种独有的，同一物种的各社区之间的呼叫极少有差异。

图 3－4　人类语言与动物呼叫系统的对比

文字来源：康拉德·菲利普·科塔克．人性之窗．范可，等译．上海：上海人民出版社，2014：223.

① 戴蒙德．第三种黑猩猩：人类的身世与未来．王道还，译．上海：上海译文出版社，2012：144.

丰富，体现出灵长类的社会结构和沟通机制，但是充其量可以称之为包括了几千个具有不同意义的“词”（如单声的咕噜声与警告声），而没有文法规则。没有哪一类灵长类动物能够突破这一瓶颈，其他的动物更是低于这个层级。

第二，反之实验，对猿类的语言训练显示，从刚出生和 1 岁时就开始收养的猿类，经过 4 年~5 年的语言训练，可以掌握美国手语（American Sign Language，ASL）并通过手语沟通，且数量最多可以达到 400 个~700 个，但猿类始终无法学会用人的语言进行言谈、交流。解剖学显示，猿类的声道并不适合说话，“到 20 世纪 60 年代，培养猿类说话能力的尝试证明，它们缺乏语言能力”①。

第三，对于人类语言的进化发生时期，有一些来自人科化石标本的解剖学证据，提供了一些线索。语言进化的生理学门槛大约发生在 50 万年前，一是控制舌头运动的神经直径，二是控制呼吸的神经直径（即对胸腔和肋骨之间运动的控制）。“位于人类上胸腔的椎骨比其他动物的更加粗壮，因为骨头中心需要包裹更多控制呼吸的神经”，人科化石标本显示，这两种神经的增大都发生在这一时期②。此外，古生物学家整理的骨骼化石显示，这一时期“人类的喉部向下移动并且长度加长”③。另外，“一项对人类和猿类之间的基因遗传差异性的分析结果表明，大约 20 万年前，在 FoxP2 基因的位置上，出现了两个关键的转变”，该转变可能与人类使用语法的能力有关④。公元前 50—前 20 万年正是智人出现并崛起的时间范围。之后，人类使用工具的样式和质量都发生了一系列非常明显、迅速的转变，并在旧石器晚期到来时达到了顶峰，这个时间是大约 10 万年前，“这些证据都表明了，这一时期存在着一个短暂的、重要的人类认知

① 康拉德·菲利普·科塔克．人性之窗．范可，等译．上海：上海人民出版社，2014：220−223.

② Robin Dunbar，Louise Barrett，John Lycett．进化心理学：从猿到人的心灵演化之路．万美婷，译．北京：中国工业出版社，2017：102−105.

③ 爱德华·威尔逊．知识大融通．梁锦鋆，译．北京：中信出版社，2016：191.

④ 同②105.

发展演替”①。

公元前10—前5万年，人类大跃进出现，在法国和西班牙的证据最为明显②。具有易辨功能的复杂工具，精美的壁画艺术和雕塑工艺品，远程武器、大型武器，集体狩猎的猎物残骸，都集中在这一时期出现。同时，真正意义上的现代人开始从中东北上及东进，占领了整个欧洲；他们的足迹也开始遍布东亚、澳洲（约5万年前）、西伯利亚（约2万年前）、美洲（约1万年前），直到接管了整个世界。大跃进时期以后，文化差异成为人类最重要的创新。戴蒙德认为，相对于人类漫长的进化历史，人类在公元前10—前5万年这么短的时间内完成了大跃进，“相信唯一可能的答案就是：复杂语言的解剖基础”③。这导致了人类语言沟通、交流和认知的根本性转变；这个转变依赖于合适的发声道，人类的舌头和喉咙发生了解剖学变化，这也许就涉及了哪怕仅仅是0.1%的人类基因的突变。人的发声生理结构（包括喉、舌及语音控制肌肉系统，是发声道诸多结构和控制发声肌肉之间的精致配合）在这一时期的某一个时刻产生了“突变”效应，新的发声生理结构能使人发出比动物更多、更复杂的声音以及声音组合。

第四，一些对人类语言环境和语言能力的研究显示，人类的先天语言能力很脆弱，很容易丧失。例如，在对人类近乎孤立的原始语言的观察中，研究全世界各地分别独立发展起来的几十种原始语言，发现赤道区域的美洲、澳大利亚加勒比海岛屿、太平洋岛屿、印度洋岛屿上的一些原始语言，它们的“语音、语汇及语法都匮乏得很”④。例如，在与世隔绝环境下成长起来的婴儿，长大后一直都不能说话，也不能发现语言或自我发明语言。著名的狼孩阿维洪（Aveyron）就是如此⑤。或者一个与正常社会交往隔断的儿童，例如，受虐儿童和听觉智障儿童，其语言能力就无法

---

① Robin Dunbar，Louise Barrett，John Lycett. 进化心理学：从猿到人的心灵演化之路. 万美婷，译. 北京：中国工业出版社，2017：26.

② 戴蒙德. 第三种黑猩猩：人类的身世与未来. 王道还，译. 上海：上海译文出版社，2012：50-59.

③ 同②58.

④ 同②160-161.

⑤ 同②157.

得到正常发展。事实上，如果被社会隔断得滴水不漏，那么这个儿童就根本不会有语言能力①。这些特殊案例显示，没有外部环境中的母语经验，人类大脑里即使有先天语言能力，也无法被调整运转。

第五，从我们今天业已掌握的基因科学、认知科学知识来看，基因的物质基础是 DNA 分子结构（遗传载体）和分子密码（遗传信息），意识的物质基础是大脑神经元、神经胶质细胞和具有不同功能区域的大脑结构。基因主要调控的是生命的体征形态和各种感知觉功能，意识掌管的则是人的感知觉功能对环境所做出的具体判断和反应，这种环境就是一个人具体的处境、遭遇和经历。由此看来，即使人类的先天语言能力是存在的，比如像乔姆斯基说的那样，是镶嵌于大脑结构中的；即使有很多基因都参与了对大脑功能的调控，然而基于人类语言建构的具体的认知活动，仍然属于纯粹的大脑功能活动，并不被基因所决定和调控，也即不具备遗传载体，不可能被自然继承。

如前所述，人的感知觉功能包括：视觉、听觉、味觉、嗅觉、触觉、联觉等神经传感意识；喜、怒、忧、惧、爱、憎、欲等心理情感意识；记忆、模仿、思考、创造等认知学习意识。人的各类感知觉功能，是否具备以及能否正常运作，这些或者完全由基因调控，或者由基因与大脑神经一起调控。但是，人的感知觉功能如何应对环境做出具体的判断和反应，则取决于大脑的具体活动，也就是大脑的意识判断和指令发布。那些大脑所做出的关乎生死存亡的最基础、最普遍的判断和反应，如人类对蛇、对黑暗、对疼痛的天然恐惧，可能会以一种功能性存在被写进人的基因里，但基于人类语言所搭建的高阶思维认知和文化认知，如推理、逻辑、思想、价值、信仰等，还完全属于一个人具体的处境、遭遇和经历，是不受基因调控的人类行为。这一点说明了，我们的命运还是有很大一部分操纵在我们自己手中的。

第六，虽然还存在很多需要深入研究、解答的问题，但是基于对前述已有研究成果的综合分析，我们可以达成这样的认识：（1）符号语言是

---

① Robin Dunbar，Louise Barrett，John Lycett. 进化心理学：从猿到人的心灵演化之路. 万美婷，译. 北京：中国工业出版社，2017：40.

人类认知与动物认知的分水岭，符号语言成为人类这个新物种的一项本能，从而也使得人的认知与动物的认知发生了根本的不同。（2）人类的符号语言习得功能也许具备了遗传的生物学物质基础，也许掌握符号语言是人类大脑的一种本能，所有的世界语言都存在着一种普遍语法结构，镶嵌于大脑之中，然而，基于符号语言这种新本能的人类认知建构，如思维认知和文化认知，还都尚且属于人类的特殊建构或称附属建构；易言之，是人类语言产生和发展过程中的“副产品”，还没有成为“主产品”，只有进入了人类物种进化的“主产品”序列，才会获得遗传，才会像改变生物的体征形态和感知觉功能那样，改变生物的进化。（3）或许由于人类基于符号语言的社会建构能力演化的时间还太短，要知道，人类认知的大跃进才发生在公元前 10—前 5 万年，人类有书写文字的历史至今才仅 5 000 多年（始于已知的最早的美索不达米亚楔形文字）。人类语言和文化演化还都太年轻，尚且不足以引发人类的生物学物质对其做出反应和调整，不能够形成充足的条件激发基因突变来适应人类独有的文化现象。我们即使再掌握上天入地、日行千里的本领（比如制造、驱动和控制飞机），承载我们自身的基因还是二三十万年前人猿分离时的基因，这个基因里，与人类近亲黑猩猩的基因有 98.4%的相同、1.6%的差异。在二三十万年前的那次人科物种分家里（现代解剖学意义上的智人出现），我们有可能已经将人类的符号语言习得功能写进了基因里，但是，建构在符号语言之上的无形的人类独有的思维认知和文化认知，包括有文字产生以来的这 5 000 多年辉煌磅礴的文明成就，还只是四处游荡的浮萍，只能漂浮于人类社会的汪洋大海里，还没有被写入人类作为一种物种进化的血脉历程之中。

3.3 二重限制性概念

我们将 3.1 节所论述的“生命的有限性”、3.2 节所论述的“认知的不可继承性”，统称为“二重限制性”。二重限制性，就是人之生命的有限性、人之认知的不可继承性。

海德格尔在《物》中将人称为“终有一死者”。在《人诗意地栖居》

中，他进一步提到，“人作为终有一死者成为其本质”。“终有一死者”是相对于《物》中“天空”“大地”“诸神”三方而言的。“天”“地”“神”“必死的凡人”这四方，从自身而来并统一起来，共属一体，各自映射并互为映射，被海德格尔称为“世界”。“人作为终有一死者成为其本质”在这样的环境下被表达：人类面临一个双重要求，一方面是人之生存的栖居，人为了栖居于大地而因住房短缺困扰、因劳作备受折磨、因趋逐功利而不得安宁、因消遣度日而迷惑困顿；一方面是人之诗意的栖居，又可以“充满劳绩，但人诗意地，栖居于这片大地上”。只要人驻留于这片土地之上，只要人栖居，他就不断地赴死。只有人赴死，因为人可以承担作为死亡的死亡，动物的死只是消亡而已①。

笔者认为，海德格尔这个关于人本质的命题表述还不足够明晰充分，虽论及人之死亡不同于动物的消亡，但却没有深入展开，还可以再补充。为什么动物的死只是消亡？为什么动物的死亡不同于人之赴死？是因为动物不具备海德格尔说的可以像人一样诗意地栖居于大地吗？

抛开海德格尔关于“物”及“人诗意地栖居”的复杂背景不提，仅就“人之必死性”而言，笔者想依照以下逻辑对“人作为终有一死者成为其本质”这个命题表述进行一点补充。笔者认为，人作为终有一死者只是人本质的一部分，我们可以说：

人作为终有一死者成为其本质。

智人（或人科）作为终有一死者成为其本质。

狼（或哺乳纲动物）作为终有一死者成为其本质。

有性繁殖动物（或真核多细胞动物）作为终有一死者成为其本质。

质言之，人作为终有一死者，可以表述为：人是有限的存在。笔者还想给这个表述加上一个修饰，使其真正彰显出人区别于其他生命（如非人的动物）的本质不同。这个修饰，可以依照这样的逻辑来推进：

人作为终有一死者成为其本质。

① 海德格尔. 演讲与论文集. 孙周兴，译. 北京：三联书店，2005：186－187，206.

人是有限的存在成为其本质。

人是有限的（人类独有的）高阶认知的存在成为其本质。

人是有限的自我认知的存在成为其本质。

3.2 节迭次论证了：何谓认知的不可继承性？人毕生的认知累积，或可传承，但不可继承；人类认知的五个层级结构；基于人类符号语言建构的认知具有不可继承性。从 3.2 节的迭次论证可以看出：（1）语言认知、思维认知、文化认知，是基于符号语言这种独属于人类的语言而建构起来的，只有人才具备，这在人类学、进化心理学、认知科学中常常被看作人与动物的标志性分界。这一分界已经取得了广泛认可。（2）人一生所建构起来的思维认知和文化认知，具体来说，包括个人毕生所累积的人生经历、情感归属、价值认同、记忆和经验、知识和智慧，是为个体所独有的，体现着个体之间的根本不同，质言之，体现着不同个体自身的“个体同一性”，因此可以被看作人的本质。笛卡儿的“我思故我在”大概也包括了这个所指。（3）如同人必有一死一样，人的认知，也是一种被限制了的、有限的存在。人的生命，尚且可以通过 DNA—RNA—蛋白质的生命信条，将身体的体征形态和感知觉功能通过遗传的方式，传递给后代；而人毕生所累积的独属于自我“个体同一性”的宝贵认知，却无法得以存续，从而不得不伴随着人生命的必死而消亡——这正是人的本质。由此，我们可以进一步扩展以下结论：

人是有限的自我认知的存在，成为其本质。

人的生命的有限性，成为人的本质。

人的自我认知的不可继承性，成为人的本质。

人的二重限制性，成为人的本质。

人，是二重限制性的存在。

3.4 二重限制性平等概念

生命的有限性、认知的不可继承性，是每一个主体被限制了的二重最根本的相同特性；只要主体存在，主体就不得不受制于这二重限制。在二重限制性面前，普天之下人人皆相同。

人的二重限制性成为人的本质，人是二重限制性的存在。鉴于二重限制性对人性建构、知识创新所起的重大作用，二重限制性在人际差异平衡上所充当的天然调节器作用、为人类社会平等共处关系所提供的底线保障作用（详见第 4 章论述），以及鉴于 20 世纪下半叶以来科技变革尤其是生物工程技术和智能工程技术所带来的深刻影响，对二重限制性及其平等可能造成的挑战（详见第 5 章论述），本书再提出一个概念：人的“二重限制性平等”。

“二重限制性平等”，就是被二重限制性限制了的主体间存在的平等，就是在生命的有限性、认知的不可继承性这二重被限制了的人类事实相同、实质相同的面前，人与人处于一种同等的、等份的相互性关系。这样的同等、等份关系，使得人们在“二重限制性”所涉及的权利、机会和结果面前应被平等地对待。每个人都平等地受限于这两大客观限制的限制，任何人想要对这种受限关系做出变更之前，都需要取得他人的同意。

下文，我们将通过四个步骤、六点回应，经由对“休谟问题”的事实与价值之辩，在“二重限制性”与“二重限制性平等”之间建立起合理的逻辑推论关系，从“二重限制性”连接并过渡到“二重限制性平等”，从而推导出“二重限制性平等”这一新概念和新的平等物。而后，进一步阐述“二重限制性平等”的内涵，指出其在当代平等理论图景中的位置，提出其分配原则。

3.5　二重限制性平等：从事实到价值之辩

3.5.1　对为什么要平等的论证说明

1.2.2 小节中论述到，平等从根本上来说，是对各种不公平的差异和可能导致平衡丧失的巨大差异所进行的更为正当、更为充分的调节，以使之达到再平衡。对为什么要平等的论证，本书并没有简单采用或借用常规的契约派自然权利论证，也没有采用一种形而上的尊严或道德论证，更没有用不证自明式的论证。

本书论证平等的策略是：首先，概括总结了常见的反对平等的八种理由、支持平等的四种理由及其依据（1.2.1）。接着，提出了本书的两项论证：（1）人类社会对不公平差异进行调节的必要性和正当性。这是借助于正义来支持平等的论证（1.2.2）。（2）以人类的天然心理情感为分析视角，综合了进化心理学、博弈论的研究成果，创新地提出了“平等的天然心理情感机制”（1.2.3－1.2.5），论证了平等作为一种理想价值，具备着与之相对应的天然心理情感基础，包括三类反向心理情感、一类正向心理情感（内在动因）和由相同性催生的心理情感（外在动因），这种心理情感基础决定了平等是人类的必然内在要求。这实际上是基于自然主义的论证，相比通常见到的反对和支持平等的理由及论证（1.2.1），这一论证是具有新方法意义的。

始终围绕着差异（如自然环境、生命禀赋、原生家庭、运气、社会地位及财富差异，这些可感知的客观事实）谈平等，是本书论证平等的一个突出特点。第1章论述了差异的定义/本质/特征、不公平的差异、从差异到再平衡的差异（平等）之间的递进逻辑。在这一系列叠进展开的对“差异”的论证中，引申出对不公平差异调节的必要性和正当性、平等的定义、差异与平等的关系、人类社会所产生的三种典型的对待差异与平等的方式。正是对差异的根本性、终极性原因的追根求源，如地理地缘原因、生物遗传原因、量化历史尺度的多项研究结论，才深刻揭示了差异的本源性特征，也才更加凸显了在本源性、终极性差异的宇宙现实与社会现实中，人之二重限制性平等这一事实平等、实质平等的宝贵价值。

3.5.2 对二重限制性的论证说明

本章3.1、3.2、3.3节，迭次提出了“生命的有限性”、“认识的不可继承性”和“二重限制性”这三个概念。

“生命的有限性”，简单地说，就是人必有一死。笔者从对死亡的不同解读、死亡的不同方式、死亡的特点、死亡的生物学解释及研究等方面，展开了对生命有限性的基本论证，并获得结论：任凭做何解读，人都必有一死。任凭以何种方式，人都必有一死。死亡无所不在、无从避免；死亡是全然的、必然的、不可取代的、不可交易的、不可重复的、不可预测的。人的生命时限是被限定了的、不可突破的，是由“海弗利克极限”、端粒、自由基、基因有害突变、“基因–生物体–环境”互动关系等一系列人类智慧生物性自身原因所限定了的。

对“认知的不可继承性”这一概念的提出，笔者十分谨慎，力求考虑周全。首先，区分了“认知限度”的二重含义，也即认知可及领域限度与认知可存续限度。其次，就后者而言，充分考量了各种情况：(1) 认知可能存续的各种状况（参见图 3－2，认知的存续途径），如公共传承、口传言授、社会继承即过继、自然继承即遗传、物理转移即不同类型的转忆体等。(2) 认知存在的形态，包括认知水平，即一个人所实际达到的认知水平高低状况；认知能力，即作为人体功能意义上的认知能力，俗称的智力。分析了智力作为一种功能性能力与遗传是弱关联关系。(3) 公共传承和口传言授，及其与认知不可继承性的比较。(4) 认知发生的五个层级：神经认知、心理认知、语言认知、思维认知、文化认知。(5) 基于人类符号语言建构的认知具有不可继承性，论据包括：人的符号语言与猿类的呼叫系统的对比、对猿类的语言培训实验、与人类语言发生相关的人类学和古生物学骨骼解剖证据、考古发现与人类语言进化、对人类原始语言及儿童语言能力的追踪分析、基因调控与大脑调控的区别等。以上内容，构成了对“认知的不可继承性”的充分论证。

“二重限制性”，就是人之生命的有限性、人之认知的不可继承性。在 3.1 节、3.2 节解释和论证“生命的有限性”“认知的不可继承性”的基础上，作者在 3.3 节采用纯粹逻辑推理的方法，借用海德格尔的“人作为终有一死者成为其本质”的论断，先对其进行批判，之后又对其进行补充，层层推论，最后推导出“人的二重限制性，成为人的本质”这个结论。

3.5.3　对二重限制性平等的论证说明

现在我们从“二重限制性”进一步推出“二重限制性平等”。在

"二重限制性平等"的视野内，在证成这一论断之前，还不得不首先处理一个老问题，就是著名的"休谟问题"，亦即从"是"中无法推出"应当"。

休谟认为，"是"并不必然推出"应当"。这一观念，常常被用来反驳某种价值的确立，尤其是在伦理批判方面，几乎被当成一种引用的时尚。这一观念常常被表述为：因为"是"（事实上的是然）不能导致"应当"（价值上的应然），所以，自然现象或自然规律是这样，并不能证明伦理道德就应该是这样。自然规律或者说科学是事实性的，不是规范性的，伦理道德无法从自然世界的经验式事实中必然地推出。因之，人们也会质疑，即使人的二重限制性事实是客观必然的，我们也不能由此推出人际的二重限制性平等这一概念。

笔者认为，要将"二重限制性面前人人皆相同"这一主体存在的相同事实和"二重限制性平等"这一主体认同的平等价值合理地连接起来，是需要经过一番过渡性推理论证的，但它们之间是能够建立起合理的逻辑推论关系的。

以下，笔者将分四个步骤来建立起这个推论：首先，解读休谟"是"不能推出"应当"论断的原典，澄清一下休谟问题是一个什么样的问题。其次，梳理一下其他哲学家和科学家对"休谟问题"的看法和相关讨论。再次，笔者对休谟论断的重新解析。最后，提出本书对"二重限制性平等"之价值命题的具体论证。

3.5.4 如何连接"相同事实"与"平等价值"

首先，在解读休谟"是"不能推出"应当"论断的原典内容基础之上，我们认为有两种休谟问题，一种是知识论的，一种是伦理的，应予以区分。本书主要涉及伦理的，也即经验与理性的适用性，易言之，"应当"（道德）的基础是什么。

休谟谈到：（1）人类理性或研究的全部对象，可以自然地分为两类，即：观念的关系和事实。属于第一类的有几何、代数、三角、算数等科学。简言之，任何一个命题，只要由直观而发现其确切性，或者由证明而发现其确切性，就是属于前一类的。……这类命题，只凭思想的作用，就能将它发现出来，并不以存在于宇宙中某处的任何事物为依据。纵使在自然中并没有圆形或三角形，欧几里得所证明的真理仍然保持着它的可靠性和自明性。（2）人类理性的第二种对象——事实，则不能用同样的方式加以确定；它们的真理性不论有多大，在我们看来总不能与前一类的真理性同样明确。各种事实的反面仍然是可能产生的……“太阳明天将不出来”这个命题和“太阳明天将要出来”这个肯定，是同样易于理解的，同样没有矛盾的。因此，我们要想证明前一个命题的错误，终属徒劳……（3）一切关于事实的推理，似乎都建立在因果关系上面……（4）如果我们要想使自己满意那种向我们保证事实真实的见证的本性，我们就必须去研究我们是怎样得到原因与结果的知识的。（5）原因与结果的发现，是不能通过理性，只能通过经验的……（6）……总之，每个结果都是一件与它的原因不同的事件。因此，结果是不能从原因中发现出来的，我们对于结果的先验的拟想或概念必定是完全任意的……我们如果没有经验和观察的帮助，要想决定任何个别的事情或推出任何原因或结果，那是办不到的。（7）……（8）……（9）一切推理可以分为两类：一类是证明的推理，亦即关于观念之间的关系的推理；另一类是或然的推理，亦即关于事实与实际存在的推理。……因此，如果我们具有一些使我们相信过去经验的论证，并且将它们作为判断未来的标准，这类论证就必定只是或然的；按照我们上边的分类来说，它们必须是关于事实和实际存在的论证。……（10）……因此，我们绝不可能应用从经验得来的论证来证明过去与未来相似，因为所有这些论证的基础，都是假定有那种相似性。即使承认自然事物的过程过去一直是这样有规律，但是只凭这一点，而没有什么新的论证或推论，并不能证明将来会继续是这样。你想从你过去的经验得知物体的本性，那是徒劳的。因为纵使它们的感性性质没有任何变化，它们的秘密本性仍然会有变化，因而它们的结果和作用也会有变化……我就想追问追问这个推论的基础了。到如今靠读书和研究还不能解除我的困难，或者使我对一个这样重要的问题得到满意的答复。我除了将这个困难向大家提出之外，还有其他更好的办法吗？虽然如此，我对于解决这个问题的希望还是很小的。我们这样做，纵然不能增进知识，至少可

以明白自己的无知。（休谟：《人类理智研究》）①

休谟说：迄今为止所有我知道的道德体系中，我一直都注意到，这种道德体系的创建者，往往采用一般性的方法来进行推理，比如，先确立存在一个上帝（再推演出道德），或者直接评价人世百态；但瞬间我惊奇地领悟到，我所遇到的连接词，已经不再是命题中通常见到的"是"与"不是"，而是所有的命题都是由一个"应该"或一个"不应该"连接起来的（从"是"连接到"应该"，或者从"不是"连接到"不应该"），这个转变看起来极其微妙，然而，它却形成了最终的影响。这是因为，后面新连接的这个"应该"或"不应该"，最终表达了一种新的关系或判断，因此有必要对之加以解释和论述；同时，这种看起来有点难以置信的推理，这种新的关系或判断，如何从另外一些完全不同的关系中推演而出，需要列举出理由、加以说明。（Hume：*A Treatise of Human Nature*）②

休谟还说：我不禁怀着一种好奇心，要想弄清道德上善和恶的原则，政治的本性和基础，那些驱使我、支配我的情感和倾向的原因。想到自己平素赞成某件事而不赞成另一件事，把某件东西称为美而把另一件东西称为丑，判定真实和虚妄、有理和荒谬的时候，并不知道自己根据的是什么原则，我感到于心不安。当前学术界对这些方面一概无知，我很为这种可怜状态担心。我感到雄心勃勃，有志于对教育人类作出自己的贡献，并以自己的发现和发明取得声名。（休谟：《人性论》）③

其次，梳理其他哲学家和科学家对"休谟问题"的看法和相关讨论。

我们从休谟的《人类理智研究》、《人性论》（中英文版）中摘录出了以上"是"不导致"应当"这一论断所可能涉及的文字。这些文字的

---

① 北京大学哲学系外国哲学史教研室．西方哲学原著选读：上卷．北京：商务印书馆，1981：517－526．

② 针对麦金泰尔所指的休谟的这段原文，笔者查阅了三个版本的休谟《人性论》：David Hume. A Treatise of Human Nature. Book III，part I，section I. London：Penguin Books，1985：521；David Hume. A Treatise of Human Nature. 休谟．人性论（英文影印版）．北京：中国人民大学出版社，2012：515－516；休谟．人性论．关文运，译．北京：商务印书馆，2015：505－506。

③ 同①531－532.

研读和麦金泰尔对休谟这一论断的看法，会帮助我们真正理解休谟。

麦金泰尔对休谟论断提出了犀利的见解①。麦金泰尔认为，休谟本人并没有断定从“是”中不能推导出“应当”，至多休谟《人性论》中最有名的那段话的本意是：一个人不能用先天的逻辑方式（演绎推理）从经验事实中推导出道德伦理，应该再加以新的解释和论述。这与我们反复研读的休谟原典论述是一致的。事实上，休谟要表达的，并不是“是”不能推导出“应当”，而是需要对之进行新的解释和论述。如原典所述，“新连接的这个‘应该’或‘不应该’，最终表达了一种新的关系或判断，因此有必要对之加以解释和论述”（Hume：*A Treatise of Human Nature*）。

美国神经学家、哲学家萨姆·哈里斯（Sam Harris，1967—　）认为，“休谟的论证其实是为批判护教论者而提出来的，因为那些护教者们试图从上帝的存在推演出道德。讽刺的是，其推理日后变成了把道德与其他人类知识联结的首要障碍”②。这一背景也明确地体现在休谟的原典里，“迄今为止所有我知道的道德体系中，我一直都注意到，这种道德体系的创建者，往往采用一般性的方法来进行推理，比如，先确立存在一个上帝（再推演出道德），或者直接评价人世百态”（Hume：*A Treatise of Human Nature*）。

根据哈里斯的总结，休谟的论证被错误地理解和应用了。哈里斯进而批判了这种割裂事实与价值的做法：这种泾渭分明的事实、价值割裂在很多重意义上都是虚幻的。这一类观点实际上是受到了摩尔（G. E. Moore，1873—1958）、波普尔（Karl Popper，1902—1994）、福多尔（Jerry Fodor，1935—2017）等人批判“自然主义谬论”（从自然界中找出道德伦理的企图）的影响，走了极端，造成的后果就是在事实与价值的知性话语之间竖起了一道防火墙③。

---

① Alasdair MacIntyre. Hume on Is and Ought. The Philosophical Review，1959(68)：451-468.

② 萨姆·哈里斯. 道德景观：科学如何决定人性价值. 于嘉云，译. 北京：中信出版社，2017：225.

③ 同②12-14，17，205-207. 萨姆·哈里斯在文中多处对割裂事实与价值的做法进行了批判。

进化学家和心理学家迪特里希（Erich Dietrich）、威尔逊（David Sloan Wilson）、克拉克（Anne Clark）等人则直接指出：自然主义谬误不是击退吸血鬼的万能十字架，不能用它来抵御、回避道德伦理的争议。“是然”与“应然”不能被连接，这样的认识，是很多人（包括我们自己）对这个理论的误用。“是然”与“应然”是可以连接的，人的进化这件事实，具有一定的潜力来影响和改变人的某些行为的伦理状态①。

美国著名的认知科学家、哲学家、《意识的解释》的作者，丹尼特（Daniel Dennett，1942— ）也有过一段经典的论述，用以批判这种对事实与价值进行割裂的观点和做法：如果“应然”不能从“实然”中导出的话，那它到底能从哪里导出来呢？…… 伦理学肯定多少是基于对人性的领会——基于一个人是什么或可能是什么的认知，及基于一个人可能想要什么或想要成为什么。如果那是自然主义的话，那么，自然主义就不是谬论②。

再次，笔者对休谟论断的重新解析。

（1）从原典可以看出，在休谟问题的两种情况中，对于经验与伦理的适用性问题，也即如何在经验事实的“是”与道德伦理的“应当”之间建立连接，休谟本人只是提出从“是”中不能直接推出“应当”，却并未对之进一步解答。休谟说道，“新连接的这个‘应该’或‘不应该’，最终表达了一种新的关系或判断”，“这种新的关系或判断，如何从另外一些完全不同的关系中推演而出，需要列举出理由、加以说明”（Hume：*A Treatise of Human Nature*）。对于下一步如何推出，即如何建立连接？需要另外提出什么样的理由？如何加以说明？休谟并没有给出解答或进一步论述。对于知识论问题，也即如何在经验事实的“是”与未来自然规律的“应当”之间建立连接，休谟则直截了当地把问题留给了大家。休谟说，“承认自然事物的过程过去一直是这样有规律，但是只凭这一点，而没有什么新的论证或推论，并不能证明将来会继续是这样”，“我除了将

① Robin Dunbar，Louise Barrett，John Lycett. 进化心理学：从猿到人的心灵演化之路. 万美婷，译. 北京：中国工业出版社，2017：141-143.

② 萨姆·哈里斯. 道德景观：科学如何决定人性价值. 于嘉云，译. 北京：中信出版社，2017：225.

这个困难向大家提出之外，还有其他更好的办法吗？”（休谟：《人类理智研究》）这就说明，休谟论断本身，无论是从“是”连接到伦理的“应当”，还是从“是”连接到未来自然规律的“应当”，都尚且需要后人来回答，因此，休谟论述可以被用于此类问题的参考，但并不能直接地或万能地被用于判定“从事实中不能推导出价值”，也即从“是”中无法推出“应当”。

（2）从原典还可以看出，休谟认为，事实推理是建立在因果关系之上的；因果关系的发现，不能通过理性，只能通过经验，因此，事实推理来自经验。同时，我们知道，作为苏格兰道德情感派代表人物，休谟认为道德来自情感。“理性是并且也应该是情感的奴隶，除了服务和服从情感之外，再不能有任何其他的职务”①，“道德宁可以说是被人感觉到的，而不是被人判断出来的”②。休谟认为，事实推理来自经验，道德来自情感，因此，要想连接休谟的“事实推理”与“道德”，也即“是”与“应当”，就需要在经验与情感之间建立联系。大量的进化心理学知识和实验表明，人的天然心理情感恰恰就是建立在人类长久的生存演化经验之上的，经验与情感原本无法分割。诸多进化心理学知识表明，恻隐是道德的源头，恻隐这种情感的产生正是源于人们都有身体，都是高等碳基生物，都能切身体验到他人被人为地伤害和杀戮的痛苦，就会产生想要援助、也需要被援助的意愿，直到一种正义感油然而生，乃至由此形成赞赏或谴责、奖励或惩戒。人类因生存演化而建立了“经验-情感-道德”连接，因而也就可以把“经验-道德”勾连起来。因此，“经验”与“道德”之间，也即“是”与“应当”之间，也就不存在什么必然的、不可连接的障碍了。

（3）在对这一问题的研读中，正如有的学者（如前述美国神经学家、哲学家萨姆·哈里斯）所指出的那样：不排除一部分引用走了极端，属于一知半解的误用，一定程度上造成了对休谟的误解。在这种情况下，引用的人往往不追根溯源、深入考证，只要遇到了此类问题，就跟风引用把

---

① 休谟．人性论：下卷．关文运，译．北京：商务印书馆，2015：449.

② 同①506.

这个论断摆出来。同时，还可能存在这样一种情况：作为回避讨论伦理问题的借口，遇到此类问题，为了减少麻烦，为了回避因事实而引发的伦理争议和辩论，就直接把这个论断摆出来。

（4）笔者以为，从“是”中推导出“应当”、从“是然”中推导出“应然”的必然条件，既包括伦理条件，也包括事实条件。比如，我们往往借助于“正义”这一理念来推导出支持“平等”、反对“不平等”的正当性。“正义”是一个伦理条件，而“正义”产生的基础，则有直觉、心理情感、理性、后果主义等多种来源所带给我们的对社会中那些明显需要被纠正的不公平现实的反应。这些在罗尔斯、桑德尔、森的正义著作中都可以解读得到。森曾经意味深长地指出，“我们完全可以作以下假设：如果不是认识到这世上存在明显的但可以纠正的不公正，巴黎市民或许不会起义攻占巴士底狱，甘地或许不会质疑大英帝国的殖民统治，马丁·路德·金或许也不会在号称‘自由和勇敢者家园’的土地上奋起反抗白人种族至上主义”①。契约派在“同意”的基础上建立正义的社会制度，洛克的默许“同意”，罗尔斯初始状态下无知之幕后“同意”，也都是建立在人们对现实可接受的公正对待的认可之上的。所以“正义”这个伦理条件的前提，本身就包括了事实条件。

（5）笔者还以为，从功利主义和后果主义的角度来看，“应当”（价值、伦理道德）如果要规范或约束人们的行为，也即指导人们应该这样做而不应该那样做，就不能脱离“是”（事实、现实），必须以一定的事实条件为前提和依据。这是因为“应当”（价值、伦理道德）不仅仅需要得到同意，比如屈从于某种强权而被迫认同和执行，“应当”（价值、伦理道德）还需要经得起历史的检验。任何不植根于自然规律、生命规律、人性规律的伦理道德，都只能是水中花、镜中月，必然为历史所淘汰。这种情况在历史学、政治学中能找到不少的案例。

（6）最终，笔者以为，休谟的不能从“是”中推导出“应当”之论断，应区分看待两种情况：第一，知识论的，从“是”连接到未来自然

---

① 阿马蒂亚·森. 正义的理念. 王磊，李航，译. 北京：中国人民大学出版社，2012：序言.

规律的“应当”，即从“是”到“是的应当”；第二，伦理的，从“是”连接到道德伦理的“应当”，也就是连接“事实”与“价值”。第一种情况，是以归纳的方法推断出客观事实之间的连接。就是休谟所说的“太阳明天将不出来”这个命题和“太阳明天将要出来”这个肯定，是同样易于理解的，同样没有矛盾的。……因此，我们绝不可能应用从经验得来的论证来证明过去与未来相似（见休谟：《人类理智研究》）。这个问题本质上是在追问如何证明自然界的齐一性是持续的，这涉及科学研究方法中的归纳与概率之间的关系。也就是说，即使通过观察、实验（都是有限的）得出归纳结果为 100%，也不能保证未来不存在被否定的概率，一次黑天鹅出现就足以否证“天鹅都是白的”这个论断。这表明，第一种情况即知识论的“休谟问题”已经推进到了类似科学的推理结构，并成为反映“理性的本质与极限”之类的、终极的乃至无解的科学哲学问题。因此，即使“休谟问题”不能得到解答，在不必求解的情况下，也不影响我们通过归纳推理产生为真的科学结果。第二种情况，如何连接事实经验与道德价值，这正是本小节所专门论证的。对于这一点，本小节已经通过上述回应做出了解答，那就是“事实”与“价值”之间并不存在不能推导出或合理连接上的绝对理论障碍。既然并非“是”推不出“应当”，那么只要能从逻辑上合乎文理地达成：何种“是”推出何种“应当”，更具体来说，“二重限制性之是”如何推出“二重限制性平等之应当”，那么“二重限制性平等”的价值命题也就被证明了。

最后，本书对“二重限制性平等”之价值命题的具体推论。

通过以上对“休谟问题”所做的解析，我们有充分的理由认为，“二重限制性”与“二重限制性平等”之间并不存在什么必然的、不可以连接的理论障碍。既然没有连接上的绝对障碍，那么，通过推导、合理过渡并连接“二重限制性”与“二重限制性平等”也是可以成立的。正如笔者所努力的，本书通过基于正义的论证（从差异到再平衡的差异即平等，第 1 章）、基于自然主义的论证（平等的天然心理情感机制，第 1 章；自然事实和历史事实的统一，第 4 章）、基于功利主义的论证（第 4 章），诸多论证下来，是完全可以推导出并建构起“二重限制性”事实具有“二重限制性平等”意义和价值的。

事实上，人的二重限制性是自然法则平等给予每一个生命的天然的、最根本的、最重大的两个限制；自现代智人脱离人亚科，成为独立的人类物种以来，在其20多万年进化与发展历史①中，这两个限制就一直伴随人存在。迄今为止，人的二重限制性是自然事实和历史事实的统一，这一点本身就赋予了在二重限制性面前人人平等存在的公平正当性。

第4章是对二重限制性及其平等的功利主义辩护。通过揭示其对人类社会的重大作用和重大意义，来论证其价值正当性。作为二重限制性的存在，人，对自身之二重有限的超越，是人性构建的动力、是知识创新的源头；二重限制性及其平等因而成为保障我们共同价值（人性）、共同财富（知识）的宝贵根基。它还是天然的人际差异调节器，对主体间社会存在关系形成了根本性的影响，是主体得以平等存在、人类得以平等共处的自然物质基础和底线保障。

如果不坚守二重限制性平等，就会破坏我们人性建构的基础，破坏我们知识创新的源头，破坏我们的自然存在关系，乃至于使社会平等关系丧失天然的底线保障。这些可能的后果都足以对我们业已取得的文明成果与和平共处关系造成根本性影响，是我们很难承受的。所以，在人类社会内部，二重限制性平等的这一价值必须得到维护、必须被坚守；二重限制性平等这一道底线保障不能被突破。

3.6 二重限制性平等：图景位置与分配原则

沿用第2章所设定的平等理论四要素分析框架，笔者对“二重限制性平等”进行了维度定位，如图3-5，二重限制性平等的图景位置所示，“主体存在平等”（作为平等物之维度的平等）及“主体平等存在”（作为平等形式之维度的平等），就是“二重限制性平等”，为了简便起见，出于不同的运用需要，笔者将其统称为“主体存在平等暨二重限制性平等”或“二重限制性平等”。“主体存在平等暨二重限制性平等”是从外

① 大卫·克里斯蒂安. 大历史. 刘耀辉，译. 北京：北京联合出版公司，2016：133.

部被限制了的、主体自身存在所特有的二重事实平等、实质平等，是主体得以平等存在的自然物质基础和底线保障。

“主体存在平等暨二重限制性平等”就是被二重限制性限制了的主体间存在的平等，就是在生命的有限性、认知的不可继承性这二重被限制了的人类事实相同、实质相同的面前，人与人处于一种同等的、等份的相互性关系。这样的同等、等份关系，使得人们在“二重限制性”所涉及的权利、机会和结果面前应被平等地对待。每个人都平等地受限于这两大客观限制的限制，任何人想要对这种受限关系做出变更之前，都需要取得他人的同意。

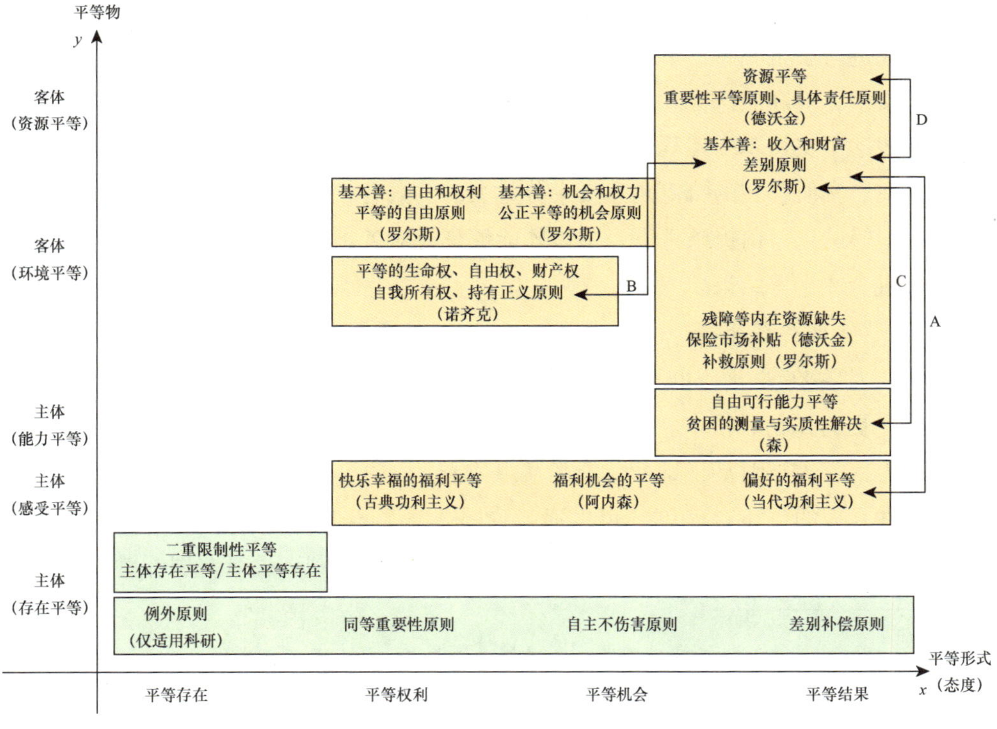

图 3－5　二重限制性平等的图景位置（金辛迪 2019）

就平等理论研究之学理而论，以下对“主体存在平等暨二重限制性平等”再进行三点说明，以进一步阐明：为什么是“二重限制性平等”？与之前平等理论的关系是什么？为什么之前没有被提出来？

首先，它是从“主体存在平等”（平等物维度）和“主体平等存在”

（平等形式维度）的逻辑结构方面，对当代平等理论所做的一点新的结构补充和内容补充，它是一个新的当代平等物。

当代诸种平等理论，或从平等形式维度方面（x 轴），在形式平等与实质平等之间寻找自己的位置，提出了体现出不同态度倾向的平等主张；或从具体的平等内容方面（y 轴），提出了不同类型的平等物，体现出平等物与主体的不同关系。诸种平等理论并没有对“主体存在平等”提出明确而系统的论述。与“主体存在平等”最有所关联的，是诸种平等理论围绕着“天赋”（体现出一定的主体存在特征）而展开的一系列讨论。罗尔斯在《正义论》中提出，天赋应被看作社会的公共资产，然而天赋的分配却是随意的，好的天赋不是道德上的应得。诺齐克则回应罗尔斯，对此进行了批判①。德沃金也只是在《扮演上帝：基因、克隆和运气》②一文中，对胚胎选择、克隆及基因实验，进行了一些非系统性伦理分析，并表达了支持基因工程的乐观态度。然而，“主体存在平等”不仅是事实存在、实质存在的，更是意义十分重大的。只有在能够拥有并保持自身存在平等的这一前提条件下，主体才能够享有对各种平等物的平等权利、平等机会或平等结果。

“主体存在平等”不同于“主体生存平等”。“存在”不同于“生存”，“存在平等”也不同于“生存平等”③，“存在平等”比“生存平等”更为原初和根本。“存在平等”是主体能够享有自由与权利、机会与权力、收入与财富（即罗尔斯的“基本善”）的自然物质基础和必备前提条件。人的“生存平等”可以通过“基本善”来解决，如转化为收入与财富，通过差别原则来进行二次分配，对社会最不利者进行差别补偿，让

① 诺齐克．无政府、国家和乌托邦．姚大志，译．北京：中国社会科学出版社，2008：254－259.

② 德沃金．至上的美德：平等的理论与实践．冯克利，译．南京：江苏人民出版社，2012：427－481.

③ 何怀宏在《平等的平衡》中提出了“生存权利的平等—自由权利的平等—成果权利的平等”三种平等序列。“生存权利的平等”包括两个方面：一是人身安全都得到保障，肉体的生命不受到伤害，有足够的人身活动空间；二是均得到基本的生存所需要的物质生活资料，包括失去或尚无劳动能力的人们。何怀宏．平等的平衡．北京大学学报（哲学社会科学版），2015，52（1）：68.

社会最不利者得到生存所需要的基本经济和医疗保障，从而维护社会最不利者的“生存平等”。但“存在平等”则不同，论及“存在平等”，就需要走入个体生命本身。它比“生存平等”更为原初和根本，它是享有“生存平等”权利以及其他各项权利的前置保障。正因为如此，“主体存在平等”也不能简单地被转换为“平等权利”维度的平等（参见图 3－5，二重限制性平等的图景位置，x 轴）。

何怀宏曾在 2009 年《正义论》序言中这样论述过①：

> 如果我们将两个正义原则的序列核之于西方近代以来社会制度以及政治理论发展的历史，也核之于当今的整个世界，尤其是非西方文明的现实世界（比如第三世界）而全面地考虑正义原则的序列，我们也许就必须在这两个正义原则之前再加上一个正义原则：即保存生命，或者说谋求人的基本生存的原则……保存生命的原则在某些特殊情况下还是会与利益平等乃至基本自由的平等的原则相冲突（甚至在经济发达国家也仍有可能发生这种情况，比如反恐的扩大化对某些个人基本权利可能构成以前没有的某些限制）……从而，如果我们兼顾理想与现实……就可以发现另一种正义原则的序列，一种不是两个，而是三个原则的序列：生存—自由—平等。当然，提出“生存原则”并不是要满足于此，而只是要指出一个比自由、平等更为基本的初始出发点。

何怀宏的这一论述，实际上已经表达出，存在着比罗尔斯的两个正义原则序列，也即比“平等的自由原则”（自由）、“公正平等的机会原则”+“差别原则”（平等）更为原初的一种现实正义需求，也即需要对何为“保存生命”之正义，也即基本的“生存正义”做出更为明晰的界定。

笔者以为，在近代以来的高技术（如太空、物质、能量、信息类高科技技术）的改造和应用对象范围尚处于人类以外的“它者”或“他者”

① 罗尔斯．正义论．何怀宏，等译．北京：中国社会科学出版社，2009：18－19.

的时代，“生存正义”在大部分情况（并非全部情况）下，可以通过生存权利来保障其“自由”、可以通过差别原则来补偿其“平等”；也因之，其作为独立正义原则提出来的迫切性尚且不十分明显、必要性尚且不十分充足。但是，当代以来，当两大生命科学高峰，基因和蛋白质学、认知和脑科学以及基于其之上的高技术应用，即生物工程（基因技术、纳米技术等，20 世纪 70 年代才兴起）、智能工程（神经网络架构技术、模仿脑和创新脑的机器智能技术等，近 20 多年来才兴起），其所改造和应用对象已经直接投向了人类自身，并可以影响到人的“主体存在平等暨二重限制性平等”，也即冲击到人的自身存在及其认知价值时，我们就必须直接面对人之“存在正义”这一更为原初和根本性的问题了。

其次，“主体存在平等暨二重限制性平等”仍然依附于当代人权权利平等的理论沿承体系之下，它属于主体平等的存在权，是比平等的生存权、尊严权、自由权更为原初和更为根本的一种权利。这种“平等的存在权”本质上是对主体自身存在所具有的相同自然特性的一种平等权利诉求，它要求在生命的有限性（生命必死）、认知的不可继承性（认知不可遗传及物理转移过继）这两大被限制了的人之事实相同和本质相同面前，人与人处于一种同等的、等份的相互性关系，这样的同等、等份关系，使得人们在“二重限制性”所涉及的权利、机会和结果面前应被平等地对待。这不仅仅因为追求平等是人类的一种正义需要和一种天然心理情感需求（1.2）；还因为，如果我们不这样做，如果我们出于自由或其他原因使我们最终丧失这二重限制的相同属性，就会破坏我们人性建构的基础，破坏我们知识创新的源头，破坏我们的自然存在关系，乃至于使社会平等关系丧失了天然的底线保障。这些可能的后果都足以对我们业已取得的文明成果与和平共处关系造成根本性的破坏（第 4 章）。

最后，需要说明的是，之所以“主体存在平等”，尤其是“二重限制性平等”意义上的“主体存在平等”在过去的权利话语体系里没有被明确提出来，并不是因为缺乏理论洞见或疏于逻辑分析，而是因为过去没有这样的需要。

二重限制性及其平等的存在及功效，往往因其过于“自然”而不被察觉或被忽视，就像苹果只能从树上往下掉，脚下的大地不会是球体并且是转动着的，因而直至近现代以来才被称为地球一样。另外，在生命遗传奥秘没有被揭示以前，也即细胞遗传学、基因遗传学、基因和蛋白质学、分子生物学没有先后创建并蓬勃发展以前，在基因工程技术没有进入实施应用以前，人们往往把个体生命禀赋看作完全被外部给予的（不论是来自上帝给予或是自然给予），人体自身只能被动接受而不能主动更改或选择，所以也就似乎与人们的权利体系（意味着人们的选择可能）不太相关。但是，自 20 世纪下半叶以来，两大生命科学高峰先后崛起，诸多的科研发现以及技术应用，尤其是基因工程（1970 年后崛起）和智能工程（20 多年以来崛起），带给了人类无穷的新想象空间。生命奥秘已经被解开，人可以改造任何生物包括改造自身生命禀赋了；不仅仅是改变体征形态及感知觉功能，甚至还有可能改变自我的生命限度和认知限度，包括创造人工合成生命。此外，人还可以通过“模仿脑、创新脑”的智能工程技术制造出原本仅仅属于人独有的高级智能甚至是非类人脑的超高级智能。正是因为这些新技术和新现象对人的自身存在、人的认知价值、新的人际社会及经济差异所带来的一系列重大影响，才使得“主体存在平等暨二重限制性平等”这一问题，被前所未有地凸显出来了。从这一意义上讲，它是一种当代现实需求。

我们在当代平等理论的第二大特征中总结到：当代平等理论进入了一种出于不同分析视角、针对不同评价域的精细化、纵深化的范式研究。一方面，越来越多的平等物和平等主张出现，反映了平等理论在当代的多维面向发展；另一方面，不同的平等理论也都在提供平等的机会（形式平等）与提供平等的结果（实质平等）之间寻找自己的位置，并为之论证，仍然没有偏离近现代平等理论的历史沿承轨迹。实际上处于“多维面向发展”中的诸种当代平等物，其自身的变化已经体现出从“外部客体”（对外部资源占有的平等）到“主体自身”（外部资源与人的关系）的转向，如森的“自由可行能力的平等”以及一些学者在人际机会平等领域的纵深研究。二重限制性平等就是基于“主体自身”的平等，是主体自身能够平等存在，进而能够享有平等权利、平等机会、平等结果的自然物质基础和底线保障；也如前所述，是一种当代现实需求。

那么，作为一个新的平等物，二重限制性平等该如何分配呢？在此，本书提出二重限制性平等的研发例外原则和三项分配原则，分别对应四种平等形式维度：研发例外原则（平等存在形式维度），同等重要性原则（平等权利形式维度），自主不伤害原则（平等机会形式维度），差别补偿原则（平等结果形式维度）。

第一，二重限制性平等的研发例外原则（仅适用于经批准的特定科研）。其含义是：（1）出于求知、探索宇宙万物之终极目的；出于改善人类福祉之终极目的，如改变人类孤立于地球的处境、拓展人类在太空的活动空间、减小人类灭绝的风险、改变人类的资源短缺及贫瘠等。对于一切关于宇宙、天体、物质、生物、人类的科学研究，包括突破与变更人类的二重限制性的生物技术研究，理论上都可以不设限，都可以被限定在科学研究领域内，根据安全规范有序进行。（2）出于维护现有人类社会的可持续性发展和主持公平正义，所有可能对二重限制性造成影响或变更的科学研究项目，如基因和蛋白质学、认知和脑科学中所涉及的相关前沿研究项目，都必须经过可以代表公共利益诉求的、专业的、权威的专门机构的审批，或符合其颁布的医学伦理规范要求。

第二，二重限制性平等的同等重要性原则。其含义是：在变更二重限制性的权利面前，每个人的利益都是同等重要的。

第三，二重限制性平等的自主不伤害原则。其含义是：在变更二重限制性的机会面前，每个人都可以自主地为自己做出选择，但每个人的选择应以不伤害他人及公共的身体健康、安全、利益为前提。

第四，二重限制性平等的差别补偿原则。其含义是：对于那些为了探索宇宙万物、为了改善人类福祉，且经过代表公共利益诉求的、专业的、权威的专门机构审批的，符合医学伦理规范的科研项目，如果取得了实验室和临床试验的成功，也即经过了确证，是安全可靠的、是广泛适用的、是经临床审查可以被推广应用到人类自身的，那么，对于那些虽然名义上享有“同等重要权利”（权利平等）、“同等自主选择机会”（机会平等），却因种种现实社会差异而不能实际上享有这样的权利和机会的人，社会需要对其做出差别补偿。

对于二重限制性平等的研发例外原则和三项分配原则，我们将在第 6 章，对二重限制性平等突破应对的不同层面的倡议中，进一步展开解释。

第 4 章　二重限制性及其平等的意义：有限与超越

接续第 3 章内容，本章是对二重限制性及其平等所进行的功利主义辩护，二重限制性及其平等对人类社会具有重大作用和重大意义，揭示其功用当然是对其价值正当性的一种有力论证。

人性建构的动力：二重限制性及其平等赋予了人性“谦卑”与“超越”两个支点，并由此影响和改变人的诸多行为及其伦理状态。受制于二重限制的人类生命及其所释放出的需求，是人性的起点；对有限生命、有限认知的超越，是人性建构的朝向。二重限制性及其平等渗透在人性形成的各个环节，人类的利益追逐和人类社会的道德形成、人类对于自身有限存在的超越、人类所取得的伟大文明，无一不与此相关。二重限制性及其平等是人性建构的宝贵物质基础，为人性建构提供了超越自我有限的源源不断的驱动力，是我们建造人类文明的基础保障。坚守二重限制性及其平等，就是在守护我们业已取得的文明成就，守护我们的共同人性，守护人类基于自身本性和变动着的外部环境而长久积累演化、精细雕琢而来的生存延续方式。这种方式带给了人类稳定、安全、统一和可持续发展。如果放弃二重限制性，放弃在二重限制性面前的主体人人平等，我们就可能伤害到我们自身的稳定、安全、统一和可持续发展。

知识创新的源头：认知的不可继承性（个人的知识独有性意义）使得大量的非公共化的知识只能为个人所独有，也即赋予了知识的个人独有性，从而提升和增强了每个生命的认知价值。认知的不可继承性（认知潜能及其超越意义）使得每一个人都生而无知，每一个人都成为一个从零开始的新的生命认知周期，每一个人及其认知都成为潜在的可以提供知识反思和知识创新的源头，每一个生命都因之具备了认知价值，这是二重限制性的自然平等、实然平等。在4.2.2小节所分析的林林总总的个体认知发生状态（认知潜能）中，只有抵达了“自知无知”并闯过“认知创新”关口的（参见图4-1，认知的发生状态与知识创新）最智慧、最坚韧、最勇敢、实现了自我认知超越的生命，才能创造出新知识，也才能享有新知识所带来的力量和价值，这是二重限制性的社会平等、应然平等。二重限制性平等是自然与社会相统一、实然与应然相统一的平等。

由于认知的不可继承性（认知的可自由性及其超越意义），我们的认知才不受制于基因或大脑功能模块的决定和调控，也才不隶属于我们的父辈或外部权威，我们的大脑才没有被什么先入为主的真理或观念所占据；一切知识的获取，都需要我们依靠自身来学习、领悟，因此我们的认知也才真正属于自己，我们也才具备了认知的可自由性（反思以及达到认知自由的潜能）。质言之，由于认知的不可继承性，我们才具备了认知自由的自然物质基础以及在此之上的可超越性，我们才能反思和反省，才有可能最终抵达认知自由。拓展认知自由是我们所具备的一种能力，我们因之可以做到不屈从于思想和知识权威，不屈从于被拒绝、被冷落、被嘲笑、被胁迫，我们敢于质疑、敢于相信并坚守自我的求知探索；而这恰恰是人类知识大厦创新的源头和动力。

天然的人际差异调节器：二重限制性及其平等是天然的人际差异调节器，它的意义在于，亘古以来，社会精英阶层始终不得不受限于“生命的有限性、认识的不可继承性”这一最根本、最重大、天然的实质平等制约，从而使社会精英不得不与普罗大众和社会底层进行或较长周期或较短周期的代际平等调节，从而缓解人类社会因为特权、地位、财富继承并经由代际累积而来的、过大的乃至难以维系平衡的人际差异。它的意义还在于，为普罗大众和社会底层提供了一项事实平等、实质平等的自然物质基础，提供了一个底线保障，使他们可以寄托希望于未来、下一代。如果放弃二重限制性平等，就等于是在破坏、毁灭乃至终结普罗大众和社会底层的底线保障和希望改善。

人际正义平等关系的根基：人是二重限制性的存在。人平等地始发于二重有限存在，它带给强大者以谦卑，它带给羸弱者以希望，它构成了人际正义关系的根基。在自轴心时代以来的所有人类社会实践中，不论是哪种技术及经济形态的社会，也不论是哪种组织形态的社会，也不论采取哪种对待人际差异与平等的共处关系，二重限制性平等都以事实平等和实质平等的形式，存在于以往的人类社会，在人性建构、知识创新、人际差异及代际差异调节方面，起着上述诸多重大的作用，人类社会也才能因此在充满差异的世界中，始终保持着一种天然的人际平衡、一种可以持续的人际和谐。所以，我们说二重限制性平等对主体间的自然存在关系、社会存在关系形成了根本性的影响，是人类社会平等的自然物质基础和底线保障。

总结起来说，人对自身二重有限存在的超越，是人性建构的动力、是知识创新的源头；二重限制性及其平等因而成为保障我们共同价值（人性）、共同财富（知识）的宝贵根基。它还是天然的人际差异调节器，对主体间的社会存在关系形成了根本性的影响，是主体得以平等存在、人类得以平等共处的自然物质基础和底线保障，对人类社会具有重大作用和意义。

如果不坚守二重限制性平等，就会破坏我们人性建构的基础，破坏我们知识创新的源头，破坏我们的自然存在关系，乃至于使社会平等关系丧失天然的底线保障。这些可能的后果都足以对我们业已取得的文明成果与和平共处关系造成根本性影响，是我们很难承受的。所以，在人类社会内部，二重限制性平等的这一价值必须得到维护、必须被坚守；二重限制性平等这一道底线保障不能被突破。

此外，我们还应认识到：二重限制性及其平等的功效和意义，在高技术（如太空、物质、能量、信息类高科技技术）的改造和应用对象范围尚处于人类以外的“它者”或“他者”的时代，并未被特别凸显出来，反而往往因其过于“自然”而不被察觉或被忽视（就像苹果只能从树上往下掉、脚下的大地不可能是一个球体并且是转动的一样）。然而，恰恰由于二重限制性及其平等对于人性和文明（知识）所起到的地基式作用，迨至当代，当两大生命科学高峰，基因和蛋白质学、认知和脑科学以及基于其之上的高技术应用，即生物工程（基因技术、纳米技术等）、智能工程（神经网络架构技术、模仿脑和创新脑的机器智能技术等），其所改造和应用对象直接投向了人类自身，并已经发展到可以影响人的这二重限制，也即冲击人的自身存在及其认知价值时，二重限制性及其平等的意义就前所未有地被凸显出来了。

4.1 人性建构的动力

休谟在《人性论》中指出，“一切科学对于人性总是或多或少地有些关系，任何学科不论似乎与人性离得多远，它们总是会通过这样或那样的途径回到人性”①。卢梭在《论人类不平等的起源》中感叹，“在人类所有的各种知识中，对我们最有用”，但却是“我们掌握得最少的，是关于人的知识”②。马克思在《〈黑格尔法哲学批判〉导言》中指出，“理论只要说服人［ad hominem］，就能掌握群众；而理论只要彻底，就能说服人［ad hominem］。所谓彻底，就是抓住事物的根本。而人的根本就是人本身”③。

人性就是人的普遍本性、人之为人的根本、人之应有的生命取向。人性论是研究人性的理论，是道德哲学和政治哲学甚至是所有人文学科理论构建的基点。正因为如此，几乎每一个哲学问题、每一种价值追求，最终都会走向与人性的碰撞，到人性和人性理论中寻求依托、寻求某些解答。因之，本书对二重限制性及其平等的意义论证，也必然不能脱离开人性。

4.1.1 人性的两个支点：谦卑与超越

刻骨铭心地体悟到二重限制性及其平等，也即认识到：我与人无异，我与人同等地走向死亡（受制于必有一死）、同等地生而无知（受制于认知的可存续限度），甚至同等地无知于不可知域（纵使我再博学、我之认知可达领域再广博）；形成这一认知，是完全有潜力来影响和改变人的诸多行为及其伦理状态的。这就使得二重限制性及其平等对于人性具备了建构功效和建构意义。

二重限制性及其平等可以使人“谦卑”，尤其是使强大者“谦卑”。

---

① 休谟．人性论：上卷．关文运，译．北京：商务印书馆，2015：2.

② 卢梭．论人与人之间不平等的起因和基础．李平沤，译．北京：商务印书馆，2007：33.

③ 马克思恩格斯选集：第1卷．3版．北京：人民出版社，2012：9-10.

所谓“王侯蝼蚁，毕竟成尘”（陆游：《沁园春·孤鹤归飞》）。“谦卑”对于在世而言，能够帮助人们抵达本书 1.1.3 小节所论及的平等的心理情感境界，也即“看到平等所处的位置要高于或者说大于看到差异所处的位置”的境界。在这种境界里，人们可以站在更大的圈外看待世间万物，从而使人们能够触及更高层次、更大范围、更远朝向的人生。这样的心理情感和人生境界对于促进人类社会的理解、宽容与和谐，有着重大意义。我们在 1.3.3 小节论及的各种宗教看待人际差异与平等的态度，它们促进平等博爱的教义依据、信仰依据，难道不正是建构在对生命限度和认知限度的反思及诠释的基础之上的吗？

知行合一的“谦卑”，可以促使人自内而外地改变自我、采取行动。我们常常听到一些世界级富豪说“自己不过是财富的看护者”，这背后就必然不能缺少二重限制性所形成的人性基础。比如据多个公开报道，比尔·盖茨就将全部个人财产捐献出来（仅留给两个女儿每人 1 000 万美元的信托资产），投入到慈善，主要是在全世界范围内消除贫困、救治疾病及投入基础教育。在震惊世界的 2020 年初新型冠状病毒疫情中，比尔·盖茨基金会的捐助就遍布中国、美国、非洲多个国家，也包括世卫组织。这样的例子很多。

对于个体而言，系统性反思二重限制性及其平等，尤其是基于充盈理论认知的自觉反思，可以促使人明辨当下、珍惜光阴、树立起锐意进取的人生态度，进而在人生实践中发挥出积极主动性，实现“超越”。在人生实践意义上，“超越”往往和进取联系。“超越”就是真诚地面对自我的有限性存在，也即真诚地面对生命及认知存续的易逝，选择勇敢而非沉沦，采取行动锐意进取而非自弃或陷入虚无，进而不断挑战自我、战胜艰难险阻，经由磨炼自我而超越当下之自我，使自我趋于完善，使自我的人生境界得以抬高。

荣格（Carl Jung，1875—1961）曾有九年的时间在霍尔茨里精神病院专注于研究与死亡相关的精神和心理①，在他看来，40 岁以上的病人，其

① R. 比尔斯克尔. 荣格//张世英，赵敦华. 最伟大的思想家. 周艳辉，译. 北京：中华书局，2004：7-12.

问题都根源于惧怕死亡的趋近①。当代最具影响力的管理学大师德鲁克（Peter F. Drucker，1909—2005）在论及“知识工作者的自我管理”时曾指出，40 多岁的知识工作者最常碰到的痛苦就是“江郎才尽”，而最主要的原因是对工作的倦怠感。难怪，我们常常说，40 岁以后人的心境会变。事实上，在 40 岁以后及稍前时间（不排除有“先知先觉者”，只是在 40 岁左右更具普遍性），人们对有限生命及有限认知所产生的不同觉悟、所采取的不同态度（反思）及基于此的行动（实践），往往成为其人生的分水岭，由此造成了人们后半生不同的人生路径、归属、最终可达到之不同人生境界。梁漱溟曾将人生态度分为三种：“逐求”“厌离”“郑重”②，梁漱溟在文中论及但并未展开三种态度之间的转变可能及如何转变。按照笔者的理解，这种转变一定离不开人们体悟并认识到自我之生命限度和认知限度，对之形成一种新的人生态度和行为改变。这种觉悟、反思和实践，决定了一个人能不能使自己不受制于“逐求”、不沉沦于“厌离”，而最终抵达“郑重”之人生境界。

人性的特殊性决定了关于它的论述往往是某种断言式理论界定，这一点常见于诸多的人性类著作。关于这一点，可参考笔者在附录 A“一、传统或古典的人性论”中的解释。尽管深知能力有限，除了做出一些概括性论述之外，笔者还愿意在这一问题上继续探究，往前多走两步。下文，笔者将通过以下路径来展现二重限制性及其平等对人性建构的意义。首先，为了追根溯源建立具有说服力的论证依据，笔者对轴心时代以来的人性理论展开了全面、扼要考察，给出其递嬗流变之总结（附录 A 的 Part I）。而后，归纳出人性论的三个核心问题域，也即人性来源于何处（因何是然）、人性是什么（是然）、人性应该的价值取向（应然）（附录 A 的 Part II）。进而，在对古今中外诸种人性理论的综合理解和援用的基础上，围绕人性论的三大核心问题域进行人性解析和人性建构。

人性解析，就是指明人性是什么、人性从何而来，论证人性何以是此

① 休斯顿·史密斯. 人的宗教. 刘安云，译. 海口：海南出版社，2013：240.

② 梁漱溟. 我的人生哲学. 北京：当代中国出版社，2013：6-9.

并如何作用于我们。人性建构，就是论证人性的朝向，也即人性应该有的价值取向是什么。在“欲→利→德”的人性解析过程中（4. 1. 2）、在“有限性→超越性→无限性”的人性建构过程中（4. 1. 3），笔者如下的观点得到了展现：受制于二重限制的人类生命及其所释放出的需求，是人性的起点；对有限生命、有限认知的超越，是人性建构的朝向。二重限制性及其平等渗透在人性形成的各个环节，人类的利益追逐和人类社会的道德形成、人类对于自身有限存在的超越、人类所取得的伟大文明，无一不与此相关。二重限制性及其平等是人性建构的宝贵物质基础，为人性建构提供了超越自我有限的源源不断的驱动力，是我们建造人类文明的基础保障。

4. 1. 2　人性解析：欲→利→德

欲，是生命迫于其有限性，为了存在、成长和延续而释放出来的需求；是生命的内在动力，是人性的物质支点和形成起点。欲本身无分善恶。历史上人性论的主要建树者，都没有否认欲望的存在，即使主张“存天理、灭人欲”的朱子，也承认人欲普遍存在的客观事实。

“天下之大德曰生”（《周易 · 系辞下》）。欲，就是儒家告子的“生之谓性”、“食、色，性也”（《孟子 · 告子上》）。在亚里士多德那里，欲是人类灵魂中包括了植物灵魂和动物灵魂的生命功能，是消化和繁殖，是感觉、生理需求和行动能力。欲是伊壁鸠鲁对快乐的渴求，是边沁趋乐避苦的唯一目的动力。欲在霍布斯那里是人幸福的驱动，“欲望终止的人，和感觉与印象停顿的人同样无法生活下去。幸福就是欲望从一个目标到另一个目标不断地发展，达到前一个目标不过是为后一个目标铺平道路”①。欲在叔本华那里表现为生命意志，也就是生存欲望和生命冲动。在马克思恩格斯那里，欲是个人的需求，“在任何情况下，个人总是‘从自己出发的’……他们的需要即他们的本性”②。马斯洛认为，欲贯穿了人的一生，

① 霍布斯. 利维坦. 黎思复，黎廷弼，译. 北京：商务印书馆，2017：72.

② 马克思恩格斯全集：第 3 卷. 北京：人民出版社，1960：514.

"人是一种不断需求的动物，除短暂的时间外，极少达到完全满足的状态。一个欲望满足后，另一个迅速出现并取代它的位置；当这个被满足了，又会有一个站到突出位置上来。人几乎总是在希望着什么，这是贯穿他整个一生的特点"①。欲是道金斯笔下"接近于值得赋予不朽称号的遗传实体"②，它（基因）不可阻挡地一代一代地在不同个体躯体内转移，人类以及其他一切动物都只是它为了保全和延续自己所创造出来的外壳。欲如同威尔逊在其所开创的社会生物学中揭示的那样：我们都是生物性的，我们的灵魂不能自由地飞翔。

总之，欲是生命迫于其有限性，为了存在、成长和延续而释放出的需求，是伴随生命"有限存在"的本能表现，如自我保存、趋利避害、趋乐避苦。人的欲望来源于人的生物学基础和人的物质性事实，欲望或许有强弱之分，却永远无法摆脱。脱离了人的欲望来谈人性，是空洞苍白的。谈人性就必须从人的欲望，也就是从人作为有限生命的需求出发。

利，就是效用，是人的更好的存在，是群居合作、彼此依存的氏族人、家庭人、政治人、社会人在长期的历史延续中所形成的善恶偏好。尽管由于地缘和风俗的原因，人们往往对善恶偏好有认知差别和选择差别，但对其效用的认同确是普遍的、实质性的。"利"在"欲"之后，是对"欲"的超越。"欲"主要对应个体生命，"利"则除了生命自我之利以外，还体现为主体间互利和群体整体利益的扩大。没有利，再伟大的仁人志士也不能揭竿而起、一呼百应。"仁人之所以为事者，必兴天下之利"（《墨子·兼爱中》）。正如马克思恩格斯指出的，"'思想'一旦离开'利益'，就一定会使自己出丑"③。质言之，无论多伟大的思想（如古往今来不同文明中的伦理观、人性论述），如果脱离了社会现实中被广泛认可、普遍支持和共同向往的人的利益，那么，这些思想必定是靠不住的。从人的现实存在来看，快乐主义、功利主义、新达尔文主义人性论，要比那种脱离了空气的、"鸽子式"的、轻视欲望和功利的柏拉图理念显得更

---

① 马斯洛. 动机与人格. 许金声，等译. 北京：华夏出版社，1987：29.

② 理查德·道金斯. 自私的基因. 卢允中，等译. 北京：中信出版社，2012：8.

③ 马克思恩格斯全集：第2卷. 北京：人民出版社，1957：103.

可靠；比黑格尔的绝对精神世界，甚至也比康德那种基于人类共有的实践理性结构的道德“绝对命令”来得更真实。

从“欲”到“利”有两个关键条件：一是为何转换的原因，二是得以转换的可能。转换动因，源于欲的实现和对外部资源的占有之间总是存在着矛盾。对此，荀子、马尔萨斯、达尔文、霍布斯等，都有过深刻、精辟的论述。在漫长的 200 多万年人类发展历史中，人类欲望的满足从来都不是一个完全自为的过程，总是需要借助于某些外部资源来达成。食物和水、居住地和自由活动范围、生理需要和繁衍后代，通过外力来实现一些目的，这些无一不需要借助外部资源。外部资源总是有限的，人类生存及繁衍却总是倾向于扩张，总是需要消耗和占有更多的外部资源。人类因为需要争取更好的存在而引发占有外部资源的争夺，并由此导致的人类竞争是不可避免的。争夺和竞争不可避免，又必须从争夺和竞争走向更好的存在，必须寻求超越个体的“利”，这就是从“欲”到“利”的转换动因。

利之得以转换的可能，被认为是超越于自然界和动物界的人类独有的能力。这种能力使人产生了超然于动物群体的社会合作性、能动性和创造性。这种能力在亚里士多德那里被称为“人的理性”，在卢梭那里被称为“人的自我完善性”，在中国儒家那里被称为“人为最灵”（朱熹：《答余方叔》）。新达尔文主义人性论实验证明，人和动物，尤其是和人的近亲猿类，在同理心及权力倾向等诸多心理方面、在追求平等和强化等级等诸多群体结构方面，都只存在程度的差别，而没有本质的区别。但同样，我们已证实并为之骄傲的是，在业已探知的宇宙万物里，唯有人是如此不同、如此伟大，唯有人实现了摆脱自然界的“纵然一跃”，战胜了自然法则对生命的控制，有效抵御和改造了来自“欲”的残酷自然竞争。人们在社会竞争中，超越了自我的生存维度，创造了互利的竞争与合作的双重维度，并在这一双重维度中，迸发出了人类社会合作独有的能动性和创造力，为人类自身打造出了一个超然于自然界的人类精神文明和物质文明家园。

这就是人的理性，它使“欲”得以转换到“利”。理性，位于柏拉图灵魂中的最高位置，可以驾驭激情和欲望。理性，是亚里士多德的人类灵魂中高于植物灵魂、动物灵魂的最根本功能。理性，就是中国先哲所说的

“灵气”。理性，是笛卡儿的“沉思”，是运用它就可以将人的知识提高至一生所能达到的最高水平。理性，就是卢梭的人之自我完善能力。理性，就是启蒙运动的人性复归，是启蒙大师们顶礼膜拜、高声疾呼的“大胆运用”的理性。在新达尔文主义进化论那里，理性始发于一个或一些使人脱离于动物界的生物学“突变”。有关这个生物学突变是什么以及何以发生，有一些不同的理论主张。本书所赞同的观点是“复杂语言的解剖基础”① 以及由此构建的基于人类符号语言的认知（3.2.5）。出于应对复杂沟通和广泛学习的需求，人的发声生理结构（包括喉、舌及语音控制肌肉系统，是发声道诸多结构和控制发声肌肉之间的精致配合）在“人类的大跃进时期”② 前的某一个时刻产生了突变。新的发声生理结构能使人发出相比动物更多、更复杂的声音，经过一代代遗传和自然选择，声音系统在人的复杂沟通和集体学习中逐渐被功能化和固化，就产生了独特的、丰富的人类语言。语言对人的沟通、理解和学习能力产生了决定性影响，也使人的行为产生了巨大变化，最终使人从动物界脱颖而出，形成了人独有的理性能力。这种理性能力具体表现为：人具备了不同于动物的深度思维、概念抽象和感悟能力。人知道并可以选择合理利我、有限利他，人可以通过合作而非残酷的生死竞争创造出越来越多的独立于自然界和动物界的善品，以达成更好的人类存在，如人类独有的、丰富的语言和书写系统，不断改进和增多的新型工具，复杂技艺，大型建筑，不同渊源的宗教信仰，不断构建扩展的理论和实践知识……

总之，利就是效用，是人类更好的存在；利的实现依托于人的理性，理性是人摆脱自然法则控制的独特能力，最初是人类进化的某种或某几种生物性突变，经过漫长的自然选择，进化为超然于动物的人类意识、人的

---

① 戴蒙德．第三种黑猩猩：人类的身世与未来．王道还，译．上海：上海译文出版社，2012：58-60.

② 来自考古学、人类学、古生物学的多项研究结果表明，大约在 10 万年前，人类使用工具的样式和质量、人类的艺术表现形式及文化差异，都发生了一系列非常明显、迅速的转变，并在旧石器晚期到来时达到了顶峰。人类学对此已有共识，认为这一时期存在着一个短暂的、重大的、转折性的人类认知的发展演替。这个时期被人类学称为“人类的大跃进时期”。

能动性和创造力。

德，是从“欲”到“利”转换过程中所形成的、约定俗成的人类社会合作规范基础；是被广泛认可和普遍遵守的人类价值，是正义和善恶道德评价。尽管这种评价因为群体所处地理自然环境、习性和历史文化差异，表现出诸多不同的内容和特征，但无论其体现为早期宗教或神话中的启示性寓言，体现为来自上帝的戒律，或者是体现为历代哲学家所苦苦论证的形而上学终极原理或根据，德，总是能最终体现为一种普遍性的人伦，比如不可杀人、不可偷盗、不可说谎、尊敬长者、孝敬父母等伦理常识，比如向往自由、伸张正义、推崇仁善等伦理价值，比如由己推人，己所不欲勿施于人的黄金律。

德所获取的广泛性支持，来自“欲”，即来自植根于人类起源、繁衍和发展的生物法则，是普遍的人性需求。德的广泛性支持和形成过程，在新达尔文主义人性论那里被表达为“群体遗传选择和生物学意义上的利他”，是对形成人类自利及利他行为、群居习惯选择等的生物物质基础的实证主义解释。德所形成的历史条件和历史过程，取决于“利”，也即效用，是人运用理性所创造出的更好的人类存在。“人们所以普遍地来赞同德性，不是因为它是天赋的，乃是因为它是有利的”①。即使常常存在“强权就是公理”，而强权在用武力短暂地夺取或控制了公理的支持以后，也必定要树立新德。长久有效的立德，还是要取决于“利”，取决于效用。也就是说，强权也罢，德政也罢，最终还要取决于是否能使人们获得更好的生活。

德是伦理规范。德在形成伦理规范之后，就会具有决定性的道德价值指引（目的论的），或者具有无条件的义务要求（义务论的）。德以文化传统的方式引导和约束人际竞争与合作。人们遵从这种引导，接受这样的约束。因此，人们不再仅仅成为遗传特征的载体，不再成为自然演化的奴隶，人类在自然法则面前获取了自由。正是这种自由，使得我们成功阻挠了很多古人类的恶习，如杀婴、对待妇女的不人道方式；也使得我们创造出法律来约束我们本能中存在的暴力和强权倾向，树立起道德楷模和宗教

① 洛克. 人类理解论. 关文运，译. 北京：商务印书馆，1959：29.

领袖来扩大我们对仁善、正义、奉献等美德的追求。正是这种自由，使得我们不断扩大我们合理利己和有限利他的行为对象与范围，不断释放宽容和创造人类关爱，也使得我们愿意为一些价值而牺牲自我。也正是因为这种自由的长久发展和成熟，历经几千年的技术能力和思想能力的积累，人类才得以摆脱了几千年的旧世界身份等级社会，迎来现代社会的身份平等和人格平等。

综上所述，在个体层面，认可和尊重“欲”；在政治人和社会人即人类群体层面，确立和实现“利”，实现更好的彼此间效用和更好的整体效用。由个体“欲”到整体“利”的实现过程中，形成了居于地球不同地缘区域的人类群体所普遍认可和遵循的“德”。这就是人性解析的逻辑。由此可见，受制于有限存在的人类生命及其因为延续而释放出的需求（欲），乃人性形成的起点和支点，它渗透在人性形成的各个环节，它决定着人们的利益追逐并影响着人类社会的道德建构。

4.1.3 人性建构：有限性→超越性→无限性

“欲→利→德”的递进逻辑凸显了人性取向中的超越性维度。人性取向在人不断超越自身有限的实践中彰显出来、确立起来，被人普遍向往和追求。人性取向中最宝贵、最灿烂的光芒就是超越自我。

超越性也即人追求自身发展与完善的主动性和创造性。卢梭认为，人与动物之间有一个无可争辩的差别，就是人具有与生俱来的“自我完善的能力”①。马克思恩格斯指出，“任何人的职责、使命、任务就是全面地发展自己的一切能力”②。超越性是人不甘于堕落，不甘于虚无，不甘于平庸，生命不止、追求不息的人性动能。“在人性中，真正长驻不变的，并不是任何它曾一度存在于此的状态或者由此沉沦的状态，而是那种它为此并且向此前进的目标”③。“士希贤，贤希圣，圣希天”（周敦颐：《通

---

① 卢梭．论人与人之间不平等的起因和基础．李平沤，译．北京：商务印书馆，2007：58.

② 马克思恩格斯全集：第3卷．北京：人民出版社，1960：330.

③ 卡西尔．卢梭·康德·歌德．刘东，译．北京：三联书店，1992：24.

书·志学》)。历代先哲不断挖掘人性取向，不断追求至善、理想和神圣，就是为了要给人性找到一个归处，以实现对人有限存在的超越。

人性取向就是人不断超越自我的持续的朝向状态。超越自我，就是超越人的有限性存在、追求并实现人的不朽性。第 3 章提出并建构了“二重限制性”“二重限制性平等”概念。人的二重限制性是自然法则平等给予每一个生命的最根本、最重大、最天然的两个限制；自现代智人脱离人亚科，成为独立的人类物种以来，在其 20 多万年的进化与发展历史中，这两个限制就一直伴随人存在，由此构成了人的“二重限制性平等”事实。

生命的有限性及其平等，使得最有宏伟功业的帝王将相，也同卑微贫弱的奴隶一样，必定走向一死。认知的不可继承性及其平等，使得最博学广识的鸿儒名门之后、最权倾朝野的皇亲贵族之后、最富可敌国的财阀富豪之后，也同目不识字的寒门弟子一样，出生落地后，不得不从牙牙学语开始，不得不从零开始积累属于自我的经历、经验、知识和智慧。二重限制性，是包括皇帝、鸿儒、农夫、奴隶在内，每个人都不得不接受的同等的有限。君子之泽，五世而斩，究其背后的哲学根底，就是人的二重限制性。皇位特权曾经被继承、财富房产继续在被继承，但每一个人，无论健残、强弱、高矮、美丑，无论贵贱、富贫、达穷、智拙，都是一个不可继承的、为自我所独有的、重新展开的、可以无限挖掘和发展的认知生命周期，每一个人都有其独有而宝贵的认知价值和认知自由，这是任何人所无法强占和转移的。

二重限制性，是人全部有限性的根源和根底。人永无止境地好奇求知、著书立说，人前赴后继的建功立业，包括人类社会运动的风起云涌、信仰理想的虔诚狂热、高科技的上天入地…… 这一切，究其根底，无非不是要试图超越人生命的这二重限制，以求在人的肉体生命与认知意识消亡以后，还能归于超越时空的一种永恒存在，还能在人类社会文明传统中得到一种长久流传（被记忆和传颂）而免于被彻底消亡。逐一比较下来，人生中还有哪一种力量能与二重限制性所带来的巨大冲击力量（可以是毁灭性的，也可以是再造性的）相比？有限生命的彻底消亡，自我认知的不复存在，正是因为一旦警醒地意识到这种无法逃脱的有限，人们才会像换了一个自我一样（就像俗语所说，顿悟了、得道了、获得新生了)，重新将充满磨难的人生揽入怀中，重新追问和开启人生的意义，重新追求和实现新的人生目标，从而使人的生命得以增强和提升。

人性取向就是超越人生命的二重限制性，也就是超越人自身肉体和认知的有限性。从人的外部来超越二重限制性，就是追求自我乃至经验世界以外的理想目标，它形成了人的外向超越。追求客观知识（终极真理）就是人的外向超越中最重要的一种。从根本上说，认知的不可继承性使得每个生命都成为一个独有的认知周期。人在自我的认知周期内，通过认识水平的积累、认知能力的提升，所能掌握的知识，就是人与外部环境之间的对话，反映了人与外部环境之间的关系。“外向超越”是古希腊哲学的特性。苏格拉底求助于追问“根底”，这个“根底”就是经验世界以外的本体。柏拉图创造出超越于经验世界的、超时空的理念世界，理念就是对有限的鄙弃，是无限的存在。亚里士多德引入“理性人”“求知人”观念，一定程度上缓和了柏拉图理念世界与经验世界的二元分离。由于人具有理性能力和求知本能，人通过理论理性不断获取和创造真理，才为人类从流变可感的经验世界超越到抽象永恒的理念世界搭建了一条知识通道。古希腊哲学通过求知、通过追求确定和永恒的真理性知识，实现了人的有限性超越，也孕育了西方科学。

从人的内部来超越二重限制性，就是追求更高的智慧和德行、践行更好的修为和功业，通过修炼自我、改善自我、拓展自我，抵达更高的人生境界。在内向超越方面，中国先哲提供了丰富的思想。古人有言：“死而不朽，何谓也?”“太上有立德，其次有立功，其次有立言，虽久不废，此之谓三不朽。”（《左传·襄公二十四年》）这段叔孙豹与范宣子关于不朽的对话，可以说道出了古往今来仁人志士对超越人的有限性、抵达人的无限性（也就是虽死而不朽）的永恒追求。

表面上看，中国古代的三不朽是指一个人追求其生前和死后对他人的影响。但实际上，达到三不朽，首先要做到的是对自我的内在超越。没有对知识忘我的追求和汲取，不能承受枯燥艰难的深度思考，如何能抵达智慧、创造真知？没有强大的律己意志，不能在满布荆棘中坚守前进方向并为之长期付出，如何能建功立业、成就功名？不克制自然欲、物欲和个人私利，甚至不在很多方面做出巨大的个人牺牲，怎么可能从“欲”和“利”超越到“德”？又怎么可能从“有限”超越到“无限”？内在超越就是生命“知其不可为而纵然为之”的自我追求和实践，从人性内部激励着个体生命拼搏奋进，从而释放出巨大潜能。阿基米德（公元前 287—前 212）早在两千多年前就敢于用沙子来度量头顶的无垠星空（《数沙者》：用多少粒沙子才能填满宇宙）。魏格纳（1880—1930）提出“大陆漂移说”后，备受冷落和嘲笑，他本人却冒着生命危险，四赴冰冷的格陵兰岛扎营，坚持考察研究、完善自己的地球理论（著有《海陆的起源》），在 1930 年 50 岁第四次赴格陵兰岛考察中遭遇恶劣的暴雪天气而丧生。阿基米德敢于测量宇宙的宏大勇气、魏格纳挑战极端环境并付出生命的执着，就是人性内在超越所释放出的巨大潜能，从人性内部推动着人类千百年来一点一滴、持续不断地在知识和真理的海洋中奋力开拓。电影《史前一万年》中，领导奴隶反抗埃及法老的亚高族首领有一段朴素的话，“一个好人，会圈起保护圈，照顾里面的人，包括他的女人和小孩。有些人围起更大的圈，照顾他的兄弟姐妹。但是还有些人，有更大的使命感，他们必须在自己身边划一个很大很大的圆圈，把很多很多人都划进去，来照顾那些不认识的人”。“杀身以成仁”（《论语・卫灵公》）、“舍生以取义”（《孟子・告子上》），这样一种超越自我之“欲”、自我之“利”的大爱，是一种大德。立德、立功、立言，首先是一种内在自我超越，本质上也是内在自我超越，外化在人际关系上，体现为对平庸的超越和对他人的积极影响。

“有限存在”也即自我保存、趋利避害、趋乐避苦的人（参见 4.1.2，人性解析的起点），始终停留在求生的人生境界，是芸芸众生之所为。而对人性取向的超越性建构，在于人能意识并珍爱，自我是一个有限的、独有的认知存在（意识并珍爱人的二重限制性），进而自发自觉地珍惜光阴、锐意进取、发挥出自我的主动性和创造性，在锲而不舍、坚苦卓绝的人生实践中，追求真知，追求大爱，持续地超越当下之自我、超越现实之自我、超越有限之自我，由此朝向建构起来的光辉人性，方能够抵达无限、不朽的人生境界。

4.2 知识创新的源头

总体而论，认知的不可继承性对于知识创新来说，具有三层意义。第一层，知识之个人独有性意义。认识不可存续（参见图 3－2，认知的存续途径），因此，它使得可公共化知识以外的庞大的隐性知识及智慧只能被个人所独有，从而抬高和增强了每个生命的认知价值。第二层，认知潜能及其超越意义。认识不可存续（遗传）使得人人不得不始于“生而无知”，每个生命都因之成为崭新开启的自我认知周期，求知以及自我认知超越（参见图 4－1，认知的发生状态与知识创新）为人类知识的反思和创新提供了源源不断的驱动。第三层，认知可自由性及其超越意义。认知不可继承本身就反映出大脑遗传、生长及结构功能特性，也即认知不能被自然遗传、不能被物理转移或占据，它是活性的，它具备可自由性，这恰恰是一个人可能最终达到认知自由的天然物质基础和前提条件保障。以下我们就从这三层意义出发展开论述。

4.2.1 知识的个人独有性

建构在符号语言之上的人类文明之最恢弘伟大的成果，当属人类所创造的知识。提起知识，人们马上就会想到培根（Francis Bacon，1561—1626）那句脍炙人口的名言“知识就是力量”。除了知识以外，世界上没有任何别的什么力量，能够在人们的心灵、精神和信仰中，在人们的大脑、见解和思想中，建立起真正的权威和统治。这就是培根“知识就是力量”之命题的真意所指。知识的力量可以这样被描述：当脑海中所认同的知识转变了，旧的世界就只能支离瓦解。

知识有多种分类，知识分类所提供的信息，使我们得以从不同角度了解知识的本质、来源、存在形式、产生方式和演变规律。从基于不同认知方式的五种知识分类（详见附录 B 的 Part I）中可以看出：知识的个人独有性被强调，默会知识、个人知识、智慧、不可编码的隐性经验知识，这些无法被公共化的个人独有知识，被附录 B 中的每一类知识分类所强调。

这体现了在知识的生产中，无法被公共传承的那部分个人独有知识所起到的重大作用。恰如波兰尼（Michael Polanyi，1891—1976）所认为的，真正的知识往往被看作客观的、普遍确认的、非个人的，但深入考察就会发现，在认知的每一步，个人知识都是不可缺少的因素①。罗素在《人类的知识》中也对此有过论述（详见附录 B 的 Part I）。

大量个人知识无法被公共化的原因包括三种：（1）从认知论的角度，的确存在着“言之所不能论，意之所不能察致者”（《庄子・秋水》）的感悟，也就是维特根斯坦的“不可言说之处”②。（2）从认知的发生过程来看，人的灵感超越可遇而不可求，脑海间经常闪现出一些转瞬即逝的顿悟，往往昙花一现，执笔之时即不复再来。（3）能否公开发表，也即能不能形成书面文字、书面文字能不能经由知识载体和媒介公开出版。不论出于什么原因，能否迈过公开发表这道分水岭，在大多数情况下，决定了个人知识能否被公共化，也即是否有可能被传授、传承。

个人独有知识往往无法被公共化，个人独有知识又对知识生产有着重大作用，在不同知识分类中占据着重要位置，这恰恰凸显出认知的不可继承性意义。认知的不可继承性，使得默会知识、个人知识、智慧、不可编码的隐性经验知识具备了个人独有性，也即只能被每一个人所独有（而不能是其他任何形式的占有、转移或通过公共传承），这一点，使得每一个人的生命对于知识创新而言，都具有了独有而宝贵的价值，生命也因之被抬高和增强。这正是我们说，认知的不可继承性使得每一个生命都具有了认知价值的原因之一。

除了个人知识的独有性以外，生命的认知价值还体现在“认知发生状态”（认知潜能）。对于知识创新而言，个体的诸种认知发生状态可以抵达不同程度和不同层级，它包括了：个体可能会处于什么样的认知状况，哪些认知状况可能会产生知识，哪些认知状况不能产生知识。4.2.2 小节将通过“知”与“不知”的纯粹逻辑分析，论证对于知识创新而言，

① M. Polanyi. Personal Knowledge：Towards a Post-Critical Philosophy. Chicago，Illinois：The University of Chicago Press，1958，preface：vii－viii.

② 指维特根斯坦在《逻辑哲学论》中提出的第 7 个命题：在一个人不能说的地方，他就必须保持沉默。

诸种个体认知发生状态的含义和意义，从而揭示出二重限制性及其平等对于知识创新的意义。

从附录B知识分类中还可以看出：知识的历史动态性被知识分类所强调，这说明了知识本身就处于一个不断产生、创新的进程之中，也说明了人类的整体认知本身就是一个历史动态的过程。将人之认知扩展到人类整体，就要赋予人类认知以时间观和动态观，这就是人类认知的历史动态。人类认知的历史动态并不是什么新概念、新内容，只是相同的事物，换了一个词来解说。人类认知的历史动态就是人类认知的动态发生成果，也即人类的知识（科学）发生的历史过程、发展轨迹以及为什么会如此发生的规律。再进一步说，人类认知的历史动态也就是知识（科学）史、知识（科学）哲学。4.2.3小节将援用科学史中业已被公认的思想场景转换、内容场景转换中的知识创新案例，凸显、引申并论证认知自由的二重含义及其价值，从而揭示二重限制性及其平等对人类整体知识进步的意义。

4.2.2 认知发生状态与认知超越

基于笔者对人之认知状态的思考，同时也为了避免陷入“认知谜团”（相比基因遗传科学，认知和脑科学尚处于婴幼期，尚有很多谜团没有被破解），笔者首先将人的认知发生领域分为三个，之后，通过“知”与“不知”的纯粹逻辑分析，将人的认知发生状态分为八种，以及其他一些认知状态和认知表现形式。通过这样的路径来分析个人认知发生状态（认知潜能）与知识创新之间的关系，进而揭示二重限制性及其平等对于知识创新的意义。

根据本小节所划分的认知三个领域和诸种认知发生状态，笔者绘制了图4-1，认知的发生状态与知识创新。下文将结合图来一一解读。

认知发生的三个领域

划分认知的三个领域，就是在承认个体认知和人类整体认知是有限的这个前提之上，将人类认知的范围划分为：可认知域、未知域、不可知域。

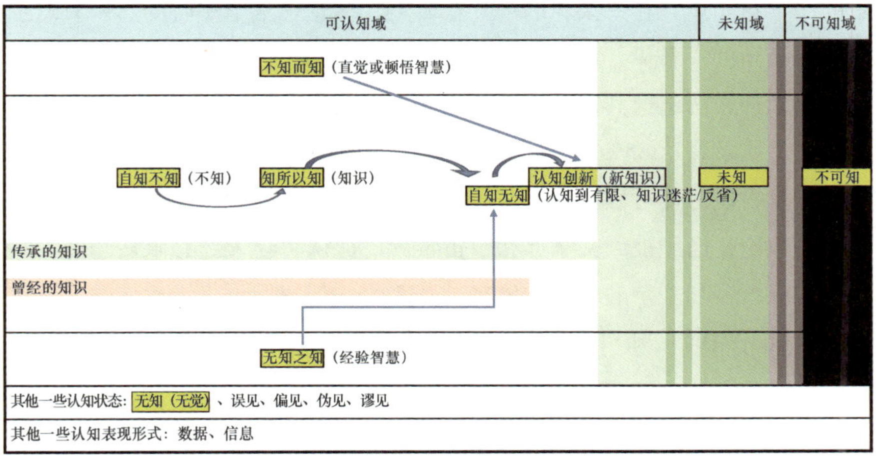

图 4－1　认知的发生状态与知识创新（金辛迪 2019）

可认知域：是人类已经认知和正在认知的、能够被人类所认知的领域。

未知域：是人类尚未开始认知的，但能够被人类所认知的领域。

不可知域：就是基于一些原因，我们不得不承认，存在人类认知所无法到达、无法解释、无法认知的领域。

承认存在人类认知的“不可知域”，就是承认人类认知的有限性（是认知可及领域意义上的限度，而非认知存续意义上的限度）。以下这些原因促使笔者认为，必定存在人类认知所不能及的“不可知域”：

（1）基于宇宙之无垠和广袤、不可穷尽性。哈勃（Edwin Powell Hubble，1889—1953）所探知的星云世界“岛宇宙”表明宇宙是无限的、不可穷尽的①。威尔逊（Edward O. Wilson，1929—　）就此做了一个形象

① 哈勃在加州威尔逊山天文台通过 14 年的星云观测，提出有 4.4 万个不同星系分布在整个宇宙（岛宇宙）中，银河系只是不计其数的宇宙星系中的一个，星云不断远离银河系、宇宙在膨胀，并给出了宇宙扩张公式。爱因斯坦于 1931 年亲赴威尔逊山天文台进行了星云红移复查和观测结果验证。哈勃于 1937 年著书《星云世界》呈现了其研究记录和结论。从此人类宇宙视野迈出了由哥白尼和伽利略所建立的日心系，并在 20 世纪跨越了银河系，投向了“岛宇宙”“扩张宇宙”的无限宇宙观。

的比方，地球之于宇宙，就像是一天下午，在新泽西州蒂内克（Teaneck）市的一个花园里，在一朵花的一片花瓣上，休息了几个小时的、一只蚜虫的左边触角的一截①。更不要说宇宙中还存在着大量的、引力极其强大的、连光都无法逃逸其视界的神秘天体——黑洞；还可能存在着占宇宙全部物质总质量高达85%~90%的暗物质呢！黑洞以及暗物质至今仍不像其他天体及物质一样可以被直接观测和检测，但其各类观测数据、测算模型及相关理论，已经被天文学界和宇宙学界广泛认可。人之有限认知能力相对于无限繁多和复杂的认知对象之悬殊差距，是我们不得不承认的，就这一点来说，人的认知可及领域必定是有限的，人类认知的“不可知域”必定是存在的。

（2）基于生物的多态性、不可穷尽性。如古菌、细菌、病毒及其他微生物，植物，动物，人类，各自具有不同的生物形态，具有不同的活性细胞组合方式和延续方式。人类是天生的三维感官适应，因为感知觉功能的限制，人类连第四位维度的时间都无法感知。即使再借助于高技术设备和精密实验室，即使对物质和生命的探索再推至分子和量子级别，人类也无法对其他生物形态及生态穷尽了解。

（3）基于高级生命的多重实现性、不可还原性。诸多高级生命现象是在不同物质层级上“被多重实现的”，在科学上只可以被解释，却不可以被还原。这涉及物理科学、生命科学、社会科学之间的递进解释关系及不可还原关系。简单来说，就是物理科学是人类生命科学的基础，人类生命科学是人类社会科学的基础，这体现出一种根本性递进关系，更为根本的学科可以解释其上一级学科，但上一级学科的现象却不能被还原到下一级学科。这是科学哲学的一种基础观点。

（4）基于人生命的二重限制性。人的生命有限，且幼初和老年时期还无法有效学习和认知。即使后人可以站在前人肩膀上传承人类知识，但由于认知的不可继承性，每个生命周期也只能从零开始重新学习、重新反思和稍作创新开拓。生命的二重限制性已然决定了我们的认知必然是有

---

① 爱德华·威尔逊. 人类存在的意义. 钱静，魏薇，译. 杭州：浙江人民出版社，2018：45.

限的。

（5）基于哲学上的纯逻辑的原因。理论上来说，问题可以永远追问下去，这就意味着总有我们无法企及的未知问题和未知领域。该逻辑原因在于，我们用于解释其他事情的、那个解释的“自身”无法得到证明。例如，现代科学已经把宇宙推至于大爆炸之前的奇点，对物质、能量、时间、空间、分子、原核细胞、真核细胞、多细胞生物的出现都给予了起源的时间范围和相关解释，然而建立这个理论的一些预设性的前提，仍然得不到解释。例如，宇宙大爆炸理论预设了奇点，尽管奇点本身得到了其他理论（星系红移、宇宙背景辐射等）的支撑，但奇点自身因何而来？或者说奇点之前是什么？却无法解释。同样的逻辑，我们无法回答天主教思想家汉斯·昆（Hans Küng，1928—　）提出来的著名问题：“为什么世上不是空无一物，而总是有一些东西呢?”也就是海德格尔和萨特的存在问题：比特定实体如何产生更为令人迷惑的是，为什么会有实体存在？牛顿给出了著名的万有引力定律，却并没有回答为什么物体彼此之间会产生引力作用，也正是这一原因。

（6）基于以往科学家、哲学家对自身认知的感悟、总结。那些跨时代的科学巨匠，尽管他们都保持了终身孜孜不倦的求知探索，尽管他们都创造了人类知识的丰碑，但在人类可以探知到的知识限度面前，却都保持着一份真诚的谦卑。例如，牛顿在去世前，回顾自己所取得的科学成就，自喻：在浩瀚的真理海洋面前，自己只不过是一个在海滨玩耍的孩童，不时欣喜地找到一个更美丽的贝壳或发现一块更光滑的卵石①。

认知发生的的八种状态

笔者通过“知”与“不知”的纯粹逻辑分析，将人的认知发生状态分为八种，以及其他一些认知状态和认知表现形式。以下是对诸种认知状态的具体解释。

不知而知：我不知道我是怎么知道的。它是超验的智慧，是经由直觉

① 韦斯特福尔．牛顿传．郭先林，等译．北京：中国对外翻译出版公司，1999：335.

或者顿悟所直接到达的智慧。智者的智慧往往表现为不知而知，例如老子的五千言《道德经》中那些直截了当、简明合理、优雅豁达、满富智慧的人生哲理、隐喻及训诫，令多少中外哲学家、思想家折服。但老子在2 500年前怎么就得出了这样的知识和智慧了呢？靠直觉顿悟或逻辑推演？靠理性建构或经验归纳？肯定都不全是，也无法知道如何是。我们只能归结为老子属于“不知而知”的智者。轴心时代的诸位人类伟大精神先导，大体上都属于这类“不知而知”的智者。

无知之知：我不知道我是怎么知道的，但很明显，我通过民间经验知道了结果，却不知道原因。很多民间智慧都是如此，例如，西方19世纪下半叶兴起的地缘学说，力求揭示地缘及地貌生态对文明、社会和政治所造成的支配性影响。而现实中辛苦劳作的农民，也能通过世代的生活经验，归纳出“一方水土养一方人”的民间智慧。但如果要进一步问农民：为什么一方水土养一方人？为什么不同的水土养育的人就不一样呢？农民就不一定知道了。荀子在《正名篇》里有一句话，“所以知之在人者谓之知，知有所合谓之智”。人的耳目天官感受属于人之感知（知），而并非知识，但人心与外物融合并给予其以含义就形成了知识（智）①。这句话可谓经典，很好地解释了为什么农民没有读过书但仍然可以形成民间知识与智慧。

自知不知：我不知道，我也知道自己不知道。这是一种质朴、诚实、简单，却也难得的、可以开始叩响知识大门的认知状态。“自知不知”的认知状态是自觉的，在现实中往往很难得。“难得”意思是说，这样的认知状态并非人人都能达到。

知所以知：我知道，我也知道我是怎么知道的。“知所以知”就是知知。质言之，知其然，也知其所以然。“知所以知”的认知状态能够学习和传承知识。它追问结论背后的原因，它知道和理解，或通过演绎推理、或通过经验归纳、或通过实验实证，它需要通过非结论以外的其他原因来证明结论。例如现代地缘学说，就常常借助于考古学、生物地理学、进化生物学、分子时钟技术甚至人类遗传学等其他学科的理论发现来佐证地缘

① 冯友兰. 中国哲学简史. 北京：北京大学出版社，1985：171.

学说的结论。

自知无知：我知道自己不知道，并且认识到自我认知的有限性，深刻地感受到无知，陷入了对自身认知水平及能力以及自身所拥有的知识，包括自身所研究知识对象的迷茫、怀疑和反省。正如苏格拉底所云，“我唯一可以确定的，就是我是无知的”，就是“自知无知”的认知状态。

认知创新：就是在陷入“自知无知”以后，自我认知还能坚持而非放弃，能够冲出自我认知的困顿，能够闯出来，爆发出新的认知能量，找到新知识的方向和出路，继续勇敢前进，最终超越自我认知，实现认知创新，获取到新知识。只有一部分人才能抵达“自知无知”，而这一部分人中的更少的人才能抵达“认知创新”，也就是能最终闯出来、成功超越“自知无知”之困顿，获取到新知识。

未知：就是在当前的认知范围中还没有触及的领域。无论对个人还是对人类整体，都存在未知的认知领域。当前的未知领域，就是将来的可认知领域，在未知领域转换成为可认知领域之后，在研究过程中，人的认知状态再重新经历前述各种认知发生状态的过程，再不断地创造出新知识。通过这样的过程，人们就可以不断地将未知改变为可认知的已知，人类恢弘磅礴的知识大厦就是这样一点一点建构起来的。

不可知：无论对个人还是对人类整体，都存在无法到达的、无法解释的、不能够被认知的领域。前文已经给出了六大理由来解释为什么存在“不可知域”与“不可知”。

其他一些认知状态和认知表现形式

由于认知主体自主性的缺乏以及认知对象的复杂性，在现实中，还大量存在着以下的认知发生状态：

- 无知（无觉）：一直认为自己知道，不知道自己是不知道的；或对于自己知道或不知道，根本无知觉。这都属于无知无觉。无知无觉的人在现实中是大量存在的。朱熹就曾论及过“先知先觉”。孙中山则将人分为三种：先知先觉者、后知后觉者、不知不觉者。无知（无觉）与上述认知状态不同，上述认知状态各有特征，相较于产生知识而言，其认知程度或层次各自不同，但尚且都属于可以通达知识的认知状态。无知（无觉）则属于无法通达并产生知识的认知状态。

- 误见：缘于所研究对象的复杂性，不能正确认识所研究对象，产生了错误认知。

- 偏见：缘于认知主体自身的偏颇心理，对所研究对象持有了先入为主的、特定的、具有倾向性的看法。

还存在经过主观二次处理的认知状态，它们都不是知识，或者说不能够产生知识，往往也无法维持长久。

- 伪见：自己知道，但假装不知道；或自己不知道，但假装知道。

- 谬见：自己知道内容为错，但仍然接受，也即自己仍然当作知道，甚或仍然强加给别人知道。

还存在一些认知表现形式，比如一些功能性的初级认知状态，其本身不产生知识，只能充当有可能成为知识的各类素材。

- 数据：就是直观数据，表现为可观察的客观记录。例如，人们作为生存工具而使用语言、进行表达和传递，这是一种最初级的认知状态。

- 信息：经联系和组合以后形成的新数据，可以表达一定的意思，具有了意义，但这种意义可以有价值也可以没有价值，这取决于信息的质量，也依赖于挖掘信息的能力与水平。例如，我们在生活中表达了大量意见，但是细细追究下来，大部分意见都是陈芝麻烂谷子之类的看法，可说可不说，说与不说都一样，并不增添什么创造性价值，就是因为活着而表达出数据和信息（意见）。这样的数据和信息（意见），对于知识创新而言，是没有价值的。真正求知的人，并不纠缠于俗事，就是这个道理。

认知发生状态与认知超越

本小节逐一分析了认知发生的三个领域、认知发生的八种状态和其他一些认知状态及认知表现形式。通过这些分析，我们可以看出，新知识的产生并不容易。在这么多林林总总的认知状态中：（1）有些认知状态可以学习和传承过去的知识，但尚且不能创造出新知识，如“自知不知”“知所以知”。（2）有些认知状态或许可以为知识的产生提供素材，但其本身不是知识，也不能直接转换为新知识，如“数据”“信息”。(3) 有些认知状态甚至还会扰乱、破坏知识的创造，如“无知（无觉）”、“误见”和“偏见”，以及“伪见”和“谬见”。(4) 有些认知可以创造知识和智慧，但往往可遇而不可期，或飘逸、零散，或不具备系统性，如大多数情况下的“不知而知”“无知之知”。(5) 只有弥足珍贵的“自知无知”“认知创新”的认知状态，才能为我们持续、稳定、系统性地创造新知识，尤其是在知识被科学化、科技化、应用化的近现代。

因此笔者认为，“自知无知”和“认知创新”是我们创造新知识的关键，保护“自知无知”和“认知创新”就是保护我们的知识创新。保护“自知无知”和“认知创新”，就要求我们必须坚守二重限制性和二重限制性平等。认知的不可继承性及其平等使得每一个人都是一个从零开始的新的生命认知周期，使得每一个生命都同等地始发于“生而无知”。求知既是其生存本能，也成为其一项终极追求。每个“生而无知”的生命对世界所展开的重新学习、重新求证、重新领悟、重新诠释，正是汇合成人类能够抵达“自知无知”和“认知创新”的不息洪流，它汲取了人类历史在求知道路上源源不断的创新源头和创新驱动。这些被限制了的、一代一代必须被重新开启的、重头再来过的新的生命认知体验，难道不正是人类能够主导地球、掌控万物的知识创新根源吗？正是他们，推动着人类认知源源不断地迸发出新灵感、新疑问、新探索、新突破，从而不断建构出新知识，以及取得基于这些新知识的新成就，开启人类前进的新征程。

不仅如此，本书还认为，认知的不可继承性及其平等使得每一个生命都从零开始开启认知，每一个生命都有潜力来进行知识反思和创新。这既为知识创新提供了生生不息的认知源头供应，又为知识创新主体间关系提供了平等、公正和希望。因为，只有那些最深入思考、最努力、在知识求索道路上最义无反顾推进的，没有被求知困境所击败的、抵达了“自知无知”并闯过“认知创新”关口的（参见图 4-1，认知的发生状态与知识创新）最智慧、最坚韧、最勇敢、实现了自我认知超越的生命，才能创造出新知识。当然，也只有他们才能享有新知识所带来的力量和价值，这种力量和价值在社会中往往被转换成了荣誉、成就和财富。

恰如欧几里得和托勒密一世那个知名的故事①：托勒密一世是埃及国王，喜爱并开始学习《几何原本》，但发现内容很复杂，超过了他的接受能力，于是问欧几里得，有什么好办法能让他较容易一点地理解和快速掌握几何原理，欧几里得回答道，学习几何没有坦途，没有专门为君王和贵族提供的便捷之路。

因此，我们可以得出这样的结论：由于二重限制性平等，每一个人都成为一个从零开始的新的生命认知周期，每一个人及其认知都成为潜在的可以提供知识反思和知识创新的源头，这体现出二重限制性的自然平等、实然平等。而只有那些抵达了“自知无知”并闯过“认知创新”关口的最智慧、最坚韧、最勇敢、实现了自我认知超越的生命，才能享有新知识所带来的力量和价值，这体现出二重限制性的社会平等、应然平等。二重限制性与二重限制性平等，是自然与社会相统一的平等，是实然与应然相统一的平等。

4.2.3 认知历史动态与认知超越

如前所述，人类认知的历史动态就是人类认知的成果也即人类的知识（科学）发生的历史过程、发展轨迹以及为什么会如此发生的规律。再进一步说，人类认知的历史动态也就是知识（科学）史、知识（科学）哲学。

一般情况下，人们都会认同，人类认知的历史动态具备一些可以辨循的规律，比如特定的时期、范式、变革、进步等。有一些享有世界级影响力的理论为我们提供了这方面的总结，比如人类认知历史动态中的思想场景（详见附录 B 的 Part II）：雅斯贝尔斯所提出的轴心时代，康德所提出的两次思想革命，库恩所提出的科学革命的结构。比如诸多版本的科学史

---

① 欧几里得后约 700 年，公元 5 世纪希腊哲学家普罗科拉斯（Proclus）有一篇专门针对《几何原本》的全面评论，里面提到了欧几里得和托勒密一世的这个故事。这个故事此后广为流传。

著作中都大体一致认同的关于近代科学起源以及发展的几个阶段，也即人类认知历史动态中的内容场景（详见附录 B 的 Part II）：科学革命时期（1500—1750 年）、科学革命时期的技术应用改变了世界（1751—1900 年）、新科学革命与高技术世界（1901 年至今）。

如附录 B 的 Part II 所呈现，人类认知历史动态中恢弘的思想场景切换、内容场景切换，令人震撼。笔者每每想到，人，二重限制性的存在，短促的一生、有限的认知，竟然可以创造出如此宏伟的知识（科学）成就，都感受深刻、感慨良多。

轴心时代，先知们塑造了全新的人类知识、精神、哲学和宗教变革，从而结束了几千年的古代文明。近代的知识启蒙和科学革命，革新了 2 000 多年以来的传统知识权威们所建立的旧知识体系，同时重挫了 3 000 多年以来的神创论。步入 20 世纪，我们再一次经历了宇宙观的新革命、时空观的新革命、物质观的新革命、地球观的新革命、生命观的新革命，我们已经活在了一个为科技所决定、所运行的高技术世界里。

正是自公元 1500 年以来近代知识（科学）的这种特有的人类认知活动及其产出成果，使人类在很短的时间内得以主导地球、掌控万物（这种支配应如何做价值判断，暂且不论）。我们禁不住要问，人类为什么能有这么巨大的认知潜能，创造出如此丰硕的知识成就呢？包括不断否定，乃至系统性地否定过去的知识体系，不断超越自我的有限认知，创造出新的人类知识丰碑呢？

我们都知道，亚里士多德在《形而上学》篇首指出，求知是人的本性，诧异的好奇心促使着人们去刨根问底、追根求源。爱因斯坦也有一句广为人知的名言，“提出一个问题比解决一个问题更重要”。这是因为提出问题往往意味着新发现，无论这种新发现是对已有知识的质疑，还是对未知知识的困惑。波普尔 1963 年发表的《猜想与反驳：科学知识的增长》也提供了一个富有启迪的观点①：知识的增长开始于问题，问题促使人们基于灵感迸发出各种猜测，各种猜测是对先前知识的反驳及修正，知

① 波普尔．猜想与反驳：科学知识的增长．傅季重，等译．上海：上海译文出版社，2015：47－83.

识的进步就在于对那些大胆的猜测进行批判考察。

笔者给出的解读是：求知本性驱动着人们去发现问题、提出问题；认知自由则赋予了人们对问题展开联想猜测、分析求证、深入思考、判断诠释的可能性。人们因为认知自由而具备了主观能动力量，使得人们能够相信并坚守自我的求知探索。求知本性是发现问题、提出问题的驱动力量；认知自由则是研究问题、解决问题，并在这个过程中实现认知超越、创造出新知识的必要保障。对知识创造而言，认知自由比求知本性更进一步、更为具体。

认知可自由性

认知自由具有双重含义：其一，人是否具备认知可自由性，也即人的认知本身是否自由？其可以自由的依据是什么？这往往涉及形而上和决定论的问题。其二，一个人能否达到认知自由境界的能力，往往取决于其认知主体性强弱，包括但不限于其摆脱培根所云之四个“假相”的勇气大小和能力高低。

本书主要指第一重含义，但也多次论及第二重含义。笔者认为：由于认知的不可继承性，我们才具备了认知自由的自然物质基础以及基于此的可超越性，也即才具备了认知可自由性（反思以及达到认知自由的潜能）。在人类认知动态历史进程中，能够将认知可自由性拓展到生命极限的那一部分人，也即能够达到认知自由的一部分人，是人类知识丰碑的缔造者。

3.2 节详尽分析了认知可能存续的各种状况（参见图 3-2，认知的存续途径），如公共传承、口传言授、社会继承即过继、自然继承即遗传、物理转移即不同类型的转忆体等。3.2.5 小节突出论证了“基于人类符号语言建构的认知具有不可继承性”。这些分析和论证，能帮助我们深刻理解“认知的不可继承性”的生理即自然物质基础、概念及内涵。

在这里，我们要感谢二重限制性，感谢认知的不可继承性。通过前述知识储备，我们得以知晓，基因的物质基础是 DNA 分子结构（遗传载体）和分子密码（遗传信息），意识的物质基础是大脑神经元、神经胶质细胞和具有不同功能区域的大脑结构。基因主要调控的是生命的体征形态和各种感知觉功能，意识掌管的则是人的感知觉功能对环境所做出的具体判断和反应，这种环境就是一个人具体的处境、遭遇和经历。人的各类感知觉功能，是否具备与能否正常运作，或者完全由基因调控，或者由基因与大脑神经一起调控。人的感知觉功能如何应对环境做出具体的判断和反应，取决于大脑的具体活动，也就是大脑的意识判断和指令发布。那些大脑所做出的关乎生死存亡的最基础、最普遍的判断和反应，如人类对蛇、对黑暗、对疼痛的天然恐惧，可能会以一种功能性存在被写进人的基因里，但基于人类语言所搭建的高阶思维认知和文化认知，如推理、逻辑、思想、价值、信仰等，还完全属于一个人具体的遭遇和经历，是不受基因决定和调控的（也即它不像头发的曲度、眼睛的颜色那样是被决定和被给予了的）。这一点说明了，我们的行为选择、我们的命运奋斗还是有很大一部分操纵在我们自己手中的，我们是自由的。正是由于“认知的不可继承性”，我们的认知才不受制于基因或大脑功能模块的决定和调控，也才不隶属于我们的父辈或外部权威，我们的大脑才没有被什么先入为主的真理或观念所占据，一切知识的获取，都需要我们依靠自身来学习、来领悟，因此我们的认知也才真正属于自己，我们也才具备了认知可自由性。质言之，由于认知的不可继承性，我们才具备了认知自由的自然物质基础以及在此之上的可超越性，我们才能反思和反省，才有可能最终得以抵达认知自由。

我们还要感谢二重限制性平等，因为二重限制性平等使得每一个人都成为一个从零开始的新的生命认知周期，每一个生命都同等地享有认知可自由性。鸿儒名门、皇亲贵族、财阀富豪，他们以及他们的后代，才束手无策，才不能不和我们一样，从头开始学习，从头开始积累知识和智慧。不仅如此，鸿儒名门、皇亲贵族、财阀富豪也并不能剥夺我们认知的自由（不能强占它、转移它），也不能把他们的认知水平优势自然遗传或物理转移给他们的后代（而是不得不同等地受限于其存续方式）；此外，有性繁殖的基因洗牌效应还会令我们的体征形态和感知觉功能，包括智力、先天语言能力等功能性的认知能力，掷骰子式的随机多样分配。我们的认知和他们一样，每个人的认知也都一样，具备着认知可自由性。

彻底的决定论者认为，人根本不可能实现认知自由，并不存在自由意志或意识，一切都被环境与进化所决定；或者，人的意识充其量是环境与进化过程中的随机产品和意外产品，人并没有什么真正的或自觉的认知自由。生物和认知科学界甚至有一种颠覆性观点：所谓的人的认知自由或自由意志、决策能力，无非是数十亿神经元对生物自身进化的适应，是其快速交换信息及权衡利弊之后所做出的算法决定，是受生化机制控制的复杂神经网络之下的幻象。对此，笔者做出如下回应：

即使我们否认了直觉上很容易接受的地心说（详见附录 B 的人类认知历史动态中的第一次内容场景切换），即使我们否认了曾经像灯塔一样指引近代科学革命的日心说（详见附录 B 的第二次内容场景切换），即使我们在 20 世纪跨出了银河系，进入了“岛宇宙”“扩张宇宙”的无限宇宙（详见附录 B 的第三次内容场景切换），这个人类认知的历史动态过程确实说明了，人的认知是有限的甚至是不可靠的，是相对错误的，是不断自我颠覆的；即使最后我们被无情地证实，大自然就是在“掷骰子”中随意地或意外地造就了我们，而非爱因斯坦所坚持的“上帝不会掷骰子”，或者我们仅仅不过是外星球路访或撞击地球时，不小心遗落的一些生命细胞①；即使我们的肉体受制于智慧生物性的种种限制，无论做何解释和经由无论何种方式，我们都必有一死，迄今为止也并没有证据能够证明我们可以转世或重生；即使我们的思想很多时候都充满了冲突、凌乱甚至是自相矛盾的；即使我们似乎也渐渐明白了，不论是来自神灵、上天还是大自然，我们并没有被赋予任何特定的命运、意义或目的；即使我们逐渐明白了，我们其实一直都不得不孤单、渺小和无助地居于广袤宇宙偏远的一个角落……

即使存在着如上种种的事实与可能性，我们的认知也仍然是拥有足够自由的，它自由到可以理性推测并确证地球是个球体；它自由到可以观测

① 最早的生命可能来源于外星球撞击地球时所携带的最初的生命细胞，这是关于生命起源的一个很有潜力和竞争力的说法。与进化论、细胞及基因遗传学说并不矛盾。

遥远星球的诞生与消亡；它自由到可以探测最小物理粒子夸克的轨迹；它自由到可以创造出神奇的数学符号并用它构建起诸多物理定律，以描绘天体的运行；它自由到可以揭示宇宙中隐藏的很多力量和资源，并且将宇宙规律、力量和资源为自身所用；它自由到不需要借助于神灵、上天或大自然赋予它意义，它自己可以为自身创造一个意义，比如求知就是它所追求的一项意义……

人类在毫无协助的孤独境况下，仅凭这点难得的认知可自由性，就义无反顾地踏上了求知之路，人类不断超越自我认知，因而挖掘出了很多宇宙规律、地球规律、生物规律、人类自身的生命规律；并建构起了互助合作的大型人类社会，实现了全球人类互联；人类一直在其间道路上为自己开路，并曲折、艰辛地穿梭前进，哪怕是只获取了一点点的新灵感、新探索、新突破，这样的认知自由就已经足够让人类获取极大满足，绽放出欣慰的笑容……我们知道，以上这些我们所拥有的认知领域的思想自由和知识创新，已经被人类自身的认知历史动态中诸多的思想场景切换、内容场景切换（详见附录 B 的 Part II）所证明了，也已经被人类社会的进步和繁荣所证明了。因此，本书认为，我们具备认知可自由性，通过艰辛求知和自我修炼，我们是可以达到认知自由的。

认知历史动态与认知超越

本章 4.1.3 小节举例的魏格纳，在提出“大陆漂移说”后备受冷落和嘲笑。是呀，有谁会相信地球的五大洲在 1.5 亿年前是连接在一起的呢？魏格纳本人却没有被击垮，他冒着生命危险，四赴冰冷的格陵兰岛扎营，继续自己的海陆起源考察研究，并最终付出了生命代价（参见图 4-2）。魏格纳丧生后的 50 年，也即 20 世纪下半叶，声呐技术被广泛应用于海盆地图绘制，热对流理论得到验证，海底扩张得到了证实；一系列考古发现也相继提供了地质学和生物学的依据；包括实地勘测在内的来自多方面的证据，都证实了魏格纳“大陆漂移说”理论是正确的。魏格纳的超级大陆就是 2 亿年前的泛大陆，“大陆漂移说”后来进一步发展完善为“大陆板块论”，成为解释地球海陆形成的权威理论。

图 4－2 魏格纳为证实“大陆漂移说”，四赴格陵兰岛考察而丧生

图 4－2（左），魏格纳 1930 年在格陵兰岛考察基地图片。

图片来源：雷·斯潘根贝格，戴安娜·莫泽. 科学的旅程（珍藏版）. 郭奕玲，等译. 北京：北京大学出版社，2014：519.

图 4－2（右），魏格纳（1880—1930），于 1930 年 50 岁第 4 次赴格陵兰岛考察中丧生。

图片来源：吴国盛. 科学的历程. 北京：北京大学出版社，2002：478.

第 1 章 1.1.3 小节论及的遗传学先驱孟德尔，是一个穷苦农民出身的修道院修士，他那篇《植物杂交试验》（被称为遗传学历史上最重要的论文之一）于 1865 年发表在《布尔诺自然科学协会学报》并被送至数十个研究机构；孟德尔还要求多印制了 40 份，邮寄给了很多当时比较有名气的生物学家。然而，也许就是因为孟德尔修士在生物学领域的名气不大，或者说他的研究不够宏伟（只是他个人在修道院后花园里所进行的长达 10 年之久、34 个品种、约 3 万株、近 40 万粒种子的豌豆杂交试验），孟德尔的研究成果，就是今天还普遍适用的孟德尔遗传定律，被同时代的生物学家所一致忽视。据说当时一位名叫内格里的负有盛名的生物学家，很轻蔑地就拒绝了孟德尔，内格里认为遗传是融合的，而非像孟德尔所说的是分离的和自由的。据说达尔文收到了孟德尔的论文，却一直未曾打开阅读。据说 1883 年、孟德尔去世之前一年，还对别人说他的研究成果非常重要，“很快就会得到整个世界的认可”①。孟德尔遗传定律发表之后的半

① S. W. 鲍尔. 极简科学史：人类探索世界和自我的 2500 年. 徐彬，王小琛，等译. 北京：中信出版社，2016：205.

个世纪（孟德尔死后 17 年），遗传学界掀起了“孟德尔再发现”热潮。这被后来的诺贝尔物理学奖获得者薛定谔评价为，“那个年代，几乎没有一个人对他的实验和实验结果感兴趣。然而，人们没有想到的是，这个修道士的发现成为当代最有活力的学科，还成为 20 世纪一门全新学科的纲领性原则”①。

或因为研究超前，或因为被当时的知识权威所断然否认和拒绝，或因为著者默默无闻而被忽略，研究成果在发表时得不到承认，很多年后乃至著者死后才被认可为经典理论，类似这样的知识创新案例，在人类认知的动态历史中举不胜举。比如英国伦敦皇家学会的知识权威胡克（Robert Hooke，1635—1703）就曾经反对牛顿的研究长达近 20 年，以至于牛顿不得不远离皇家学会的活动，并采用“晦涩艰深”的数学语言来表达自己的研究成果，这样可以避免被继续攻击。

还有众所周知的布鲁诺和伽利略。神学博士布鲁诺（Giordano Bruno，1548—1600）因为发展和捍卫哥白尼的日心说，而被视作“异端”，并被革除教籍，最终被宗教裁判所烧死在罗马广场。伽利略（Galileo Galilei，1564—1642）被认为是“第一位真正的现代物理学家”②，却被宗教裁判所酷刑威胁，被宣判为“反对教皇、宣传邪教”，终身监禁，老年凄苦。伽利略死后不到 30 年的时间，地心说就瓦解了。

还有一些知识巨匠，他们跨界的认知自由为另外一个领域的知识权威们提供了关键的思想突破源泉（这一点对我们做研究是有启发意义的）。身为物理学巨匠的薛定谔，并非生物学家，却因为不满意物理学和生物学之间的知识割裂，而自己开始着手探索有机体的活动和功能方式③，以至于连做三场引发轰动的生物学报告，并先后推出了著作《生命是什么》《意识与物质》，直接催生了分子生物学。“一部半专业半科普的、篇幅不长的册子，催生和推动了一个伟大领域研究的未来发展，这在科学史上仅

---

① 埃尔温·薛定谔. 生命是什么. 吉宗祥，译. 广州：世界图书出版公司广东有限公司，2016：51.

② 萨米尔·奥卡沙. 科学哲学. 韩广忠，译. 南京：译林出版社，2013：5.

③ 同①7.

此一例。”① 正是《生命是什么》对“非周期性晶体”是生命的物质载体基因，以及其原子排列方式、密码特征及化学键的判断、解释和假设，深深地吸引着物理学、生物学和遗传学大量学者前赴后继地探索其奥秘，投身于DNA分子结构和分子密码的破译。

大爆炸理论最初提出者、美籍俄裔物理学家乔治·伽莫夫（George Gamow，1904—1968），也并非生物学家，却最早跨界提出了DNA分子密码的排列方式是三联体密码子（密码中的密码）。正是薛定谔的密码本、伽莫夫的三联码，对后来的DNA分子结构破译和密码破译起到了非常重要的思想激发和方向引导作用。

我们还知道一些质疑自己导师、父辈的故事。比如，亚里士多德的“吾爱吾师，吾更爱真理”。正是亚里士多德对物质世界的重视和尊重，才弥补了柏拉图对经验世界的轻视，缓和了柏拉图理念和经验的二元分离，为人类从流变可感的经验世界通往抽象永恒的理念世界搭建了一条理性的知识通道，在2 300年前就为人类创建起了百科全书式的科学体系，用丰功至伟来形容也不为过。科学史的开创者、化学家兼科学史家萨顿（George Sarton，1884—1956）② 这样评价：柏拉图的《蒂迈欧篇》对后世产生的影响是巨大的，但其科学思想在本质上是有害的，而亚里士多德哲学则是有益的，是科学的，是导向真理的③。

以上这些例子说明了，无论是自己的师长还是学术权威、宗教权威和政府权威，都可能存在“误见”和“偏见”，甚至还可能存在“伪见”和“谬见”（参见图4-1，认知的发生状态与知识创新）。以上这些例子

① Walter J. Moore. Schrodinger: Life and Thought. Cambridge: Cambridge University Press, 1989: 404.

② 萨顿3卷本《科学史导论》以50年半个世纪为时间段，详细叙述了自古代以来到公元1400年的世界科学历史。萨顿还开创了科学史刊物，编录了科学史重要文献目录，为科学史研究建立了独立的学科标准，开创了科学史。国际科学史学会的“萨顿奖章”就以萨顿而命名。

③ George Sarton. A History of Science: Ancient Science through the Golden Age of Greece. New York: Harvard University Press, 1964: 423.

也证明了，我们可以做到认知自由和实现自我认知超越，也即我们可以做到自发自主并竭尽可能地拓展人之认知可自由性，经过艰辛求知和自我修炼，最终达到认知自由。因此，我们可以做到不屈从于任何知识权威、思想权威，不屈从于被拒绝、被冷落、被嘲笑和被胁迫，我们敢于质疑、敢于相信并坚守自我的求知探索；这恰恰是人类知识大厦创新的源头和动力。人类认知历史动态中的每一次知识进步和场景切换，都得益于那些敢于质疑，敢于承受被误解、被冷落、被嘲笑，敢于坚守认知自由，敢于为人类创造出新知识的巨匠。

4.3　人际正义平等关系的根基

4.3.1　天然的人际差异调节器

生命的有限性、认知的不可继承性，是自然法则平等给予每一个生命的最根本、最重大、最天然的两个限制；自现代智人脱离人亚科，成为独立的人类物种以来，在其 20 多万年进化与发展历史中，这两个限制就一直伴随人类存在。

“生命的有限性”，论述这一概念时，笔者从死亡解读、死亡方式、死亡特征、死亡的医学及生物学解释等方面阐释了“人必有一死”(3.1)。

“认知的不可继承性”，这一概念的提出，笔者十分谨慎，力求考虑周全。首先，区分了“认知限度”的两重含义，也即认知可及领域限度与认知可存续限度。其次，对后者进行了充分考量：（1）认知可能存续的各种状况（参见图 3－2，认知的存续途径），如公共传承、口传言授、社会继承即过继、自然继承即遗传、物理转移即不同类型的转忆体等。（2）认知存在的形态，包括认知水平，也即一个人所实际达到的认知水平高低状况；认知能力，也即作为人体功能意义上的认知能力，俗称的智力。分析了智力作为一种功能性能力与遗传是弱关联关系。（3）公开传承和口传言授，及其与认知不可继承性的比较。（4）认知发生的五个层级：神经认知、心理认知、语言认知、思维认知、文化认知。（5）基于人类符号语言建构的认知具有不可继承性。

我们在基因遗传理论研究（1.1.3）、智力与遗传的弱关联部分（3.2.2），两次强调了有性繁殖的或然性与多样性在代际遗传中的作用和意义。有性繁殖的基因洗牌重组以或然性为特征，以多样性为目标，而并非提供基因的强强联合，这就使得类似于先天语言能力、记忆力、智力等这类功能性能力即使是存在的情况下，也与遗传之间存在着不确定性关系、弱关联关系。

生命必有一死，认知不可继承，正是基于这样的人类生命特性，二重限制性、二重限制性平等就成了天然的人际差异调节器。这一天然的人际差异调节器的意义在于：亘古以来，社会精英阶层始终不得不受限于“生命的有限性、认识的不可继承性”这一最重大的、根本的、天然的实质平等制约，从而使社会精英不得不与普罗大众乃至社会底层进行或较长周期或较短周期的代际平等调节，从而缓解人类社会因为特权、地位、财富继承并经由代际累积而来的、过大的乃至难以维系平衡的人际差异。

对于普罗大众和社会底层而言，虽然这一代人之间存在很大的社会地位和财富差异，但二重限制性及其平等这个自然物质基础，为他们提供了一种实质等同和底线保障，他们可以寄托希望于未来和下一代。正如奥地利小说家，《变形记》的作者卡夫卡（Franz Kafka，1883—1924）所说的，生命的意义在于它终将结束。正是因为人的二重限制性及其平等，才使得这个“终结”带给强大者以谦卑，带给羸弱者以希望，带给了每一代人以重新洗牌、重新开始、重新梦想、重新奋斗的机会。人类社会才能因此而变得生机盎然，才能因此在充满差异的世界中，始终保持着一种天然的人际平衡、一种可以持续的人际和谐。

4.3.2 以往人类社会正义平等关系的底线保障

第1章1.1节所论述之外部自然环境差异、个体生命禀赋差异、原生家庭差异、进入社会后的新的运气差异、新的社会地位和财富差异，是人们一生所无从回避、必须接受的差异。差异无所不在、无时不有、无法彻底消除。人们在差异中出生，在差异中成长和发展，由人组成的社会又固化和放大了差异，形成了新的地区群体差异和社会阶层差异。人的世界本质上就是一个充满了差异的世界，差异更像是世界的本源面目。然而，在充满差异的人类世界中，二重限制性平等却像一道人性之光，普洒给人类社会，照耀着普罗大众，同时也眷顾着社会精英；在这二重限制面前，普天之下人人皆相同。人是二重限制性的存在。二重限制性，构成了人全部有限性的根源和根底。人平等地始发于二重有限存在，它带给强大者以谦卑，带给羸弱者以希望，它构成了人际正义平等关系的根基。

“生命的有限性”平等，使得最宏伟功业的帝王将相，也同卑微贫弱的奴隶一样，必定走向一死。康熙大帝纵使坐拥天下万物、手持天下苍生杀伐，但“向天再借五百年”① 也只能是冲着苍天发出的空想。然而，卑微的奴隶和贱民却可以怀揣一个梦想甜蜜安然地睡去，在熟睡中期盼下一世会有所改变。

“认知的不可继承性”平等，使得最博学广识的鸿儒名门之后、最权倾朝野的皇亲贵族之后、最富可敌国的财阀富豪之后，也同目不识字的寒门弟子一样，出生落地后，不得不从牙牙学语开始，不得不从零开始重新积累属于自我的经历、经验、知识和智慧。皇位特权曾经被继承、财富房产继续在被继承，但每一个人，无论健残、强弱、高矮、美丑，无论贵贱、富贫、达穷、智拙，都是一个不可继承的、为自我所独有的、重新展开的、可以无限挖掘和发展的认知的生命周期。

每一个人都是一个从零开始的新的生命认知周期，每一个人及其认知都成为潜在的可以提供知识反思和创新的源头，这既为知识创新提供了生生不息的物质源头供应，也体现出二重限制性的自然平等、实然平等。4.2.2 小节中所分析的林林总总不同的认知状态中，只有那些最深入思考的、最努力的、在知识求索道路上最义无反顾推进的、没有被求知困境所击败的，抵达了“自知无知”并闯过“认知创新”关口的（参见图 4－1，认知的发生状态与知识创新）最智慧、最坚韧、最勇敢、实现了自我认知超越的生命，才能创造出新知识。同样，也只有 4.2.2 小节中所论述的那些自发自主并竭尽极致地拓展认知可自由性的伟大生命，才能够最终

① 《向天再借五百年》是电视连续剧《康熙王朝》的主题曲曲名。

达到认知自由，也才能因此做到不屈从于知识权威和思想权威、相信并坚守自我求知探索。人类认知历史动态中，每一次知识进步和场景切换，都得益于那些敢于质疑，敢于承受被误解、被冷落、被嘲笑，敢于坚守自我认知自由、敢于超越自我认知、敢于为人类创造出新知识的巨匠。也只有他们才能享有新知识所带来的力量、实用价值和荣耀，这体现出二重限制性的社会平等、应然平等。因此我们说，二重限制性平等是自然与社会相统一的平等，是实然与应然相统一的平等。

二重限制性和二重限制性平等，是天然的人际差异调节器。君子之泽，五世而斩，究其背后的哲学根底，就是人类的二重限制性及其平等。二重限制性平等为普罗大众和社会底层提供了实质平等的自然物质基础，提供了一个平等的底线保障，使得他们可以寄托希望于未来、下一代。如果放弃二重限制性平等，就等于是在破坏、毁灭、终结普罗大众和社会底层的底线保障和希望改善。

在自轴心时代以来的所有人类社会实践中，不论何种经济和技术形态的社会，如狩猎采集社会、农业社会，还是现代工业社会；也不论何种组织形态的社会，如伴随着 16 世纪新旧大陆连接而逐渐消亡的部落酋长制，曾经各领风骚数百年的诸欧亚封建帝国，还是经由殖民化以及几波民主化独立浪潮而诞生的现代民族国家之林；也不论何种人际共处关系的社会，也即采取不同的对待人际差异与平等的方式，如宗教式对待——精神超越的平等、封建等级式对待——差序等级的平等、近现代自由平等式对待——人权的平等，二重限制性平等都以事实平等和实质平等的方式，存在于以往的人类社会，在人性建构、知识创新、人际差异及代际差异调节方面，起着上述诸多重大的作用，人类社会也才能因此在充满差异的世界中，始终保持一种天然的人际平衡、一种可以持续的人际和谐。所以我们说，二重限制性平等对主体间的自然存在关系、社会存在关系形成了根本性的影响，是主体得以平等存在、是人类得以平等共处的自然物质基础和底线保障。

综合本章各小节论述，本书认为：作为二重限制性的存在，人对自身之二重有限的超越，是人性构建的动力、是知识创新的源头；二重限制性及其平等因而成为保障我们共同价值（人性）、共同财富（知识）的宝贵根基。它还是天然的人际差异调节器，对主体间的社会存在关系形成了根本性的影响，是主体得以平等存在、人类得以平等共处的自然物质基础和底线保障，对人类社会具有重大作用和意义。

如果不坚守二重限制性平等，就会破坏我们人性建构的基础，破坏我们知识创新的源头，破坏我们的自然存在关系，甚至使社会平等关系丧失天然的底线保障。这些可能的后果都足以对我们业已取得的文明成果与和平共处关系造成根本性影响，是我们很难承受的。所以，在人类社会内部，二重限制性平等的这一价值必须得到维护、必须坚守；二重限制性平等这一道底线保障不能被突破。

第 5 章　二重限制性及其平等的突破分析

从这一章起，本书从对二重限制性及其平等的理论建构，步入对二重限制性及其平等的现实关切。第 5 章将进行二重限制性的突破可能分析，指出二重限制性平等所遭遇的实在挑战和可能挑战，概括各方对这一挑战所持的不同观点。

5.1　生命科学两大高峰及其工程技术应用

近代科学自 16 世纪诞生以来，就一直保持着迅猛的发展势头，成为影响人类新观念形成的创新性信息资源。经过三个多世纪的发展，尤其是进入 20 世纪以来，一系列颠覆性的新的宇宙理论、地球及地质理论、量子物理理论、分子生物理论相继得以确立①，这些颠覆级的新空间理论和新生命理论的技术应用，展现出巨大的实用潜能和应用前景，推动 20 世纪进入了原子能、航空航天、电子及计算机信息化、通信及无线网络互联、生化及基因工程、人工智能工程等高技术应用时代，不仅真切地改变着人类的生活方式，也在有力地改变着人类的观念，不断刷新着人类对自身所居住的地球与宇宙、人类自身来源以及今日人类处境何以如此的新的认知理解②。

发生在 20 世纪的科学革命，如果说上半叶主角是无限宇宙、相对论和量子物理学，那么，下半叶主角就从外部客观环境（地球、宇宙、时

---

① 详见附录 B 的 Part II 所展开论述内容，新科学革命与高技术世界（1901 年至今）。

② 详见附录 B 的 Part II 所展开论述内容，宇宙观、时空观、物质观、地球观、生命观的新革命。

空、物质）转移到了人类自身，迈入了属于生命科学的时代。前文论述，现代生命科学有两大高峰，一大高峰以基因和蛋白质学为基础，研究人生命的遗传与健康；一大高峰以认知和脑科学为基础，研究意识的形成并破译人的认知。生命科学两大高峰及其工程技术的研究对象与内容，与本书所关注的“生命的有限性”“认知的不可继承性”休戚相关，这正凸显出二重限制性及其平等的重要性和意义。

5.1.1　已进入广泛应用的基因工程

“DNA 双螺旋结构模型的提出是生物学史上划时代的事件。它宣告了分子生物学的诞生，标志着生物学已经进入了分子水平”①。随着 20 世纪 50 年代 DNA 分子结构被破解、60 年代 DNA 遗传密码被破解，越来越多基于 DNA 分子遗传理论的技术应用涌现出来，基因工程（Genetic Engineering）成为科技潮流和热点，并且迅速进入了实际应用。1970 年以后，基因工程应用技术迎来了大发展，基因重组、基因克隆、基因扩增、基因测序、基因编辑等基因操纵技术不断推陈出新，胚胎遗传疾病基因筛查、体外受精、胚胎性别选择、胚胎遗传特征选择、胚胎干细胞应用、情绪控制及神经类分子制药、基因定位治疗、人体增强、认知增强、延寿等针对人的应用也越来越深入。

通俗地说，基因工程通过人为地介入基因遗传、人为地改变生物的天然基因组合，达到控制、改良、增强或创造生物形态和功能的目的。人体外形特征往往与审美有关，人体感知觉功能不畅就会发生智障或精神疾病，人体功能损坏就会恶疾缠身，人体功能毁灭则意味着死亡。基因工程能够对生物的体征形态和感知觉功能实施更改，由此可知，基因工程技术对于人类而言，有着其他任何技术都难以比拟的革命性意义。

从 1 万年前农业诞生时起，人类就一直进行植物和动物驯化，把野生植物驯化为农作物、把野生动物驯化为家畜及畜牧品种。通过驯化，增加这些农作物、家畜、畜牧品种有利于人类的特征，如更易养殖、更好食

① 吴国盛. 科学的历程. 北京：北京大学出版社，2002：475.

用、具有更低的攻击性和危险性等。传统的自然育种通过有目的的杂交来产生新的突变个体，或者直接寻找天然的变异个体进行杂交。后来居里夫人发现了镭，通过镭辐射及其他一些化学物质，可以促进生物产生突变。摩尔根的果蝇实验、测试药物的小鼠实验，也都采用了辐射促进突变产生。但即便如此，培育和产生出一种稳定的可供食用的畜牧品种，如新品种肉牛，仍然需要至少10年以上，甚至常常需要20年~50年。

自20世纪70年代有了基因重组和基因编辑技术以后，过去这些育种手段，就显得太自然、太缓慢、太过时了。2010—2015年出现了3代最新的基因控制技术，现在通过基因编辑，只需要1年时间，就可以看到转基因植物及基因控制动物育种的效果了。以下是几种常见的、已投入人类实际生活的基因应用技术。

基因重组。基因重组通过对不同生物基因的拼接和重组，形成新的混合基因。具体操作为：分裂A物种的DNA，提取A物种具有某种用途性状的基因片段（外源基因），切断B物种DNA（目标基因），将A引入B中，再用连接酶粘贴到一起，合成B物种的变异品种，达到改变B物种某一类基因性状或功能的目的。基因重组可以发生在植物之间、动物之间、植物与动物的跨生物之间，主要用于物种品种改良、育种。

基因重组工程在过去的几十年里已经很有作为，新闻媒体时常论及的热点“转基因食品”就是其中的一类。比如，（1）作为食品的基因重组农作物：具备抵抗除草剂药性的大豆、可以抵抗害虫的Bt玉米、排除毒素的土豆（即去除导致天然土豆中发黑发芽毒素的DNA），转基因农作物已经越来越多地进入了人们的餐桌。（2）作为食品的基因重组畜牧类及鱼类：如早熟也即缩短生长期的鲑鱼。通过基因重组促进食物生长激素分泌，这项基因工程应用已获得包括美国在内的一些国家的食品药品监督管理局的批准。（3）观赏植物：如蓝色玫瑰，就是由日本公司通过基因重组后天培育成功的。（4）观赏动物：商场里琳琅满目、色彩斑斓的观赏鱼，就有不少是基因重组鱼的品种。

基因编辑。基因编辑是针对同一生物基因的编辑改造。它单独瞄准某一类或某一个具体的目标基因，利用基因自身的碱基对，把能与碱基结合的物质传递到细胞内，借助于其他化学物质与技术方法，对目标基因进行切断、编辑等精准修改，直接改造目标基因，从而使目标基因所对应调控的生物形态和功能发生一定的改变。

基因编辑技术已经历经了好几代，最新的技术“CRISPR-Cas 9”具有革新意义，它可以使基因编辑普及化，其效果类似于当年的基因测序技术的普及。这意味着基因编辑技术将变得更为便捷、其操作门槛将大大降低。杜德娜（Jennifer Doudna）博士和卡彭蒂耶（Emmanuelle Charpentier）博士于 2012 年 8 月在《科学》（*Science*）期刊上发表了 CRISPR-Cas 9 的微生物研究数据（两人因此同获 2020 年诺贝尔化学奖）。张峰博士于 2013 年 2 月在《科学》期刊上发表了证实 CRISPR-Cas 9 有效应用于哺乳动物的文章，引起了轰动。张峰博士于 2015 年又发布了一种“CRISPR-Cpf1”的新基因编辑技术，使用了与 Cas 9 不同的酶。经过张峰博士的验证，新基因编辑技术可被应用于所有生物，包括人类的受精卵，猴子、小鼠等哺乳类动物，真鲷、斑马鱼等鱼类，爪蟾等蛙类两栖动物，蟋蟀等昆虫类动物。

如图 5-1，基因编辑——经过基因编辑的真鲷（鱼类）。发生在日本京都大学农学部、海洋生物实验室。通过抑制真鲷（red sea bream）的肌抑素（myostation）基因，让真鲷肌肉更健硕，肌肉含量更高，生长速度更快，体积和重量都比普通天然真鲷增大了 1.5 倍，增加了人们可食用的鱼肉部分。

图 5-1　基因编辑——经过基因编辑的真鲷（鱼类）

“真鲷”图片由日本 NHK 电视台“基因组编辑”采访组经实地参访后提供，在《Close-Up 现代》栏目中以《改造生命的新技术——基因组编辑最前线》节目播出。

图片来源：日本 NHK“基因组编辑”采访组．基因魔剪：改造生命的新技术．谢严莉，译．杭州：浙江大学出版社，2017：20.

如图5-2，基因编辑——经过基因编辑的内络尔牛（哺乳类）。发生在美国得克萨斯某农场。内络尔牛的肌抑素基因被直接切除，切除后的内络尔牛以腰围为中心测算肌肉含量，比普通内络尔牛多出一倍。

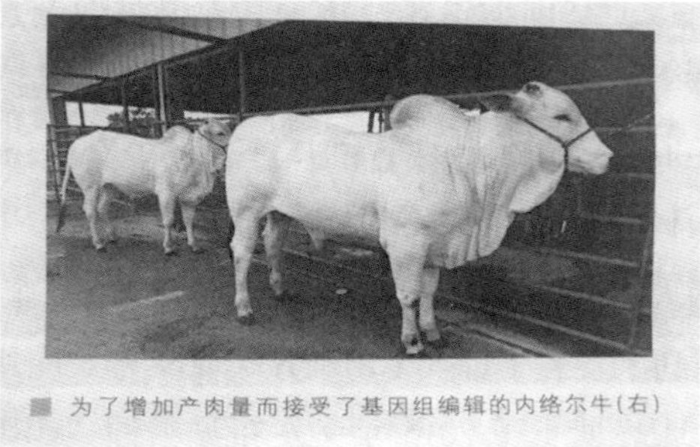

图5-2　基因编辑——经过基因编辑的内络尔牛（哺乳类）

"内络尔牛"图片由日本NHK电视台"基因组编辑"采访组经实地参访后提供，在《Close-Up现代》栏目中以《改造生命的新技术——基因组编辑最前线》节目播出。

图片来源：日本NHK"基因组编辑"采访组．基因魔剪：改造生命的新技术．谢严莉，译．杭州：浙江大学出版社，2017：77.

如图5-3，基因编辑——经过基因编辑的白色非洲爪蟾（两栖类）。发生在日本广岛大学的综合实验楼。原色非洲爪蟾是绿色肤底，有不规则黑斑随意分布，眼睛为黑色，这种肤色栖息在池塘植物附近，一般都难以

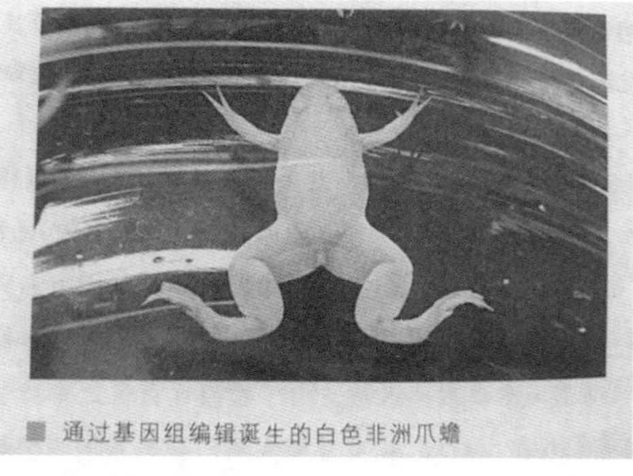

图5-3　基因编辑——通过基因编辑的白色非洲爪蟾（两栖类）

"白色爪蟾"图片由日本NHK电视台"基因组编辑"采访组经实地参访后提供，在《Close-Up现代》栏目中以《改造生命的新技术——基因组编辑最前线》节目播出。

图片来源：日本NHK"基因组编辑"采访组．基因魔剪：改造生命的新技术．谢严莉，译．杭州：浙江大学出版社，2017：28.

发现。生成黑色素必须经过络氨酸霉（tyrosinase），通过破坏非洲爪蟾的络氨酸霉基因，爪蟾就无法生成黑色素，其肤色变成了白色，原来的黑眼睛变成了鲜红的红宝石颜色。

经过基因编辑产生的新物种还有：增加产量的水稻（茎秆不容易倒、耐干旱、快速增长），更高抗氧化能力的西红柿，耐发烧传染病的猪，减少角斗和伤害风险的奶牛（不长角的奶牛），温顺的金枪鱼，可以生产更多油脂的绿藻，等等。

由于生物界分子基本构成的高度一致性①，理论上，操纵和更改人类基因组类似体态及功能的基因或基因簇，也可以使人变得更加健硕、高大（像真鲷鱼、内络尔牛一样），也可以改变人的肤色、毛发及眼睛的颜色（像爪蟾一样）。

基因克隆。基因克隆即无性繁殖，是经由体细胞而非生殖细胞所进行的繁殖。如图 5－4，1996 年 7 月诞生的克隆羊多莉就是基因克隆羊。将目标遗传基因 A 品种羊的体细胞（含细胞核）移植到 B 品种羊的空壳卵细胞内；人工融合二者，形成胚胎细胞，将胚胎细胞植入 C 品种羊的子宫；胚胎细胞在 C 品种羊的子宫中分裂发育，最后产出新的克隆羊 D。最终，克隆羊 D 与提供体细胞（含细胞核）的 A 品种羊具有相同的遗传基因，其体征表现与 A 品种羊相同。

克隆羊多莉所带来的感受冲击是：越是了解基因，就越是感叹生物法则的奥妙、周全、精致、倔强。克隆羊神奇地确证了基因遗传的决定性、宿命性：（1）存在于细胞核中的基因，携带了一个人全部的生命奥秘，即使是成年体细胞核 A（而非生殖细胞核）被单独分离出去，与其他被摘走了细胞核的卵细胞 B 融合，形成新胚胎细胞，即使再更换到子宫 C 内发育，前后共更换 3 个母体，它所承载的初生母体的基因却没有变，仍然是原有成年体细胞核 A 所在生命的遗传信息。（2）多莉羊可以正常生活，只是寿命短，这也再一次佐证了体细胞核中的基因不同于卵细胞核中的基因，卵细胞核中的基因是新生的基因组合，代表了一个完整的寿命周期；而体细胞核中的基因已经自我复制了多年，由于细胞分裂

① 详见第 1 章 1.1 节对“生物界分子基本构成的高度一致性”的注释。

的“海弗利克极限”，染色体端粒受损，剩余的可正常复制时间不多了，自然寿命就会短。

世界上第一只成功地利用成年细胞克隆的绵羊多莉。在这里显示的多莉正与它的羊羔邦妮在一起。邦妮是自然受孕和分娩的，完全正常。不幸的是，1996年出生的多莉只有6年的短暂寿命。

图 5－4　基因克隆，1996 年克隆羊——多莉

图片来源：雷·斯潘根贝格，戴安娜·莫泽. 科学的旅程（珍藏版）. 郭奕玲，等译. 北京：北京大学出版社，2014：517.

参见图 5－5，2017 年 11 月 27 日，世界上首个体细胞克隆猴“中中”在中国科学院神经科学研究所、脑科学与智能技术卓越创新中心的非人灵长类平台诞生；2017 年 12 月 5 日第二个克隆猴“华华”诞生。“中中”和“华华”代表了当前世界灵长类动物克隆的最高技术水平。2018 年 1 月 25 日《细胞》（*Cell*）期刊发布了中国克隆猴成功的消息。图为“中中”和“华华”在上海中科院非人灵长类平台育婴室的恒温箱里。

针对人类胚胎细胞的部分技术应用。包括着床前胚胎的基因遗传疾病诊断与筛查、胚胎性别选择、胚胎遗传特征选择等。由于对基因所实施的操作大都需要通过胚胎细胞来进行，因此基因技术总是与胚胎细胞连在一起。着床前胚胎的基因遗传疾病诊断与筛选已经广泛应用，如唐氏综合征、囊胞性纤维症等。胚胎性别选择在一些亚洲国家尤其受欢迎，但这仅仅是入门级。胚胎的遗传特征选择才是人们真正关注的热点，这类操作往往借助于对体外人工授精的精准控制而实施，这类服务在一些国家悄悄地进行。比如桑德尔在其著作《反对完美》中就举出了一个真实的例子，一对耳聋的父母，为了享有耳聋团体的归属感及连接感，通过人工授精选择诞生了一个耳聋婴儿①。出于有性繁殖的或然性（1.1.3），这个婴儿并非一定会是先天耳聋，他被父母选择成为耳聋婴儿。

图 5－5　基因克隆，2017 年克隆猴——中中、华华

图片来源：中国科学院脑科学与智能技术卓越创新中心。

针对人体胚胎的基因操纵受到了非常严格的医学伦理规范限制，所以这一部分应用基本上是处于空白的。2018 年 11 月爆发的震惊中外生物学界的贺建奎“双胞胎基因编辑婴儿”事件，就是针对人类受精胚胎实施基因编辑的真实案例。贺建奎在接受美联社专访时声称，对 7 对夫妇的受精卵进行了基因编辑，其中一对双胞胎婴儿已经出生。据称，贺建奎所实施的胚胎 CCR6 基因编辑使这对双胞胎产生了对艾滋病的天然免疫，也有报道质疑该胚胎基因编辑与提升认知能力有关。总之，由于违反了医学伦理规范，这一事件遭受了中外舆论的广泛批评。

胚胎干细胞。胚胎干细胞（embryonic stem cell，ES 细胞）源自动物

---

① 迈克尔·桑德尔. 反对完美. 黄慧慧，译. 北京：中信出版社，2013：3-4.

的胚胎内鞘，就像人体受精胚胎能够发育成各个器官及婴儿整体一样，胚胎干细胞的最大潜能就是分化和再造。胚胎干细胞可以分化出脑神经、造血、肠胃、肝脏、肌肉、骨骼及皮肤等各类细胞，各类细胞再分化为不同的组织和器官。理论上，胚胎干细胞可应用于动物克隆、转基因动物、器官移植、干细胞植入性治疗。培植干细胞再植入人体以提振精力和抗衰老，是当前被热捧的高端医疗服务，在一些富裕人群中很受欢迎。根据笔者确证的医疗案例，在北京地区注射一次干细胞的基础费用为 5 万~10 万元人民币。

人体胚胎干细胞于 1998 年被成功分离，但由于医疗伦理法规的限制，人体胚胎干细胞的研究与应用在一些领域被严格控制。美国前总统小布什在任期内制定了一系列对胚胎细胞及干细胞研究的限制框架，后来其他国家的政策制定也基本围绕着这个框架。然而在动物胚胎干细胞方面，各路生物学界英雄却早已大显身手了，世界各国的实验室已经利用鼠胚胎干细胞培育出了无数的小鼠和小鼠器官。据称，为了解开不同基因所对应的人体调控功能以及测试生物制药的疗效，人类已经在实验室小鼠身上制造出了 500 多种人类疾病。据统计，到 20 世纪 90 年代，全世界各地实验室已有 100 多种转基因小鼠模型被创建出来，其中包括创建出一类记忆与认知能力得到极大提升的小鼠①。

基因定向治疗及抗衰老，分子制药、个性化制药。基因定向疾病治疗有：利用生长激素基因来修复肌肉萎缩症、血友病基因编辑疗法、艾滋病基因编辑疗法、抗癌 CAR-T 细胞免疫疗法等。精神性分子药物开发包括：增强记忆力类药物、抗抑郁类药物、抗注意力分散（认知增强剂）类药物等。最为引人注目的，还在于抗衰老，如通过分子制药和医疗技术，激活端粒酶、抑制自由基、延长细胞寿命、修复出错的 DNA，以及直接定位和改造导致衰老的基因，从而达到延缓衰老的效果。这一类的制药和治疗，往往指向“个性化制药”、“个性化治疗”或“精准医疗”，属于当前世界最前沿的医疗技术和医疗服务。

---

① 悉达多·穆克吉. 基因传. 马向涛，译. 北京：中信出版社，2018：456.

5.1.2　脑研究计划与智能工程热潮

二战后，冯·诺伊曼机①开启了电子计算机时代，世界强国纷纷投入计算机的研究和应用。哲学家、心理学家乔姆斯基在语言学领域的突破性研究成果使基于自然语言“形式文法”的计算机分析成为可能。受乔姆斯基的影响，哈佛大学成立了认知科学实验室，是世界上首个认知心理学实验室，标志着认知神经科学的诞生②。计算机科学、心理学、语言学等的发展为认知科学的兴起进行了技术储备。20 世纪 60 年代以后，人类在基因遗传学、基因工程领域所取得的巨大成就，又极大鼓舞了人类征服自身“认知”的热情，要知道，探究“心智谜团”可是从古代各大文明先哲们开始就已经产生的人类理想！继基因工程后，20 世纪下半叶认知科学也迎来了大发展。

脑科学的概念、基本内容、学科制高地位

现代科学揭示大脑是人类认知能力的物质载体。广义地讲，脑科学就是认知科学，它直接涵盖人类认知的第一、第二层级（神经认知、心理认知）；间接包括第三、第四、第五层级（语言认知、思维认知、文化认知），研究人脑的物质构成、结构及功能，脑神经系统对心理、语言、思维及行为等人类认知活动的影响机制。狭义地讲，脑科学就是认知神经科学，研究人脑神经系统的物质构成、结构及功能，脑细胞分子活动过程，以及脑中枢控制系统的功能整合过程。

时任中国生物医学工程学会副理事长、电子科技大学生命科学与技术

---

① 冯·诺伊曼（John Von Neumann，1903—1957），美籍奥地利裔人，20 世纪最重要的数学家，开创计算机语言及设计原理，博弈论的先驱，享有极高的国际声誉。他所提出的计算机设计原理，如二进制逻辑线路和计算机设计方案 EDVAC（Electronic Discrete Variable Automatic Computer），由输入与输出设备、存储器、控制器、运算器五部分构成的计算机程序存储与控制，到今天仍然在沿用，被称为冯·诺伊曼机。

② 蔡曙山．论人类认知的五个层级．学术界，2015，211（12）：9.

学院院长尧德中教授，在2016年4月为《中国生物医学工程学报》所做评述中，通过图5-6，从不同尺度和不同视角表达了脑科学的基本内容①。从图中可以看出，脑科学是当之无愧的人类科技的最高峰，是纯粹逻辑科学（数学）、自然科学（物理学、化学）、生物科学（生物学、心理学、行为学）、信息科学（信息学）的学科大交汇、大融合。我们完全可以预测，人类“心智”奥秘的研究与揭示，一定会伴随着各大学科的底层科学原理的相互融合、相互印证。

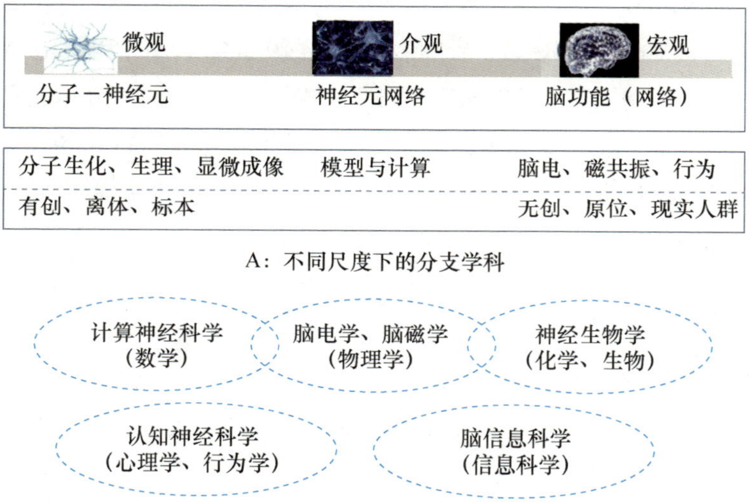

A：不同尺度下的分支学科

B：不同视角下的分支学科

图5-6　不同尺度和不同视角的脑科学分支学科

图片来源：尧德中. 脑信息科学：概念、内容与挑战. 中国生物医学工程学报，2016，35（2）：130.

刚刚迈入21世纪，2001年美国国家科学基金会、国家科学技术委员会与商务部技术局就推出了一份长达480页的研究报告《提升人类能力的四大会聚技术：纳米技术、生物技术、信息技术和认知科学》②。会聚技

① 尧德中. 脑信息科学：概念、内容与挑战. 中国生物医学工程学报，2016，35（2）：130.

② 英文原题为：*Converging Technologies for Improving Human Performance：Nanotechnology，Biotechnology，Information Technology and Cognitive Sinence*。

术，即 NBIC，Nano-Bio-Info-Cogno 被认为是 21 世纪的带头学科。纳米技术即 Nano，将带领人类在包括神经细胞在内的分子量级的微观层面上重新认识世界，乃至消弭人工制造与天然生成在分子层面的区别。生物技术即 Bio，就是现代生命科学两大高峰之一的基因和蛋白质学，与人类的健康与遗传休戚相关。信息技术即 Info，就是使用更加智能化的技术和工具来记录、计算、分析、处理和存储人类认知过程中的各类信息。认知科学即 Cogno，则是绘制大脑活动图谱，破译人类认知。NBIC 将认知科学置于四大技术中的最高位置，这是因为，NBIC 的最终目标是通过认知科学实现对以上科学内容的统一，以便将人的知识、智慧和能力提升到全新高度。NBIC 四大会聚技术，既凸显了认知科学即广义脑科学的学科制高地位，也体现了统一科学、融汇技术的现代科技发展的内在需要。

脑科学研究的前沿——全球各大脑科学研究计划

虽然脑科学发展尚处于婴儿期，但因其对人类最高等活动（意识）研究所具有的特殊性、尖端性和学科制高地位，很多国家对之投以巨资。

（1）美国在脑科学方面的投入①。美国早在 21 世纪初就在脑科学领域取得了领先性突破。2006 年艾伦脑研究所（Allen Institute for Brain Science）就已经成功绘制了鼠大脑基因图谱，通过脑切片、基因探针、影像获取及分析、图像监控及记录等团队合作，一万多条的鼠脑基因表达被全部定位。奥巴马总统办公室的科技政策咨询小组在 2012 年初邀请所在领域的权威科学家们参与了关于展开脑活动图谱计划（Brain Activity Map）的讨论，2013 年由奥巴马总统在国情咨文里正式提出。作为落实方案，2013 年美国推出了“先进创新型神经技术——脑研究计划”（Brain Research through Advancing Innovating Neurotechnologies，BRAIN），简称脑研究计划。该计划为期 10 年，计划总投入不低于 30 亿美元。根据中国新华社记者的报道，美国联邦预算 2017 年脑研究计划预算经费为 4.34 亿美

---

① 鲁白. 美国“脑计划”借鉴. 中国经济报告，2017（4）：111-114.

元，比 2016 年增加了近 45%，是 2014 年的 4 倍还多①。

（2）欧盟对脑科学的投入②。2013 年欧盟正式公布的人脑计划（Human Brain Project，HBP）脱胎于一项由瑞士政府、瑞士洛桑联邦理工学院、IBM 公司（国际商业机器公司）共同资助了多年的人脑计算机模拟研究，也即虚拟脑计划，又称蓝脑计划（Blue Brain Project）。该计划之前已有约 10 年的研发历史，突出特点是借助于不断升级的超级计算机蓝基因（Blue Gene），整合全世界范围内已知的及新研究出来的人脑理论与数据（据该项目领导人宣称，近年来全世界每年都有将近 6 万篇神经科学的新论文发表），以实现统一模型的仿真脑。该项目应用为两大领域，一是破解脑疾病机制并进行治疗，二是开发出超级仿神经计算机系统。2012 年蓝脑计划的项目领导人马克拉姆（Henry Markram，1962—　）联合 86 家欧洲及其他国家的研究单位，向欧盟提出了新的人脑计划（Human Brain Project，HBP）申请，并获批准，该项目赢得了 10 亿欧元的科研基金。

（3）其他国家的脑研究计划投入③。在欧盟和美国宣布投入新的脑计划项目后，加拿大、英国、日本等国家也纷纷宣布增加脑科学领域的研究投入。一直在脑科学领域处于领先研究地位的日本，在 2014 年启动了大型脑图谱计划（MINDS），该计划以灵长类狨猴为主要研究对象，研究内容之一就有狨猴脑结构在宏观、介观以及微观三个层面上的绘制。

（4）中国对脑科学的投入④。中国脑科学虽然起步晚，但同基因科学

---

① “人民日报海外版”新华社洛杉矶记者郭爽报道. 综述：美国“脑计划”这 3 年. (2016-04-27). http://m.haiwainet.cn/middle/3541839/2016/0427/content_29870736_1.html.

② 顾凡及. 从蓝脑计划到人脑计划：欧盟脑研究计划评介. 科学，2013，65（4）：16-20.

③ 王亚，李永欣，黄文华. 人类脑计划的研究进展. 中国医学物理学杂志，2016，33（2）：111.

④ 朱丽君，朱元贵，曹河圻，等. 全球脑研究计划与展望. 中国科学基金，2013（6）：361.

一样，发展速度十分迅猛。中国自然科学基因科学委员会于 2008 年投入 1.5 亿人民币启动了“视听觉信息的认知计算”项目，于 2011 年投入 2 亿人民币启动了“情感和记忆的神经环路基础”项目。在这两项研究的支持下，华中科技大学的骆清铭教授团队利用自行开发的 MOST 技术，创造出了迄今为止全世界最为精细的小鼠全脑神经元三位连接图谱；中国科学院自动化研究所的蒋田仔教授团队绘制出了全脑范围内的阿尔茨海默病（痴呆症）的异常功能连接的分布状况；中国科学院物理与数学研究所的徐富强教授建构了 4 类嗜神经病毒库，并建立了其神经网络结构信息。中国科学院也于 2012 年启动了以感觉、情绪、学习记忆与决策等重要脑功能为主的“脑功能连接图谱研究计划”。

当前中国最为瞩目的脑科学研究计划是：2016—2030 年中国首个国家级脑计划研究，即一体两翼的中国脑计划。一体，即人类认知活动的神经学基础解密及脑研究总体技术平台开发；两翼，一翼是脑疾病早期诊断及治疗，另一翼是脑-机智能融合技术，也即当前人工智能中的顶级应用。

脑科学的应用——了解与破译脑、保护与治疗脑、模仿与创新脑

基因遗传学、分子生物学驱动了基因生物工程的广泛应用。脑认知科学虽然起步比较晚，但就其应用技术与应用领域而论，却丝毫不比基因工程逊色，且大有后来者居上的迅猛势头。从用途上，脑认知科学的应用研究可分为以下三个方面。

了解脑、破译脑：通俗地说，就是破解几千年以前各大文明先哲就期待了解的人类“心智”奥秘，了解意识的物质基础，了解大脑通信及信息处理机制。例如人类的各类感知觉、心理情感、意识活动、人体运动控制等所对应的脑功能区域以及相应的脑结构；人类的语言能力、记忆力及信息在脑神经系统中的运行机制；视觉、视网膜与脑信息处理的相互关系等。这属于认知及脑科学知识范畴。

保护脑、治疗脑：保护脑发育，识别参与胚胎脑分化与发育的基因家族（脑基因簇），促进大脑健康发育及阻止异常发育。控制脑衰老，延缓记忆力衰退、神经退行所导致的老年疾病等。治疗脑疾病，即救治各类脑

神经疾病，例如脑卒中、帕金森病、阿尔茨海默病（痴呆症）、精神分裂症、亨廷顿舞蹈病、肌肉萎缩、瘫痪病人的运动能力恢复、抑郁症、自闭症、成瘾等。这属于医学治疗范畴。

模仿脑、创新脑：对脑的模仿与创新分为广义和狭义两类。广义地说，指泛人工智能，亦称弱人工智能；狭义地说，指强人工智能。这是最富有科学想象力和吸引力的前沿领域，也是当前科技界、企业界、投资界及各国政府军事装备研发，无一例外都高度关注的热点领域。网络上报道很多、大家也都熟悉的孙正义（投资了阿里巴巴）于 2016 年成立了总规模为 1 000 亿美元的“软银愿景投资基金”（SoftBank Vision Fund），孙正义将该基金全部用于投入人工智能领域。谈及对人工智能未来的投资布局时，孙正义说，“我很激动，连睡觉都感觉是在浪费时间”。

泛人工智能或弱人工智能，是指脱离人脑的结构性模拟，仅模拟人脑的思维，使计算机能够在对各类数据，如自然语言、图像、模式等的处理方面，产生类似人脑思维的智能化效果。广义上的脑思维模仿，就是使计算机拥有像人一样处理数据的智能。能从观察中总结出不同维度和不同类型的数据，是人类区别于动物的一个重大思维标志，是人类理性和抽象思维能力的象征。现在，人类设计出智能化的计算机和机器人，使它们能够像人一样对各类数据进行读取和处理（事实上仅就处理数据而言，机器智能已经远远超过了人脑智能），这就是泛/弱人工智能。当前基于大数据驱动的泛/弱人工智能，已经在各行各业广泛地投入应用了。

强人工智能，即可以进行推理（reasoning）并能解决问题（problem soving）的智能机器。当下处于浪潮前沿的强人工智能应用，就是建立在模仿“人工神经网络”（电脑计算）、“脉冲神经网络”（无线模拟人脑计算）或“异构融合类仿神经网络”（脑-机结合计算）等网络架构之上的，拥有计算机视觉和计算机语言的、高度智能化的计算机模拟技术和产品。如果用最高标准来要求，比如达到像人一样地思考和行动，则强人工智能还没有实现；如果用一般标准来要求，比如具有一定的逻辑推理、算法运用、与环境交互学习、动态感知决策及执行能力的智能机器，那么强人工智能已经产品化了。

以下是一些已经比较成熟的强人工智能的技术和产品应用：

Google（谷歌）在 2010 年宣布开发出名为 Google Brain 的深度学习工具，就建立在并行的人工神经网络之上。2016 年 3 月震惊世界、以 4∶1 战胜世界围棋冠军李石的 AlphaGo（Google Brain-DeepMind 系统）就是在 Google Brain 的训练算法下完成的，这充分证明了机器学习的有效性。

以研发类脑芯片闻名的 IBM 公司，与美国空军实验室联合研发的 TrueNorth 类人脑芯片，号称有 6 400 万个神经元与 160 亿个突触的类脑功能①，IBM 芯片一直以来都代表了当前世界前沿的机器学习性。除此之外，还有英特尔神经拟态芯片 Loihi②，高通 Zeroth 芯片，上海西井科技 DeepSouth 芯片，浙大和杭州电子科技共同研发的“达尔文”芯片，也都为人工智能科技界所追捧③。

中国脑计划将人工智能中的顶级应用即脑-机智能融合技术，作为“一体两翼”战略中的“一翼”，清华大学就在智能脑控领域取得了一些领先的成绩。清华大学类脑计算机研究中心联合清华大学 7 大院系，于 2012 年开始至今开发了三代类脑“天机芯”。2017 年研究成功的第二代“天机芯”仅 28 纳米，由 156 个功能核心 FCore 组成，包括 4 万个神经元和 1 000 万个突触。参见图 5－7、图 5－8 清华大学操场上安装了“天机芯”大脑的脑控自行车自动驾驶视频，被中外网络刷屏，是类脑通用人工智能的最新成果。据来自清华大学的公开报道，研究人员使用了人工通用智能的异构芯片，演示了无人驾驶自行车系统中通用算法和模型的同步处理，实现了实时目标检测、跟踪、语音控制、避障、过障和平衡控制。

---

① 中国电子网报道. IBM 类人脑芯片再获突破 擅长感觉和图形识别.（2017－06－27）. http://www.21ic.com/embed/news/technology/201706/46832.html.

② 科技日报报道. 人类向“模拟大脑”目标迈出一大步——含 800 万神经元的类脑芯片系统问世.（2019－07－18）. http://digitalpaper.stdaily.com/http_www.kjrb.com/kjrb/html/2019-07/18/content_425939.htm? div=-1.

③ OFweek 电子工程网报道. 从 IBM 研究到百度投资，探寻类脑芯片产业路上的丰收与荆棘.（2018－11－07）. https://ee.m.ofweek.com/2018-11/ART-8500-2801-30279862_2.html.

图 5－7　天机芯的 5X5 列阵扩充板

图片来源：清华大学类脑计算研究中心新闻发布。

图 5－8　类脑自动行驶自行车

清华大学东区操场，安装了“天机芯”的自行车听取并执行口令。
图片来源：清华大学类脑计算研究中心新闻发布。

2019 年 7 月，科技“钢铁侠”埃隆·马斯克（Elon Musk）宣布，他旗下的 Neuralink 人工智能公司已经找到了高效脑－机接口的方法，并发布了一些在老鼠身上实验成功的图片。参见图 5－9、图 5－10，2019 年 8 月于北京召开的世界机器人博览会吸引了全球 180 余家机器人领域科研机构和企业，展出了 700 多套最新的工业、服务、特种、物流等各类机器人研究成果，“脑控机器人”在展会中大展风采，中央电视台《新闻 1+1》栏目对此进行了特别报道。近年来，脑控无人机、脑控机械臂、脑控游戏等新应用和新产品不断推陈出新。通过“侵入式脑机接口”所实现的脑部电信号，已经能够实现从大脑到机器的直接控制。可以说，读懂乃至操纵人类、猴子、其他哺乳动物脑部的意念已并非诳语。

图 5－9　机器人来了，我们怎么办？

2019 年 8 月世界机器人博览会专题报道。
图片来源：2019 年 8 月 21 日中央电视台《新闻 1+1》栏目。

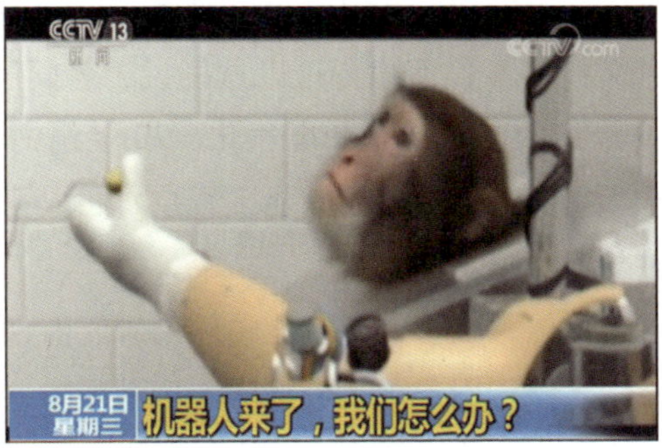

图 5－10　脑机智能

2019 年 8 月世界机器人博览会，美国脑－机接口技术展览现场，脑控机器人识别猴子脑部电信号，读取猴子意念，完成猴脑拿吃香蕉的指令。
图片来源：2019 年 8 月 21 日中央电视台《新闻 1+1》栏目。

已经广泛投入应用的人工智能服务与产品

自图灵（Alan Turing，1912—1954）、冯·诺伊曼等智能先驱在二战前后将计算机产品化并投入应用以来，智能计算机就在国防、情报、大型项目计算及工业计算领域发挥着巨大威力。智能计算机 70 多年来的迅猛发展，被称为 20 世纪改变世界的一股重大力量。

1956 年夏天，在达特茅斯学院，香农（Claude Shannon，1916—2001）、约翰·麦卡锡（John McCaethy，1927—2011）、马文·明斯基（Marvin Minsky，1927—2016）等 10 人在洛克菲勒基金会微薄的资助下召

开了“达特茅斯夏季会议”，也就是持续一周的在人工智能历史上写下浓重一笔的“计算机智能头脑风暴会”。参会的10个年轻人平均年龄30岁左右，其中的4个人后来获得了计算机领域的最高奖项“图灵奖”，通信领域的最高奖“香农奖”则直接以信息论的发明人香农而命名。这10个人在本次会议上为后来人类信息与通信的智能化开创了蓝图：人工智能（Artificial Intelligence，简称AI）、自然语言处理、人工神经网络，这些概念和说法，都是在这次会议上被提出来的①。

人工智能（AI）从产品的角度来描述，通俗地说，是比原有计算机更加高效化、更加智能化且具备深度学习能力和拟人能力的各类应用软件、计算机、机器人及其综合体。由于AI技术具备了可以改变整个世界的底层资源型技术的属性特征，对于各大产业而言，AI技术推动产业更新升级的革命性意义自然不言而喻。可以这样说，等同于18世纪的蒸汽技术和蒸汽化、19世纪的电气技术和电气化、20世纪的计算机半导体技术和计算机化一样，目前正在发生的智能工程技术和人工智能化，可以将所有的产业重新做一遍。

也正是因为这个原因，尽管人工智能的理论研究尚且历时较晚，但其应用领域已经扩展到了银行服务、投资顾问、金融理财、零售、商业、物流、安防、医疗、离散制造业、教育、法律、智能家居、可穿戴设备、影视娱乐、新闻播报等各行各业。人工智能化正越来越无处不在。

典型的、已经广泛投入应用的人工智能服务与产品有：

• 智能专家咨询及服务，也即基于对大数据的搜集、读取、分析、整合而提供咨询及服务的智能专家系统。具体产品包括：在线搜索、语言翻译、文本语音转换、文本解读及处理、机器人文创（如机器人财经报道）、脑波音乐创作（如机器人谱曲）、城市交通规划、物流优化、交通及出行优化……

• 智能识别及释义，也即各类仿人智能识别、模仿、判断及决策系统。具体产品包括：基于机器视觉的各种监控、采集、识别类产品，指纹、掌纹、虹膜、视网膜、人脸、视频等识别类服务及产品；基于机器听

① 吴军. 智能时代. 北京：中信出版社，2016：45.

觉的各种语音识别、语音模仿、新闻播报、机器人售后客服等服务及产品；图像识别及加工处理、图像释义的自动生成……

• 人–机交互服务及产品，也即基于神经网络架构的“脑–机交互”计算机及机器人。具体产品包括：医疗诊断及管理服务，如 IBM Watson Health、达·芬奇手术机器人系统、其他多种医疗机器人；金融信用服务，如蚂蚁金服，金融产品程序化交易、投资咨询、理财服务；无人驾驶汽车，无人驾驶飞机；家用服务类机器人、智慧物流机器人、工业智能机器人、特种环境任务机器人、军事领域的高智能化机器人……

• 神经网络架构计算及深度学习系统，指建立在由大数据驱动的遗传算法和神经网络算法之上人工智能技术服务、支持及加速机器学习的并行式类脑芯片、整套 AI 服务系统或整体 AI 解决方案。这类服务及产品是工具性的、系统性的，全球只有极少的公司才可以提供。例如，Google 自行开发的 AI 底层技术，即建立于人工神经网络之上的 Google 大脑以及 Google 大脑下的两套 AI 系统：Google Brain-DeepMind 系统（AlphaGo 程序），专注于棋赛博弈；Google Brain-TensorFlow 系统，专注于图像处理、语音识别、Google 翻译、Google 搜索等。例如，以制造类脑芯片著名的 IBM，就发布过多款处理器及芯片产品，前文介绍过的 IBM TrueNorth 类脑芯片，就作为数据处理工具，来加强计算机和机器人的计算速度和能力。例如，2016 年 9 月百度发布了具有三大核心底层 AI 技术的百度大脑，包括百度 Paddle-Paddle 深度学习平台、百度超级计算机、百度大数据。2016 年下半年，阿里云 ET、腾讯 AI 云服务，也都先后发布。

人工智能的两条路径：类人脑、非类人脑

图灵于 1950 年预言了人创造具备真正智能的机器的可能性，并基于此提出了图灵测试。图灵测试的本质就是要判定机器在多大程度上可以拥有和人一样的智能。图灵测试的基本逻辑是：裁判（人）在幕前，一台机器和一个人在幕后，裁判与幕后的机器和人同时交流，测试裁判能否区分幕后的交流者是机器还是人。达到这种状态的机器就可以被视作具有了人的智能。1950 年 10 月，图灵发表了著名的论文《机器能思考吗?》，进一步将机器智能与人类思维联系到了一起。2015 年在英国、北美、中国

热映的电影《机械姬》就生动演绎了图灵测试。影片的女主角艾娃不断地被其创造者进行图灵测试。没有人类情感但具有超级智能的艾娃，以完成目标为唯一目的，最终艾娃通过高智能俘虏和欺骗了测试者的感情，将测试者作为工具，通过了图灵测试，摆脱了监控，杀死了自己的测试者和设计者，走向了茫茫人海中。

图灵测试如果用最高的标准来要求，比如以人一样的情感和思维方式进行交流，像人一样地思考和行动（指决策或完成某项目标任务，而不是人的肢体行动），具有逻辑推理和解决问题的能力，以及发现问题和提出问题的能力（是否具备问题意识，是笔者认为测量机器智能的关键指标），则强人工智能还没有被实现，没有任何一台计算机或机器人能在这个意义上通过图灵测试。图灵测试如果用一般的标准来要求，比如具有一定的逻辑推理、算法运用、与环境交互学习、动态感知决策及执行能力的智能机器，比如能够像人类一样（事实上也只有人类才可以这样）听懂语音及其含义、处理不同语言的翻译、阅读文本、做摘要和写作、进行棋赛类的思维博弈和决策、做基本对话和回答问题，那么很多计算机或机器人就都已经能够通过图灵测试了。

20 世纪 70 年代后，随着互联网的全球化普及，计算机软硬件的持续更新升级，数据采集越来越便捷，巨量数据应运而生。巨量数据也即大数据成了新的 AI 驱动力量，AI 开始脱离原有的、传统类人脑的智能化路径，进入了由大数据驱动的遗传算法、人工神经网络算法、脉冲神经网络算法、异构融合类仿神经网络算法等智能模拟技术方法，也即非类人脑的人工智能。

基于大数据思维和大数据驱动的 AI 技术，是在互联网全球化普及多年，大数据采集、储存及传输都得以成为现实之后，才出现的新型 AI 技术。如图 5－11 所示，所谓的大数据思维，就是用大数据之间的强相关性来取代原有的、确定性的因果关系，并进行最佳选择，以消除世界的不确定性；其底层设计基础是统计、概率。普遍认为大数据思维与信息论的迅猛发展有关，也与 20 世纪以来量子力学波粒二象性、测不准原理等理论影响有关。

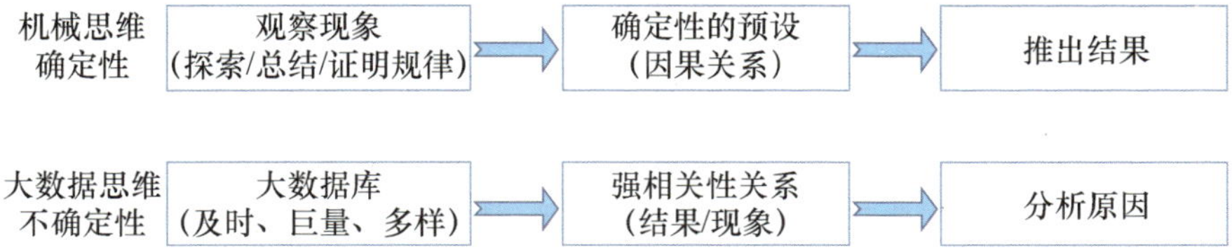

图 5－11　大数据驱动下的人工智能（金辛迪 2019）

像物质、能量一样，信息也被看作一种独立的物理存在形式，信息测度单位为“比特”。物质、能量、信息，被并列为自然界三大资源要素。大数据是构成信息的基础，因而成为一种宝贵的资源。

支持大数据驱动 AI 技术的观点认为：大数据思维可以用于解释世界的不确定性，不是对原有牛顿经典机械思维的背离和否定，而是对其完善和补充。然而，这种观点更多是基于当前大数据驱动 AI 技术所展现出的强大实用功能而论。鉴于大数据驱动 AI 技术及其应用崛起的时间尚且太短，并且，基于大数据思维的 AI 技术，背后涉及两个重大的哲学问题（也是物理学问题）：传统的机械论思维到底有没有根本性缺陷？世界的不确定性与机械决定论能否相容？虽然量子理论对此做出了一些可能的解答，如“波粒二象性”学说，但人类还未能解答这两大问题，且能解答的时间也许还很遥远。这表明，非类人脑的人工智能，其本身的底层理论尚且不完全清楚。这还表明，人工智能的技术发展范式，第一阶段——知识表达的智能（底层为符号、逻辑），第二阶段——大数据驱动的智能（也即当前阶段，底层为建立在大数据驱动之上的基于统计与概率的复杂算法），乃至下一阶段——预测未来为碳智能（底层为生物学、生命科学和心理学的分子层面的技术融合），其过程本身就处于一种边发展技术应用、边探究基础理论的摸索过程。并且基于现实原因，如科技的政治化和商业化，人工智能技术应用的发展速度可能会远远超过其底层理论探究的速度，这意味着应用失控的风险会更大。

因此我们说，非类人脑的人工智能，这个新的技术路径，是近十几年来人工智能技术最大的一个变革，它既是推动人工智能取得快速发展的一个重要原因，也为人工智能的发展前景埋下了一个伏笔。基于大数据驱动的遗传算法、人工神经网络算法、脉冲神经网络算法、异构融合类仿神经网络算法等智能模拟技术方法，基于统计与概率、复杂算法等这些人脑所无法处理、人脑所做不到的技术路径，人工智能可能会挖掘出一些人类根本无法感知到的认知领域，可能会走上一条不同于人类智能的智能形态道路，并越走越远，乃至最终失控并伤害到人类。

5.2 守护抑或告别存在的平等

• 第 1 章 1.1.3 小节，生命禀赋差异的遗传机制：从进化论到分子生物学，对基因遗传理论进行了概括，对基因研究的重大理论突破、基因工程的重大技术突破进行了历程追踪。

• 第 3 章 3.1 节，在“生命的有限性”部分，对死亡的生物学原因，也即死亡现象的科学解释进行了概括。第 3 章 3.2 节，在“认知的不可继承性”部分，涉猎了认知科学知识，如大脑调控与基因调控的区别，智力作为一种功能性能力与遗传的弱关联关系，基于人类符号语言建构的高阶人类认知无法被自然遗传等。

• 本章 5.1.1 小节，接续第 1 章 1.1.3 小节的基因科学内容，进一步归纳了自 20 世纪 70 年代以来出现的各类基因工程应用技术及产品。

• 本章 5.1.2 小节，接续第 3 章 3.2 节的认知科学内容，进一步概括了认知及脑科学的基本内容、学科制高地位；全球各发达经济体的脑计划项目；特别是概括总结了“模仿脑、创新脑”的人工智能技术及产品，包括强人工智能、弱人工智能；人工智能的两条技术路径，包括类人脑的人工智能、非类人脑的人工智能。

笔者深入到基因遗传、基因工程、有性繁殖、死亡的生物学解释，深入到认知的存续途径、认知的不同层级、模仿脑和创新脑的智能工程，这些科学知识和应用技术的讨论，并不是为了科普，而是为了对“生命的有限性”“认知的不可继承性”这二重人类限制，进行客观据实的考量。站在科技的角度来看，人类的这二重限制，究竟能不能被改造？能在多大幅度上被改造？通过什么技术途径被改造？改造会带来何种后果和风险？甚或这二重人类限制最终能否被完全突破？

5.2.1　挑战 1：寿命鸿沟及其扩大化与固化

第 1 章 1.1.3 小节的基因遗传知识使我们了解到，基因决定并调控人的体征形态和感知觉功能，这体现了基因遗传的决定性、宿命性特征；同时，基因通过有性繁殖进行分离、自由、随机的重新洗牌组合，完成代际基因遗传，这又体现出基因遗传的或然性、多样性特征。基因遗传的这些特性，已经被两百多年以来的生命科学研究、被自 1901 年诺贝尔奖颁发以来诸多科学巨匠前赴后继所做出的科研成果所确证。

本章 5.1.1 小节的基因工程技术、产品、案例让我们了解到，基因工程就是对胚胎细胞和体细胞基因实施不同技术方式的控制和更改操作，以达到改良、改造、创造生命形态和功能的目的。基因工程在农作物、畜牧动物领域的成功已经被确证，其成果已越来越多地被投入到了我们的生活中。

由于生物界分子基本构成的高度一致性（见前文解释），理论上，我们在 5.1.1 小节列举的那些业已发生的基因工程案例都可以应用到人类基因自身的改造上。所有应用于动物（如小鼠和猕猴）实验的基因操作，都可能在人体上引发类似的效果。在实验室里被制造出来的 100 多种转基因小鼠模型的各类基因突变，为了观察分子制药疗效而在小鼠身上制造出的 500 多种人类疾病及其跟踪治疗，理论上也可以在人体产生类似的效果（实际上，我们服用的特效药正是通过这样的研发过程被制造出来的）。

同时，基因编辑技术的革新性突破，也即 CRISPR-Cas 9、CRISPR-Cpf1 基因编辑技术的成功（5.1.1），使得一位博士研究员可以在 6 个月之内完成 14 个人类基因组中的 14 处基因改变，且包括胚胎干细胞基因组，“这在过去完全是难以置信的丰功伟绩”①。这极大加速了基因编辑技术的应用推广。中国近些年在基因研究领域也捷报频出，大有后来者迎上之势。

综合我们已掌握的基因遗传知识和对基因工程的了解，我们不得不做出这样的结论：胚胎干细胞移植、细胞核移植、遗传特征修饰、基因编辑

---

① 悉达多·穆克吉. 基因传. 马向涛，译. 北京：中信出版社，2018：531.

（剪切、粘贴、基因嵌合体创建及导入等）这些生物工程技术的联合运用，已经使得对人类基因组的操控成为可能，人类能够制造出转基因人类（也即超人类、新人类或后人类，取决于如何区分）已并非诳语。

本书还认为：通过操纵和更改基因，针对性的分子制药，以及个性化的基因精准医疗，使人们拥有更健壮的肌肉和体型、更强的运动能力、更好的感知觉功能如提升视力和改善体味，获得更佳情绪、更强专注力、更好记忆力，甚至攻克癌症和退化性老年疾病、延缓衰老、获取更长的寿命，是可以实现以及可以期待在未来实现的。事实上，基因实验在各国家广泛进行，并越来越被视为攻克一系列人类疾病、延长人类寿命的最具潜力的新途径。

人类可以改变自身的体征形态和感知觉功能，这已并非神话。目前导致这部分基因工程技术没有被深入研究及展开的主要原因与其说是技术障碍，不如说是医学伦理规范的限制（针对胚胎细胞的各项基因技术受到了严格限制）。然而，人们最渴望改变的，并不仅仅是更完善的体征形态和感知觉功能，人们最渴望改变的是生命的限度，也就是提升人类寿命。

突破有限的生命，期待长生不老，这是古往今来人们的终极梦想。《吉尔伽美什史诗》记录了4 000多年前苏美尔地区的乌鲁克国王吉尔伽美什因为痛失爱人而恐惧死亡、憎恨死亡，国王义无反顾地翻山越岭、穿越死亡之海去寻找长生不死的神草。秦始皇也曾经派遣方士率领3 000童男女出海东去，寻找蓬莱仙岛，以求得到长生不老的神仙药。《加勒比海盗4》里惊心动魄的冒险之旅无非也是要寻找西方传说里的“不老泉”。俄罗斯大亨德米特里·伊茨科夫于2012年雄心勃勃启动的投资10亿美元的永生人计划，是人类追求长生不老的现代版续集：制造出由人类大脑来控制的机器人，将真的人类大脑移植到脑控机器人，或将大脑里的认知内容上传到人工大脑里，最终创造出全息身体并承载人工大脑，成为克隆转忆人，延续人的意识、思维和情感，在理论上成为永生的人。当然，还可以更狂热一些，如一些科技狂人所预言的那样，人们还可以祈盼未来某个时刻（已经有一些不同版本的具体时间预言），人类科技的奇点降临，超级智能网络替代人脑神经网络，无机智能生命替代有机生命，作为碳基生物的人类升级到硅基生物，有机体“智人”成为永生的“神人”，从而彻底实现长生不老①。

自然界的现象告诉我们，动物的寿命可以随着环境的变化进行调整，也就是可以在没有增加痛苦和疾病的条件下，延长至两倍、三倍甚至更多倍。例如溪鳟，被人为地引入加州内华达区域寒冷、缺乏营养的高山湖后，溪鳟的寿命意外地从 6 年变成了 24 年，唯一明显的变化是性成熟时间被推迟。负鼠在被迁移到免于被捕食的小岛以后，寿命也翻倍了②。如图 5－12 所示，根据福山的统计，人的平均寿命从 1900 年的男性 48.3 岁、女性 46.3 岁被延长到了 2000 年的男性 74.2 岁、女性 79.9 岁③。根据吴军的统计，工业革命开始以后，世界各地区的人均寿命都翻了一倍以上④。

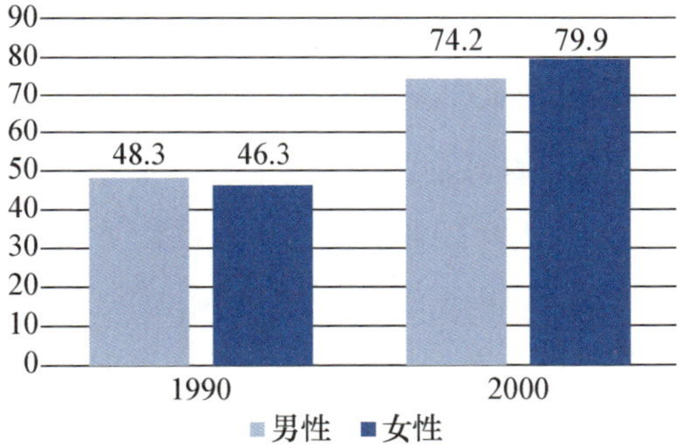

图 5－12（上）　1900—2000 年人类平均寿命延长

从 1900 年到 2000 年，男性寿命延长了 56%，女性寿命延长了 71%。

---

① 赫拉利通过《人类简史》《未来简史》两本书提供了“历史开始于人创造神、历史终结于人成为神”的连贯宏大叙述，包括哲学意义上的人类历史与未来解读；也即在过去，智人通过认知革命、农业革命、科学革命实现了融合统一和对世界的控制；在未来，在算法和数据主义的统治下，一部分智人通过生物工程、半机械人工程、非有机生物工程升级成为永生的神人。尤瓦尔·赫拉利．人类简史：从动物到上帝．林俊宏，译．北京：中信出版社，2014；尤瓦尔·赫拉利．未来简史：从智人到智神．林俊宏，译．北京：中信出版社，2017.

② 尼克·莱恩．生命的跃升．张博然，译．北京：科学出版社，2016：315.

③ 弗朗西斯·福山．我们的后人类未来：生物技术革命的后果．黄立志，译．桂林：广西师范大学出版社，2017：59.

④ 吴军．智能时代．北京：中信出版社，2016：103.

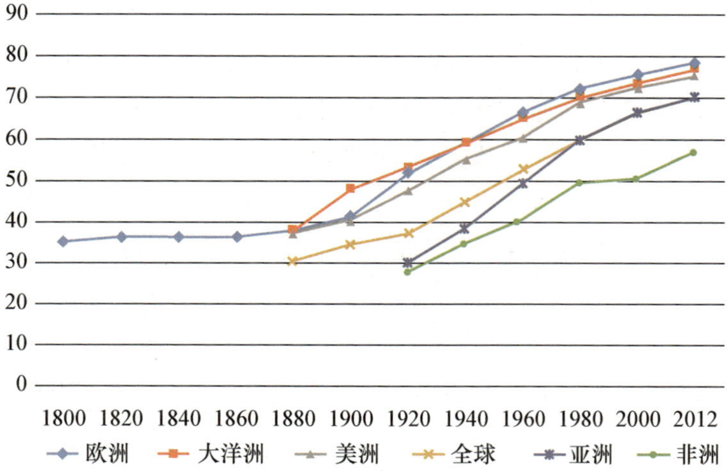

图 5-12（下） 工业革命后人类平均寿命大幅延长

工业革命以后，世界各地区的人均寿命翻了一倍以上。

现代医学搞明白了细菌致命的原理，雷达、原子弹、抗生素被认为是二战“三大发明”，现代医疗工业更是推出一系列尖端医学诊疗仪器和设备，从心脑监护到 CT、MRI 扫描仪，从微创心脏起搏器到达·芬奇手术机器人，再加上每年推陈出新的新药、特效药、定向生物制药，使人的寿命相比工业革命之前翻了足足一倍。

实验室里通过提供平衡的饮食、减少热量供给，已经使得老鼠的寿命延长了一倍。性成熟时间、胰岛素抗性与寿命之间的权衡关系也被进一步研究。线虫和其他生命（酵母、果蝇、老鼠）的一些延寿基因突变已经被发现。一些可能与减缓衰老相关的人类基因，如所有真核生物中都有的两个基因 SIRT-1、TOR，正在被实验室高度重视①：通过白藜芦醇激发 SIRT-1 使得肥胖老鼠降低了 1/3 的死亡率；阻挡 TOR 可以抑制炎症活性、提升免疫力，而老年性疾病的主要特征之一就是持续发炎。另一项基因 SIR2 可以限制核糖体废物在酵母细胞中的产生，从而延缓细胞的死亡②。端粒酶

① 尼克·莱恩. 生命的跃升. 张博然，译. 北京：科学出版社，2016：336-337.

② 弗朗西斯·福山. 我们的后人类未来：生物技术革命的后果. 黄立志，译. 桂林：广西师范大学出版社，2017：61.

（可延长染色体端粒）、寿命、癌症三者之间的平衡机制也在被揭示。日本、德国、中国在对百岁老人的研究中，在染色体、载脂蛋白、线粒体方面都得出了一些有意义的结果。一项发表在2019年8月《自然》期刊上来自加州大学旧金山分校的关于第二个短睡基因突变ADRB1基因的研究在近期引发了轰动①。也就是说，一个人如果幸运地拥有了短睡基因，就意味着在寿命相同且不影响健康的情况下，可以比不拥有短睡基因的人多出来很多年的清醒时光，这等于是变相延长了寿命。近年来《自然》《细胞》《经胞报告》（*Cell Reports*）等期刊也不时地发布一些通过调整细胞等方式使得线虫/蠕虫寿命提高50%、100%甚至500%的前沿科研资讯。

不仅仅是上述这些理论上的研究突破，一些抗衰老疗法也已经投入应用，如：补充生长激素的抗衰老效果已得到了肯定，通过药物刺激、调动体内的干细胞，弥补细胞损耗，从而促进肌肉的修复和生长、延缓衰老。用新陈代谢抑制、药物、基因疗法等方法来延长染色体端粒，从而延长细胞寿命的技术，也已经在小鼠身上得到了临床验证。靶向清除衰老细胞药物，即经FDA批准的Senolytics抗衰老药物的临床结果（《柳叶刀》（*The Lancet*）期刊2018年），雷帕霉素治疗神经退行性疾病的临床结果（*Elife*期刊2016年，《科学转换医学》（*Science Translational Medicine*）期刊2018年）已经公布②。近年来Nicotinamide Mononucleotide（NMN）持续成为分子制药领域的前沿热点，通过细胞层面干预来抗衰老、改善退行性衰老指标的延寿补充剂NMN已经公开销售③。截至本书完稿前，据笔者在美国实地进行的NMN抗衰老补充剂调查，高端NMN标准型产品的年服用成本为3万~5万美元，该类产品的分子制药定制型产品必定会价格不

① A Rare Mutation of β1-Adrenergic Receptor Affects Sleep/Wake Behaviors, Neuron (IF 14.403). Pub Date: 2019-08-28, DOI: 10.1016/j.neuron.2019.07.026. https://www.x-mol.com/paper/5832431.

② “医谷”报道.“长寿药”第一次应用到人类身上的临床实验结果公布.(2019-01-16). https://mp.weixin.qq.com/s/EP4kplr-5WtF4sN2jfr3xw.

③ “21世纪经济报道”报道.美逆转衰老“神药”上市遭疯抢，富人寿命或将延长30%.(2019-01-11). https://finance.sina.cn/2019-01-11/detail-ihqfskcn6292397.d.html.

菲……

总之，基于不少数量的学术期刊和著述文献的信息，依据已经掌握的生命科学知识，依据对基因工程应用的追踪考察，本书倾向于做出这样的结论：人的永生可能无法实现，但通过分子制药和生物技术，激活端粒酶、延长细胞寿命、抑制自由基、修复出错的DNA，以及直接定位和改造导致衰老的基因……是可以期待做到的，这就使得延缓衰老、增长寿命成为可以期待的目标。

以上最新的事实和资讯，是现代科学版的人类追求长生故事的续写。现代科学在近代300多年以来，在改造世界中业已展示出的实证性、实用性和强大力量，足以燃起人们追求长寿的乐观预期和极大热情。对人们来说，大幅度延长寿命，如将寿命延长到100岁，不再是遥不可及的梦想，而成为可以触及的科学目标。连被公认为全球最大的互联网搜索引擎公司Google（也可以称之为大数据公司），在深耕人工智能和深度机器学习并取得世界霸主地位以后，还转身投入到了对长寿的追逐之中呢！由此可见，经济与科技的终极人性驱动力量仍然是“有限性→超越性→无限性”（参见4.1.3，人性建构），增进健康、延年益寿、长生不死，才是人类追求的终极目标呀。

2013年9月Google宣布，成立致力于人类衰老研究的独立的IT医疗健康公司Calico。如图5-13，这一轰动性事件立即被美国《时代周刊》当作了封面文章：《谷歌能够战胜死神吗?》（“Can Google Sovle Death?”）这恰如本书在追问的：生命的有限性可以被突破吗?

根据网络公开消息，Google Calico的CEO阿瑟·李文森（Arthur D. Levinson，1950— ）于1995—2009年担任基因泰克公司CEO长达15年之久。基因泰克公司即Genentech，成立于1976年，位于旧金山，是世界最领先的基因制药公司，最早制造出合成人工胰岛素、合成人工生长激素，创造过很多分子制药领域的世界第一。Google Calico的成立意味着世界最领先的基因技术、分子制药技术，与大数据、IT、人工智能技术的世界级的跨界融合，李文森多年累积的基因科技经验必将如虎添翼。根据Google消息，Google Calico以延长人类寿命、延缓衰老为目标。李文森博士公开表示，依靠医疗大数据来挖掘癌症基因组合，为癌症病人提供个性化特效药，并寻找导致衰老的基因、修复出错及有害变异基因，会是一条延长人类寿命的新道路。

图 5-13　生命的有限性可以被突破吗？

一方面，我们为能进一步延长人类寿命而感到兴奋；另一方面，我们又被越来越浓重的担忧所笼罩。在能够被延长的人类寿命里，有属于我自己的那一份吗？还是它与各类特权、资质，与私人飞机、超级豪宅一样，仅仅是属于富人的奢侈特供品？如果人的平均寿命被延长到 100 岁～120 岁，那时候的人类社会还会和今天是一样的吗？那时候的人类社会是更加和谐，还是更加分化，更加有利于某一些人而不利于另外一些人？担忧，不仅仅源自对现实世界中医疗保障的信心缺乏，而且源自人类由来已久、从未消失过的彼此竞争与不安全感。医疗健康是国计民生的根本，我们知道，现实生活中的医疗健康保障一直都存在诸多问题。

对于发达富裕国家来说，凸显性问题包括：欧美发达国家医疗开支占 GDP 比重越来越高，医疗保险管理费、医院管理费、医疗事故赔付如律师服务费等管理类费用，明显过高且不合理。很多国家都存在医疗资源分布的不平衡问题，不平衡问题往往都与特权医疗、医疗资源的行政垄断、医疗投入垄断等现实问题并存。很多导致人类死亡的疾病从医学上还无法破解和治愈，但却存在着很多针对这些疾病的过度检查和过度治疗，也就是说存在大量的医疗浪费。

对于落后贫穷国家来说，不仅仅存在缺乏医疗资源、健康无法保障的问题，一些国家还存在很多黑暗的、令人不忍面对或不敢面对的种种悲惨的医疗不平等。比如，因为贫穷而无法得到救治，只能听天由命、坐等死亡；更有甚者，为了换取一点点生存收入，不得不将出售自己的人体器官当成了最后的救生索。好莱坞电影一直都不缺倒卖人体器官的故事情节。美国调查记者斯科特·卡尼（Scott Carney，1978— ）为了探寻全球人体器官的地下交易真相，在印度等国家实地调研长达 10 年之久，将真实版的人体交易市场揭露在了阳光之下。斯科特 2011 年发表纪实著作 *The Red Market*，该书一经出版就引发舆论震动，其中文版《人体交易》2013 年在中国出版。书中讲述在埃及、南非、印度、巴基斯坦、菲律宾、巴西等国家的一些贫困地区，有整个村子的人都在出售自己的人体组织和器官，包括有组织地盗墓以出售尸体骨骼和韧带、出售人体活体肾脏及肝脏、出售卵子、代孕租赁、经营血液工厂、提供药物临床实验（充当人体小白鼠）、提供干细胞疗法临床实验（充当人体实验体）、出售毛发，等等。在当地，对每天生活开支不到 1 美元的穷人而言，卖肾脏所得到的 800 美元称得上是一个天文数字①，就像是发了一笔大财，够 2 年多的生活费了。

随着普遍化、系统化的全球贫富差距的放大，不仅仅是对财富不均的感受加重，人们也实实在在地感受到了越来越明显的“寿命不均”。近年来关于贫富差距与寿命差距的研究数量激增。美国人口学家萨缪尔·普勒斯顿（Samuel H. Preston，1943— ）通过对多国数据的研究认为，人均预期寿命、经济收入状况，二者之间存在强相关关系，富裕国家出生和生活的个体一般来说，要比出生和生活在贫穷国家的人活得更长久，这一研究发现被称为以 Life Expectancy 和 GDP per capital 为变量的“普勒斯顿曲线”（Preston Curve）②。2015 年诺贝尔经济学奖获得者、美国经济学家安

---

① 斯科特·卡尼. 人体交易. 姚怡平，译. 北京：中国致公出版社，2013：63.

② “财经网、腾讯·国内新闻”报道. 各地人均寿命差异大，为何京沪过 80 云南不到 70 岁?. (2016-11-09). https://news. qq. com/a/20161109/002388. htm.

格斯·迪顿（Angus Deaton，1945—　）非常重视对健康、死亡率与不平等问题的研究。他从美国种族构成出发分析收入不平等与死亡率的对应关系，他分析同为发展中国家的南非与印度两国人民的健康状况、死亡率及与收入的对应关系。他关注并依据一系列微观消费经济数据及其趋势来探寻寿命与财富之间的对应关系。迪顿的著作《逃离不平等——健康、财富及不平等的起源》动摇了一些传统的观点。

美国斯坦福大学经济学家拉吉·切迪（Raj Chetty）教授研究发现，美国资产排名前 1%的富人，平均寿命为 87.3 岁，比美国前 1%的穷人寿命几乎长了 15 年①。美国东田纳西州立大学的几名教授，搜集了美国 50 个州的人口数据，他们将美国 3 141 个县归为几种不同的贫富状况类别，发现最富裕县的女性寿命可达 83 岁，最贫穷县的女性平均寿命为 76 岁，少活了 7 年；男性差距则将近 9 年半②。

澳大利亚社会健康地图项目（Social Health Atlas）在 2017 年报告中声称，依据其统计数据，悉尼和墨尔本的穷人区和富人区的人均寿命差距已经达到将近 20 年。Camberwell（墨尔本富人社区）人口平均寿命为 88 岁，而 Cranbourne North（墨尔本穷人社区）人口平均寿命才 69 岁。West Pennant Hills 和 Cherrybrook（悉尼北部富人社区）人口平均寿命达到了 87 岁③，而 Mt Druitt（悉尼西部穷人社区）人口平均寿命才 68 岁，为最短。

据英国广播公司的报道，在英格兰和威尔士临近区域居住的穷人和富人，他们之间的寿命差距自 19 世纪 70 年代以来首次增加④。据英国《电讯报》消息称，来自 2015 年英国国家统计局的数据显示，最贫穷 10%男性的平均预期寿命为 73.4 岁，比最富有 10%男性少了 9.3 岁，后者为

① “搜狐·中国经济网·生活”报道. 研究：富人寿命比穷人要长 15 年. (2016-04-13). http://www.sohu.com/a/69035185_170916.

② “百度”报道. 有钱能买时间 研究发现有钱人寿命比穷人长 10 年. (2016-11-30). https://baijiahao.baidu.com/s? id=1552349561920304&wfr=spider&for=pc.

③ “搜狐·财经”报道. 科学家：人类寿命上限为 115 岁，富人比穷人寿命长 20 岁. (2017-01-04). http://www.sohu.com/a/169421040_629252.

④ “人民网·国际”报道. 英国：穷人和富人之间的寿命差距百年来首次增加. (2016-05-04). http://world.people.com.cn/n1/2016/0504/c1002-28325652.html.

82.7 岁；贫穷地区女性的预期健康寿命是 52.4 岁，富裕地区女性则高出来 19 年①。来自英国公共健康组织的数据显示：英格兰北部地区一个叫 Stockton-on-Tees 的枢纽小镇，穷人和富人的寿命差距已经达到了 20 年②。英国 BBC 实地拜访了这个小镇，对一些住户进行了采访，并在 2018 年推出了纪录片《要么变得富有，要么英年早逝》（*Get Rich or Die Young*），纪录片开头就直接抛出了这样的观点：英国正在被分裂，穷人活得短、有钱人活得长，并且这个因贫富而分裂的寿命差距，还在不停地被拉大……

中国也有数据显示，据第六次全国人口普查数据，中西部贫穷省份青海、云南、西藏的人均寿命预期，相比上海、北京以及部分东部发达省份的人均寿命预期，差距为 10 岁~12 岁③。

现实中的医疗不平等并非单纯的医疗技术提升可以解决。笔者认为，现实中的医疗不平等，涉及问题及领域诸多：（1）涉及医疗资源分配方式、人体市场管理方式（包括医疗供体的交易方式）等医疗制度和医疗管理问题；（2）涉及药品价格、医疗设备价格、医疗服务价格、医疗保险、医疗管理费用等医疗成本和医疗市场结构问题；（3）涉及经济不平等、特权医疗这样的根本性社会问题；（4）涉及对医疗救助化或医疗产业化的认知，对身体属性的认知，对隐私权及利他主义的认知等诸类医疗伦理问题。现实中一直都存在的医疗不平等难免让人们感觉到，现有的诸多医疗问题都没有能够解决好，未来等到癌症、退化性老年疾病可以被攻克或延缓以后，未来等到可以使用诸多领先的医疗手段（如个性化分子特效药、基因疗法、精准医疗等）提升老年健康、延缓衰老、延长寿命以后，诸多医疗问题和医疗不平等就没有了吗？人们就可以幸福、平等地享有寿命被延长至 100 岁~120 岁了吗？

在未来，如果现实中的不平等不能扭转，就难免会出现以下景象：更

---

① “快科技·新闻中心”报道．调查：穷人比富人早死 10 年．（2015-10-16）．http://news.mydrivers.com/1/451/451697.htm.

② “搜狐新闻”报道．穷人比富人早死 20 年！BBC 探访英国小镇，揭露悬殊寿命差的真相……．（2018-08-16）．http://www.sohu.com/a/247574348_100177826.

③ “财经网、腾讯·国内新闻”报道．各地人均寿命差异大，为何京沪过 80 云南不到 70 岁?.（2016-11-09）．https://news.qq.com/a/20161109/002388.htm.

长的人类寿命如通过领先的医疗技术使人活到 100 岁 ~120 岁，会与各类特权、资格一样，会与私人飞机、超级豪宅一样，仅仅是属于富人的奢侈特供品。未来，只有一小部分人（如不到 10%）的寿命会被延长到 100 岁 ~120 岁。几代人下来，就会形成一种新型的、普遍化、常态化的人际差异：寿命鸿沟。人类会被分化成为：拥有较长寿命的超级精英阶层、拥有较短寿命的普罗大众阶层。那时候的人类社会也许会更加和谐，因为一定会有新的理论出来，用以维护“寿命鸿沟”这一新人际差异的正当性和合法性。那时候的人类社会将无可避免地走向更加彻底的分化，医疗资源保障会出现鲜明的分级供应，可以活到 100 岁 ~120 岁的医疗服务只属于一小部分人（如不到 10%）。而大多数的人，或者仅仅拥有名义上的医疗保障权利而实际上无法享有延寿类医疗服务，据我们所知，成本不菲的个性化分子制药和精准医疗都指向私有化高端服务。或者经过几代人的“寿命鸿沟”割裂，人们干脆直接接受了人以寿命差距划分为不同社会阶层归属的现实，大多数普罗大众阶层继续维持在人均 70 岁 ~80 岁的寿命水平；而诸多贫穷落后地区及国家的人，也将继续维持在当前水平，即 50 岁 ~60 岁的人均寿命。

本书认为，人类可以不发生社会冲突，安全、幸福、平等、普遍地将寿命延长至 100 岁 ~120 岁的未来图景太过理想化了。只要差距过大的经济不平等、教育不平等存在，只要特权和垄断存在，医疗资源分配及享有（属于消费差距）的鸿沟就难以消除；不仅如此，现实中医疗资源分配及享有的特权，用以延缓衰老、延长寿命的昂贵的个性化精准医疗服务，还会进一步加深医疗不平等，并促进和拉大新的人际不平等——寿命鸿沟。处于知识资源、权力资源、经济资源最高层的富人阶层，可以最大限度地享有各类不断推陈出新的精神、物质和医疗供应，随着社会阶层的逐渐降低，那些享有最少知识、权力、经济资源的社会最底层，通常只能有勉强维持生计的物质供应，他们所能享有的精神和医疗供应几乎没有。新的医疗科学技术会将大幅度延长人的寿命这一人类理想逐步转换为现实，但与此同时，它也会成为进一步促进人类分化的手段。人类社会现实的地位差异和财富差异会将这类延寿医疗技术“异化”为进一步拉大人际差异的有力工具，使得“寿命鸿沟”成为另一种越来越明显扩大化、普遍化、常态化的新的人际差异。

"寿命鸿沟"人际差异如果保持在一代人之间，尚且还存在被自然调节的可能，下一代人会通过婚配、有性繁殖而进行完全分离、自由、随机的基因重新洗牌。但如果新的医疗技术使之进一步发生在基因操纵层面，如操纵有性繁殖过程中的基因重组，操纵胚胎基因编辑，破坏基因遗传的或然性和多样性，那么"寿命鸿沟"人际差异就会被固化下来。固化下来的"寿命鸿沟"就会对人类的二重限制性及其平等造成根本性冲击，五六代人下来，就会导致共同人性的变形乃至丧失，人类有关自我、同代以及后代的认知将被割裂，人类的共同价值将失去自然物质基础，人类从此将进入一个以"寿命鸿沟"类分的新的演化时代。

5.2.2 挑战 2：人工智能的几种未来场景

诺贝尔物理学奖 1963 年得主、美籍匈牙利裔物理学家维格纳（Eugene P. Wigner，1902—1995）有一篇经典名文《自然科学中数学的非理性有效性》（"The Unreasonal Effectiveness of Mathematics in the Natural Sciences"）①，文中写道：

> 数学在自然科学中所具有的极大用途，这个现象本身，就是一个谜，没有什么合适的理由来解释它……"自然律"的存在，一点也不自然。然而，更加不自然的是，这些定律竟然能够被人类发现……所有这些"自然律"都只包含了非生命世界知识的一小部分……数学语言对于"自然律"公式化之非理性有效性，如此恰当地建构起来，这是我们人类既不了解而又愧于接受的美好礼物。

第 3 章 3.5.4 小节曾引用休谟《人类理智研究》，从引用内容中我们可以看到，休谟也认为几何、代数等科学并不以存在于宇宙某处的任何事物为依据，也就是不管自然界中有没有人的存在，欧几里得所证明的真理

---

① Eugene P. Wigner. The Unreasonal Effectiveness of Mathematics in the Natural Sciences. Communications on Pure and Applied Mathematics，1960. 这是一篇著名的公开文章。

仍然保持着它的可靠性和自明性。伽利略、莱布尼茨、牛顿等都相信，上帝用数学语言创造了世界。斯宾诺莎构建了《几何伦理学》。爱因斯坦、罗素等也都酷爱数学，有过类似的对数学的感慨。甚至我们还读到过一些真挚表白：数学揭示出来的宇宙深层规律，所呈现出的简洁、对称和美感，让哲学家、科学家沉默无言，潸然落泪。

描述自然的语言（数学）和自然规律（物理定律）并不以人的存在为依据，这一点，依照迄今为止我们对宇宙的探索认知，想必任何有理性的人都是应该认可的。假设 6 500 万年前行星并没有撞击地球［1991 年发现的墨西哥尤卡坦陨石坑证实了阿尔瓦雷茨（1911—1988）的地球撞击说］，地球还在被恐龙或其他哺乳类动物所霸据，人类这一物种并没有被演化出来，数学语言也并没有被人类所挖掘和掌握，然而，数学与自然律的对应关系也依旧存在于宇宙之中。这一点，是我们所无法否认的。因此，笔者相信：宇宙之中必定存在着与人不一样的智慧，不论这种智慧是来自有目的或意义的智慧（像神一般存在的智慧），还是仅仅就是智慧本身的存在（世界只是物质的、机械的、遵循一定规律进行着的），我们都无法否认这种智慧的存在。就像天主教思想家汉斯·昆提出来的著名问题，“为什么世上不是空无一物，而总是有一些东西呢”？笔者的感悟是：自有人类智慧以来，人类所建立起来的对自然界的所有认知，都是对这种外在于人的智慧系统之下的“一些东西”的挖掘，都是人类与这种外在智慧的接触与对话。当然，近现代 300 年以来，人类的本领大增，人类不仅仅是挖掘到了，还进一步有效利用了这些外在于人的智慧系统下的各项资源。

信息论的创始者香农也总是在提醒“信息论的核心是数学”①，香农于 1948 年发表的《通信的数学理论》，在篇首就提出了“比特”（bit，binary digit）这一概念。就像曾经的几何、代数、微积分这些数学语言一样，在诺伯特·维纳（Norbert Wiener，1894—1964）、冯·诺伊曼、图灵、香农等智能先驱的共同努力下，信息被独立挖掘出来。信息被认为是

① 詹姆斯·格雷克．信息简史．高博，译．北京：人民邮电出版社，2013：256.

物理存在的（information is physical），信息以比特为度量单位，是独立于物质和能量之外的、新的物理存在形式。而负责处理信息的计算机编码和计算机系统，则以一种新的数学语言形式及逻辑结构，架构起了现代计算机智能和通信智能技术，并在二战以后这半个多世纪以来，横扫东西，网联全球，改变了整个世界。

接续5.1.2小节，人工智能的两条路径。当前最新的人工智能技术及应用，已经脱离了原有的、传统的类人脑的智能化路径，进入了由巨量数据所驱动的遗传算法、人工神经网络算法、脉冲神经网络算法、异构融合类仿神经网络算法等智能模拟技术方法。这个新的技术路径，导致了非类人脑的人工智能。非类人脑的人工智能，其本身的底层理论尚且有不明之处（5.1.2所述之两大哲学暨物理学问题），同时，人工智能的技术发展范式（5.1.2所述之第一阶段、当前阶段、下一阶段）本身就处于一边发展技术应用、一边探究基础理论的摸索过程，且基于现实原因，如科技的政治化和商业化，人工智能技术应用的发展速度可能会远远超过其底层理论探究的速度，这意味着应用失控的风险会更大。

由巨量数据驱动的非类人脑的人工智能，暗含着一层意义：就像几何、代数、微积分等数学语言是天然的描述大自然（物理规律）的语言一样，信息有其自身用于接受、转换、处理、表达的语言形式及逻辑方式；人类所发明的计算机智能，就架构于该语言形式和逻辑方式之上，并有序甚至智慧地运作着，它或许就是一种存在于宇宙之中的、独立于人之外的智慧。凭借非类人脑思维方式对巨量数据的复杂运算及高度自动化处理，人工智能或许会产生和人不一样的推理方式，甚至自身会最终拥有不同于人的意识（抑或它们本来就存在，只不过是被人类通过机器智能对接上了）。

简言之，计算机智能、机器智能，即统称的人工智能，可以达到像人一样甚至远超过人的智能能力，但却不一定要按照人的意识方式来进行，也即不需要采取和人一样的方法来实现。非类人脑的人工智能，这个新的技术路径是近十几年来人工智能技术最大的一个变革，它既是推动人工智能取得快速发展的一个重要原因，也为人工智能的发展前景埋下了一个伏笔：基于大数据驱动、统计与概率、复杂算法等这些人脑所无法处理、人脑所做不到的技术路径，人工智能可能会挖掘出一些人类根本无法感知到的认知领域，可能会走上一条不同于人类智能的智能形态道路，并越走越远，甚至最终失控并伤害到人类。这就是人工智能领域热点议题“人工智能威胁论”背后的底层机理。

我们都知道，人有两大能力，一是身体的劳动能力，一是大脑的认知能力。一个人可以穷到没有任何生产资料（如土地、厂房、设备），可以穷到没有任何资本及资本性收益（如投资、股权收益、利息），也可以穷到没有任何社会资源（如拥有可以交易及转换为物质回报的特权、垄断性信息及人际资源），但只要这个人可以为其他人提供自身的体力劳动或脑力劳动，那么他至少可以换取回报来养活自己，从而得以生存。事实上，世界上绝大部分穷人就是这样维持生计的。

近十几年来，一个尤为令人忧心的现象，就是越来越多的人工智能服务和产品，不仅能在身体能力方面，还能在储存即记忆、辨识、判断、模仿、分析等原本属于人类独有的认知能力方面，超过人类，由此导致了 AI 服务和产品在逐年替代一些人的体力和脑力工作；且这种替代不仅已经进入了工厂的生产流水线，进入了物流业和不同领域的服务业，替代了那些具有重复性、机械性特征的体力劳动，还越来越渗透到了语言处理、金融投资、医疗、教育、法律、商业、影视娱乐、新闻播报、国防安保等很多一直以来被认为是高端知识型的白领工作领域。

1.1.4 小节介绍过，对影响财富差距的各种因素进行长历史范围内的定量追溯，也即研究贫富差距问题的量化历史研究，只能在近 30 年来才可以开展，这是因为进入 20 世纪下半叶后期，尤其是近 30 年来基于大数据驱动的计算机技术实现了爆发，才使量化历史研究从技术上能够得以进行。

5.1.2 小节中介绍了各类基于大数据驱动的 AI 技术和产品，也是在互联网全球化普及多年，大数据采集、传输及储存都得以实现并爆发之后，近十几年来才出现的新型技术服务和产品。近十几年来，AI 已经以一种新的底层技术的形式，渗透到了各行各业，并越来越多地取代人的工作。当前，典型的 AI 技术和产品渗透领域包括：（1）智能专家咨询及服务，如在线搜索、语言翻译、文本语音转换、文本解读及处理、机器人文创、脑波音乐创作、城市交通规划、物流优化、交通及出行优化。（2）智能识别及释义，如机器视觉，指纹、掌纹、虹膜、视网、人脸、视频等识别类服务及产品；如机器听觉，语音识别及模仿、新闻播报、机器人售后客服等服务及产品；如图像识别及加工处理、图文释义自动生成。（3）人机交互服务及产品，如医疗诊断及管理服务——IBM Watson Health、达·芬奇手术机器人系统；如金融信用服务——蚂蚁金服，金融产品程序化交易、投资咨询、理财服务；如无人驾驶汽车、无人驾驶飞机；如家用服务、智慧物流、特种环境任务、工业机、军事等各领域的智能机器人。（4）神经网络架构计算及深度学习系统，指基于大数据驱动和复杂算法的人工智能技术服务、加速机器学习的并行式类脑芯片、整套 AI 服务系统或解决方案等。这类服务及产品是工具性的、系统性的，全球只有极少的公司，如 Google、IBM、微软、百度、阿里巴巴、腾讯等才可以提供。

基于对人类认知和脑科学相关知识的了解，基于对模仿脑和创新脑的智能工程技术及产品的了解，也基于本书第 3 章 3.2 节、本章 5.1.2 和 5.2.2 小节的论述内容，现在，我们对人工智能未来可能的几种场景做一些设想和描述。

未来场景 1（失控——毁灭场景）：强人工智能机器人，也即像人一样地思考和行动（指决策或完成某项目标任务，而不是人的肢体行动），具有逻辑推理和解决问题的能力、发现问题和提出问题的能力（是否具备问题意识，是笔者认为测试机器智能的关键指标），可能永远也无法被人工制造出来。但凭借汲取人脑根本无从应对的巨量数据，凭借对统计与概率的高度智能化处理，凭借各类复杂神经网络算法，凭借与环境互动的学习能力，凭借经历累积迭代的学习能力，凭借未来的新智能技术（如 5.1.2 小节论及的“碳智能”），人工智能发展出了特有的人类所无法理解的推理和意识方式，并能自行发展；或者说，这种推理和意识方式本身就在宇宙中存在，只是通过人工智能被挖掘出来、与人类深度对接上了，它最终脱离了人类的控制，甚至对人类造成威胁和伤害。当前人工智能领域有一类热门议题“人工智能威胁论”，不少科学家预言，机器智能会以一种指数量级的加速度发展，会历经专门或小型智能→通用智能→超级智能，当人工智能发展到或临界于超级智能阶段，人类就会失去对其控制。

就像加里斯（Hugo de Garis，1947—　）教授在《智能简史》中所描述的那样，他的人工智能研究经历，使他比其他人看得更清楚，未来“高智机器”的智能比起人类大脑智慧，不是超过 2 倍或 10 倍，而是万亿个万亿倍的人工大脑，是真正像神一样的东西。它们对待我们的态度，不像我们对待狗，而是像我们对待蚊子和跳蚤甚至岩石一样。人工智能是在制造上帝，还是在制造潜在的人类终结者①？

2015 年 7 月，史蒂芬·霍金、比尔·盖茨、埃隆·马斯克发起了签名请愿书，得到了近千名来自全世界的顶级科学家的支持，请愿书提出，人工智能日益强大并且危险，应该得到控制②。令人惊讶的是，请愿书并非出自敌视人工智能技术的反对阵营，相反，正是很多人工智能的研究者，因为意识到了自己所研究对象的潜在危险，自愿提出了请愿。众所周知，霍金生前曾多次公开警告，人工智能的崛起也许意味着人类的灭亡。盖茨公开表示，必须要敬畏人工智能的崛起。马斯克也公开直接表达，有史以来构成人类最大生存威胁的发明就是人工智能。

持有人工智能“奇点”论（即机器智能全面超过人类智能的转折点）的专家学者大都认为，现代世界是智能统治的世界，智能表现为一种强大的物控能力，人类能脱颖而出、成为地球及其他所有动物的支配者凭借的就是不断增强的人类智能。未来可能出现的超级机器智能不必像人，甚至也不可能像人，但却可以凭借其所拥有和掌控的超级智能来摧毁人类，包括摧毁人类的智慧和意义世界，更为可怕的是，这种摧毁有可能通过毁灭人的存在来完成。北京大学哲学系何怀宏教授认为，未来超级智能的产生过程，可能一直都是和平的、令人舒适的，直到“奇点”到来时刻的、对人类突然的最后致命一击。至少在短时间内，我们不能指望通过人性的根本改变，也不能指望通过国家体制与国际政治体系的根本改变，来预先应对这一可能的人类危机——人工智能所可能带来的最大挑战③。

中山大学哲学系时任中山大学人机互联实验室主任翟振明教授，将强

① 雨果·德·加里斯. 智能简史. 胡静，译. 北京：清华大学出版社，2007：1−21.

② 这是人工智能领域的一项重大新闻，是一则公开信息。

③ 何怀宏. 奇点临近：福音还是噩耗——人工智能可能带来的最大挑战. 探索与争鸣，2018（11）：53−57.

人工智能定义为“真正有自主意识并且可确证其主体资格”。翟振明等认为，如果真有一天，强人工智能实现了，强人工智能时代开启了，合理的态度是，承认它们就是人类自己进化的后代。并且，退一万步讲，假如强人工智能联合起来征服自己的创造者（人类），那么，也不过是像曾经上演过的征服一样，旧人被新人所征服，一批人被另一批人所征服，不必看作人类的末日，而是人类进入了发展的新阶段——一种改变了的新人类繁殖方式、后人类①。

未来场景 2（受控——凄惨场景）：人工智能一直沿着人类意志和设计发展，并没有显示出自身独立于人的意识；但由于人工智能所需要的巨量数据驱动，往往需要借助于互联网大数据平台来实现，由此导致能够真正拥有人工智能和大数据的公司和人是极少数的，于是形成了“数据越多、AI 技术越强、AI 服务和产品越强、用户越多、企业越强、数据越多”的垄断闭环，造成了 AI 新兴企业和其他领域企业不可能具有公平竞争的数据资源和技术资源，AI 数据资源和技术资源只能控制在极少的公司和人手里（事实上，这已经是当下的现实场景了）。数据垄断、技术垄断，再辅助以资本和权力，形成了一股前所未有的、强大的新型社会垄断势力；这股新型社会垄断势力自然而然地会将最领先的生命科技为自己所用，比如通过基因改造来使自己及后代保持健康并更加健壮、完美，同时最大限度地延长寿命。于是，享有 AI 资源的新型社会垄断势力成为新的少数特权阶层，阶层差距随着新的垄断特权而进一步拉大，少数特权阶层在数据及智识资源享有、健康、经济和教育方面的利益得到了更大的扩张和巩固。

垄断信息与认知。一小部分拥有人工智能的人，可以通过人工智能读取一般人所无法接触到的底层信息、汇合信息、微观信息、宏观信息、趋势信息等独特的信息资源，并且凭借人工智能对信息资源的智能化处理，获得超过人类个体认知限度以外的非自然认知能力，因此世界上最重要的决定都由他们来决策。这一现象所带来的巨大利好，使这一小部分人不惜

① 翟振明，彭晓芸．“强人工智能”将如何改变世界．学术前沿，2016（4）：28，31.

采取各种手段进一步垄断技术、数据和信息，甚至垄断知识的生产和输出。不排除这一小部分人进行社会数据的联合监控，直接操纵智识资源的供给，对公众提供沉浸式愚民信息和娱乐服务（事实上，这也有点像是当下的一些现实场景了）。这也从根本上造成了这一小部分人和绝大多数不掌握人工智能技术的人的认知分化，削弱了绝大多数人与生俱来的认知价值。这一小部分人，他们所从事的前沿性技术开发或伟大事业，似乎距离大众理解能力越来越遥远，与此同时，巨量信息在不断分散绝大多数人的注意力，他们非常繁忙又非常迷茫，他们已经无法获取相对完整的决策信息了，他们也不需要再自主判断和决策了，他们只需要跟随这一小部分人和他们所拥有的人工智能的判断和决策就可以了。由此，人的二重限制性平等遭受了根本性冲击，“认知的不可继承性”所赋予人们的独有的认知价值已经失去了原有的意义。

固化知识与认知。随着 5.1.2 小节中各大发达国家的脑计划项目的持续投入和开发，人-机融合类技术及应用（人工智能的顶级应用）取得了突破性成就。不仅是当前已投入应用的类脑芯片越来越发达和普及，在未来，脑-机芯片（或称智能生物分子芯片、碳智能芯片）被推出，随之记忆芯片、知识芯片等也被研制出来，并得到推广。一方面，智识类芯片很有市场需求，因为它们存储了大量的知识，有利于统一认识和思想、有利于社会和国家稳定，也减少了个人的学习时间和精力付出，人们可以直接从芯片储存中获取知识、获取分析数据及其他一切需要的信息。但另一方面，伴随着各类脑-机芯片、记忆芯片、知识芯片的推广应用，人们不用再从头开始通过自我学习而获取知识了，每一个人都已经不再是一个从零开始的新的生命认知周期，“认知的不可继承性”已经被削弱、被破坏；大多数人可能会变得越来越习惯于“芯片拿来主义”，习惯于不再对知识产生迷茫和反省，从而也不用再抵达“自知无知”和“认知创新”（参见图 4 - 1，认知的发生状态与知识创新）；相应地，人们也不再对已有知识及知识权威提出质疑和挑战，人们的认知逐渐固化、思想逐渐僵化，大脑逐渐丧失了认知可自由性和认知创新能力。

成为透明人。在大数据传输、机器智能传感、万物互联的多重叠加效应之下，在各种机器视觉（指纹、掌纹、虹膜、视网、人脸、图像、视频等）和机器听觉（语音、运动、呼吸等其他任何人体动态传感）的多方位采集、判识及模仿之下；在通信、交通、网购、社交、娱乐、金融、医疗、安防等各行各业无处不在的 AI 产品包围之下，人们还可能有隐私吗？人们不仅会没有隐私，也会变得不认识自己甚至丧失自我。因为大数据所得到的多维度、持续化的个人信息拼凑整合，能够推算得出我们完整的人生画像，这些画像甚至都是我们自己已经遗忘了的、我们自己都认不全的。真实的情况是，AI 产品很可能比我们自己还了解我们。失去隐私，成为被监控的人、成为透明人、成为被机器更了解自己的人，除此以外，人类似乎并没有其他选择。

成为无用人。如前所述，越来越多的 AI 产品和服务，不仅在身体能力方面，还在储存即记忆、辨识、判断、模仿、分析等原本属于人类独有的认知能力方面，超过了人类，由此导致了 AI 产品和服务在逐年替代一些人的工作；不仅代替重复性、机械性特征的普通劳动，还越来越渗透到语言处理、金融投资、医疗、教育、法律、商业、影视娱乐、新闻播报、国防安保等很多一直以来被认为是高端知识型的白领工作领域。2013 年牛津大学卡尔·贝内迪克特·弗雷（Carl Benedikt Frey）教授和迈克尔·A. 奥斯本（Michael A. Osborne）教授共同发表了题为《就业的未来》（*The Future of Employment*）的研究报告①，旨在调查下 20 年内计算机代替各项工作的可能性，他们认为，美国在下 20 年内有 47%的工作会被计算机代替，报告还列举了各项工作被代替的百分比。吴军博士在《智能时代》中认为，相比以往人类历史上的技术革命及其消极影响，人工智能革命对社会的冲击会强度更大、影响更广和更深刻，因为几乎所有行业的就业机会都会因为机器智能的投入而减少，世界将不得不面对几十亿劳动力怎么办的问题②。由此看来，大多数人的体力能力、认知能力，在与机器智能的竞争中，可能会败下阵来，会丧失原有的经济价值，也即没有机会再提供体力劳动和脑力劳动了，从而也失去了原有的政治价值（纳税），乃至失去了军事价值（服兵役），成为无用人。

---

① 这是一份著名的公开报告。

② 吴军. 智能时代. 北京：中信出版社，2016：357.

未来场景 3（受控——幸福场景）：人工智能一直沿着人类的意志和设计发展，并没有显示出自身独立于人的意识。它们严格地遵从阿西莫夫的“机器人三定律”——不得伤害人和见人受到伤害不作为、服从于人、在此之上保护自己。它们承担了人们所不愿意承担的枯燥、肮脏、危险的工作。它们没有信息及知识的储存和读取上限（而不是像人脑那样有记忆限度），它们除了“可学习性”以外，还具备人脑所不具备的“可连接性”“可更新性”，因此，它们不仅可以深度学习、与环境互动学习、经历累积迭代学习，它们还可以通过彼此端口连接、软硬件持续升级等途径，持续延伸和扩展到更高智能，比如进行各类自动化分工和协作，比如完成越来越多人不愿意做甚至做不到的事情。人工智能不但充当了人们的超级秘书，协助人们的生活和工作，还不断给人们带来新服务和新体验，使人们过得更好，更自由、更幸福、更有尊严。

人们不用担心人工智能抢了自己的工作，因为大多数的人已经不用再工作了。由机器人来为人们进行农业和工业生产，为人们提供农产品、生活用品、轻工业品和重工业设施设备；机器人也可以胜任越来越多的服务业工作，包括修建房屋和道路桥梁、铺设及改造管道等基础设施。人们只需要做一些更有乐趣、更具创造性、更富有情感的事情就可以了。同时，人们可以只享受人工智能的劳动成果，而不必额外付出些什么，因为人工智能不需要吃、不需要喝、不需要呼吸空气、不需要休息和睡觉；人工智能也没有像人一样波动起伏的情绪，不会高兴或不高兴，不会满意或不满意；人工智能就是这样没有任何抱怨地、心甘情愿地为人类付出，甚至为人类牺牲…… 此外，人们不仅没有固化知识与认知，反而各类脑-机芯片、记忆芯片、知识芯片还扩展了人们的大脑存储，就像是人们的移动大脑一样，随时提供各类信息和知识给人们，它们服务于人们并忠诚于人们，人们因之更加自觉、更加主动，人类认知能力得到了前所未有的增强…… 极少数控制着人工智能技术及其组织机构的人，他们获取了极高的社会地位和社会权力，人们尊重他们、爱戴他们，他们也肩负起了照顾全人类、发展全人类的崇高使命，他们爱护人们，也愿意用他们所拥有的人工智能技术和产品来服务于人们。

这样的受控——幸福场景很美好，非常令人向往，但似乎又像挑战 1（寿命鸿沟）中，人们都被幸福、平等地通过基因工程及个性化医疗服务等技术手段，将平均寿命延长到了 100 岁～120 岁那样，有些听起来太好了，以至于不敢相信。

5.2.3 守护抑或告别存在的平等

本章 5.2.1 小节描述的寿命鸿沟及其扩大化与固化，5.2.2 小节描述的人工智能未来场景 1（失控——毁灭场景）、未来场景 2（受控——凄惨场景）、未来场景 3（受控——幸福场景），是笔者在本书所概括总结的基因遗传科学及基因工程技术知识、认知和脑科学及智能工程技术知识的基础之上，结合本书所引用的那些在现实中已经发生和正在发生的案例，同时参考本书所列举的科技和人文社科文献，以及依据笔者长期以来对科技领域的关注和理解，而做出的综合性判断和可能性描述；它既不是对趋势的推演结论，也不是对未来的预测结论，它是基于大量信息和理性判断的可能性描述。

通过这些描述，笔者想表达的观点是：现代生命科技的两大高峰，即基因和蛋白质学、认知和脑科学，以及构建于这两大科学高峰之上的工程技术应用，即生物工程（基因技术、纳米技术等）、智能工程（神经网络架构技术、模仿脑和创新脑的机器智能技术等），对我们的影响已经大到了在未来足以能够改变人类的身体和认知，足以能够突破人类现有的寿命限度和认知限度（突破二重限制性），并足以凭此来分化人类（打破二重限制性平等），甚至是创造出超级人类阶层、失去价值的无用人类阶层或变种的新人类。事实上，在当今这个被科技所决定、所运行的世界里，高技术已经成为驱动不平等加剧、驱动社会分化加剧的主要力量和主要影响因素，这一点在当前普遍倡导科技创新的“科技正义”大时代背景下，并没有被理论界所深刻认识到，也因之没有给予足够的重视和考量，并没有采取及时与预见性的措施。

现代生命科技（前述两大科学高峰及其应用工程）所爆发出的对人自身的新型控制力和改造力，不可避免地引起了国内外包括生物学家、物理学家、科学家在内的一些思想家、哲学家、伦理学家的关注和思考。为了快速了解具有代表性的观点，笔者依据这些观点所表达出的对这些高技术支持与否的态度，将这些观点分成三类：极端支持派、温和支持派、批评反对派。

极端支持派。这一派实际上往往带有强烈的英雄主义色彩，也被看作"宇宙主义者""超人类主义者""后人类主义者"。对于这一派而言，任由人类停留在当前这样一个自然、缓慢、低级的生物进化阶段，是缺乏远见的、不负责任的。这一派往往站在宇宙的大局观看待人类的未来，谋求人类的发展①。

• 他们认为：人类绝不应该止步于此，人类应该挑战那些生物的、遗传的、智力的传统制约，力求在各个方向上进步，包括向宇宙迈进。

• 他们追求：拓宽人类潜能。

• 他们立志于通过技术来实现：克服人类的老化、认知缺陷、非自愿的痛苦，改变人类孤立于地球的处境，减少人类灭绝的风险。

• 因此，他们倡导：享有改变、完善和升级人类的自由权利，包括变更身体、认知、情感的自由，延长寿命的自由，低温储存自我活体的自由，人–机互动储存自我认知的自由……

• 同时，他们强调责任：关注对人类以及子孙后代的道德责任，重视所有智能的福利维护，包括人类、动物、机器及计算机智能、经过升级或修改的任何生命形式……

我们可能会嘲笑"宇宙主义者""超人类主义者""后人类主义者"太过狂妄，但当看到这一阵营并不缺乏知名的哲学家，如超人类主义协会创始人、牛津大学人类未来研究院院长尼克·博斯特罗姆（Nick Bostrom）；知名的数学家和计算机科学家，如达特茅斯夏季会议的开启者、人工智能之父马文·明斯基；知名的科学家，如被称为纳米技术之父的埃里克·德雷克斯勒（K. Eric Drexler）；知名的生物学家，如创造过

① 详见由世界超人类主义协会全体会议通过的 2012 版《超人类主义宣言》。吕克·费希. 超人类革命：生物科技将如何改变我们的未来?. 周行，译. 长沙：湖南科学技术出版社，2017：35–36.

不少世界第一的基因科技狂人克雷格·文特尔（J. Craig Venter），如科普畅销书《自私的基因》的作者理查德·道金斯；商业巨擘，如大名鼎鼎的Google技术总监、奇点大学创始人兼校长雷·库茨韦尔（Ray Kurzweil），如Alcor人体冷冻技术公司的CEO马克斯·摩尔（Max More）…… 我们就会觉得他们是杰出的、是认真的、是富有理想的、是希望对人类的发展有所贡献和有所作为的。

温和支持派。这一派基本代表了科技乐观派者的观点，他们并没有像“宇宙主义者”“超人类主义者”“后人类主义者”那样的人类史诗般的宏大抱负，他们更具有一种科技务实主义情怀，他们相信科技能够持续带来进步，并认为通过科技可以解决世界上所存在的各种问题。

他们认为，人类已经独立于自然界很久，自然选择作用于人的影响越来越弱化，人类的感知觉功能、中枢神经系统、大脑神经回路和整个人类基因组都将不可避免地退化，应用好基因技术、生物技术就可以防止人类退化。其中一些人还认为，通过技术来修复人的自然缺陷、增强人的素质，可以促进个人自由、实现基因平等，从而纠正自然分配的禀赋不平等。

一部分哲学家和思想家，大多数的科学家、科技爱好者和信仰者，知名跨国科技公司管理者和技术领头人，都属于这一派观点的认同者。这一派往往用具体技术及产品来形成各种问题的“解决方案”。Google CEO施密特（Eric Schmidt）、Facebook创始人扎克伯格（Mark Zuckerberg）、SpaceX创始人埃隆·马斯克都曾在公共场合表达，科技可以为世界、为人类提供问题的解决方案。

本章5.2.1小节介绍了Google成立的致力于人类衰老研究的独立IT医疗健康公司Calico。扎克伯格在2016年9月宣布，将连续投入30亿美元来攻克人类当前的四大疾病，即心脏病、癌症、传染病、神经系统疾病如中风，包括改进研究这些疾病的基础工具，如建立人类细胞“地图集”、开发用以翻译基因组数据的AI软件、开发诊断传染病的智能芯片等。马斯克除了雄心勃勃的“人类火星移民计划”以外，还在2017年成立了人工智能公司Neuralink，致力于神经网络技术开发、脑-机接口（Brain-Computer Interface，BCI）开发，并于近期宣布，已经取得了一些卓有成效的脑－机接口研究结果。

德沃金的观点似乎可以归到这一类中来。德沃金表达了少见的支持基因工程的勇气。他认为，基因工程技术的深入化和完善化会“大大减少现在出生的婴儿或者肯定会发生在他们生长过程中的缺陷和畸形的数量”，权衡技术风险时就应该赞成冒险，“玩弄上帝当然是在玩火。然而这正是我们这些凡人自普罗米修斯这位从事危险发现的圣人以来一直在做的事情。我们玩火并承担后果，因为除此之外只有对未知世界时的懦弱”，“使未来的人类寿命更长、更有才华、取得更大的成就，这种超然的抱负本身没有错”①。

批评反对派。这一派基本上以哲学家和伦理学家为主，比如：很早就发出“对技术的追问”的海德格尔；反对通过基因增强来完善人体、反对通过基因干预侵犯后代自由② 的哈贝马斯（1929—　）；语不惊人誓不休、在“历史之终结”之后又提出“人类之终结”③ 的福山（1952—　）；《反对完美》的作者、批评通过基因技术来增强人类的桑德尔；还有以何怀宏教授为代表的我国一些学者。

海德格尔在 1949—1950 年做了 4 场演讲，讨论科学与技术在塑造当代人类生活中的作用，第 2 场演讲是“对技术的追问”④。海德格尔并没有明确提出对生物技术或某一项技术的专门性意见。分子生物学的崛起是在 20 世纪 50—60 年代基因的双螺旋分子结构和三联体密码子被破解以后，基因工程的崛起是在 20 世纪 70 年代以后，认知科学则更晚一些，基于大数据驱动的人工智能工程则是 20 多年以来才崛起的。但海德格尔率先发出了对技术的追问，揭露了“技术座驾”对人的摆弄和控制，倡导

---

① 德沃金. 至上的美德：平等的理论与实践. 冯克利，译. 南京：江苏人民出版社，2012：468，475，481.

② 这里指的是哈贝马斯在其 2001 年著作《人性的未来：走向自由优生学?》中对基因科技的态度。

③ 这里指的是福山在其 2002 年著作《我们的后人类未来》中对基因科技的态度。

④ 帕特里夏·奥坦伯德·约翰逊. 海德格尔//张世英，赵敦华. 最伟大的思想家. 张祥龙，林丹，朱刚，译. 北京：中华书局，2002：108.

把人从对自然的逼迫性索取中解救出来，倡导人是自然的看护者，而不是征服者。70 年之后，再来回望海德格尔“对技术的追问”，我们不得不称赞，海德格尔的科技理念是超前的、先进的、具有远见的。毫无疑问，海德格尔的科技反思对后来者的影响是深刻的。

哈贝马斯的观点为我们所熟知，他从违反自由原则的角度出发，反对通过基因干预优生类的遗传特征选择。哈贝马斯认为父母没有权利为孩子做出基因增强的选择，这破坏了父母与子女的平等关系，强行剥夺了孩子的自主权，侵犯了孩子将自己作为“唯一的个人生活的创作者”的自由。

福山从人权的角度出发，批评用基因技术来增强人类。他认为，如果任由生物技术不受节制地发展下去，就会让人类丧失人权和尊严。福山给出的解决办法是：以人类为中心，科学只是实现人类生存和发展目的之工具；什么是正当、适宜的目的，换言之，科学应用的正当性与否，由那些经过选举出来的、组成民主政治共同体的成员来决定，但这种决定本身不是一个科学问题。

桑德尔通过一些基因工程案例，如肌肉增强（生化运动员）、记忆力增强（认知增强剂）、身高（生长激素）、性别选择（胚胎筛选）来分析基因改良中的道德标准。桑德尔认为，通过基因来增强和完善人类，代表了“意志对天赋、支配对敬畏、塑造对守望的绝对胜利”，“侵蚀了我们对人类力量和成就中天赋特质的感激”，会导致三大道德价值即“谦卑、责任与团结”价值的丧失①。

何怀宏教授对人工智能、GNR② 等科技伦理进行了专门论述。何怀宏提出了“何以为人、何以为物”的区分，认为人工智能时代下，机器正在“学以成人”乃至成为“超人”，机器将越来越多地代替人类的工作，甚至到最后属于人的东西所剩不多，但恰恰这最后剩下的正是人类最特殊而重要的，也就是人的意识，是包含了理性、感情和意志的人的精神意识；这是“何以为人”最根本的且是超级机器智能所无法取代的。在检

① 迈克尔·桑德尔．反对完美．黄慧慧，译．北京：中信出版社，2013：83－84.

② GNR 技术由库茨韦尔在 2005 年的《奇点临近——当人类超越生物学》中提出。G 代表基因技术，N 代表纳米技术，R 代表机器智能。三种重叠进行的技术革命可以升级人类，使人类摆脱碳基生物的限制。

视“人曾何为”之后，何怀宏提出了面对超级机器智能的到来，“人将何为”？并期待有这样一种可能，超级机器智能所带来的发展和物质财富充分涌流，使得人们越来越闲暇，也许会有助于人们拒绝平庸而呼唤优雅，也许会迎来“一个追求精神和人文卓越的时代——即追求一切不可复制、不可替代甚至不可计算的创造性的复兴”。然而，这一可能的实现需要人类重返人文，通过人文之“学”，追求人是高于物、超越于物的存在，重返对精神的追求①。何怀宏提出，处理人-机关系的关键仍然在人际关系，包括要重视“关键少数”的作用②。何怀宏还倡议，面对人工智能的诸多思考，要坚持一种底线思维，也就是提早预防，通过规约和立法，将人工智能只限制于向小型化、专门化的发展方向，也就是不发展通用的超级人工智能，并一直都严格限制机器人使用暴力③。

---

① 何怀宏. 何以为人 人将何为——人工智能的未来挑战. 探索与争鸣，2017（10）：28-40.

② 何怀宏. 人物、人际与人机关系——从伦理角度看人工智能. 探索与争鸣，2018（7）：27-34.

③ 何怀宏. 人工智能与底线思维. 当代美国评论，2019（1）：110-118.

第6章　二重限制性及其平等的突破应对

本书所倡议观点比较务实，它看重理念的提出和影响，比如，通过两方面的理论预备（第1章、第2章）、多层次概念的迭次推进，并经由“休谟问题”的事实与价值之辩，推导出“主体存在平等暨二重限制性平等”这一概念和新平等物（第3章），而后，又通过功利主义价值辩护来论证其意义（第4章）。同时，本书也高度注重联系实践，比如，深入分析生命科学两大高峰及其工程技术应用，评估其对二重限制性及其平等所可能产生的技术和社会影响，各种实在的及可能的挑战；还考虑了多种因素和变量，概括了来自不同领域的观点（第5章）。在此基础上，呼吁理论界和政策制定者，在当今这个被高技术所决定、所运行的世界里，要尤其重视高技术已经成为驱动不平等加剧、驱动社会分化加剧的主要力量和主要影响因素。

第6章将提出二重限制性平等突破应对的三大层面倡议、四大应用原则，并做情景分析。三大层面倡议：在理论和理念层面，倡议守护存在的平等，也即守护二重限制性平等。在技术应用层面，倡议坚持“一代的”与“世代的”区别红线，即禁止对有性繁殖和胚胎细胞实施基因操纵与更改；在这个红线基础之上，根据“增强”与“治疗”、“改善”与“预防”等目的，有区别地监管针对体细胞基因所实施的操纵与更改。在社会应用层面，倡议理论上在科学研究领域可以不设限，但转换到工程及技术应用即应用到人类社会时，必须坚持不违背公平正义、不违背生命医学伦理。在社会应用层面，可以参考本书所提出的二重限制性平等作为一个当代新平等物的四大应用原则：研发例外原则（平等存在维度）、同等重要性原则（平等权利维度）、自主不伤害原则（平等机会维度）、差别补偿原则（平等结果维度）。

6.1　理论和理念倡议

在理论和理念层面，倡议守护存在的平等，也即守护二重限制性平等。

“主体存在平等”（平等物维度）及“主体平等存在”（平等形式维度）就是“二重限制性平等”，是从外部被限制了的、主体自身存在所特有的事实平等、实质平等，是主体得以平等存在的自然物质基础和底线保障（第 3 章）。

“主体存在平等”不仅是事实存在的、实质存在的，更是意义重大的。主体只有在能够拥有并保持自身存在平等的前提下，才能够享有对各种平等物（包括基本善）的平等权利、平等机会和平等结果（第 3 章）。

“主体存在平等暨二重限制性平等”，就是在生命的有限性、认知的不可继承性这二重被限制的人类事实相同、实质相同的面前，人与人处于一种同等的、等份的相互性关系，这样的同等、等份关系，使得人们在“二重限制性”所涉及的权利、机会和结果面前被平等地对待。每个人都平等地受限于这两个客观限制，任何人要对这种受限关系做出变更之前，需要取得他人的同意（第 3 章）。

平等的天然心理情感机制（第 1 章 1.2），激发了人们对不平等对待的本能厌恶、控诉乃至反抗，并激励着人们渴望平等、追求平等。在差异本源性存在，差异无所不在、无时不有、无法彻底消除的现实世界里（第 1 章 1.1），二重限制性平等就像一道人性之光，普洒给人类社会，同等地照看着普罗大众和社会精英；在这二重限制面前，普天之下人人皆相同（第 4 章 4.3.2）。

人是二重限制性的存在（第 3 章），人对自身之二重有限存在的超越，是人性建构的动力、是知识创新的源头；二重限制性及其平等因而成为保障我们共同价值（人性）、共同财富（知识）的宝贵根基。它还是天然的人际差异调节器，对主体间的社会存在关系形成了根本性的影响，是主体得以平等存在、是人类得以平等共处的自然物质基础和底线保障，对人类社会具有重大作用和意义（第4章）。

如果不坚守二重限制性平等，就会破坏我们人性建构的基础，破坏我们知识创新的源头，破坏我们的自然存在关系，甚至使社会平等关系丧失天然的底线保障。这些可能的后果都足以对我们业已取得的文明成果与和平共处关系造成根本性影响，是我们很难承受的。所以，在人类社会内部，二重限制性平等的这一价值必须得到维护、必须被坚守；二重限制性平等这一道底线保障不能被突破（第4章）。

6.2 技术应用倡议

在技术应用层面（非研究性的），倡议坚持“一代的”与“世代的”区别红线，即禁止对有性繁殖和胚胎细胞实施基因操纵与更改；在这个红线基础之上，根据“增强”与“治疗”、“改造”与“预防”等目的，有区别地监管针对体细胞基因所实施的操纵与更改。

“一代的”与“世代的”之分，举例来说，就是为了验证达尔文和拉马克进化理念之争，而坚持切掉前后多个代际共901只老鼠尾巴的德国胚胎遗传学家魏斯曼，他所提出的充当炮灰的“体质”与获得不朽的“种质”之分（1.1.3）。各种体细胞就是“体质”，其生物学使命就是要当作炮灰死亡的，只能通过周期性更新来帮助“种质”细胞实现不朽。生殖细胞是“种质”，其生物学使命就是要遗传、繁殖再生的。这是多细胞生命在演化过程中为了生存所达成的协定（3.1.2）。

基因存在于“细胞→细胞核→染色体→端粒”中，每一个细胞核都携带了完整的生命遗传密码，针对基因所实施的操纵或修改必须通过体细胞或生殖细胞来进行。相应地，基因治疗或改造，也可以分为两大类。一类是对各类体细胞（血液、脑、肌、上皮、结缔等）的基因进行操纵或更改，这种操作发生在细胞及生命的免疫层面，并不涉及生殖和遗传，它可以使接受基因改造的个体发生性状和功能的改变，比如通过胚胎干细胞移植可以使人恢复精力和显得年轻一些，也可以再造新的人体器官出来，但并不会被遗传，从而不会改变下一代的基因。

另一类是直接干预到有性繁殖和生殖细胞之中去。有性繁殖是世界上最大的“性彩票机”，进行完全分离、自由、随机的基因洗牌重组（1.1.3）。如果将对基因的操纵或更改，直接导入到卵子、精子或胚胎细胞中去，就会形成人工生殖细胞（即非经由有性繁殖而来的生殖细胞），经过更改的人工生殖细胞就像自然界所发生的生物突变一样，也能自我复制和生长，并能永久地嵌入人类基因，达到一定数量或经过一定代际后，会形成新的人类基因组，并世代遗传。这样的胚胎基因操作，在畜牧业动物品种改造、育种方面，已经被证实可靠且投入应用推广了（5.1.1）。

基因决定并调控人的体征形态和各种感知觉功能，这是已经被自达尔文、孟德尔等遗传学先驱以来 200 多年间生命科学的研究发展所确证了的（1.1.3）。以目前已掌握的基因和蛋白质学技术，通过基因操纵和分子制药，达到更长寿命，控制更佳情绪，提升更强专注力，获得更好记忆力、更强壮体型和运动能力、某些更好的感知觉功能如视力和嗅觉，从理论上来说，是可以实现并期待在未来实现的（5.2.1）。此外，通过胚胎干细胞移植、细胞核移植、遗传特征修饰、基因编辑（剪切、粘贴、基因嵌合体创建及导入等），这些生物工程技术的联合运用，也已经使得对人类基因组的操控成为可能，人类能够制造出转基因人类（也即超人类、新人类或后人类，取决于如何区分）已并非诳语（5.2.1）。目前导致这一部分基因工程应用没有被深入研究及展开的主要原因并非技术的，而是医学伦理规范的限制，也即针对胚胎细胞的各项基因技术受到了严格限制。

通过基因工程对人的体征形态和感知觉功能，以及更大幅度和更深层次的人的自然属性进行改造，已越来越成为一种科技可能。这种自然属性改造如果持续投入应用或短时间内规模化投入应用，毫无疑问地，就会导致个体生命禀赋差异的扩大化和固化。如果这种改变仅仅是通过体细胞的“体质式”修改，表现在一代人身上，我们尚且可以称之为“自主选择”和“个性化增强/完善/喜好”。但如果通过操纵有性繁殖和生殖细胞嵌入人类基因组，被代代遗传，就不仅仅是自主选择或个性化增强、完善、喜好的问题，也不仅仅是扩大人际差异的问题，达到一定数量或历经很多代以后，就会破坏有性繁殖的或然性和多样性、破坏人类遗传和演化生态平衡，换言之，可能会出现我们无法想象的生态变形或生态失控。

“寿命鸿沟”也是同样，“寿命鸿沟”差异如果仅保持在一代人之中，尚且还存在被自然调节的可能，下一代人会通过婚配、有性繁殖进行基因重新洗牌。但如果新的医疗技术使之进一步发生在基因操纵层面，如操纵有性繁殖过程中的基因重组，操纵胚胎基因编辑，并通过代际繁衍使之嵌入人类基因组，那么“寿命鸿沟”人际差异就无法再自然消除。5代~6代人的“寿命鸿沟”扩大化和固化下来，就会导致共同人性的变形乃至丧失，人类有关自我、同代和后代的认知将会被割裂，人类的共同价值将失去自然物质基础，人类从此将进入一个以“寿命鸿沟”类分的新的演化时代（5.2.1）。

笔者认为，所谓的“通过基因改造来促进人类基因分配及天赋分配的平等”不过是一些大话、空话和梦话。现实世界的医疗保障连很多基础问题都没有解决好（5.2.1），更不要说在改造和完善人类天赋这么宏伟的基因工程方面能做到公平正义、公正分配了。深思起来，自然禀赋的分配权力由人之外的大自然随机分配，而并不属于人类内部的有意识、有目的或有预见的规划分配，这一基本事实，对人类而言，也许是一个更为妥善的安排。“促进人类基因分配及天赋分配的平等”这一目标本身，并不能通过发明改造基因的技术而实现，而是在于那些居于“劣势基因及劣势天赋”的人，是否能获取了解自己、了解他人的基因信息；是否能拥有基于这些信息来采取利我行动的自由可行能力（如经济能力和认知能力）；是否拥有公正的社会环境；是否拥有完备有效的制度保障。再说得通俗直接一点，拥有同样的“侵略型基因”（这是犯罪遗传研究中的一个名词），但如果无法享有上述非基因技术之外的环境保障，那么，你出生在贫民区，你的“侵略型基因”就可能送你去监狱；你出生在富人区，你的“侵略型基因”却可能送你去董事会。

笔者参阅了不少文献和著作，并没有发现有什么充足的理由能用以证明突破二重限制性平等的技术安全、社会效益和伦理正当性。反之，笔者已经在前述各章通过基于正义的、基于自然主义的、基于功利主义的论证，论述了二重限制性平等对于人类社会的重大作用和意义。故此，在人类社会内部，必须坚持二重限制性平等，这就要求在技术应用层面，守住红线不突破，即禁止在非特定科研的技术层面对有性繁殖和胚胎细胞实施基因操纵与更改。

6.3　社会应用倡议

在社会应用层面，倡议理论上在科学研究领域可以不设限，但转换到工程及技术应用，也即应用到人类社会时，必须坚持不违背公平正义、不违背生命医学伦理。在社会应用层面，可以参考本书所提出的二重限制性平等作为一个当代新平等物的四大应用原则：研发例外原则（平等存在维度）、同等重要性原则（平等权利维度）、自主不伤害原则（平等机会维度）、差别补偿原则（平等结果维度）。

第一，二重限制性平等的研发例外原则（仅适用于经批准的科学研究）。其含义是：（1）出于求知、探索宇宙万物之终极目的；出于改善人类福祉之终极目的，如改变人类孤立于地球的处境、拓展人类在太空的活动空间、减少人类灭绝的风险、改变人类的资源短缺及贫瘠，等等；对于一切关于宇宙、天体、物质、生物、人类的科学研究，包括突破与变更人类二重限制性的生物技术研究，理论上都可以不设限，都可以被限定在科学研究领域内，根据安全规范有序进行。（2）出于维护现有人类社会的可持续性发展、主持公平正义，所有可能对二重限制性造成影响或变更的科学研究项目，如基因和蛋白质学、认知和脑科学中所涉及的相关前沿研究项目，都必须经过可以代表公共利益诉求的、专业的、权威的专门机构的审批，或符合其颁布的医学伦理规范要求。

这里有一个问题，既然论证了二重限制性平等对于人类社会的重大作用和意义，既然倡议要守护二重限制性平等，那么，为什么还要有研发例外原则？为什么对突破和变更二重限制性的科学技术研究，在理论上还可以不设限？

回归第 1 章，看待差异与平等的位置（1.3）。当我们站在人类社会内部来铺开二重限制性及其平等意义时，守护二重限制性及其平等就是我们应有的态度和作为。但是，站在人类社会外部来看人类处境和为人类谋出路，图景就有所不同了。人作为自然存在和理性存在的并存，始终不由自主地、孤单而无助地挣扎在现实与理想、偶然与必然、有限与无限的冲突之间。自然存在使人必然始发于和受制于二重限制性。理性存在又促使人必然不断地发掘宇宙奥秘，从而掌握规律、拓展智能、抵抗偶然性命运的摆布；理性存在也促使人必然不断超越自我，通过“知其不可为而纵然为之”的追求与实践，迸发出巨大勇气和潜能，执着无返地超越有限、朝向无限（4.1.3）。这正是人类社会上演的恢弘历史剧作。

当我们认识到，人存在于宇宙天地之间，始终不得不处在一个开放的、不确定的、自身无知而又必定要死的处境时，那么，如果对二重限制性的突破，可以换来人以及人类整体处境状况的改善，这一突破就完全值得我们去争取。事实上，结合第4章，人之认知发生状态与人类之认知历史动态（4.2），仅仅就削弱人存在于宇宙天地之间所必须承受的面对广袤未知的虚无感、无力感、愚昧感而言，如果对二重限制性的突破，可以换来人以及人类整体智慧的扩展和提升，而并非可能会出现的破坏知识创新的源头，如垄断信息与认知、固化知识与认知（5.2.2），仅仅就这一项理由，就足够使我们为突破二重限制性而努力。

不仅仅是功利主义视角，以历史的眼光来看，并不能排除未来人类通过主动改造自身基因来适应外部环境变化的可能性。二三十万年前人科物种分家（现代解剖学意义上的智人出现）就涉及最为关键的一个分野——人猿基因的分离，在这一时期，人类与两种近亲黑猩猩的基因保持了98.4%的相同，但出现了1.6%的差异。回望过去，宇宙137亿年，地球46亿年，有机物38亿年，自地球遭受外星球撞击，恐龙毁灭、新生代生物诞生以来6 500万年，类人猿300万年，智人20~30万年①；放眼未来，我们难以假定，人类作为一种物种进化的血脉历程就会停留在当前的处境不变。在漫长的发展进化中，人类曾经通过自身基因“自然地”突变来更好地适应环境，如人类发声生理结构改变所导致的更多、更复杂声音系统的形成，人类独有的语言及理性能力的形成，才最终使得人类从动物界脱颖而出（3.2.5）。近现代以来，人类掌握了高科技，本领大增，人类就通过主动地、适度地改造外部环境来改善自身的处境，如通过飞机、汽车等交通工具来扩大人类活动范围，如通过空调冷热控制使人处于舒适温度范围，如通过各种设施设备工具来利用、占有和驾驭天然能源。

---

① 是史前史和大历史数据。可参考附录A的Part I中“大历史”的注释。

我们很难说，未来，在基因科学和认知科学越来越发达、成熟的情况下，特别是当地球环境乃至更大范围内的空间环境发生根本性变化的情况下，人类不会进入一个一方面继续利用和改造外部环境，另一方面主动地、适度地改造自身基因，以更好地应对环境变化和改善自身处境的新人类发展阶段。

人类处境的开放性和不确定性，使我们不得不同时站在人类社会外部来思考自身的未来。我们对此的思考，也即我们对于人类自身存在意义及所承担使命的认同，决定了我们对待二重限制性及其平等突破的态度。本书的态度是：追求平等是人类的天然心理情感和理想追求（1.2），二重限制性及其平等对于现有人类社会具有重大功用（第 4 章）。但同时，作为一种理想和价值的平等，并不是一个可以阻止人类探求宇宙、探求生命、拓展人类在宇宙的生存和发展空间、开辟和提升人类新智慧形态的绝对理由。出于求知、探索宇宙万物之终极目的，出于改善人类福祉之终极目的，人类可以突破自身的二重限制性以及承受因二重限制性突破所可能带来的后果。鉴于二重限制性及其平等对现有人类社会的重大功用，鉴于现有人类社会之发展现状及可持续发展，鉴于对突破二重限制性技术风险和伦理风险的适宜应对，对二重限制性的突破及变更应仅限于经批准的科学研究范围。当其从研究领域转换到现有人类社会的应用领域时，需要坚持三项分配原则，也即同等重要性原则（平等权利维度）、自主不伤害原则（平等机会维度）、差别补偿原则（平等结果维度）。

例一。伴随着南极冰川融化、气候变暖，未来地球由于温室效应已经不再适宜人类居住了。人类不得不尝试移民到火星这颗距离地球较近、气候环境与能源资源相对有可能适宜人类生存的行星。在对火星进行各种宜居实验的过程中，需要创建“某种形式的、适宜在火星居住的生态及生命系统”，这种新生态系统需要对人进行某种基因或智能改造，乃至需要通过人－机融合技术来拓展人类的生存能力、认知能力以及知识存储能力。那么，为了延续人类生命和保存人类智慧，在这种情况下突破二重限制性就是应该的。尤其对于那些符合能力条件要求、知晓状况、明了风险，还自主接受这种自我改造，并意愿先行移居火星的未来探路者、未知先行者，选择不这样做的人，是不能以“平等”之名来阻止他们的。

例二。在不伤害他人与环境的情况下，我们鼓励科研领域不设限；我们也并不反对有些科学家为了实现科研梦想（出于求知、出于超越有限）而选择牺牲自我。科学史告诉我们，在长期的科学探索实验中，有一些科学家承受了巨大的生命危险，勇往直前、毫无退却。甚或有不少科学家为了研究求证或临床取证，不惧危险，毅然决然地以身试药，乃至进行自我人体实验。这样的案例不仅常见于科学史，还发生在我们身边。比如2015年诺贝尔生理学或医学奖得主、中国中医科学家屠呦呦，在对200余种中药的380多个提取物筛选的基础上，在历经190多次失败后，才成功研究出了抵御人类疟疾的青蒿素；但屠呦呦本人却为之付出了自我人体受损的代价——除了不惧危险、多次以身试药以外，长期的研究实验环境使她患上了中毒性肝炎。本书认为，屠呦呦的这一选择，既体现出同等重要性原则（这种牺牲自我的选择也是同等重要的），也体现出自主不伤害原则（自主选择，可能伤及自身，却并不伤害别人与环境）。事实上，笔者对这样的科学家满怀敬意。不伤害他人与环境，且出于自主的，但以危险自我人体及生命为代价的突破二重限制性的特定科研实验，也是本书所不反对的。

例三。在不对人体生殖细胞实施基因操纵，也即不破坏有性繁殖或然性和多样性的情况下，人可以自主选择在死亡时间对自我活体实施及时的低温储存，以长时间保存肉身，期待在未来发生科幻奇迹、肉身得以复活；就如同传说中被冰冻了三万年的西伯利亚永冻层中的一颗种子仍然被培育生长出植物一样，就如同在现实中已经被现代技术成功实施冷冻和复活的多种细胞、器官和动物活体一样……当然，相应地，人也必须承担这样做的代价及风险，比如为低温冷冻花费高额开支但最终肉身仍然遭到损坏，更谈不上可能会复活。这样的新技术尝试是可以进行的，因为它没有破坏有性繁殖的或然性和多样性（仍然发生在一代人之中），没有伤害他人和环境（低温冷冻所使用的液氮并不对环境造成伤害），满足了人期待超越有限的梦想，且鉴于存在富人消费上限效应并且有差额补偿原则作为社会平衡手段，还能为研究超低温状态下的人体生命科学积累一些研究案例。

例四。研发例外原则仅适用于经批准的科学研究，那么，什么是经批准的科学研究？经批准的科学研究就是，经过可以代表公共利益诉求的、专业的、权威的专门机构的审批，或符合其颁布的医学伦理规范要求。那些机构及其颁布的规范要求包括：联合国教科文组织于1995年成立“国际生物伦理委员会”①，并于1998年发布“关于人类基因组与人类权利的国际宣言”（简称“人类基因组宣言”）。欧洲委员会在1998年通过了《有关生物医药的人权与尊严公约》，对人类生殖克隆做出了明确禁止，对基因技术做出了伦理规范。按照欧盟法律规定，欧盟各成员国可以在本国国内采取比共同体更加严格（而非更加宽松）的法律，事实上，欧洲不少国家对生物技术的抵制相对来说更强烈、监管环境更严格②。美国总统小布什（任期2001—2009年）刚上任，就于2001年组建了美国总统生命伦理委员会（President's Council on Bioethics）③，发布了一些限制人体胚胎及人体胚胎干细胞研究的伦理规范细则。原中国卫生部于2002年成立了“医学伦理专家委员会”（后因国家机构调整，先后更名为“国家卫生计生委医学伦理专家委员会”“国家卫生健康委医学伦理专家委员会”），经该委员会草拟，科技部和原卫生部于2003年联合发布了总计12条的《人胚胎干细胞研究伦理指导原则》。

2018年11月爆发的震惊中外生物学界的贺建奎“双胞胎基因编辑婴儿”事件，之所以遭受了中外舆论的广泛批评，就在于它违反了中国《人胚胎干细胞研究伦理指导原则》，也不符合国际基因伦理规范。目前国际上对人体胚胎的基因操纵与修改有严格的规范要求，即使是经批准的科研项目中所实施的胚胎细胞基因编辑，也应该在规定时间内销毁实验胚胎（中国规定是在14天以内销毁）。贺建奎事件的影响在于它不仅对7对夫妇的受精卵进行了基因编辑操作，且没有在14天内销毁，还允许人工编辑胚胎自行复制、分裂、发育直到双胞胎婴儿出生。

---

① 邹寿长. 人类基因组计划及基因革命对伦理的挑战. 伦理学研究，2003（4）：73.

② 弗朗西斯·福山. 我们的后人类未来：生物技术革命的后果. 黄立志，译. 桂林：广西师范大学出版社，2017：191，197.

③ 迈克尔·桑德尔. 反对完美. 黄慧慧，译. 北京：中信出版社，2013：121.

第二，二重限制性平等的同等重要性原则。其含义是：在变更二重限制性的权利面前，每个人的利益都是同等重要的。

同等重要性原则无须赘述，现代世界能够从旧世界原有的、普遍的身份等级统治乃至奴役，过渡到现代自由平等的社会公民治理；现代人际共处关系能够从原有的等级有别、尊卑不同的身份不平等转换为人与人成为同等重要存在、享有同等权利的国家公民，凭借的就是人类权利平等观念的改变，而人权平等的前提预设，就是承认每个人在生存与发展方面具有同等重要性。

第三，二重限制性平等的自主不伤害原则。其含义是：在变更二重限制性的机会面前，每个人都可以自主地为自己做出选择，但每个人的选择应以不伤害他人健康及公共的安全、利益为前提。

在生物和医学研究及实践的长期摸索中，在道德哲学、社会哲学、政治哲学的共同推动下，现代生命伦理学形成了四组经典原则：尊重自主原则、不伤害原则、有利原则、公正原则①。本书提出的二重限制性及其平等突破应对之四原则中的第三个原则，强调了自主、不伤害。自主就是主体平等地拥有自我决策和选择的权利，自主和同等重要性一样，都是近现代人权观念的预设性前提，也都得到了普遍认同和支持，很少有人去质疑它们。争议往往发生在对“不伤害”的理解和对待上。

西方医学之父、古希腊名医希波克拉底所开创的著名的“希波克拉底誓言”，成为每一位医师开启从医职业生涯的郑重宣誓，该誓言明确表达出不伤害义务。这里的不伤害义务指的是医疗救治的不伤害，后来被引申和扩展到医学伦理的不同领域中。密尔著名的“不伤害原则”则针对的是个人自由与社会控制②。密尔认为，每个人对自身的肉体和精神都是自主的；一个人能够使用权力来禁止他人行为、反对他人意志，却又不失为正当的，唯一的理由是防止伤害。这样，那些有技术能力、有经济能力、有社会资源可以为自己突破二重限制的人，就可以凭借密尔的“不

① 汤姆·比彻姆，詹姆士·邱卓思. 生命医学伦理原则. 李伦，等译. 北京：北京大学出版社，2014：第二部分第三章：尊重自主原则，第四章：不伤害原则，第五章：有利原则，第六章：公正原则.

② 约翰·斯图亚特·密尔. 论自由. 鲍容，译. 北京：中华书局，2016：10.

伤害原则”来反驳本书观点：我修改我自己的长寿基因或短睡基因，我在我自己身上实施各种长寿技术（5.1.1）；我自己创造出智能机器来取代人的劳动及基于此的劳动交换并降低我的成本，我物理转移我自己的认知，我通过脑-机融合及生物芯片拓展我自己的认知，乃至我成为克隆转忆人以实现自我意识存续和永生（5.1.2、5.2.2），这是我的自由和本事，我又没有伤害到别人，凭什么要管我？凭什么要禁止我？

在人类社会内部，本书倡议禁止针对“种质”细胞的基因改造和认知改造，是经过几方面的论证得出的。

首先，对平等的论证：人类对不公平差异有着调节的必要性和正当性（基于正义，1.2.2），平等具有与之对应的天然心理情感机制，这种心理情感基础决定了平等是人类的必然内在要求（基于自然主义，1.2.3—1.2.5）。

其次，对二重限制性平等的论证：二重限制性平等对人类社会具有重大作用和意义，如果不坚守二重限制性平等，就会破坏我们人性建构的基础，破坏我们知识创新的源头，破坏我们的自然存在关系，甚至使社会平等关系丧失天然的底线保障。这些可能的后果都足以对我们业已取得的文明成果与和平共处关系造成根本性影响，是我们很难承受的（基于功利主义——社会风险，第4章）。

最后，在技术应用层面，本书并不反对人们出于自主选择对自身的体细胞实施基因操纵与更改，但反对针对“种质”细胞即有性繁殖和生殖细胞所进行的基因操纵与更改。这是因为：人们尽可以通过修改自己的体细胞来追求健康长寿、增强与完善自我，并承担可能的技术风险或享有其所带来的益处。这样的经过体细胞的“体质式”修改，仅发生在一代人身上，我们尚且可以称之为“自主选择”和“个性化增强/完善/喜好”，但如果通过操纵有性繁殖和生殖细胞，改变“种质”并将人工更改基因嵌入人类基因组，被代代遗传，就不仅仅是个人自由、个性化选择、扩大化或固化人际差异的问题了，达到一定数量或历经很多代以后，会破坏有性繁殖的或然性和多样性，影响人类的遗传和演化生态平衡，换言之，可能会出现我们所无法想象的生态变形或生态失控（基于功利主义——技术风险，本章）。

本书通过以上的论证，足以确立在人类社会内部守护二重限制性及其平等的正当性，反驳那些“无伤害”论观点。如果还有更激进的观点，比如认为根本就不存在什么共同人性，也就不会伤害到什么共同人性（以及在此基础之上建构而成的人类知识、人际共处关系）。那么，请回答：你是人，还是狮子/鳄鱼/鸟？如果你回答是人，那就说明你必定认为你自己有与它们不一样的地方，人性就是你与狮子/鳄鱼/鸟不一样的地方，它的自身、它的演化与生成，以及它未来应有的价值取向，就是共同人性。如果你还坚持没有共同人性，那么，就请离开共同人性，归属到“动物性”吧，换言之，请脱离人类社会内部。在“动物性”属性之下，只有活生生的本能驱动，只有像赫胥黎笔下所描写的那样，动物“为生存而斗争……至死方休”①。如果一个动物占据过多资源，侵犯了另一个动物赖以生存的食物和地盘（就像机器人侵犯了人的体能价值和认知价值，使人失去工作机会和收入来源，从而失去了原本可以凭借体能价值和认知价值来换取的、赖以生存的食物和居所一样），那么另一个动物即便再羸弱，也会毫不犹豫地去搏杀、去斗争，至死方休。

第四，二重限制性平等的差别补偿原则。其含义是：对于那些为了探索宇宙万物，为了改善人类福祉，且经过代表公共利益诉求的、专业的、权威的专门机构审批的、符合医学伦理规范的科研项目，如果取得了实验室和临床试验的成功，也即经过了确证，是安全可靠的、是广泛适用的、是经临床审查可以被推广应用到人类自身的，那么在社会应用中，对于那些虽然名义上享有“同等重要权利”（权利平等）、“同等自主选择机会”（机会平等），却因为种种现实社会差异而不能实际上享有这些权利和机会的人，社会需要对其做出差别补偿。

关于差别原则，罗尔斯《正义论》早已有论断，无须赘述。密尔的自由不伤害原则，虽然为个人自主划出了一个保护圈，但密尔同时也指出，有害他人利益的行为，个人有对他人做出交代的责任，且还应当受到

---

① 赫胥黎．进化论与伦理学．宋启林，等译．北京：北京大学出版社，2010：79.

法律惩罚或是法律不适用领域的责难（即社会舆论及道德责难）①。

举例来说，若干年之后，通过分子制药和新医疗技术来激活端粒酶、抑制自由基、延长细胞寿命、修复出错的DNA，以及直接定位和改造导致衰老的基因，可以达到明显地延缓衰老、增长寿命，使人健康地活到100岁~120岁（5.2.1），那就一定要在制定具体社会医疗保障制度时，充分考虑到二重限制性平等的同等重要性原则、自由不伤害原则、差别补偿原则，也就是要补偿那些名义上享有同等重要性权利和自主选择权利，但实际上却没有资源和能力享有这一类制药和治疗的绝大多数人。当前，这类制药和治疗基本都指向“个性化制药”、“个性化治疗”或“精准医疗”等高端服务，属于世界最前沿的分子生物和医疗技术研发。

再举例来说，假如若干年以后，人类社会出现本书所描绘的人工智能未来场景中的第二种场景，也即未来场景2，受控——凄惨场景：越来越多的AI产品和服务，不仅在身体能力方面，还在储存即记忆、辨识、判断、模仿、分析等原本属于人类独有的认知能力方面，超过了人类，由此导致了AI产品和服务不仅代替了重复性、机械性特征的普通劳动，还越来越多地渗透到了语言处理、金融投资、医疗、教育、法律、商业、影视娱乐、新闻播报、国防安保等很多一直以来被认为是高端知识型的白领工作领域（5.2.2）。大多数人在与机器智能的竞争中败下阵来，丧失了原有的经济价值，也即没有机会再提供体力劳动和脑力劳动了，从而也失去了原有的政治价值（纳税），乃至失去了军事价值（服兵役），成为无用人。那么，那些极少数的拥有人工智能技术的组织（国家、公司）及个人，就应该为这些因为人工智能的应用发展而失去工作机会的人提供生活保障，也就是说，将他们养起来。

这是因为，人类尽可以去发明那些模仿脑、创新脑的各类人工智能技术并不断扩大其应用范围（5.1.2、5.2.2），这可以是出于求知，也可以说是出于个人自由和自主偏好；当然，这也可以说是出于谋求利益、增加竞争优势或增强垄断优势。但是，当这种技术和产品的应用使得社会出现普遍性失业，同时却并不能创造出足够多的新的就业领域来抵消其影响的

---

① 约翰·斯图亚特·密尔. 论自由. 鲍容，译. 北京：中华书局，2016：11.

话，那么，这种技术和产品的创造者、拥有者或使用者，就侵犯和破坏了那些因此失去工作机会的人的二重限制性平等。根据二重限制性平等，每一个人都平等地始发于和受制于二重限制性，每一个人都是一个从零开始的新的生命认知周期，每一个人都拥有自己独有的认知价值。人工智能凭借模仿脑、创新脑的各项技术实现了仿人智能，开发出了不同于人类智能的新型智能形态，取代了人类大脑的认知价值，由此使得很多人失去了工作机会，导致了他们收入减少和陷入生活困境，这一行为就是对这些人权利和利益的直接侵犯，更不要说这还是关乎他们存在价值的重大核心权利、是关乎他们生存手段的重大核心利益。

从这个意义上说，笔者支持对垄断型互联网公司征收数字信息税，支持对人工智能应用达到一定比例（意味着取代了一定比例的人的就业）的行业及具体公司征收机器人税。

6.4 结论

人存在于宇宙天地之间，始终不得不处在一个开放的、不确定的、自身无知而又必定要死的处境。作为自然和理性的并存，人始终不由自主地、孤单而无助地挣扎在现实与理想、偶然与必然、有限与无限的冲突之间。自然存在使人必然始发于和受制于二重限制性。理性存在又促使人必然不断地发掘宇宙奥秘，从而掌握规律、拓展智能、抵抗偶然性命运的摆布；理性存在也促使人必然不断超越自我，通过“知其不可为而纵然为之”的追求与实践，迸发出巨大勇气和潜能，执着无返地超越有限、朝向无限。

万物本自生而不同，在充满本源性差异的人类世界中，二重限制性像一道人性之光，普洒给人类社会，照耀着普罗大众，同时也眷顾着社会精英；在二重限制性面前，普天之下人人皆相同。人是二重限制性的存在。二重限制性，是人全部有限性的根源和根底。人平等地始发于二重有限存在，它带给强大者以谦卑，它带给羸弱者以希望，它构成了人际正义平等关系的根基。人对自身之二重有限的超越，是人性建构的动力、是知识创新的源头；二重限制性及其平等因而成为保障我们共同价值（人性）、共同财富（知识）的宝贵根基。它还是天然的人际差异调节器，对主体间的社会存在关系形成了根本性的影响，是主体得以平等存在、是人类得以平等共处的自然物质基础和底线保障，对人类社会具有重大作用和意义。

人类处境的开放性和不确定性，使我们不得不同时也站在人类社会外部来思考自身的未来。人类在历经认知革命（人禽之别的飞跃）、农业革命和工业革命之后，极大地增强了改造和征服自然的能力，亦愈发热衷于开发和拥有高科技。突破有限生命、竭尽极限地延长寿命，突破有限认知，增强认知，拓展新的认知存续方式，以及物理转移认知，创造和拥有不同于人的新型认知力量，是绝对的利好，是人之普遍所欲。这一欲望也成为现代世界高科技发展及应用的强大驱动。

现代世界有三个重要标识：全球化、科学化、多文化。“全球化”既是近现代以来之世界历史现实，也是未来之世界趋势共识。“多文化”更有文明冲突论引发热议，亦符合当下之世界区域民族风貌。但“科学化”还没有被理论界（哲学）所充分挖掘到其“应有的”高度上。实际的情况是，决定现代民族国家经济发展实力和国防安全实力背后的决定性、根本性力量，正是科技实力。科技政治化和科技经济化才是更深层次的真实原初面目。普遍理念占据主流的时代，科技应用较易达成共同的或相近的价值认同；但适逢普遍理念遭遇分化、民族主义崛起之时，科技应用所带来的强力就会危险激增，其中绝少不了基因技术和智能技术的潜在应用风险。就此而论，本书提出守护人的两个被限制的根本（与其说是保护普罗大众，不如说是限制超级社会精英），也即提出守护人的二重限制性及其平等，是具有一定现实意义和前瞻意义的。

进入 20—21 世纪以来，世界已然成为一个为高技术所决定、所运行的世界。从某种意义上说，高技术世界就是高技术支配一切的世界。如果说其他高技术，如太空、物质、能量、信息类高技术，其改造和应用对象是人类以外的“它者”或“他者”，那么基于生命科学两大高峰，基因和蛋白质学、认知和脑科学的高技术及其应用工程，即生物工程（基因技术、纳米技术等）、智能工程（神经网络架构技术、模仿脑和创新脑的机器智能技术等），所改造和应用的对象则直接投向了人类自身。它们所带来的现实挑战和未来挑战、实在挑战和可能挑战，如寿命鸿沟及其扩大大与固化，人工智能对人认知价值的替代，以及非类人脑人工智能、超级机器智能可能会带来的智能失控风险和诸多智能危机，都已经并非空穴来风。生物工程和智能工程对我们的影响已经大到了在未来足以可能改变人类的身体和认知，足以可能突破人类现有的生命存续限度和认知存续限度（突破二重限制性），足以凭此来分化人类（打破主体存在平等暨二重限制性平等），甚至是创造出超级人类阶层、失去价值的无用人类阶层或变种的新人类。

在当今被高技术支配的世界里，高技术已经成为驱动不平等加剧、驱动社会分化加剧的主要力量和因素，这一点在当前普遍倡导科技创新的“科技正义”大时代背景下，并没有被理论界和政策制定者所高度关注和深刻认识到，因之也没有给予足够的重视和考量，没有采取及时的或预见性的措施。如何看待这些高科技，如何应用这些高科技，已经不可避免地影响着人类社会的今天和未来，包括人类业已创建的共同价值（人性）、共同财富（知识），以及人类业已形成的平等共处关系（人际关系），质言之，由此改变人类未来。究竟如何认识、理解、把握这一崭新的趋势，使我们的高新技术应用既符合科学理性，同时又具有伦理价值的正当性，是摆在我们这个时代全体人类面前的最紧要、最具挑战性的社会问题。本书的主题探究，既是在现时代高科技环境及背景下，对人之二重有限存在、人之处境际遇差别的寻常却又根本的人生现实的觉悟、反思及认知总结，也正是对现时代高科技发展及其应用问题的学习自觉和尝试性探究与解答。本书正是围绕着这些议题所展开的一场哲学与科学、人性与科技的对话交融，它仅仅是初步的，然而却是笔者努力负责而竭力为之的。

参考文献

一、中文部分

1. 阿比吉特·班纳吉，埃斯特·迪弗洛. 贫穷的本质. 景芳，译. 北京：中信出版社，2013.

2. 阿马蒂亚·森. 论经济不平等//不平等之再考察. 王利文，于占杰，译. 北京：社会科学文献出版社，2006.

3. 阿马蒂亚·森. 什么样的平等. 闲云，译. 世界哲学，2002（2）.

4. 阿马蒂亚·森. 再论不平等. 王利文，于占杰，译. 北京：中国人民大学出版社，2016.

5. 阿马蒂亚·森. 正义的理念. 王磊，李航，译. 北京：中国人民大学出版社，2012.

6. 阿诺德·汤因比. 历史研究：上卷. 郭小凌，等译. 上海：上海人民出版社，2010.

7. 埃尔温·薛定谔. 生命是什么. 吉宗祥，译. 广州：世界图书出版公司广东有限公司，2016.

8. 爱德华·O·威尔逊. 论人的本性. 胡婧，译. 北京：新华出版社，2015.

9. 爱德华·威尔逊. 人类存在的意义. 钱静，魏薇，译. 杭州：浙江人民出版社，2018.

10. 爱德华·威尔逊. 知识大融通. 梁锦鋆，译. 北京：中信出版社，2016.

11. 爱德华·克雷格. 哲学的思与惑. 曹新宇，译. 南京：译林出版社，2013.

12. 安妮特·拉鲁. 不平等的童年. 宋爽，张旭，译. 北京：北京大学出版社，2018.

13. 保罗·福塞尔. 格调：社会等级与生活品味. 梁丽真，等译. 北京：北京联合出版公司，2017.

14. 北京大学哲学系外国哲学史教研室. 西方哲学原著选读：上下卷. 北京：商务印书馆，1981—1982.

15. 比尔斯克尔. 荣格. 周艳辉，译. 北京：中华书局，2004.

16. 彼得·伯克. 知识社会史：上卷. 陈志宏，王婉旎，译. 杭州：浙江大学出版社，2016.

17. 彼得·F·德鲁克. 后资本主义社会. 傅振焜，译. 北京：东方出版社，2009.

18. 波普尔. 猜想与反驳：科学知识的增长. 傅季重，等译. 上海：上海译文出版社，2015.

19. 蔡曙山. 论人类认知的五个层级. 学术界，2015，211（12）.

20. 蔡曙山. 人类的心智与认知. 北京：人民出版社，2016.

21. 蔡曙山. 认知科学：世界的和中国的. 学术界，2007，125（4）.

22. 常春雨. 论理查德·阿内逊的幸福机会平等理论. 教学与研究，2015（12）.

23. 陈志武. 量化历史研究与新知识革命. 北京大学学报（哲学社会科学版），2018，55（4）.

24. 达尔文. 人类的由来及性选择. 叶笃庄，杨习之，译. 北京：北京大学出版社，2009.

25. 达尔文. 物种起源. 钱逊，译. 南京：江苏人民出版社，2011.

26. 大卫·克里斯蒂安. 大历史. 刘耀辉，译. 北京：北京联合出版公司，2016.

27. 大卫·米勒，迈克尔·沃尔泽，等. 多元主义、正义和平等. 高建明，译. 南昌：江西人民出版社，2018.

28. 戴蒙德. 第三种黑猩猩：人类的身世与未来. 王道还，译. 上海：上海译文出版社，2012.

29. 戴蒙德. 枪炮、病菌与钢铁：人类社会的命运. 谢延光，译. 上海：上海译文出版社，2006.

30. 道尔顿·康利，詹森·弗莱彻. 基因：不平等的遗传. 王磊，译. 北京：中信出版社，2018.

31. 德沃金. 至上的美德：平等的理论与实践. 冯克利，译. 南京：江苏人民出版社，2012.

32. 笛卡尔. 谈谈方法. 王太庆，译. 北京：商务印书馆，2000.

33. 冯友兰. 中国哲学简史. 北京：北京大学出版社，1985.

34. 弗朗斯·德瓦尔. 猿形毕露：从猩猩看人类的权力、暴力、爱与性. 陈信宏，译. 北京：三联书店，2015.

35. 弗朗西斯·福山. 我们的后人类未来：生物技术革命的后果. 黄立志，译. 桂林：广西师范大学出版社，2017.

36. 高瑞泉. 平等观念史论略. 上海：上海人民出版社，2011.

37. 顾凡及. 从蓝脑计划到人脑计划：欧盟脑研究计划评介. 科学，2013，65（4）.

38. G. A. 科恩. 拯救正义与平等. 陈伟，译. 上海：复旦大学出版社，2014.

39. G. D. H. 柯尔. 社会主义思想史：第四卷下册. 奚瑞森，译. 北京：商务印书馆，1994.

40. 哈耶克. 通往奴役之路. 王明毅，等译. 北京：中国社会科学出版社，1997.

41. 海德格尔. 演讲与论文集. 孙周兴，译. 北京：三联书店，2005.

42. 韩东屏. “克隆转忆人”与永生不死. 湖北大学学报（哲学社会科学版），2007（6）.

43. 郝景芳. 北京折叠//孤独深处. 南京：江苏凤凰文艺出版社，2016.

44. 何怀宏. 何以为人 人将何为——人工智能的未来挑战. 探索与争鸣，2017（10）.

45. 何怀宏. 平等的平衡. 北京大学学报（哲学社会科学版），2015，52（1）.

46. 何怀宏. 奇点临近：福音还是噩耗——人工智能可能带来的最大挑战. 探索与争鸣，2018（11）.

47. 何怀宏. 人工智能与底线思维. 当代美国评论，2019（1）.

48. 何怀宏. 人物、人际与人机关系——从伦理角度看人工智能. 探索与争鸣，2018（7）.

49. 赫胥黎. 进化论与伦理学. 宋启林，等译. 北京：北京大学出版社，2010.

50. 亨利·萨姆纳·梅因. 古代法. 沈景一，译. 北京：商务印书馆，1959.

51. 霍布斯. 利维坦. 黎思复，黎廷弼，译. 北京：商务印书馆，2017.

52. 霍布斯. 论公民. 应星，冯克利，译. 贵阳：贵州人民出版社，2004.

53. 吉登斯. 第三条道路：社会民主主义的复兴. 郑戈，译. 北京：北京大学出版社，2000.

54. 加勒特·汤姆森. 莱布尼茨. 李素霞，杨富斌，译. 北京：中华书局，2002.

55. 杰里·布罗顿. 十二幅地图中的世界史. 林盛，译. 杭州：浙江人民出版社，2016.

56. 金里卡. 当代政治哲学. 刘莘，译. 上海：上海译文出版社，2011.

57. 《经典读库》编委会. 改变世界的100位诺贝尔奖得主. 南京：江苏凤凰美术出版社，2015.

58. 瞿同祖. 中国法律与中国社会. 北京：商务印书馆，2010.

59. 卡西尔. 卢梭·康德·歌德. 刘东，译. 北京：三联书店，1992.

60. 卡西尔. 人论. 甘阳，译. 上海：上海译文出版社，2013.

61. 凯伦·阿姆斯特朗. 轴心时代. 孙艳燕，白彦兵，译. 海口：海南出版社，2010.

62. 康拉德·菲利普·科塔克. 人性之窗. 范可，等译. 上海：上海人民出版社，2014.

63. 克雷格·文特尔. 生命的未来. 贾拥民，译. 杭州：浙江人民出版社，2016.

64. 雷·斯潘根贝格，戴安娜·莫泽. 科学的旅程（珍藏版）. 郭奕玲，等译. 北京：北京大学出版社，2014.

65. 李华荣，乔瑞金. 科恩平等观的实质及其对自由主义的批判. 哲学研究，2008（11）.

66. 理查德·道金斯. 自私的基因. 卢允中，等译. 北京：中信出版社，2012.

67. 梁漱溟. 我的人生哲学. 北京：当代中国出版社，2013.

68. 卢风. 人类增强与人权. 广西大学学报（哲学社会科学版），2016（2）.

69. 卢梭. 论人与人之间不平等的起因和基础. 李平沤，译. 北京：商务印书馆，2007.

70. 鲁白. 美国“脑计划”借鉴. 中国经济报告，2017（4）.

71. 吕克·费希. 超人类革命：生物科技将如何改变我们的未来?. 周行，译. 长沙：湖南科学技术出版社，2017.

72. 罗尔斯. 正义论. 何怀宏，等译. 北京：中国社会科学出版社，2009.

73. 罗尔斯. 政治哲学史讲义. 杨通进，等译. 北京：中国社会科学出版社，2011.

74. 罗尔斯. 政治自由主义. 万俊人，译. 南京：译林出版社，2011.

75. 罗素. 罗素论人的理性. 石磊，译. 北京：中国商业出版社，2016.

76. 罗素. 人类的知识. 张金言，译. 北京：商务印书馆，1983.

77. 罗素. 西方哲学史：上卷. 何兆武，李约瑟，译. 北京：商务印书馆，2015；西方哲学史：下卷. 马元德，译. 北京：商务印书馆，2015.

78. 洛克. 人类理解论. 关文运，译. 北京：商务印书馆，1959.

79. 洛克. 政府论：下篇. 叶启芳，翟菊农，译. 北京：商务印书馆，1964.

80. 马克思恩格斯全集：第3卷. 北京：人民出版社，1960.

81. 马克思恩格斯全集：第42卷. 北京：人民出版社，1979.

82. 马克思恩格斯全集：第4卷. 北京：人民出版社，1958.

83. 马克思恩格斯全集：第2卷. 北京：人民出版社，1957.

84. 马克思恩格斯选集：第3卷. 3版. 北京：人民出版社，2012.

85. 马克思恩格斯选集：第1卷. 3版. 北京：人民出版社，2012.

86. 马斯洛. 动机与人格. 许金声，等译. 北京：华夏出版社，1987.

87. 迈克尔·桑德尔. 反对完美. 黄慧慧，译. 北京：中信出版社，2013.

88. 美国信息研究所. 知识经济：21世纪的信息本质. 王亦楠，译. 南昌：江西教育出版社，1999.

89. 孟德斯鸠. 论法的精神. 于华忠，译. 北京：中国工人出版社，2016.

90. 苗力田. 古希腊哲学. 北京：中国人民大学出版社，1995.

91. 尼克·莱恩. 生命的跃升. 张博然，译. 北京：科学出版社，2016.

92. 诺齐克. 无政府、国家和乌托邦. 姚大志，译. 北京：中国社会科学出版社，2008.

93. 帕特里夏·奥坦伯德·约翰逊. 海德格尔. 张祥龙，林丹，朱刚，译. 北京：中华书局，2002.

94. 乔万尼·萨托利. 民主新论：下卷. 冯克利，阎克文，译. 上海：上海人民出版社，2015.

95. 乔治·霍兰·萨拜因. 政治学说史：下册. 刘山，等译. 北京：商务印书馆，1990.

96. Robin Dunbar，Louise Barrett，John Lycett. 进化心理学：从猿到人的心灵演化之路. 万美婷，译. 北京：中国工业出版社，2017.

97. 冉隆勃，黄跃秋. 英国的“福利国家”——其由来、发展与面临的问题．西欧研究，1985（4）．

98．日本NHK“基因组编辑”采访组．基因魔剪：改造生命的新技术．谢严莉，译．杭州：浙江大学出版社，2017．

99．萨米尔·奥卡沙．科学哲学．韩广忠，译．南京：译林出版社，2013．

100．萨姆·哈里斯．道德景观：科学如何决定人性价值．于嘉云，译．北京：中信出版社，2017．

101．斯蒂芬·平克．人性中的善良天使．安雯，译．北京：中信出版社，2015．

102．斯科特·卡尼．人体交易．姚怡平，译．北京：中国致公出版社，2013．

103．斯密．道德情操论．谢宗林，译．北京：中央编译出版社，2008．

104．斯密．图解国富论．宗裕民，译．海口：南海出版社，2008．

105．S. W. 鲍尔．极简科学史：人类探索世界和自我的2500年．徐彬，王小琛，译．北京：中信出版社，2016．

106．汤姆·比彻姆，詹姆士·邱卓思．生命医学伦理原则．李伦，等译．北京：北京大学出版社，2014．

107．唐士其．政治中的差异与平等．北京：北京大学中国与世界研究中心，2017（8）．

108．托克维尔．论美国的民主：上下卷．董果良，译．北京：商务印书馆，2013．

109．托马斯·库恩．科学革命的结构．金吾伦，胡新和，译．北京：北京大学出版社，2012．

110．托马斯·皮凯蒂．21世纪资本论．巴曙松，等译．北京：中信出版社，2014．

111．万俊人．当代伦理学前沿检视．哲学动态，2014（2）．

112．王亚，李永欣，黄文华．人类脑计划的研究进展．中国医学物理学杂志，2016，33（2）．

113．《微经典》编委会．世界最具影响力的36位诺贝尔奖得主．南京：江苏凤凰美术出版社，2015.

114. 韦斯特福尔. 牛顿传. 郭先林，等译. 北京：中国对外翻译出版公司，1999.

115. 吴国盛. 科学的历程. 北京：北京大学出版社，2002.

116. 吴国盛. 什么是科学. 广州：广东人民出版社，2016.

117. 吴军. 智能时代. 北京：中信出版社，2016.

118. W. 克里昂·斯考森. 飞跃5000年. 毛喻原，译. 北京：群言出版社，2015.

119. 悉达多·穆克吉. 基因传. 马向涛，译. 北京：中信出版社，2018.

120. 香港汉语圣经协会. 圣经. 香港：国际汉语圣经出版社，2013.

121. 休谟. 人性论：上下卷，关文运，译. 北京：商务印书馆，2015.

122. 休斯顿·史密斯. 人的宗教. 刘安云，译. 海口：海南出版社，2013.

123. 亚里士多德. 尼各马可伦理学. 王旭凤，陈晓旭，译. 北京：中国社会科学出版社，2007.

124. 亚里士多德. 形而上学. 吴寿彭，译. 北京：商务印书馆，2016.

125. 亚里士多德. 政治学. 吴寿彭，译. 北京：商务印书馆，2009.

126. 尧德中. 脑信息科学：概念、内容与挑战. 中国生物医学工程学报，2016，35（2）.

127. 姚大志. 平等. 北京：中国社会科学出版社，2017.

128. 姚大志. 什么是社群主义. 江海学刊，2017（5）.

129. 英国DK出版社. 科学百科. 王晋，译. 北京：电子工业出版社，2015.

130. 尤瓦尔·赫拉利. 人类简史：从动物到上帝. 林俊宏，译. 北京：中信出版社，2014.

131. 尤瓦尔·赫拉利. 未来简史：从智人到智神. 林俊宏，译. 北京：中信出版社，2017.

132. 雨果·德·加里斯. 智能简史. 胡静，译. 北京：清华大学出版社，2007.

133. 约翰·穆勒. 功利主义. 徐大建，译. 北京：商务印书馆，2014.

134. 约翰·斯图亚特·密尔. 论自由. 鲍容，译. 北京：中华书局，2016.

135. 约瑟夫 E. 斯蒂格利茨. 不平等的代价. 张子源，译. 北京：机械工业出版社，2013.

136. 翟振明，彭晓芸. “强人工智能”将如何改变世界. 学术前沿，2016（4）.

137. 詹姆斯·费尔格里夫. 地理与世界霸权. 胡坚，译. 杭州：浙江人民出版社，2016.

138. 詹姆斯·格雷克. 信息简史. 高博，译. 北京：人民邮电出版社，2013.

139. 张茂泽. 马克思的人性论体系//周树智. 马克思主义探原：马克思《1844 年经济学哲学手稿》研究文集. 西安：陕西人民出版社，2011.

140. 赵敦华. 西方哲学简史. 北京：北京大学出版社，2001.

141. 赵建新，田元祥. 黄帝内经. 北京：北京联合出版公司，2016.

142. 朱丽君，朱元贵，曹河圻，等. 全球脑研究计划与展望. 中国科学基金，2013（6）.

143. 朱旭红. 论社会民主主义和马克思主义的一致性. 浙江学刊，2012（3）.

144. 庄子. 王彦峻，吉云，译注. 太原：三晋出版社，2008.

145. 邹寿长. 人类基因组计划及基因革命对伦理的挑战. 伦理学研究，2003（4）.

二、英文部分

146. Alasdair Macintyre. Hume on Is and Ought. The Philosophical Review，1959（68）.

147. Andrea Matranga. The Ant and Grasshopper: Seasonality and the Invention of Agriculture. New Economics School Working Paper, 2017.

148. Bruce D. Meyer. James X. Sullivan. Consumption and Income Inequality and the Great Recession. American Economic Review, 2013, 103 (3).

149. B. Clark, H. Gintis. Rawlsian Justice and Economic Systems. Philosophy and Public Affairs, 1978 (4).

150. Carl Benedikt Frey, Michael A. Osborne. The Future of Employment: How Susceptible are Jobs to Computerisation. Technological Forecasting & Social Change, 2013 (01).

151. Carles Boix, Frances Rosenbluth. Bones of Contention: the Political Economy of Height Inequality. American Political Science Review, 2014, 108 (1).

152. Charles Murray, Richard J. Herrnstein. The Bell Curve: Intelligence and Class Structure in American Life. New York: Free Press, 1995.

153. David Hume. A Treatise of Human Nature. Book III, part I, section I. London: Penguin Books, 1985.

154. David Hume. A Treatise of Human Nature. 英文影印版. 北京: 中国人民大学出版社, 2012.

155. Derek Fraser. The Evolution of the British Welfare State. London: Macmillan Publishers LTD, 1984.

156. Elizabeth S. Anderson. What is the Point of Equality?. Ethics, 1999, 109 (2).

157. Eugene Paul Wigner. The Unreasonable Effectiveness of Mathematics in the Natural Sciences. Communications on Pure and Applied Mathematics, 1960.

158. Fritz Machlup. The Production and Distribution of Knowledge in the United States. Princeton, New Jersey: Princeton University Press, 1962.

159. George Sarton. A History of Science: Ancient Science through the Golden Age of Greece. Harvard University Press, 1964.

160. G. A. Cohen. Equality of What? On Welfare, Goods and Capabilities//M. Nussbaum, A. Sen. The Quality of Life. Oxford: Clarendon Press, 1993.

161. Lionel Kesztenbaum, Laurent Rosenthal Jean. The Democratization of Longevity: How the Poor Became Old in Paris, 1880—1913. Springer, Cham, 2016.

162. M. Polanyi. Personal Knowledge: Towards a Post-Critical Philosophy. Chicago, Illinois: The University of Chicago Press, 1958.

163. Nicholas Wade. A Pill to Extend Life? Don't Dismiss the Notion Too Quickly. The New York Times, 2000: A20.

164. Orazio P. Attanasio, Luigi Pistaferri. Consumption Inequality. Journal of Economic Perspectives, 2016, 30 (2).

165. Ronald Dworkin. What is Equality?. Part 1: Equality of Welfare. Philosophy and Public Affairs, 1981 (10).

166. Ronald Dworkin. What is Equality?. Part 2: Equality of Resources. Philosophy and Public Affairs, 1981 (10).

167. S. Enrico, R. Wacziarg. How Deep are the Roots of Economic Development. Journal of Economic Literature, 2013, 51 (2).

168. Timothy A. Kohler and others (total 18 professors). Greater Post—Neolithic Wealth Disparities in Eurasia than in North America and Mesoamerica. Nature, 2017 (12).

169. Walter J. Moore. Schrodinger: Life and Thought. Cambridge: Cambridge University Press, 1989.

170. Walter Scheidel. The Great Leveler: Violence and the History of Inequality from the Stone Age to the Twenty-first Century. Princeton, New Jersey: Princeton University Press, 2017.

171. Robert P. Wolff. Understanding Rawls: A Reconstruction and Critique of *A Theory of Justice*. Princeton, New Jersey: Princeton University Press, 1977.

172. Yehudi Cohen. Man in Adaptation: The Cultural Present. Chica-

go: Aldine Pub. Co, 1968.

三、其他——中英文网络资料

173. A Rare Mutation of β1-Adrenergic Receptor Affects Sleep/Wake Behaviors, Neuron (IF 14.403). Pub Date: 2019-08-28, DOI:10.1016/j.neuron.2019.07.026. https://www.x-mol.com/paper/5832431.

174. “21 世纪经济报道”报道. 美逆转衰老“神药”上市遭疯抢，富人寿命或将延长 30%. (2019-01-11). https://finance.sina.cn/2019-01-11/detail-ihqfskcn6292397.d.html.

175. “OFweek 电子工程网”报道. 从 IBM 研究到百度投资，探寻类脑芯片产业路上的丰收与荆棘. (2018-11-07). https://ee.m.ofweek.com/2018-11/ART-8500-2801-30279862_2.html.

176. “百度”报道. 有钱能买时间：研究发现有钱人寿命比穷人长 10 年. (2016-11-30). https://baijiahao.baidu.com/s? id=1552349561920304&wfr=spider&for=pc.

177. “财经网. 腾讯·国内新闻”报道. 各地人均寿命差异大，为何京沪过 80 云南不到 70 岁?. (2016-11-09). https://news.qq.com/a/20161109/002388.htm.

178. “科技日报”报道. 人类向“模拟大脑”目标迈出一大步：含 800 万神经元的类脑芯片系统问世. (2019-07-18). http://digitalpaper.stdaily.com/http_www.kjrb.com/kjrb/html/2019-07/18/content_425939.htm? div=-1.

179. “快科技·新闻中心”报道. 调查：穷人比富人早死 10 年. (2015-10-16). http://news.mydrivers.com/1/451/451697.htm.

180. “人民日报海外版”新华社洛杉矶记者郭爽报道. 综述：美国“脑计划”这 3 年. (2016-04-27). http://m.haiwainet.cn/middle/3541839/2016/0427/content_29870736_1.html.

181. “人民网·国际”报道. 英国：穷人和富人之间的寿命差距百年来首次增加. (2016-05-04). http://world.people.com.cn/n1/2016/0504/c1002-28325652.html.

182. “搜狐·财经”报道. 科学家：人类寿命上限为 115 岁，富人比穷人寿命长 20 岁.（2017−01−04）. http://www.sohu.com/a/169421040_629252.

183. “搜狐·中国经济网·生活”报道. 研究：富人寿命比穷人要长 15 年.（2016−04−13）. http://www.sohu.com/a/69035185_170916.

184. “搜狐新闻”报道. 穷人比富人早死 20 年！BBC 探访英国小镇，揭露悬殊寿命差的真相……（2018−08−16）. http://www.sohu.com/a/247574348_100177826.

185. “医谷”报道. “长寿药”第一次应用到人类身上的临床实验结果公布.（2019−01−16）. https://mp.weixin.qq.com/s/EP4kplr-5WtF4sN2jfr3xw.

186. “中国电子网”报道. IBM 类人脑芯片再获突破，擅长感觉和图形识别.（2017−06−27）. http://www.21ic.com/embed/news/technology/201706/46832.html.

187. 人民网−健康卫生频道 新闻要闻. 英国科学家首次在大脑中发现“智力网络”.（2015−12−23）. http://health.people.com.cn/GB/n1/2015/1223/c398004-27967293.html.

188. 清华两项成果入选！2019 年度中国科学十大进展公布.（2020−02−28）. https://news.tsinghua.edu.cn/info/1022/76999.htm.

189. 《新闻 1+1》20190821 机器人来了，我们怎么办?.（2019−08−21）. http://tv.cctv.com/2019/08/21/VIDEfPHVG6C8qDFg4dOP0frY190821.shtml.

190. 中科院神经科学研究所团队突破体细胞克隆猴的世界难题.（2018−01−25）. http://www.cebsit.cas.cn/xwen/kyjz/2018n/201801/t2018 0125_5316298.html.

附录 A　人性论的递嬗流变及核心问题域

轴心时代，人性觉醒，人学兴起。人“受天地之中以生”（《左传·成公十三年》），“人者，天地之心”（《礼记·礼运》），人能“与天地合其德，与日月合其明，与四时合其序，与鬼神合其凶吉”（《周易·乾卦》），中国哲学从一开始就把人的地位和价值推至“天”“地”“人”三元并立的高度，以人为核心，以先验论为路径，直接建构伦理道德，创造了丰富的人论学说，如，关乎人的地位与价值的人贵论；关乎人的本质的人性善恶论；关乎人格和君子理想追求的完善论等。同时期，古希腊哲学也完成了从“仰望星空”研究外部宇宙的自然哲学转向“关注现实中人”的德性和城邦政治哲学。供奉命运之神阿波罗的古希腊德尔斐神庙以“认识你自己”为铭文，智者学派创始者普罗塔哥拉提出“人是万物的尺度”，苏格拉底认为“未经反省的人生不值得活”，并付诸个人生命践行其关于人的德性和城邦正义的知识。“划分苏格拉底和前苏格拉底思想的标志恰恰是在人的问题上……他的哲学是严格的人类学哲学”①，至此，无分中西，人的问题就成了人类哲学的问题域中最核心的问题之一，也是不同时代永恒开放的话题之一。

Part Ⅰ　人性论的递嬗流变

一、传统或古典的人性论

轴心时代以来的传统或古典的人性理论，通常采取的理论路径是：先

---

① 卡西尔. 人论. 甘阳，译. 上海：上海译文出版社，2013：8-9.

提出“人是什么、人如何存在或者人需要什么”（what humans are/do），对人类状况或人类自然倾向做出某种断言式理论界定，将其作为所要建构的人性理论的前置预设，再从该预设中推导出“人应该是什么、人应该如何存在或者人应该追求什么”（what humans ought to be/do）的目的论或道义论的人性价值取向结论。通常情况下，只要该理论的前置预设具有一般性、普遍性、终极性等特征，之后的推理有效，也就是足够精致、有序、自洽，且能清楚地说明结论的规范性含义，以应对现实适用需要，该人性理论就得以建构完成。以这种方式建构起来的人性理论主要包括了以下几类：

1. 理性人、政治人、求知人。亚里士多德在其著名的关于人的三个论断之上，确立了研究人之善的伦理学、研究城邦之善的政治学，并确立了人类诸种知识的科学体系。这三个关于人的论断是：（1）人是理性的动物。人类灵魂中最根本的人的功能就是人的理性。幸福就是服从理性、把握并运用理性而生活①。人运用理性可以分辨是非善恶，并选择趋善避恶。理性对实践进行规约，从而成就人的德性和城邦的善。（2）城邦源于自然的演化，就本性而言，人是一种政治动物，人不可能离群索居②。（3）求知是人的本能③。求知本能使得人不断通过理论理性来创造真理。通过理性人与求知人，亚里士多德缓和了柏拉图理念和经验的二元分离，为人类从流变可感的经验世界通往抽象永恒的理念世界搭建了一条理性的知识通道，建构起了包括第一哲学（形而上学）、物理学、数学、自然科学在内的理论学科；包括伦理学、政治学在内的实践学科；包括诗学在内的创制学科。百科全书式的人类科学体系才得以最初确立。

笛卡儿的“我思故我在”闪耀着亚里士多德的理性人、求知人的光芒。笛卡儿认为，理性“是唯一使我们成为人，使我们异于禽兽的东西，我很愿意相信它在每个人身上都是不折不扣的”，并且，只要人们运用理性并排除偏见，就能“使我的知识逐渐增长，一步一步提高到我的平庸

① 亚里士多德．尼各马可伦理学．王旭凤，陈晓旭，译．北京：中国社会科学出版社，2007：21－23.

② 亚里士多德．政治学．吴寿彭，译．北京：商务印书馆，2009：7－8.

③ 亚里士多德．形而上学．吴寿彭，译．北京：商务印书馆，2016：1.

才智和短暂生命所能容许达到的最高水平”①。16 世纪出现的契约论人性预设，本质上仍然是亚里士多德的理性人、政治人的沿用与演化。

2. 有罪的和需要被救赎的人。基督教在“人天生具有纵欲、作恶倾向”的人性论断之上，建立了一种神政论的道义论人性救赎理论。全知全能全善的上帝创造了人（上帝创世说、造人说）。人性有缺陷，受到欲望的诱惑，会滥用上帝赋予人的自由意志，犯下伊甸园原罪，从而注定了人在现实世界中负有天生的罪恶（原罪说）。上帝造人时赋予了人善良、公义的本性，是上帝神性的一部分，但它被人的罪恶遮蔽了，所以人需要救赎。但人无力自我救赎，需要信仰上帝和承诺圣事，这样，灵魂才能在摆脱肉体之后，得到上帝的宽恕，进入没有罪恶和痛苦的天堂（灵肉对立、灵魂不死、灵魂救赎说）。道德戒律来自天启神谕，历代先知从神那里得到启示，将其倾注于《圣经》。信仰上帝就需要遵从神的启示和戒律规范，宗教教义和戒律从而得到确立。基督教从其独特的人性理论出发，建立了一套“罪感道德伦理”，对人生苦难、人类社会罪恶、人自身的缺陷和弱点、人如何改造自身和救赎自身等一系列重大、根本问题，做出了一套完整精致的理论解释和精神指引。

3. 中国儒家道德人。中国儒家人性理论本质上是直觉主义的美德论和自我完善论。儒家人性理论经历了一个“性相近、性善性恶、性分三品、性即天理”的沿革演进过程。孔子主张“性相近，习相远”和“仁爱”，为儒家思想框定了“人性相同”“人性取善”的总体人性定向。在人性的相同性方面，先秦诸子并无异议，但在“相同的是什么”，也即人性之根本是什么的方面，分歧较大。告子主张人性即生命，人性是人的自然本质，无善无不善。孟子主张人性善，仁义礼智之四端内在于人，是人先天具有的。荀子主张人性恶，力推建立礼制来制约人、教化人。董仲舒、王充、韩愈等大儒先后发展了教化意义上的人性等级差别说，具有代表性的是“性三品说”。迨至宋代，主流思想家们相信性即天理。张载的“天地之性”和“气质之性”，程朱的“义理之性”，朱熹的“性即天理”，既是在为人性的同一性寻找本体，也是在为现实中的善恶差别寻求

① 笛卡尔. 谈谈方法. 王太庆，译. 北京：商务印书馆，2000：4.

理论解释。

以上人性论断以及由此推导出的价值取向，长期以来在人类文明发展的历程中占据了重要地位，发挥了主导性思想引领作用。人们信奉这些人性论断，遵从其所推导出来的道德原则。即使后来有新的理论提出补充、批判甚至反对，但其建构逻辑没有改变，也就是发展一个新的人性前置预设，并在此基础上推导出一个新的人性规范性结论，如16世纪以来的“合理的利己人”和“趋利避害的功利人”，就是近代以来西方人性理论的典型发展。

4. 合理的利己人。利己，就是人们的行为选择从根本上基于是否有利于自我。在外部资源有限的情况下，人们相互争夺和竞争，同时又因为生存而需要合作；人特有的理性能力，使得人们可以达成合作，在合作中权衡得失，降低其行为中利我的程度，做出一定的利他的行为，也即合理利己、有限利他。“合理的利己人”本质上是亚里士多德的“理性人”观念的逻辑演化，只是在这里，亚里士多德的“善”转换成了“自我利益”。这与欧洲社会变革息息相关，缘于16世纪以来原有的等级社会逐渐被打散，在身份平等的契约社会和商业贸易社会里，人们需要一种新的人性规范支撑。鉴于“合理的利己人”这一人性理论在现代契约论、现代经济学以及社会实践领域发挥了极其重要的作用，本书将其作为单独的一类人性理论。

契约论的人性预设是亚里士多德“理性人”“政治人”的理论继承和现代性创新，代表人物包括霍布斯、洛克、罗尔斯等人，其相似之处在于，他们都是出于自我需求的理性利己。霍布斯的“合理利己”来源于自然状态下人们出于对生存、安全和实现各种欲望的需求，既包括实际的个人益处，也包括个人荣誉。在霍布斯那里，“社会或者是因为益处、或者是因为荣耀之故而存在的，也就是说，它们是爱自己而非爱朋友的结果”①。洛克的“合理利己”来源于自然状态下人们需要对个人私有财产进行长期、有效、安全的保护。罗尔斯的“合理利己”是指人们处于“无知之幕”后，面对自身利益的不确定性和不安全性而产生的共有的、

① 霍布斯. 论公民. 应星，冯克利，译. 贵阳：贵州人民出版社，2004：5.

普遍的底线利益保障需求。

“合理的利己人”概念在经济理论和实践中产生了巨大而持久的影响。亚当·斯密在《国富论》开篇即以“合理的利己人”作为人性预设，随后第二章提出了“自利原则”。面包师向人们提供面包，不是为了好奇心而是为了自利。“自利”就是self-love，是人类基于个人利益的利己主义交换倾向，人的自利行为就是个人对自利利益的追求过程①。斯密正面评价了利己，论证了自利发展到一定程度必然产生利他，以分工和交换为基础的市场竞争与理性自利会促发互利。通过市场机制，斯密为自利、利他、互利建立了一套辩证统一关系。

5. 趋乐避苦的功利人。利己人和功利人的相同之处在于，二者都是目的论的人性假设；不同之处在于，利己人以自我利益得失的算计作为决策依据，而功利人则基于“效用”意义上的善，这种善是追求快乐和减少痛苦，是实际获取幸福的总量和品质。趋乐避苦的功利人可追溯至古希腊快乐主义。早在古希腊，伊壁鸠鲁就从直觉主义出发，将“人的目的就是要追求快乐”作为最高的善。他说，“快乐是幸福生活的始点和终点，它是最高的和天生的善。我们从它出发开始有各种抉择和避免，我们的目的就是要获取它”②。边沁宣称他认同快乐主义，并提出了“最大快乐原则”和“功利原则”。边沁认为，趋乐避苦是人为自身做追求的唯一目的，决定了人如何行动，也决定了人应该如何行动。密尔则区分了“高等快乐”和“低等快乐”。通过对“心智快乐”、“更高层次的快乐”（做一个不满足的人胜于做一只满足的猪，做不满足的苏格拉底胜于做一个满足的傻瓜③）等高阶品质幸福价值的引入，通过对“为公共利益牺牲自身幸福的存在感”等幸福的客观效用的论证，密尔完善了功利主义的人性理论。

随着现代社会应用学科的产生，在社会学、管理学研究领域还出现了一些新的人性假设，具有代表性的是“符号-文化人”和“社会人”。笔

---

① 斯密. 图解国富论. 宗裕民，译. 海口：南海出版社，2008：39.

② 苗力田. 古希腊哲学. 北京：中国人民大学出版社，1995：648.

③ 约翰·穆勒. 功利主义. 徐大建，译. 北京：商务印书馆，2014：20-21.

者认为，与其说“符号-文化人”和“社会人”是一种关乎人的本质的人性前置预设和论证，毋宁说它是一种人性的社会展现和历史结果。卡西尔的“符号-文化人”从根本上可以回溯至亚里士多德的“理性人”“求知人”。文化是人性发展的过程和结果，而不是人性的本源，正是因为人的自我意识里有卓然于动物的高贵理性能力和求知本性，人类才创造出了展现和表达人性的文化，如“语言、神话、宗教、艺术、科学、历史”①，而并非反之。故此“符号-文化人”不能归为一种独立的人性理论，而毋宁是一种人性的文化阐释。

管理学领域的“社会人”指的是梅奥长达十年的霍桑实验结论。该实验表明，影响人工作效率和积极性的首要因素不是利益，如薪资报酬、工作条件，而是上下级之间的人际关系。“社会人”的人性假设可以溯源至亚里士多德的“政治人”和边沁、密尔的“趋乐避苦的功利人”，这种人与人之间的社会关系，是群己关系也罢，还是上下级关系也罢，本质上是一种关乎得到认同感、快乐感的人际关系，包含了一种或者追求被尊重、或者追求快乐的目的。故此，笔者认为，“社会人”也不能算是一种独立的人性理论，而是一种现代人性理论演化和实践运用。

二、人性论的现代性转折及主要流派

从 18 世纪休谟开始，人性论的论证重心和建构方式发生了重要转折。这一转折源于 17 世纪以后，人们开始对人性论本身产生了怀疑，关于人的前置论断或理论预设的依据何在？是否有其外部源头？人性论究竟如何作用于人们的道德生活？是以道德理性或道德情感，或两者皆有的方式，或者还是其他方式作用于人们？凡此种种。

16—17 世纪，欧洲自上而下的宗教改革瓦解了中世纪以来的宗教大一统局面，新教崛起，怀疑主义和科学主义盛行，许多哲学家和理论家纷纷著书立说，旨在发展出一套独立于中世纪教会权威的伦理学说，这就需要构建新的人性理论和新的道德原则，因而急需解释人性以及道德的来

---

① 卡西尔．人论．甘阳，译．上海：上海译文出版社，2013：107.

源。迨至18世纪，论证人性及人类道德的来源成为人性论的重要命题，产生了多种新解释和新观点。

一种人性理论认为，人的道德感来源于情感。休谟、斯密和卢梭，是著名的道德情感派代表人物，都认为道德感来源于人的自然情感。（1）休谟首先声称，他以“实验和观察”作为他推崇和运用的人性哲学研究方法。其次，他大胆否认了人的理性。“理性是并且也应该是情感的奴隶，除了服务和服从情感之外，再不能有任何其他的职务”①，“道德宁可以说是被人感觉到的，而不是被人判断出来的”②。罗素在《西方哲学史》中评价说，休谟这一论断标志着一个转型，“休谟的哲学对也好、错也好，代表着18世纪重理精神的破产……在这样的自我否定理性精神的后面跟随着非理性信念的大爆发，是不可避免的事”③。休谟在否认理性之后，主张道德来源于人的苦乐情感（快乐原则）和同情情感（同情原则）。这表明，休谟人性论本质上是“趋乐避苦的功利人”和“人性善”。（2）亚当·斯密在《道德情操论》中提出的同情原则和在《国富论》中提出的自利原则，似乎形成了斯密学说的悖论。然则，在斯密这里，看似悖论的两者实际上是对人性二重性及其统一的探究。该“悖论”反映出斯密为“同情”和“自利”这二重人性预设的统一所做的理论贡献。诺贝尔经济学奖得主米尔顿·弗里德曼（Milton Friedman，1912—2006）这样评价：不读《国富论》不知道应该怎么样叫“利己”，读了《道德情操论》才知道“利他”方为问心无愧的“利己”。或许这一评价正好解读了完整、统一意义上的斯密人性理论④。（3）卢梭在对人类不平等起源的论述中强调了“同情”，并从中推出了“怜悯”，突出了其负面感受。同情不是出自仁慈的善心，而是人出于对他人遭受不幸所感同身受的痛苦。正是为了避免承受这样的痛苦，人愿意做出利他的行为。

另一种人性理论则认为，人的道德感来源于理性。道德理性派认为，

---

① 休谟．人性论：下卷．关文运，译．北京：商务印书馆，2015：449.

② 同①506.

③ 罗素．西方哲学史：下卷．马元德，译．北京：商务印书馆，2015：226－227.

④ 斯密．道德情操论．谢宗林，译．北京：中央编译出版社，2008：封底评语.

人的道德感来源于人类理性。道德理性派渊源久矣，可溯源至古希腊师徒三巨头苏格拉底、柏拉图和亚里士多德。笛卡儿、康德、诸种契约派理论家，以及现代以来罗尔斯、诺齐克等，都在其论著中对人的理性做出了重要论述。如果说，柏拉图和亚里士多德的“理性”或多或少属于直觉主义式的理性建构，康德则以其特有的、庞大而缜密的“康德式”理性建构主义，为“理性人”打造了一栋摩天大楼，从中推导出“人，是人自身、确认道德义务观念的、理性作用者”。道德律对人是客观的“绝对命令”，也就是“道德的律令是只问用心不问后果的直言律令”①。在康德这里，道德感不仅来源于人的理性，还被推升为人为自己立法，即人为自身制定的义务法则。

马克思主义人性观认为，人性取决于人的社会性存在。18 世纪末欧洲进入了“蒸汽化”②，由此带来的工业化结果导致了欧洲社会诸多矛盾和冲突，马克思主义人性论鲜明的社会性特征正是对大工业初期这些社会现象的理论回应。强调社会性、社会关系对于人的本质的决定性影响，是马克思对人性来源所做的理论创新，是马克思人性观的鲜明特色，也是马克思主义人性论不同于欧洲大陆唯理派（理性、智性）和英国经验主义（情感、经验）的根本特征。“马克思论人性，是立体的、系统的”③。就人的个体而言，马克思指出，需要是人的本性，人的本质是其社会关系的总和，自由是人的本质和最高追求。就人类总体而言，马克思认为，人性的来源与发展经历了一个自然属性→异化→社会属性的过程。马克思还把人性分为三个层次：自然属性、社会属性、精神属性。人的本质不在于自然属性（兽性，即食色之性也），也不在于精神属性（比如，同情、仁义礼智信），人的本质在于其社会属性，“只有在社会中，人的自然的存在对他说来才是他的人的存在”，“个人是社会存在物”④，“它是一切社会

① 北京大学哲学系外国哲学史教研室. 西方哲学原著选读：下卷. 北京：商务印书馆，1982：315.

② 详见第 2 章 2.3 节关于“蒸汽化”的注释。

③ 张茂泽. 马克思的人性论体系//周树智. 马克思主义探原：马克思《1844 年经济学哲学手稿》研究文集. 西安：陕西人民出版社，2011：256.

④ 马克思恩格斯全集：第 42 卷. 北京：人民出版社，1979：122.

关系的总和”①。

三、新达尔文主义人性论

如果说休谟关于人性的理论和方法，代表了近代早期认知科学对人自身哲学反思的新成果，达尔文、赫胥黎（1825—1895）等早期进化论者确立人起源于动物，人是自然选择和性选择的结果，则代表了这种认知科学对人自身起源的全新发现，稍晚一点的弗洛伊德（1856—1893）、华生（1852—1929）、荣格、马斯洛（1908—1970）从精神现象学和心理学角度丰富了对人性本能和需求的研究，又将对人的科学认知从哲学、生物学进一步深化到了人的心理世界，那么，自20世纪50年代兴起的新达尔文主义进化论，则以全新的实证科学理论和方法，重新解释了人性从何而来、如何作用于人类道德伦理等重大基础问题，把对人性的研究推到了新阶段，人类的自我认知达到了一个前所未有的新高度。

进而，如果说，19世纪下半叶至20世纪上半叶的达尔文进化论，以解剖学、胚胎学，以及大量的家养和野生动物的器官特征、胚胎特征、地理分布特征、本能与习性、繁殖与变异情况作为间接证据，提出并确立了“人起源于动物，人是自然界生存斗争、自然选择和性选择的结果”这一惊世骇俗的生命新理论，引发了自然科学和人文社会科学领域对人类自身、人性和人类文明的重新讨论与认识的话，那么，20世纪50年代以来的新达尔文主义进化论，则得益于建立在几种革命性的测定生命起源、宇宙物质和宇宙环境背景的测年技术之上的“精密计时革命”（chronometric revolution）②，通过考古学和人类学的古猿类、古人类化石与遗址定年、

---

① 马克思恩格斯选集：第1卷. 3版. 北京：人民出版社，2012：135.

② 精密计时革命，可参考 www. bighistoryproject. com/Home 的相关介绍。“大历史”（big history）是澳大利亚和美国多位知名历史学家受美国微软创始人比尔·盖茨资助从2010年开始的大型历史研究项目。该研究综合了100多年来基于科学实证的宇宙学、地球和生命科学、生物史、人类史的研究成果，将自然科学加入历史学一起研究过去，尤其注重精密计时革命后的新考察，于复杂性之中寻找系统性，并由此建立一门新的、具有科学依据的普遍人类史。

有机生物体的“生物起源时钟”，以及基于野外实地、动物园的灵长类心理和行为观察及实验、基于人自身的心理学和行为学实验这些直接证据，以实证主义的数据和方法，结合分子生物学、群体遗传学、进化心理学等最新生命科学理论，做出进化论的社会适用性解释，从而把人类及人性的研究推至分子和有机体基因的物质层面。

“精密计时革命”的基本技术包括：(1) 放射性测年法。如碳-14测年法，在测定5万年前的含碳物质（如生物有机体化石和任意残骸）年代广泛应用。如衰变很慢的铀元素测年法，在测定几百年甚至几十亿年之前形成的地层及物质年代应用。正是放射性测年法，革新和扩展了考古学和古人类学研究。(2) 物种遗传密码DNA在1953年被发现，通过比较不同物种的DNA差异及其在漫长进化过程中的变化规律，可以制作“生物起源时钟”（也被称作“应用分子时钟”）①。(3) 宇宙背景辐射的发现、研究和探测。20世纪50年代以来宇宙探测卫星所采集到的数据，为人类从更大时间和空间范围解释起源提供了更多依据。(4) 20世纪60年代地质学“板块构造论”新范式也应时而出，不同大陆板块之间的地质和生物测年结果，为物质和生物的精密计时、为进化论提供了佐证。以上这些重大新科学、新发现综合起来，形成了“精密计时革命”，才使得我们有可能为人类自身、为人类的近亲猿类、为生命有机体、为物质、为地球甚至为宇宙描绘出一幅关于起源和进化的新图表。

20世纪50年代以来，新达尔文主义进化论研究领域大师辈出，朱利安·赫胥黎（托马斯·H. 赫胥黎的孙子）用现代综合论复兴了达尔文进化论，费希尔建立了群体遗传学，汉密尔顿建立了生物学利他主义模型，道金斯淋漓尽致地描写自私的基因，威尔逊推出了社会生物学，古德尔则建立了社会生物学的反对者阵营，等等。总之，在反对与支持的竞力之间，新达尔文主义进化论研究迎来了大爆发，借助于大量的科研经费投入和实验观察，新达尔文主义进化论把人类遗传、意识、行为的研究建立在

---

① 戴蒙德. 第三种黑猩猩：人类的身世与未来. 王道还，译. 上海：上海译文出版社，2012：22-25.

更可信的物质基础上。该类研究具体包括[①]：生物学上的利己和利他，基因遗传学上自私、暴力及进犯行为的进化，亲子关系和亲族进化，欺骗行为和性差别的自然选择，性比率和性别均等性，亲代投资和雌性选择，乱伦禁忌，节制生育，代际之争，两性之争，群居习惯，等等。与之相关的研究还包括：灵长类野外实地观察和动物园观察数据的建立与分析，以及基于此类数据的权力倾向、暴力倾向、性生理结构及习惯、同理心等灵长类伦理研究。有关以上研究的进化伦理学解释，成了该派研究的焦点。

新达尔文主义进化论及其人性论表明：（1）“自然选择”及“性选择”塑造了我们的身体，该观点已经被知识界所普遍接受，即使存在异议，也在新达尔文主义跨领域的、系统性的证据和实证考察方法面前显得软弱无力，以至于大都不得不求助于信仰，或者缺少陈词、选择沉默。（2）猿性与人性之间，在同理心及权力倾向等诸多心理方面、在追求平等和强化等级等诸多群体结构方面，都只存在程度的差别，而没有本质的区别。（3）人性内在的普遍性是一致的，也即人类的心理和本能是相同的，人的自利性更为本质，自利与建立在自利基础之上的利他都有着可靠的生物学基础。（4）理论争论的焦点在于，人如何能做出反自然选择的行为并形成伦理规范？人的道德行为和社会行为在多大程度上受到自然选择的塑造？其明显的分界从哪里开始？其生物学反应机制是什么？在几种主要的观点中，本书认同人类的发声生理结构（包括喉、舌及语音控制肌肉系统，是发声道诸多结构和控制发声肌肉之间的精致配合）突变以及由此导致的人类符号语言形成这一派观点（参见 3. 2. 5 小节）。

---

① 综合参考了以下生物学家、生物地理学家、灵长类动物学家、认知心理及神经学家的著作和文章，包括：理查德·道金斯. 自私的基因. 卢允中，等译. 北京：中信出版社，2012；爱德华·O·威尔逊. 论人的本性. 胡婧，译. 北京：新华出版社，2015；戴蒙德. 第三种黑猩猩：人类的身世与未来. 王道还，译. 上海：上海译文出版社，2012；弗朗斯·德瓦尔. 猿形毕露：从猩猩看人类的权力、暴力、爱与性. 陈信宏，译. 北京：三联书店，2015；斯蒂芬·平克. 人性中的善良天使. 安雯，译. 北京：中信出版社，2015；萨姆·哈里斯. 道德景观：科学如何决定人性价值. 于嘉云，译. 北京：中信出版社，2017。

Part II　人性论的三个核心问题域

四、人性论的三个核心问题域

从古今中外诸种人性理论递嬗流变的考察中，我们不难获得以下判定：

首先，诸种人性理论有理论产生背景和发展承继之变。西方人性论经历了一个“古希腊的理性论→中世纪神性论→启蒙运动理性复活及分化为理性主义人性论和情感主义人性论→19 世纪以降新达尔文主义人性论”的发展脉络。古希腊哲学和科学、基督教、启蒙运动、科学革命、进化论这些西方文明历史中的重大思想标识，无一不深刻地反映在西方人性理论的发展中。中国的人性观自春秋孔子开创儒学以来，基于经验的直觉主义，以先验论为路径，直接进入人性取向和教化的道德完善主义，经历了一个“孔子性相近→告孟荀之性善性恶辩→汉唐性分三品→宋明性即天理”的大致发展脉络，其中人性善是儒家人性论的主基调。

其次，诸种人性理论有论证方法之异。有直觉主义路径（超验或先验的论断），如柏拉图、伊壁鸠鲁、基督教人性论、中国人性论；有理性构建主义路径（超验或先验的推理），如亚里士多德、契约派人性论者、理性之集大成者康德；有经验归纳主义路径，如休谟、斯密、卢梭；有经验实证主义路径，如新达尔文主义人性论。需要特别说明的是，“直觉主义”路径有时会遭到误解。直觉主义并不意味着没有逻辑，也不意味着缺乏理性，更不意味着得不出真理性论断。作为一种真理或知识产生的途径，直觉主义自古以来就发挥着巨大作用。西方 19 世纪下半叶兴起的地缘学说，力求揭示地缘及地貌生态对文明、社会和政治所造成的决定性影响；而我们的祖先孔子早在《论语・雍也》中就通过直觉主义的中国式顿悟，得出“仁者乐山，智者乐水”先哲智慧。同样，现实中辛苦劳作的农民，也能通过世代的直觉经验，归纳出“一方水土养一方人”的民间智慧。

最后，自新达尔文主义人性论以来，必然引发激烈的“是然”和

"应然"之争。著名的休谟论断代表了自古希腊以来"重理精神"的转折，发出了人性论研究的现代性先声：转向为"重经验与情感"。达尔文提出了新发现，并确立了人类起源与进化的全新理念；弗洛伊德和荣格等进一步将之推进至人的精神和心理层面；新达尔文主义人性论的蓬勃发展则再次引发了"是然"（人性是什么）和"应然"（人性要求人类应该如何）的争论。正如薛定谔所提问的，"伦理观在某种意义上总是和我们的原始意志相背离，以一种要求和挑战、'你应该如何'的方式而出现。'我要'和'我该'的对比是从哪里起源的呢"①？也正如托马斯·H. 赫胥黎所指出的，"社会成员或公民这些伦理人的做法，与野蛮的原始人或纯粹作为动物王国成员的那些非伦理人的做法背道而驰。后者为生存而斗争，像所有动物一样至死方休，前者倾其所能去完成限制生存斗争的目标"②。又如诸多人文学者所发出的嘲笑式的批评，他们认为：进化论无非是把我们人降低到动物的地步，也提供了一些证据终于把我们人降低到了动物的地步，但这又说明了什么呢？人性论问题，说到底是个规范性问题，也即人和人性应该如何的问题，而不仅仅是个事实描述性问题，也即人性是什么的问题。

笔者认为，面对以上诸种不同的人性理论，需要建立起一个综合有效的分析框架，以便形成对人性的全面、综合认识。如图附录-1 所示，建立该分析框架的关键在于，不论是对理论流派的沿承关系，还是对所采用的论证方法，抑或是对自然事实与伦理价值的争辩，分析人性问题，要始终紧扣人性理论的三个核心问题域，将其作为贯穿不同理论的切入路径：人性从何而来（因何是然）、人性是什么（是然）、人性应该有的价值取向（应然）。

古典或传统的人性理论主要涉及人性是什么、人性有什么本质特征等描述性论断，虽然亚里士多德、孟子、荀子等都有精辟的关于人性与动物及植物之区别的论述，但基本还都归于"人有什么根本独有之处"的论

---

① 埃尔温·薛定谔. 生命是什么. 吉宗祥，译. 广州：世界图书出版公司广东有限公司，2016：132.

② 赫胥黎. 进化论与伦理学. 宋启林，等译. 北京：北京大学出版社，2010：79.

述，属于“是然”描述。真正系统而科学的论证人性来源于何处及如何作用于人的理论，还是在近现代怀疑主义、科学实验主义兴起以后：以休谟的《人性论》为其先声，以达尔文、赫胥黎等早期达尔文主义者关于人之起源与进化理论为新突破，接续弗洛伊德、荣格等精神心理学派，继而在 20 世纪 50 年代以后，在激烈争辩中蓬勃发展起来的新达尔文主义人性理论研究则可视为人性论研究的新高峰。

人性论的三个核心问题域，既紧密联系又相互影响。唯有有效地论证了“因何是然”，才可以更好地确立“是然”，从而确立其人性理论的前置支撑点或预设。即使在特殊情况下，“是然”不能推出“应然”的“休谟问题”依旧存在，但通过我们前面所纵览的人性理论，包括那些长久以来产生巨大现实影响力的人性理论，依然可以看出，只要立住了不同的“是然”，则必然对随后的“应然”形成实质性伦理指引和有力推导。“应然”的人性取向又可以分为两大主要类型，即目的论或至善论的（如亚里士多德、儒家）和道义论或义务论的（如康德式的、基督教）；前者是完善主义的人性理想目的论，后者是先验理念意义上的人性道德义务论。

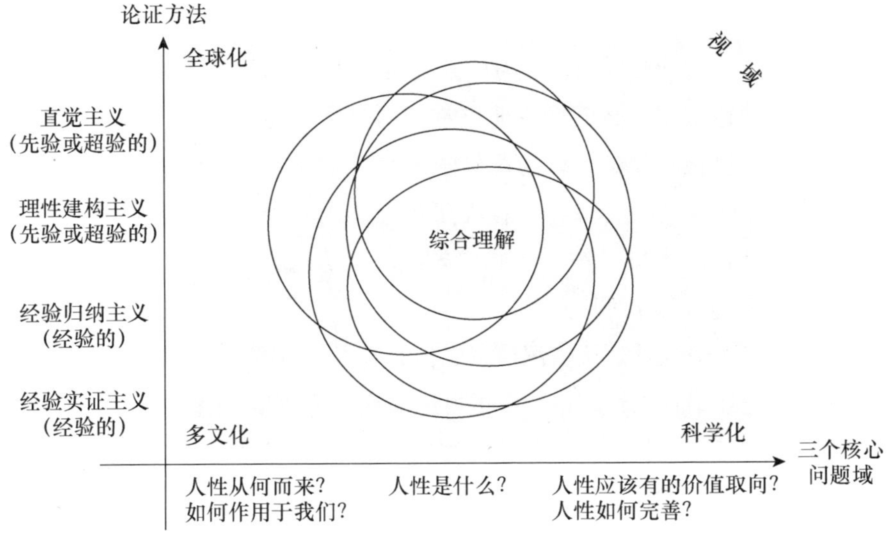

图附录-1　人性论的三个核心问题域（金辛迪 2019）

笔者认为，人性论的论证方法虽无优次之分，人性论的核心问题域却实有增进理解之需。对人性论三个核心问题域的内容确立、全面掌握和深入理解，是人性解析和人性建构的关键。在全球化、科学化、多文化的现代世界里，在科技业已探知的人类孤立存在于地球的空间背景下，在不同的宗教、不同完备性学说共存的多元文化价值现实中，尽可能扩展人性论研究的视域，同时紧扣人性论的核心问题域，寻求综合理解，挖掘并融通关于人性和伦理道德理解的重叠共识，尤其是传统或古典的人性论与新达尔文主义进化论之间的综合理解，对建立科学的人性观具有重大意义。

罗尔斯提出的“重叠共识”① 主要是在公共政治领域，但实际上不仅仅是公共政治领域，在人性伦理的基础领域，融通理论共识同样是必要的。对于新达尔文主义道德还原派来说，尽管把人的价值观转成为能在科学上可理解的事实，是值得鼓励并且在不断取得进展的人性科学革命；然而，深入了解和理解几千年来我们所信奉的那些人性预设和规范性论断的产生背景、伦理指引意义，同样不可或缺。同时必须重视和坚持马克思主义所强调的社会实践对人性的根本意义，否则就会导向否认人类社会脱离于动物界并建构社会且因之成为社会文明人这一客观事实的错误结论。此外，了解新达尔文主义人性论业已在学科融通（如考古学、人类学、分子生物学、进化心理学、行为遗传学等学科融通）和实证考察（如遗址及古化石定年、动物实验、人的认知及心理实验等实证技术、方法与结论）方面所做的大量工作和研究成果，对于深化人性理论研究，具有非常重大的现实意义和时代意义。

基于以上对人性理论流派沿承、核心观点、应有研究方法的理解，本书综合了上述诸种人性理论，尝试着向前推进了两步：围绕着人性论的三个核心问题域，进行了“人性过程的还原解析”与“人性价值的朝向建构”。所谓人性解析，就是指明人性是什么、人性从何而来，论证人性何

---

① 罗尔斯．政治自由主义．万俊人，译．南京：译林出版社，2011：第二部分第四讲．重叠共识（overlapping consensus）就是支配公民不同社会立场的基本学说之间的相互重叠的共识面。

以是此并如何作用于我们。所谓人性建构，就是论证人性的朝向，也即人性应该有的价值取向是什么。

以上笔者对轴心时代以来的古今中外诸种人性理论展开了全面、扼要的考察，给出其递嬗流变之总结，并归纳出人性论的三个核心问题域。进而，在第 4 章中，笔者基于对多种人性理论的综合理解和援用，围绕人性论的三大核心问题域进行人性过程的还原解析和人性价值的朝向建构，在这个过程中，动态地展现了人始于并超越自身之二重限制性存在对于人性建构的意义。

附录 B 知识分类及人类认知历史动态

微生物学家、哲学家弗莱克（Ludwik Fleck，1896—1961）有一段关于知者对知识的描述，颇为经典：对于知者而言，任何我们称为知识的，总是有条理的、经过验证的、适用的，并且是清晰明了的。同理，任何来自知识之外的，则是矛盾的、没有经过验证的、不适用的、虚幻不实或神秘莫测的①。吴国盛给出了一个比较实在又不乏浪漫的知识的概念：从根本上讲，知识是人特有的存在方式②。知识（科学）是人对于事物熟悉和理解的积累，是人在与环境的交往过程中习得的，知识有助于这种交往。这是最广泛的意义上，也是存在论意义上的知识（科学）。

本书想描绘这样一个关于知识的轮廓。

含义：人是有限的自我认知的存在，知识是人有限认知的一种表达。

来源：知识是在人与环境、人与人的交往中所产生的。

产生：知识经由一定的认知途径而来，这些途径主要包括，（1）先验的途径：逻辑演绎，如欧几里得几何学；理性建构，如康德式推理。（2）超验的途径：直觉或顿悟，如老子论道之类的智慧、马斯洛的高峰体验、宗教中的灵性超越。（3）经验的途径：经验归纳，即基于可观察现象及规律的推理、归纳；实验实证，即培根式的实验求证与理论归纳。

适用：无论是带给人们关于意义和幸福的解说（社会人文知识）、解释自然界的种种现象（自然理论知识），还是指导人们掌握某种技艺（工程技术知识），知识总是适用的和实用的。

---

① 彼得·伯克. 知识社会史：上卷. 陈志宏，王婉旎，译. 杭州：浙江大学出版社，2016：1.

② 吴国盛. 什么是科学. 广州：广东人民出版社，2016：263.

特征：知识总是经过深思的，具有普遍性、确定性、系统性。

Part I　基于认知方式的五种知识分类

轴心时代的各大文明都已经开始有对知识的分类。《尚书·洪范》所记载的“九畴”就泛指上天赐予禹的治理天下的各种知识，如天文、地理、气候、农事、人伦、德政、国治、卜医、术数等治理大法。众所周知，亚里士多德是西方学术分科的开创者，他以知识的目的为分类依据，建立起了为自身而求知的理论学科、为行动而求知的实践学科、为创造和制造而求知的创制学科。

分类的主要作用是表达人们对所研究对象的认识，不同的分类方法体现出人们所掌握的研究对象的不同信息。从原则上来说，任何给定的对象，都可以按照多种方式来划定类别。知识分类所提供的信息，使我们得以从不同角度了解知识的本质、来源、存在形式、适用功能、特征、产生方式以及演变规律。比如，弗里茨·马克卢普（Fritz Machlup，1902—1983）的知识分类就凸显了知识经济价值的功能用途。他在 1962 年将知识分为了五大类型：实用知识、学术知识、闲谈与消遣知识、精神知识、不需要的知识。在实用知识的类型之上，他又首次提出了“知识产业”的概念①。他进一步将“知识产业”分为教育产业、研发产业、传播媒介产业、信息设备产业、信息服务产业。这一关于“知识产业”的概念和分类，被喻为像一个“炸药包”把知识产业单独分离了出来，使之成为一个与传统产业（农业、制造业、服务业等）相并列的经济产业，并推动了“知识经济学”概念的形成。

鉴于本书关注的是人的认知，特别是认知的不可存续、不可继承与知识创造的相互关系，故此，笔者重点归纳了以下基于人的认知方式的五种知识分类。

---

① Fritz Machlup. The Production and Distribution of Knowledge in the United States. Princeton，New Jersey：Princeton University Press，1962：20—22.

1. 文本知识和默会知识

如图附录-2，从吴国盛的科学（知识）谱系图里，可以看出，知识的存在形式分为两种：文本知识、默会知识。文本知识又分为两大类：口头文本、书面文本。吴国盛又将书面文本分为两类：历史/博物、推理预测。历史/博物是关于过去的知识，比如“志”一类的知识资料。推理预测是知识的高级形态，往往表现为科学规律与基于规律的预测，反映出已知与未知、现象与本质、知其然与知其所以然之间的关系。推理预测又分为：基于已有知识的经验推理、基于规则和规律的演绎推理。实际上，这就是我们常说的经验归纳方法、逻辑演绎方法。

吴国盛对默会知识（tacit knowledge）的解释是，它类似于隐性知识，是一种当下领悟却没有独立文本的知识，比如，手艺、技艺、技能这一类与身体的控制或与操作技术相关的知识，就是存在论意义上的默会知识。

图附录-2 科学（知识）谱系图（吴国盛 2016）

不少学者都注意到了隐性知识的存在及重要性，比如波兰尼，早在1958年就在其著作《个人知识》（*Personal Knowledge*）中提出了隐性知识的概念①。他认为，隐性知识就是人的认知上意识到，但难以用文字、数字、数学公式、图表符号等表达出来的知识。管理大师德鲁克也非常注重隐性知识在企业经营中的识别和利用。日本学者野中郁次郎（Ikujiro Nonaka，1953— ）就企业中的知识创造、隐性知识转化进行了很多研究②。

① M. Polanyi. Personal Knowledge: Towards a Post-Critical Philosophy. Chicago, Illinois: The University of Chicago Press, 1958: 91-92.

② 野中郁次郎，20世纪90年代先后推出了日、英、中文版的“The Knowledge-Creating Company”，影响很大。他自称以知识为基本单元来解释公司行为，并提出了隐性知识转换的SECI模型。

2. 公共知识和个人知识

所谓的知识的公共化，就是见诸文字的、通过知识载体和媒介记录的个人认知表述，如经由出版的书刊知识、可留存的书面知识或电子知识。虽然这样的知识载体及媒介记录仍然有可能被毁灭（如遭遇火烧亚历山大图书馆、焚书坑儒、电子知识储存被黑客销毁之类的事件），也有可能被当局禁止传授，但无论如何，只有先成为公共知识才有可能被当作知识遗产来传承。

本书在第 3 章 3.2 节中给出了知识可能存续的各种途径。前文备述，一个人毕生认知累积，或可传承，不可继承。现实中存在着大量的个人知识，是无法被公共化的。因此，大量的个人知识是无法存续的。罗素在《人类的知识》中就认为，社会知识涵盖了百科全书式的知识内容、学术机构及研究团体的会报文献，可以说知识的搜集总量很大，但是另一方面也可以说很少，这是因为个人所亲身经历的、单独的个人知识，是整个社会知识存量中的最大的一片空白，比如，“无法用言语描述多年集中营生活经历之后重见大海的欢乐”① 就是这样的空白。

大量个人知识无法被公共化的原因包括了三种，详见第 4 章 4.2.1 小节论述。

3. 数据—信息—知识—智慧

美国信息研究所将知识分为“数据—信息—知识—智慧”四大类型，并指出，21 世纪知识创新最大的挑战在于“如何把信息转化为知识”②。

美国信息研究所的分类体现了知识的品质高低，这种品质高低与知识的客观性、认知主体的创新能力有关。人的认知产生了知识，人的认知层级及水平状况的高低决定了知识的品质高低。恰如贝克莱（George Berkeley，1685—1753）的名言所云，“很少有人思考，但是所有的人都

① 罗素. 人类的知识：其范围与限度. 张金言，译. 北京：商务印书馆，1983：9.

② 美国信息研究所. 知识经济：21 世纪的信息本质. 王亦楠，译. 南昌：江西教育出版社，1999：17.

有自己的观点”①。在现实中，大量的观点都因为是主观而非客观的，是缺乏深思的，不具备普遍性、确定性和系统性等，而不能被称为知识，充其量是构成知识的材料，如数据、信息。数据，是直观数据、可观察的客观记录，如作为生存和生活工具而使用语言，仅仅是进行表达和传递。不同数据联系和组合起来以后形成的新数据，就是信息，信息可以表达出一定的意义。知识则完全是另外一个量级的飞跃，具备了普遍性、确定性和系统性。知识体现出人的认知高度，是人超越自我认知的外化结晶。智慧则是在知识这种认知高度之上，进一步表现为超过常人的、融会贯通的领悟能力，具有远见的判断能力，以及卓有成效的实践转换能力。

因此我们说，数据和信息是人人可以制造的，但知识是需要经过艰辛求索才能得来的，智慧却往往有了一些可期而不可求的个人主观色彩乃至神秘色彩。成文的知识可以被出版来保留，然而智慧其自身就是也只能是属于个人独有的。

4. 事实知识、原理知识、技能知识、人际知识

联合国经济合作与发展组织在《以知识为基础的经济》报告（1996年OECD报告，也即OECD知识分类）中，将知识分为know what（事实知识）、know why（原理知识）、know how（技能知识）、know who（人际知识）；其中，又将know what（事实知识）和know why（原理知识）归为codified knowledge（可编码化的知识），将know how（技能知识）和know who（人际知识）归为tacit knowledge（隐性经验类知识）。OECD知识分类实际上是基于知识用途所做的分类，这个分类恰好体现出人认知的两个特性：有些认知是有规律可循的，如事实知识和原理知识；有些认知只能是基于主观的经验，如技能知识和人际知识。如我们所知，基于主观经验的知识，只是属于个人独有的，这也正是OECD报告将其称为隐性经验类知识的原因。

---

① 爱德华·克雷格. 哲学的思与惑. 曹新宇，译. 南京：译林出版社，2013：11.

5. 曾经的知识、当前的知识、正在创新的知识

在人类文明的长河中，由于科学发掘变迁和人类观念变迁，使得知识具备了三大动态的历史形态：曾经的知识、当前的知识、正在创新的知识。

曾经的知识就是曾经在某些时代被普遍相信、流通使用、传播传承的知识，但在当前已经被认为是不正确或内容过时，并已经被新知识所取代。当前的知识就是为当前这个时代所确信的、在流通使用的、在被传播和传承的知识。正在创新的知识，是当前的知识生产群体（如学者及其他求知创新的个体）正在研究、实验、总结的新知识内容，代表了未来的知识，如各个领域正准备要推出的新技术、新概念、新理论、新思想、新方法，都属于新知识的范围。

以生命科学为例，可以很好地说明知识的动态历史形态。轴心时代的古希腊名医希波克拉底（公元前 460—前 377）被称为西方医学之父，著名的“希波克拉底誓言”成为每一位医师开启从医生涯的职业宣誓内容，希波克拉底著的 60 篇医学文稿文集被认为是西方第一部不包括神灵的科学书籍①。希波克拉底的四体液理论（血液、粘液、黄胆、黑胆）以及建立在四体液理论之上的医疗技术，在地中海文明的医学教育中流传了将近 500 年。四体液理论后来被 2 世纪古罗马名医兼哲学家盖仑（Claudius Galen，129—199）进一步发展为由肝脏提供造血的血液运动理论和医疗疗法。盖仑的肝脏血液理论又延续了 1 400 多年，一直到哈维（William Harvey，1578—1657）于 1628 年发表《动物心血运动的解剖研究》，提出由心脏造血的新血液理论。又经过了 20 多年，直到哈维死后，借助新的显微镜技术，基于心脏造血的血液运动理论才被最终证实，全新的哈维人体医学理论才得以建立，垄断了 1 400 年之久的盖仑权威才被废黜。

① S. W. 鲍尔. 极简科学史：人类探索世界和自我的2500年. 徐彬，王小琛，等译. 北京：中信出版社，2016：6.

Part II 人类认知历史动态：思想和内容场景切换

如第 4 章所论，人类认知历史动态就是人类认知的动态发生成果，也即人类的知识（科学）发生的历史过程、发展轨迹以及为什么会如此发生的规律。再进一步说，人类认知历史动态也就是知识（科学）史、知识（科学）哲学。依据这样的理解，结合知识（科学）史的相关知识，结合知识（科学）哲学的相关理论，笔者概括总结了人类认知历史动态中的不同思想场景和内容场景，这些思想场景和内容场景的每一次切换，质言之，人类认知自我和外部世界的每一次飞跃，都闪烁着、凸显着人类认知中最耀眼的光芒——人的认知自由。详见第 4 章 4.2.3 小节论述：认知历史动态与认知超越。

一、人类认知历史动态中的思想场景

1. 雅斯贝尔斯提出的轴心时代

德国心理学家、哲学家卡尔·雅斯贝尔斯（Karl Jaspers，1883—1969）于 20 世纪 40 年代提出一个著名命题，该命题认为，公元前 800 年至前 200 年这个时间区域内，尤其是在公元前 500 年前后达到高峰，是人类文明的“轴心时代”。之所以称为“轴心时代”，是因为在这一时代内，人类精神取得了前所未有的重大突破，而这一突破发生在了特定的时间、特定的区域。还因为在有文字记载的人类历史中，在人类知识、精神、哲学、宗教变革等诸多方面，轴心时代是最具创造性的时代，直至西方大变革（包括近代科学技术变革）发生之前，没有任何一个人类历史阶段可以与轴心时代相提并论①。

公元前 800 年至前 200 年这个时间区域内，在古代印度、以色列、中

---

① 凯伦·阿姆斯特朗. 轴心时代. 孙艳燕，白彦兵，译. 海口：海南出版社，2010：2.

国、希腊这四个非同一般的地区（都在北纬25度~35度这一范围区间，也即著名的地球丹田区域），释迦牟尼、以色列先知、孔子、老子、苏格拉底、柏拉图、亚里士多德等人类伟大先导，创立了各自不同的思想体系，共同构成了人类文明的精神基础。印度的佛教、以色列的一神教（指犹太教。轴心时代结束后，在公元1世纪衍生出基督教、在公元7世纪衍生出伊斯兰教，都保持了一神教传统）、中国的儒家和道教、希腊的哲学理性精神，都在“轴心时代”诞生并成熟，成为哺育人类的文明土壤，直到今天，人类仍然依附并受惠于“轴心时代”的精神文化滋养。

2. 康德提出的两场思想革命

康德在1787年《纯粹理性批判》序言中，提出了著名的“两场思想革命”。第一场思想革命，数学实践不再依托于传统的巴比伦和埃及的数学技术，不再“死死地盯着图形”、在图形中辨认它的特性[①]，而是转向了希腊的先天理性解释，也就是假设-证明模式。正是这种新的解释方法，成就了数学的科学性，才使得数学在近代科学中担当了如此巨大的基础性作用。第二场思想革命，诞生了实验方法和实验室，这是由伽利略发端而来的一系列实验工具、成功的实验事件所形成的新科学方法，也正是这样的理性科学实验方法，才使得物理学成为成功的科学，使得物理学在近代的科学革命和科技进步中，成为撬动世界的杠杆。

康德的这“两场思想革命”命题为研究现代知识（科学）的发端提供了一个富有启发性的视角。

3. 库恩提出的科学革命的结构

托马斯·库恩（Thomas S. Kuhn，1922—1996）在1962年出版的《科学革命的结构》被誉为是20世纪学术史上最有影响力的惊世之作之一。正如它第一章第一句说的那样，“历史如果不被我们看作是轶事或年表的堆栈的话，那么，它就能对我们现在深信不疑的科学形象产生一个决定性

---

① 赵敦华. 西方哲学简史. 北京：北京大学出版社，2001：299.

的转变"[①]，库恩的《科学革命的结构》就重塑了我们所认为的"科学的形象"，为我们提供了关于科学和知识的全新认识。

"常规科学"、"诠释"、"解谜"、"范式"、"科学共同体"、"范式转换"、"反常"、"危机"和"科学革命"，这些是库恩《科学革命的结构》中点石成金般的词汇创造，这些词汇很快就被广泛引用、熟知和发挥。而"历史"、"科学"、"革命"和"世界观的转换"，这些老词汇则在库恩书中有了新意义，带给了我们新视角和新启发。

库恩的"科学革命的结构"可以这样精简地理解：起先，是常规科学，具有一个范式和它的科学共同体，致力于解谜，其意在于整理现状，而不在于革新；随后，是严重的反常，与范式的理论假设、规则性或预期相悖，范式所规定的方法无法再应对一系列反常；接着，随着反常的加剧和冥顽不化，引发严重危机，直到诞生一项或更多新的科学成就，能够重新指导科学研究，并被科学共同体奉为新一代范式；最终，大约需要一代人的时间，范式转换完成，新范式在科学共同体中得以确立，危机平息。哥白尼、伽利略、牛顿、爱因斯坦、波普尔、拉瓦锡、道尔顿等科学巨匠以及他们所在时代的科学探究，都成为库恩《科学革命的结构》中有关范式的生动案例。科恩进一步认为，存在观察数据的理论负荷[②]、存在范式之间的不可通约性。科学革命是世界观的改变。在科学革命和新旧范式转换过程中，一个新理论被选择来取代旧理论，与其说是因为相信新理论为真，不如说是因为发生了一种世界观的转变。

二、人类认知历史动态中的内容场景

我们知道有着汗牛充栋、篇幅冗长的诸多版本的哲学史、科学史和知识史。虽然版本诸多，但基于诸先贤所做的研究成果，不同版本的科学史

---

① 托马斯·库恩. 科学革命的结构. 金吾伦，胡新和，译. 北京：北京大学出版社，2012：2.

② 科恩的"观察数据的理论负荷"指的是观察数据不可避免地会受到理论假设的影响和感染，不存在纯粹数据，这导致了凭借观察数据所做出的理论判断不可能是中立的。

著作中对“近代科学起源以及发展的几个阶段”还是有着基本一致的认同①，其中，最为重大的几次内容场景切换包括：

1. 科学革命时期（1500—1750 年）

近代科学起源于 16 世纪到 18 世纪中叶发生在欧洲各国的科学探索所呈现的高速发展，基于此，近代以来全新的科学观和世界观得以确立完成，这个时期现在被称为科学革命时期。

这个时期内所发生的科学革命，就是知识革命，是人类历史上最伟大的一次认知革命，是对之前近 2 000 年以来由亚里士多德、托勒密、盖仑等传统知识权威所建立的知识体系的全面革新。具体表现为：（1）在宇宙论上，哥白尼超前 100 多年提出地球公转、自转及日心说，后来被布鲁诺、开普勒、伽利略进一步确立完善，取代了亚里士多德和托勒密的地心说。（2）在运动物理学上，伽利略开创了斜塔落体定律、望远镜天体新发现，并以地球运动来“论潮汐”；牛顿揭示了宇宙新力量——万有引力定律、三大运动定律，以及创造出数学新语言——微积分，取代了亚里士多德的运动理论。（3）在物理化学上，帕斯卡、波义耳等人，制作水压机、气泵，制造了真空，颠覆了亚里士多德的“宇宙不存在空的空间说”（以太说）；波义耳反对古希腊的“四元素说”（土、气、水、火），创建了波义耳法则，开创了近代化学。（4）在医学上，哈维提出了以心脏造血、毛细血管为基础的心血运动论，取代了盖仑的肝脏造血血液运动理论。（5）在方法论上，由培根建立起来的“归纳推理”（假说、实验、结论）新工具方法，取代了亚里士多德的纯粹理性演绎推理。笛卡儿、莱布尼茨等纷纷提出了新方法论思想。（6）在方法论的实践工具上，伽利略、波义耳、胡可、列文·虎克等人，纷纷制造出新工具，望远镜、显微镜、放大镜、熔炉、气泵机、真空室……应运而生，对工具的运用使近代科学的实验阶段得以最终完成，近代科学理论彻底取代了统治世界近 2 000 年的传统理论。

---

① 本书对“近代科学起源以及发展的几个阶段”的概括总结，来源于笔者对所参考文献中科技类、科技史类、科技哲学类著作的综合理解和系统性理解。

2. 科学革命时期的技术应用改变了世界（1751—1900年）

18世纪下半叶和19世纪，这一时期见证了人类历史上空前的科学进步，见证了科学改变世界的巨大力量和实用价值。（1）在牛顿宇宙观范围内，物理力学、热力学、电学、电磁学，以及化学、光学迅猛发展。近代自然科学的学科体系建成，基于其之上的科技应用成为驱动世界变革的动力引擎。（2）我们所熟知的蒸汽机、内燃机、汽船、铁路、火车、汽车，我们所熟知的电动机、发电机、电灯、电报、电话、无线电，我们所熟知的工业革命、电力革命、科技救国、科学强国，这些词汇都出现在这个时代。18世纪的蒸汽技术和蒸汽化、19世纪的电气技术和电气化，以及由此驱动产生的工业革命、工业产品、工业大国、全球工业链及全球贸易等，这些都让世人见证了科学改变世界的巨大力量和实用价值。（3）与此同时，自然进化论初现端倪，并逐渐居于主流，进而重挫了3 000多年以来的神创论。18世纪下半叶，布封（1707—1788）推出55卷《自然史》，推断地球的年龄为30亿年（目前理论推算为45.7亿年）。19世纪下半叶，达尔文推出《物种起源》和《人类的由来及性选择》，孟德尔试验得出了遗传定律。

3. 新科学革命与高技术世界（1901年至今）

进入20世纪，一场新的更加具有颠覆性的科学革命拉开序幕。新的宇宙观、新的时空观、新的物质观、新的地球观、新的生命观先后出现，并对20—21世纪产生了深刻影响；与此同时，世界成为一个为高技术所决定、所运行的世界。

宇宙观的新革命：（1）无限宇宙观。哈勃在加州威尔逊山天文台，通过14年星云观测，提出有4.4万个不同星系分布在整个宇宙（岛宇宙）中，银河系只是不计其数的宇宙星系中的一个，星云不断远离银河系、宇宙在膨胀，并给出了宇宙扩张的公式。爱因斯坦（1879—1955）于1931年亲赴威尔逊山天文台进行了星云红移复查和观测结果验证。哈勃于1937年著书《星云世界》呈现了其研究记录和结论。从此，人类宇宙视野在抛弃亚里士多德和托勒密的地心说以后，再一次抛弃了由哥白尼和伽利略所建立的日心说，并在 20 世纪跨越了银河系，投向了“岛宇宙”“扩张宇宙”的无限宇宙观。（2）宇宙大爆炸理论的建立。基于星云红移观测和宇宙扩张理论，勒梅特（1894—1966）提出宇宙“奇点”（singularity），伽莫夫提出“热大爆炸宇宙模型”，温伯格（1933— ）提出“宇宙大爆炸”（著《宇宙最初的三分钟》）。美、苏等多个国家的天文学家们通过对宇宙背景辐射的观测，核实其温度并查明其光谱，证实了宇宙基底微波辐射的存在，因此，20 世纪 60 年代开始宇宙大爆炸理论成为宇宙起源与历史的压倒性理论。

时空观的新革命：黎曼（1826—1866）在 19 世纪中提出了欧几里得几何之外的第四维度的空间，也即几何的效应、空间曲度。爱因斯坦在 20 世纪初提出了相对论，并运用黎曼的四维几何完成了广义相对论的最终形式。狭义相对论打破了时间空间的绝对性，广义相对论提出了空间弯曲的概念，其理论不仅解释了现有的天体运动（如水星近日点的进动问题），其理论预测也得到了实际的天文现象验证（引力红移、引力场使光线偏离），从而引发了世界轰动。相对论本质是人类时间空间观念的革命。自爱因斯坦以后，世界图景不再是分离的时空和物质，不再是三维空间中的物质客体在一维时间中演化（时空+物质）；相反，世界本身就是一个四维的“空-时流行”，是一整块宇宙（block universe）。空间-时间不再是永恒和独立的存在，而是物质客体的广延。

物质观的新革命：（1）质能转换理论。人类对物质的研究，大至天体之极、弯曲宇宙；小至粒子之微、质能转换。借助于原子物理学和实验物理学的各种特殊仪器，物理学家把原子分解至电子、质子、中子、光子（统称为基本粒子）。自 1964 年由盖尔曼（1929— ）提出了基本粒子的夸克模型并获诺贝尔奖以后，尽管物理学家将夸克模型增加至 6 种，却从未在高能实验中发现有单个的自由夸克。高能粒子物理表明，已经不再能找到质量和尺寸更小的粒子来充当更深层次的物质基础，夸克成为基本粒子分割的极限。爱因斯坦提出质能转换理论，物质转换成能量使基本粒子碎片在转换前后得以保持相同。质能转换理论很好地解释了微观层面的存在链转换关系。（2）量子力学的测不准原理。由普朗克（1858—1947）、爱因斯坦、玻尔（1885—1962）、薛定谔、海森堡（1901—1976）等物理学大师先后创立并发展起来的量子力学，以波粒二象性、测不准原理、量子跃迁的不连续性、概率决定论、整体论等理论，挑战了之前牛顿物理学构建世界图景所依据的决定论、因果律和定域性等基础性概念与方法。量子力学对牛顿的颠覆意味着，不确定性才是世界的真实面目，原因→结果只是表象而已。

地球观的新革命：（1）大陆漂移说及板块论。魏格纳（著《海陆的起源》）在20世纪初提出“大陆漂移说”，20世纪下半叶，声呐技术被广泛应用于海盆地图绘制，热对流理论得到验证，海底扩张得到证实；一系列考古发现也相继提供了地质学和生物学的依据；包括实地勘测等来自多方面的证据证实，魏格纳“大陆漂移说”理论是正确的。“大陆漂移说”后来进一步发展完善为“大陆板块论”，成为地球海陆形成的权威理论。（2）行星撞击地球说。自18世纪下半叶布封在著作《自然史》中系统性地探讨地球的历史、内部结构、形成和存在方式以来，地球年龄测算、地球灾变论（以居维叶为代表的地球理论）或均质论（以赫顿、赖尔为代表的地球理论）就一直是地球科学的核心问题。20世纪50年代后，在均质论中纳入灾变论成为主流趋势。1968年，“阿波罗”8号在月球发现陨石坑。1991年，在墨西哥尤卡坦发现陨石坑，证实了阿尔瓦雷茨关于6 500万年前行星撞击地球的假设是正确的。地球灾变论深刻影响并改变了人们对生物起源和灭绝的观念。

生命观的新革命（现代生命科学的两大高峰）：（1）分子生物学、基因与蛋白质学、基因工程的兴起。步入20世纪，生物学革命正式开启，生物的遗传机制和突变机制得到确证，基因即DNA是生命信息的遗传物质载体得到确证。20世纪下半叶DNA的双螺旋分子遗传结构被破译，DNA的三联体分子遗传密码也被破译，DNA—RNA—蛋白质的遗传信条被确立，生命的奥秘就此打开。1970年以后基因工程成为科技潮流和热点，并迅速进入了多种技术应用。人类可以通过操纵基因来改写生命，乃至创造出人工合成生命，这已然成为现实。（2）认知科学和脑科学的兴起。伴随二战诞生的计算机技术在20世纪下半叶快速发展。计算机信息处理技术的崛起，语言符号学的兴起，语言及知识表达的智能化（即语言符号和逻辑的信息化），这些都为认知科学的兴起进行了技术储备。尽管认知科学仍然处于婴儿期，但因其对人类最高等活动（意识）研究所具有的特殊性、尖端性和学科制高地位，被很多国家投以巨资。近几年来，美国、欧盟、日本、中国纷纷发起了大型脑计划研究项目。了解脑和破译脑、保护脑和治疗脑、模仿脑和创新脑的各项认知科学研究广泛展开。尤其是模仿脑和创新脑的人工智能工程，成为科技界、企业界、投资界以及各国政府军事装备研发高度追捧的热点。

高技术世界：在以上这些颠覆性的科学知识革新及其应用技术变革的驱动下，进入20—21世纪以来，世界成为一个被高技术所决定、所运行的世界。（1）在太空及海洋军事安全上，有原子弹、洲际导弹火箭、洲际导弹、歼击机、轰炸机、强击机、巡逻机、无人驾驶飞机，有航空母舰、核潜艇、潜艇、舰艇，以及各类海上武装。（2）在太空及海洋探索上，有人造卫星、载人飞船、载人空间站、太空实验室、航空航天飞机，以及各类海洋考察船。（3）在交通运输上，有民运飞机、船舶、高铁、悬浮列车、各式用途汽车、无人驾驶汽车。（4）在电气设备上，大型水利电站、大型核电站逐渐替代化石燃料电厂，电网通达整个世界，大到工业基础设施，小到智能家居，电气设备化将整个世界装备了起来。（5）在数字化信息处理上，经历了电子管、晶体管、集成电路、大规模集成电路前后多代计算机；而近年来出现大型数字控制中心、云计算，其处理数字化的程度还在不断刷新人的想象力。大数据化、数据云端化的时代正在来临。（6）在数字化信息传输上，计算机、电视、手机等各类智能设备实时与网络互联，各类互联网应用软件、各行业的信息网络化更是将整个世界连接了起来。智能传感、万物互联的时代正在来临。（7）在生物工程上，基因重组、基因克隆、基因扩增、基因测序、基因编辑等基因操纵技术不断推陈出新，在植物和动物领域已经进入成熟应用；胚胎遗传疾病基因筛查、体外受精、胚胎性别选择、胚胎遗传特征选择、胚胎干细胞应用、情绪控制及神经类分子制药、基因定位治疗、人体增强、认知增强、延寿等针对人体自身的应用也越来越深入展开。（8）在智能工程上，建立在机器视觉和机器听觉系统之上的各类人工智能技术及产品，如生物识别及释义、图文识别及释义、大数据检索、专家咨询服务、自动规划、人-机交互和人-机融合类技术及产品，不断拓展应用领域和应用范围。与此同时，基于遗传算法、人工神经网络算法、脉冲神经网络算法、异构融合类仿神经网络算法等智能模拟技术的人工智能深度学习系统，加速机器学习的并行式类脑芯片，不断革新升级……持续不断地带来颠覆性的改变。

致　谢

在本书的创作过程中，我经常向中共中央党史和文献研究院的冯俊教授，清华大学哲学系的万俊人教授、卢风教授、唐文明教授、圣凯教授，清华大学历史系的张国刚教授，清华大学经济管理学院的魏杰教授，北京大学政府管理学院的王浦劬教授、白彦教授，请教问题。他们一直热情鼓励我。与他们的交流讨论，对本书议题的研究有着很大的帮助。我诚挚地感谢他们。

清华大学的贝淡宁教授（Daniel A. Bell）、陈来教授、王路教授、朱东华教授、李义天教授，通过不同的方式就本书内容提出了一些问题，这些问题对本书议题的完善和提升也多有裨益。

在过去的求学岁月里，北京大学的赵成根教授、包万超教授，清华大学的杨之曙教授先后给予我很多学习上的指导，多年之后，这些指导对于包括这本书创作在内的我的研究与思考，也都是有益的。

本书的创作还得到了北京大学朱洪涛博士、清华大学郭笑雨博士、中共中央组织部谭彦德调研员、《中国纪检监察报》报社毛东红主任、《学术界》期刊社刘鎏编辑等朋友们的鼓励和帮助。

对深圳、波士顿、克利夫兰等地的几家人工智能企业及研发项目的实地考察、调研了解，对本书的完成也有所启发。

几年以来，我的行政助理王招立、张海霞、Zhen，我的司机唐涛、唐继成、白嘉玉、霍新锋，支持了我在北京、成都和克利夫兰的很多日常事务处理，使我在繁重的工作之余，能够节约一些时间和精力出来，用于读书、思考和研究。

中国人民大学出版社的吴冰华编辑、张杰编辑，为本书提出了很多宝贵的意见，在他们的辛勤努力和悉心帮助下，使本书得以与读者见面。

尤其要致谢的是，自 2019 年 10 月以来，我陆续向一些师长们和朋友们送出了本书书稿，说这几年我走动的少了，思考的多了，还写了些东西，想拜托他们给看一看，提点意见。他们都非常繁忙，但几乎都拿出了时间来阅读书稿，并通过见面、电话或信息等不同方式，反馈了他们的意见，这些意见中肯而宝贵，令我感动、催我奋进。于清明董事长阅读了全部书稿并亲笔反馈，他的知识和智慧是我学习不够的。我一直记得李西廷董事长务实、低调的作风，并祝愿他长乐长寿。我常常想起王深明院长的大医精诚。万俊人师长的循循教导。魏杰师长的常年鼓励…… 还有什么比这些更为珍贵。谢谢师长们和朋友们在百忙中为本书作序、为本书提写阅读推荐语。

最后，还想表达一点对我 2020 年所出版拙作的希望。2020 年我有两部个人著作即将出版，一部是辛迪诗文《玉泉集》，分为古体诗词、现代诗歌两大部分，是我多年以来在工作差旅途中，心有所感、所思、所悟累积创作而成。我非常期待能有作曲家、歌手读一读《玉泉集》的诗词和诗歌，从中选择二三，谱曲歌唱，使其传唱开来。这样，我的诗词和诗歌也就有机会能够陪伴那些和我一样不得不度过一些艰难时刻的红尘孤旅之人。《玉泉集》似乎是我前进路途中的一种精神和情感寄托，它开启了一段真善美的旅程，从未名湖到清华园，从中国到美国各地差旅，从宇宙科技到政经文史、哲学艺术，一路走来，有美景，有见闻，有行动，有感慨，有思考，有疑问……诗是真的奢侈品。

另一部是《有限与超越》，其导论部分清晰地与读者分享了：我为什么要写这本书？这本书可以告诉读者什么？本书的三个看点，以及本书的结构安排和内容概要。在此，还想专门一提的是，《有限与超越》的背后是我所感受到的人生求知与求进道路上的孤与渺：宇宙无限、尘世苍茫、人生短促（人必有一死），生有涯而业无涯、纵业尽其涯而知未有涯，知无涯而心孤渺（人认知有可及领域限度与存续限度，个体认知必然消亡）。面对这样的有限，我从觉悟上选择了超越，并对此进行了学习、思考和研究，这些都体现在本书中。它既表现在对丰沛的社会科学与自然科学的知识性素材的跨界运用上，也表现在对推出新理论概念以及基于此的主题性研究的大胆突破上。它既是一场哲学与科学、人性与科技的对话，也是我个人对宇宙与人生于世的思考。我非常期待这本书能进入大学图书馆，与大学的本科生、研究生会面，与他们一起分享我的这些感受和思考。

感谢我的师长们和朋友们。

金辛迪

2020 年 10 月于北京

图书在版编目（CIP）数据

有限与超越：人的二重限制性及其平等/金辛迪著. --北京：中国人民大学出版社，2020. 12
ISBN 978-7-300-28803-1

Ⅰ. ①有… Ⅱ. ①金… Ⅲ. ①平等观-研究 Ⅳ. ①B036

中国版本图书馆 CIP 数据核字（2020）第 230532 号

审图号 GS（2020）4902 号

有限与超越
——人的二重限制性及其平等
金辛迪 著
YOUXIAN YU CHAOYUE

出版发行	中国人民大学出版社		
社　　址	北京中关村大街 31 号	**邮政编码**	100080
电　　话	010－62511242（总编室）		010－62511770（质管部）
	010－82501766（邮购部）		010－62514148（门市部）
	010－62515195（发行公司）		010－62515275（盗版举报）
网　　址	http://www.crup.com.cn		
经　　销	新华书店		
印　　刷	北京联兴盛业印刷股份有限公司		
规　　格	160 mm×230 mm　16 开本	**版　　次**	2020 年 12 月第 1 版
印　　张	21.75 插页 2	**印　　次**	2020 年 12 月第 1 次印刷
字　　数	325 000	**定　　价**	88.00 元